HAUSSMANN
LE GRAND

Du même auteur

France-Allemagne, le retour de Bismarck, Flammarion, 1990 (prix Aujourd'hui).
Les Maîtres du monde, France, États-Unis, Japon, Flammarion, 1992.
L'Affaire Haussmann, roman d'initiés, France-Empire, 1997.
Histoire du franc, 1360-2002, Flammarion, « Champs », 1998.
La Revanche de l'Allemagne, Perrin, 1999.

GEORGES VALANCE

HAUSSMANN LE GRAND

LE GRAND LIVRE DU MOIS

À ma mère.

ISBN : 2-7028-3017-X

AVANT-PROPOS

Pourquoi Haussmann ? Pour une raison simple et puissante : il incarne le mythe français de l'homme providentiel accouché par l'Histoire pour relever un défi apparemment insurmontable. Et ce, dans un domaine inattendu qui n'appartient pas au champ traditionnel de la politique ou de la guerre : l'urbanisme, la grande transformation de Paris. Voltaire en avait eu l'étonnante prescience, qui écrivait en 1739 : « On peut, en moins de dix ans, faire de Paris la merveille du monde… Fasse le ciel qu'il se trouve quelque homme assez zélé pour embrasser de tels projets, d'une âme assez ferme pour les suivre, d'un esprit assez éclairé pour les rédiger, et qu'il soit assez accrédité pour les faire réussir. »

Cet homme, ce sera Georges Eugène Haussmann, un de ces héros d'un nouveau type qui apparaîtront au XIXe siècle en même temps que la machine à vapeur et le télégraphe électrique et qui, pour notre pays, s'appelleront Ferdinand de Lesseps ou Louis Pasteur. Quoi qu'en dise Philippe Séguin *, ce sont eux qui méritent le qualificatif de « grand » plus que Louis Napoléon Bonaparte dont le règne s'achève sur la perte de l'Alsace-Lorraine et sur un déséquilibre européen gros de deux guerres mondiales. Certes, c'est l'empereur lui-même qui fut à l'origine des grands travaux de Paris, mais, souvent velléitaire, les eût-il poursuivis jusqu'au bout sans la ténacité de l'Alsacien ?

Un proverbe africain dit : « Tu es le fils de ton époque plus que le fils de ton père. » Haussmann est le fils des deux, tant le destin de sa famille et le sien sont indissolublement liés à la Grande Révolution

* Auteur d'un *Louis Napoléon le grand*, Grasset, 1990.

qui a permis à ces protestants émigrés d'Allemagne de devenir des citoyens à part entière, industriels à Colmar, hommes politiques à Paris : ses deux grands-pères, Nicolas Haussmann et Georges Dentzel, ont siégé sur les bancs de la Convention aux côtés de Robespierre et de Saint-Just. Les Haussmann sont emblématiques de ces bourgeois conquérants qui, nés à l'Histoire en 1789 et mis à l'écart sous la Restauration, prendront leur revanche sous la monarchie de Juillet et le Second Empire. Mais si ce déterminisme social peut expliquer pourquoi le jeune homme devint un « héros de Juillet » puis fit carrière dans la préfectorale (péniblement d'ailleurs) avant de devenir préfet bonapartiste, il ne laisse en rien présager la métamorphose de l'ancien étudiant en droit – « lion » habitué des salles d'escrime, du Conservatoire de musique et des soirées dansantes – en urbaniste total projetant la capitale dans l'avenir. À l'instar de Ferdinand de Lesseps, petit consul placé en préretraite, qui se mue, à cinquante ans, en ingénieur planétaire du plus grand chantier jamais entrepris, le canal de Suez, Haussmann a quarante-quatre ans lorsqu'il est nommé préfet de la Seine. Il comprend aussitôt qu'il tient là la chance de sa vie, l'occasion unique de se construire un destin. Pour ce faire, il ne va pas seulement déployer une énergie et une volonté inflexibles – ce que tous lui reconnaissent, y compris ses contempteurs –, il va également faire montre d'exceptionnelles capacités de réflexion, d'imagination, de projection dans l'avenir, et concevoir une politique embrassant tous les aspects de l'urbanisme, aménageant le ciel (ces perspectives auxquelles il tenait tant), le sol et jusqu'au sous-sol. Qui aurait pu croire que ce fonctionnaire cachait en lui un architecte, un urbaniste, un décorateur, un hygiéniste et un sociologue ?

Pourquoi Haussmann ? Parce que, précisément, cette mutation d'un homme, cette éclosion d'une grande personnalité laissent rêveur à notre époque où trop souvent des diplômes obtenus (ou ratés) à vingt-deux ans déterminent le cours de toute une vie. Il n'est plus de destin haussmannien imaginable aujourd'hui, sauf dans l'entreprise, et de préférence en s'exilant aux États-Unis. Qu'on ne voie pas, cependant, en Haussmann un protestant austère ou un technocrate sinistre : le « grand baron » fut l'un des animateurs de la Fête impériale, un grand bourgeois épris de luxe qui organisait à l'Hôtel de Ville les réceptions les plus fastueuses et possédait de l'avis général la plus belle cave de Paris ; un viveur, aussi, qui affichait ses maîtresses, si jeunes qu'il les habillait des mêmes robes que ses filles…

Pourquoi Haussmann ? Enfin, bien sûr, parce qu'il nous a légué Paris, une des villes les plus belles, les plus vivables, les plus visitées, les plus enviées du monde. « Haussmanniser » : son nom a donné naissance, ce qui est exceptionnel, à un verbe transitif dont le sens n'échappe à personne – aérer une ville, en faciliter la circulation, lui donner une couleur, mais aussi l'embourgeoiser, la doter d'immeubles confortables et capables de défier le temps. Il ne s'agit pourtant pas de tout admirer, de tout applaudir. La transformation de Paris s'est accompagnée de démolitions aussi regrettables qu'irrécupérables, comme la destruction de la vieille île de la Cité, l'amputation du Luxembourg et du parc Monceau. Seulement, le procès fait à Haussmann serait plus crédible si les générations suivantes avaient ajouté autre chose au Paris haussmannien que la tour Montparnasse, la voie Georges Pompidou ou le forum des Halles, méli-mélo de bâtiments, de grilles, de pelouses et d'arbustes qui font pleurer pour toujours les vastes parapluies de fer et de verre imaginés par Napoléon III, Haussmann et Baltard.

« Contre Haussmann », titrait à l'automne 1996 Alexandre Gady dans la revue *Commentaire*. « Plutôt pour Haussmann », corrigeait Alain Besançon dans le numéro suivant. Pour notre part, nous conclurons : « merci Haussmann », vous qui, en novembre 1860, refusiez un prestigieux ministère concernant l'ensemble du territoire en expliquant ainsi votre geste : « Si importantes que puissent être les entreprises du gouvernement pour le reste de la France, soit dans le présent, soit dans l'avenir, je ne pourrais pas me décider (tant qu'on me laisserait l'option) à abandonner, pour cette mission nouvelle, une œuvre dont je suis l'incarnation et qui est loin de toucher à son terme, une œuvre qui risquerait de périr en des mains moins fermes *. » Merci pour Paris !

* Lettre inédite du baron Haussmann au ministre de l'Intérieur Persigny, datée du 25 novembre 1860. Ce document appartient au très riche fonds d'archives Persigny, acquis en juin 1998 par les Archives nationales et non encore exploité.

Chapitre premier

IMPÉRIALISTE DE NAISSANCE

(1809-1829)

> *La Révolution de 1789 qui donne aux Protestants l'égalité des droits civils et politiques en fait des hommes neufs. C'est ainsi que les deux grands-pères d'Haussmann ont pu commencer une carrière politique.*
>
> Pasteur Denis Vatinel

J'ai vu le jour à Paris, le 27 mars 1809, dans un petit hôtel entre cour et jardin, qui dépendait de l'ancienne propriété du fermier général Beaujon et que, préfet de la Seine, je fis démolir pour former la petite place où finit le boulevard Haussmann et commence l'avenue de Friedland, tout en haut du faubourg Saint-Honoré. Je fus baptisé, peu de jours après, au temple réformé de l'Oratoire, dégagé complètement du côté de la rue de Rivoli, puis restauré par M. Baltard.

C'est net, précis, froid comme un document cadastral, avec toute la poésie d'un relevé de géomètre. Nous voici prévenus : Georges Eugène Haussmann n'est pas un sentimental, mais un homme d'action, brutal souvent. Sous ces lignes tranchantes comme la pioche des démolisseurs, percent la passion d'un homme, l'histoire d'une vie, la grandeur d'une œuvre et la conscience aiguë et jalouse de cette grandeur. En se présentant de cette manière faussement sobre dans ses *Mémoires* écrits alors qu'il a atteint les quatre-vingts ans [1], le baron Haussmann nous invite, nous entraîne dans un voyage dans le temps, le temps de la « transformation de Paris dont [il] fut l'instrument dévoué de 1853 à 1870, et reste l'éditeur responsable, dans un pays où l'on personnifie toute chose [2] », travers français qui perdure mais dont Haussmann ne semble pas autrement fâché. Le baron sera toute sa vie content de lui, convaincu de « n'être pas précisément le premier venu ». Ce qui d'ailleurs est parfaitement exact ; la suffisance n'est du reste pas plus preuve d'insuffisance que la modestie ne présuppose le talent. Mais, tout de même, que de froideur et de rugosité pour évoquer la disparition de sa maison natale. Un autre géant du siècle, Victor Hugo, de retour à Paris en 1870 après son exil à Jersey, évoquera également la maison de son enfance détruite par les grands travaux haussmanniens. Mais avec quelle sobre émotion :

> Juliette Drouet est venue me chercher. Nous sommes allés voir les Feuillantines. La maison et le jardin de mon enfance ont disparu. Une rue passe dessus [3].

L'acte de naissance de Georges Eugène, rédigé par Claude Denis Monnaye, adjoint au maire du Ier arrondissement de Paris – aujourd'hui le très chic VIIIe – a été conservé. On y apprend que toute la tribu Haussmann, ou presque, est regroupée rue du Faubourg-du-Roule annexée, depuis, à la rue du Faubourg-Saint-Honoré : au 55, « Nicolas Valentin Haussmann, négociant et dame Ève Marie Henriette Caroline Dentzel, son épouse », les parents du nouveau-né ; au 22, « Nicolas Haussmann, ancien administrateur de vivres, âgé de quarante-huit ans », le grand-père ; et au 24, le grand-oncle paternel, Jean-Frédéric Haussmann, « rentier ». Le quartier du Roule, à l'extrême ouest de Paris, est déjà très prisé pour sa proximité avec les lieux de pouvoir que sont les Tuileries et l'Élysée et pour son agrément de vie, loin des embarras et des miasmes du centre historique de la capitale. C'est alors le quartier le plus vert de Paris : au nord et à l'ouest, au-delà de la « barrière du Roule » commencent les jardins, les vergers et les prés, tandis qu'à l'est il est bordé par l'immense propriété de Mousseaux de la famille d'Orléans, où, en 1809, Napoléon songe à installer le zoo et dont Haussmann fera un jour le parc Monceau, en l'écornant d'ailleurs sérieusement. L'habitat y est peu dense et les maisons, souvent neuves, sont construites, au large, sur l'ancien et vaste domaine du financier Nicolas Beaujon, banquier richissime, sybarite et philanthrope qui, sous Louis XVI, habitait l'Élysée, racheté au préalable à la marquise de Pompadour. En 1809, lorsque naît Georges Eugène, Beaujon n'est pas oublié : du banquier voluptueux et insomniaque, il reste le souvenir de ses « bergères », jeunes femmes très légèrement vêtues qui, le soir, lui lisaient des histoires, le balançant doucement dans une bercelonnette confectionnée à sa taille [4]. Du philanthrope, il subsiste l'hôpital qui offre plus de trois cents lits aux malades nécessiteux. Et de l'immense domaine du banquier richissime ont survécu de grands jardins transformés en parc d'attraction par Ruggieri ainsi que la chartreuse où décédera, en 1850, Honoré de Balzac. C'est là que Victor Hugo rendra à son ami une ultime visite :

> M. de Balzac avait acheté ce qui restait de l'hôtel de M. de Beaujon, quelques corps de logis bas, échappés par hasard à la démolition ; il avait magnifiquement meublé ces masures et s'en était fait un charmant petit hôtel, ayant porte cochère sur l'avenue Fortunée et pour tout jardin une cour longue et étroite où les pavés étaient coupés çà et là de plates-bandes [5].

La dépouille de l'écrivain sera exposée dans la chapelle Beaujon qui, comme la plupart des maisons du quartier, sera abattue par les ouvriers du grand démolisseur de Paris, Georges Eugène Haussmann. Du passé, le nouveau-né du 55, rue du Faubourg-du-Roule fera un jour table rase.

Les embellissements de Paris

Clin d'œil de l'Histoire, lorsque naît ce dernier, Paris est déjà en travaux. Napoléon Ier veut édifier une capitale digne du Grand Empire, « quelque chose de fabuleux, de colossal, d'inconnu jusqu'à nos jours », une ville de deux millions d'habitants alors qu'elle en compte alors moins de cinq cent mille. Et précisément, en ce début 1809, l'Empereur a décidé de donner un coup d'accélérateur à ce qu'on appelle alors les « embellissements » de la ville. En janvier, il écrit à Joseph Fouché, le ministre de l'Intérieur :

> Nous sommes en 1809. Je pense qu'il serait utile de faire faire quelques articles bien faits qui comparent les malheurs qui ont affligé la France en 1709 avec la situation prospère de l'Empire aujourd'hui... Louis XIV s'est occupé de faire bâtir Versailles et des maisons de chasse. On s'est occupé d'améliorer Paris, depuis les eaux jusqu'aux palais, depuis les marchés jusqu'au Temple, de la Victoire jusqu'à la Bourse. Tout était à faire, tout se fait [6].

Le billet est mal rédigé et peu respectueux de la liberté de la presse, mais il est intéressant d'observer que l'Empereur fixe comme axe de la communication gouvernementale les grands travaux de Paris plutôt que les victoires militaires et les conquêtes territoriales. Le 9 mars, *Le Moniteur* publie le projet de raccordement du Louvre aux Tuileries que Napoléon quitte pour laisser la place aux ouvriers. Il s'installe au palais de l'Élysée qu'il vient de reprendre à Murat, nommé roi de Naples.

C'est la première fois que l'hôtel particulier du 57, rue du Faubourg-Saint-Honoré devient la demeure du chef de l'État. Et rien dans son passé tumultueux, ni dans ses dimensions relativement modestes, ne le prédestinait à cette distinction. Lorsque Murat l'avait acquis quatre ans plus tôt, l'hôtel d'Évreux – construit en 1718 par le comte d'Évreux grâce à l'argent gagné dans les spéculations du système Law [7] – était devenu un vulgaire immeuble de rapport abritant une boucherie, une mercerie, des « appartements à louer bourgeoisement » – le petit Alfred de Vigny y vivait avec ses parents dans un modeste trois-pièces du premier étage –, un théâtre de marionnettes et une guingette aux petits salons accueillants, comme le suggère le panonceau retrouvé plus tard (en 1849), au fond d'un placard, par le président de la République, Louis Napoléon Bonaparte.

Liberté, égalité, fraternité ou la mort.
Soupe de lard fumé : 3 sols la portion.
Lapin Capet : 6 sols la portion.
Miroton : 6 sols la portion.
Veau rôti : 7 sols la portion.
Fromage : 2 sols la portion.
Vin de Beaujolais : 10 sols la portion.

Avec donc cette précision :

Le double dans les chambres privées.

Le grand Napoléon aimait mener plusieurs tâches à la fois et dans les domaines les plus divers, à l'image de César qui rédigeait un traité de grammaire latine pendant la guerre des Gaules. Début 1809, à peine rentré d'Espagne et tout en préparant la campagne contre la cinquième coalition qui le conduira à Wagram, l'Empereur pousse personnellement les feux des grands travaux de Paris. Il s'agit encore d'effacer les cicatrices de la Révolution qui restent béantes. Un étudiant, Poumiès de la Siboutie, arrivant alors dans la capitale, raconte :

La première impression ne fut pas très favorable : il me fallut renoncer à cette ville de merveille bâtie par mon imagination. Il n'en restait qu'une ville portant partout les hideuses empreintes de la Révolution. C'étaient des églises, des couvents à demi ruinés, délabrés, abandonnés. Sur leurs murs, ainsi que sur un grand nombre de bâtiments publics, on lisait : propriété nationale à vendre [8].

Chez Bonaparte, la préoccupation politique rejoint l'exigence esthétique lorsqu'il demande aux possesseurs de biens nationaux (églises, monastères, châteaux, etc.) de « niveler les débris afin de faire disparaître les regrets qu'excite dans les villes la perte de ces monuments [9] ». « On a l'air, poursuit l'Empereur en traversant la France, de traverser des villes qui ont été bombardées. »

Mais la « politique de la ville » de l'Empereur ne se limite pas à cet effort de restauration qui sauvera notamment Notre-Dame de la ruine. S'y ajoutent deux axes d'intervention qui seront également ceux d'Haussmann et du Second Empire : le dégagement des perspectives afin de mettre en valeur les monuments existants et le développement des travaux édilitaires destinés à améliorer la vie quotidienne des Parisiens.

Pour embellir Paris, disait Bonaparte, il y a plus à démolir qu'à bâtir. Comment ne pourrait-on pas mettre en évidence tous ces édifices qu'on semble avoir pris plaisir, jusqu'à ce jour, à cacher ?

Ainsi, la place Saint-Sulpice est dégagée ; le Panthéon est mis en valeur grâce au percement de la partie haute de la rue Soufflot (Haussmann terminera le travail) ; la place du Carrousel est élargie et ornée d'un arc de triomphe qui sert de portique aux Tuileries. L'Empereur envisage même d'abattre tout le quartier de l'île de la Cité : « C'est une vaste ruine qui n'est plus bonne qu'à loger les rats de l'ancienne Lutèce. » Il songe à y planter un immense parc dont Notre-Dame et la Sainte-Chapelle seraient les « ornements ». Bonaparte l'a dit, Haussmann le fera un demi-siècle plus tard, mais en oubliant malheureusement le parc et en y construisant les immeubles les plus gris du nouveau Paris, tel l'Hôtel-Dieu. Déjà, ce souci des perspectives qu'Haussmann partagera jusqu'à l'obsession : Napoléon orne le palais Bourbon de sa façade néoclassique afin de répondre à la colonnade de la Madeleine dont il reprend la construction pour en faire un temple à la gloire de la Grande Armée.

Comme Haussmann le fera également plus tard, mais avec une tout autre ampleur, l'Empereur lance un programme de travaux édilitaires. Le percement du canal de l'Ourcq permet à toutes les fontaines de Paris de couler sans interruption jour et nuit. Chaptal en a soufflé l'idée à Bonaparte qui voulait « faire quelque chose de grand et d'utile pour Paris » ; et le grand chimiste de suggérer : « Donnez lui de l'eau. » C'est aussi le Premier Empire qui engage une opération sans éclat mais des plus pratiques et des plus durables : le numérotage des maisons qui assure enfin aux Parisiens une adresse précise. Sous la Révolution, une première numérotation avait été réalisée mais par districts, ce qui conduisait souvent à des chiffres fort élevés, y compris dans de toutes petites rues. Ainsi, dans la modeste rue Garancière, on peut encore lire aujourd'hui le numéro 1096 sur la porte d'une chapelle de Saint-Sulpice. Désormais, chaque rue aura sa série de numéros, les pairs à droite, les impairs à gauche, en partant du commencement de la rue. Napoléon a l'esprit de système : les rues sont divisées en deux catégories, selon qu'elles sont perpendiculaires ou parallèles à la Seine. Les numéros des premières commencent au point le plus rapproché du fleuve et sont peints en noir ; dans les secondes, ils suivent le cours de la rivière et sont en rouge. (Sous la monarchie de Juillet, les chiffres seront peints uniformément en blanc sur fond bleu.) Pivot du système des rues, la Seine est aménagée et acquiert son aspect actuel : ses rives trop souvent boueuses reçoivent des quais de pierre et, aux neuf ponts existants, le Premier Empire en ajoute quatre, dont une merveille technologique, le pont des Arts et ses arcs de fonte qui devient aussitôt la coqueluche des promeneurs.

Mais, en ce début 1809, la plupart de ces projets sont encore en travaux. Et, au petit matin, les maçons peuvent souvent voir l'Empereur inspecter, en personne, le chantier de la Bourse, l'édification de l'Arc de triomphe, l'aménagement des quais ou la transformation du Luxembourg : la construction de l'hémicycle du Sénat imposera bientôt de démolir la façade pierre par pierre pour la reconstruire à l'identique quelques mètres en avant, sur les jardins. Paris n'est pas l'immense chantier que subiront ses habitants un demi-siècle plus tard, mais la soixantaine de rues en percement ou en élargissement perturbent gravement la vie quotidienne. Un quartier, notamment, est sens dessus dessous, c'est celui des anciens couvents entre la place Vendôme et Saint-Roch, qui est soumis à la loi des lotisseurs, et où la rue de Rivoli est tracée entre la Concorde et les Tuileries. Mais le gouvernement a imposé aux riverains des règles d'urbanisme si strictes (respect des arcades, hauteur et similitude des façades) que les constructions tardent, ce qui donne à la rue l'allure étrange qui frappe Chateaubriand en 1813 :

> On ne voyait encore dans cette rue que les arcades bâties par le gouvernement et quelques maisons isolées s'élevant çà et là avec la dentelure latérale de pierres d'attente [10].

D'autres projets, en revanche, ne verront pas le jour, comme le colossal palais du roi de Rome qui devait couronner la colline de Chaillot d'une façade de quatre cents mètres, avec des jardins étendus jusqu'à la Muette et dont le parc eût été le bois de Boulogne, de façon à éclipser « le plus beau palais connu ». L'abbé de Pradt raconte que Napoléon revint plusieurs fois sur l'idée du palais de Chaillot, affirmant que dans cinq ans il serait le maître du monde et que « Paris viendrait jusqu'à Saint-Cloud [11] ». La campagne de Russie mettra fin à ces fantasmes néroniens et seule la dernière prédiction se réalisera. On peut davantage regretter un autre projet colossal auquel Napoléon tenait beaucoup : la construction d'une fontaine ornée d'un éléphant géant surmonté d'une tour qui serait accessible aux promeneurs. L'éléphant, qui devait être coulé dans le bronze des canons russes de Friedland, reçut un début d'exécution, place de la Bastille, à travers une maquette qui subsistera jusque vers 1840. Haussmann, enfant, a pu la voir, y entrer même, comme le Gavroche des *Misérables* qui en fera son refuge :

> C'était un éléphant de quarante pieds de haut, construit en charpente et en maçonnerie, portant sur son dos sa tour, qui ressemblait à une maison, jadis peint en vert par un badigeonneur quelconque, maintenant peint en noir par le ciel, la pluie et le temps. Dans cet angle désert et découvert de la place, le large front du colosse, sa trompe, ses défenses, sa tour, sa croupe énorme, ses quatre pieds pareils à des colonnes faisaient, la nuit, sur le ciel étoilé, une silhouette surprenante et terrible… C'était sombre, énigmatique et immense. C'était on ne sait quel fantôme puissant, visible et debout à côté du spectre invisible de la Bastille [12].

La « planète traversière » de Bonaparte

Mais, au début de 1809, Bonaparte ignore que le destin ne lui donnera pas le temps de faire de Paris la « capitale du monde » : la grande œuvre sera reprise plus tard par son neveu Louis Napoléon et réalisée par le préfet de Paris, Georges Eugène Haussmann. Lorsque ce dernier vient au monde, l'empereur des Français connaît la pleine gloire. Quelques mois plus tôt, en octobre 1808, à Erfurt, il a partagé le monde avec le tsar Alexandre devant « un parterre de rois » : à l'exception du roi de Prusse et de l'empereur d'Autriche, tous les princes germaniques sont accourus dans la capitale de la Thuringe faire leur cour au nouveau César. Ils sont si veules qu'ils ont été jusqu'à organiser une chasse au sanglier dans les collines de Iéna où, trois ans plus tôt, la France avait écrasé la puissance prussienne. « La bassesse n'avait jamais eu autant de génie », raille Talleyrand [13]. Mais, sous cette toute-puissance, déjà, les esprits avertis devinent les fractures annonciatrices de la catastrophe finale. Le 27 mars, le jour même de la naissance d'Haussmann, René de Chabeaubriand publie *Les Martyrs*, après des mois de conflits avec la censure impériale. Retiré en quasi-exil intérieur dans le cadre champêtre et romantique de la Vallée-aux-loups, l'écrivain cisèle déjà son chef d'œuvre, les *Mémoires d'outre-tombe* :

> Bonaparte, écrit-il magnifiquement en ce mois de mars, est entré dans l'orbite de ce que les astrologues appellent la planète traversière [14].

Il est vrai que Chateaubriand est d'autant moins porté à l'indulgence que son cousin Armand vient tout juste d'être fusillé dans la plaine de Grenelle pour chouannerie. Tout aussi attentif aux signes, Talleyrand a vu un mauvais présage dans le fait que la Comédie-Française a joué à Erfurt *La Mort de César*. L'ancien évêque d'Autun, le politique le plus subtil de son temps, est de plus en plus convaincu que, grisé par sa toute-puissance et par les flatteries, Napoléon court à sa perte. L'hubris que les dieux des tragédies antiques envoyaient aux hommes pour les aveugler a envahi son cœur, et sa mégalomanie ne connaît plus de bornes. Après avoir réalisé le rêve des Capétiens et soumis à la domination française l'espace germanique, il a repris celui de Louis XIV et vient de remplacer les Bourbons d'Espagne par un Napoléonide, son frère Joseph. Funeste faute : les vétérans d'Austerlitz, de Iéna, de Friedland perdent leur vie – et leur âme – dans les atrocités d'une guerre impitoyable. Chez Talleyrand, l'action suit l'analyse. Déjà, il pense à l'après-Napoléon, se réconcilie avec Fouché qu'il reçoit en son hôtel de Monaco, aujourd'hui l'hôtel Matignon, et tous deux écrivent à Murat, roi de Naples et beau-frère de l'Empereur, pour lui suggérer de se tenir prêt à prendre les rênes de l'Empire. C'est parce qu'il a appris ces tractations à la limite de la trahison – et les préparatifs belliqueux de l'Autriche – que Napoléon revient en catastrophe d'Espagne en début d'année et insulte son ministre des Affaires étrangères : « Vous êtes de la merde dans un bas de soie ! »

Bien sûr, l'opinion publique ignore ces frictions au sommet mais elle commence aussi à s'inquiéter. Ses doutes se devinent en filigrane dans une presse étroitement contrôlée par la censure et dont la rubrique politique intérieure se résume à deux types de nouvelles, radicalement antithétiques, au moins en apparence : les condamnations des réfractaires au service militaire et les hommages dithyrambiques des notables, dont l'hyperbole est inversement proportionnelle à la sincérité. Voici des extraits du *Moniteur* du 27 mars, le jour même de la naissance d'Haussmann :

> L'Assemblée des notables israélites du Bas-Rhin, pénétrée d'administration, d'amour et de respect pour la personne sacrée de SMI et R, ont prié le Consistoire central de faire parvenir au pied du trône du Grand Napoléon l'expression de leur vive gratitude pour les bienfaits que SM a daigné répandre sur ses sujets israélites.

Ce même jour, les notables des départements du Loiret, de Jemmapes, de la Marne, de l'Oise, de la Vienne et de l'Ardèche ne sont pas en reste. Voici en quels termes le président du collège électoral ardéchois quémande une visite impériale dans le département :

> Notre pays âpre et montagneux n'a jamais été embelli ni vivifié par la présence de Votre Majesté. Un seul de vos regards ranime dans les départements que vous visitez les arts, l'industrie, l'agriculture.

On n'a pas fêté le vingtième anniversaire de la prise de la Bastille et, déjà, le ton est digne de l'époque de Xerxès.

L'autre type de nouvelles qui envahit les colonnes du *Moniteur* est plus directement révélateur des sentiments profonds de l'opinion : les procès intentés aux réfractaires et à leurs complices. *Le Moniteur* relate, pour le seul 27 mars, cinq condamnations, dont celle d'un médecin de Toulouse, le docteur Tarbes, qui écope de six mois de prison et de cinq cents francs d'amende pour « escroquerie en matière de conscription », en clair pour avoir exempté trop généreusement. À Ribemont dans l'Aisne, c'est un père de famille, le charron Jean-Charles Lefranc, qui doit verser les cinq cents francs et faire un an de prison pour « avoir recelé son fils, conscrit réfractaire, arrêté dans sa grange par la gendarmerie ». On imagine les réactions intimes des autres pères de famille à ce jugement et à ce récit si suggestif dans sa sobriété. Si les tribunaux travaillent tant, c'est que les Français sont las d'une guerre qui dure quasiment sans discontinuer depuis 1791 et d'une conscription de plus en plus vorace : outre la guerre d'Espagne, il faut alimenter la campagne contre l'Autriche qui se prépare activement. La classe de 1809 ayant déjà été mobilisée en 1808, Napoléon décide d'appeler par anticipation la classe 1810 et, mesure particulièrement impopulaire, de porter le contingent mobilisable de soixante à quatre-vingt mille hommes de façon rétrospective à partir de 1806. Au total, en ce printemps 1809, cent quarante mille nouveaux conscrits quittent leurs foyers pour la guerre. Le 13 avril, l'Empereur repart en campagne. Direction : Vienne.

Petit-fils d'immigrés allemands

Telle est l'ambiance inquiète, l'atmosphère lourde qui prévaut dans l'Empire français lorsque naît le petit Georges Eugène. Dans l'Empire, mais pas dans la famille Haussmann, famille « impérialiste » s'il en est. Ce n'est pas chez elle que l'on découvrira des réfractaires. « J'étais un Impérialiste de naissance et de conviction », écrit le baron. Et trois semaines après sa naissance, quatre proches partent en campagne avec la Grande Armée. De fait, les Haussmann campent magnifiquement la famille bonapartiste. Le père, Nicolas Valentin, n'a pas vingt et un ans mais est déjà administrateur des armées, avec le titre de commissaire des guerres. Il fera la campagne d'Autriche. L'oncle, André Haussmann, à moins de dix-huit ans, officie également dans l'intendance militaire. Le grand-père paternel, Nicolas, longtemps dans l'administration des vivres, vient tout juste de prendre sa retraite et de se retirer à Chaville dont il est le maire, bonapartiste bien sûr. C'est lui qui a placé ses deux fils dans l'administration militaire. Le côté maternel n'est pas en reste. L'oncle maternel, Louis Dentzel, officier dans les hussards à vingt-trois ans, est bien sûr de la campagne. Enfin, l'autre grand-père, Georges Dentzel, appartient à l'état-major de Napoléon, également dans la section administrative, et a été fait baron d'Empire l'année précédente. C'est ce titre que Georges Eugène relèvera un jour. Le 13 avril, ce jeune aïeul de cinquante-trois ans quitte Paris avec l'Empereur qui le nommera bientôt gouverneur de Vienne occupée. Le nouveau-né lui est redevable de ses deux prénoms : Georges, et Eugène, en hommage au beau-fils de l'empereur Eugène de Beauharnais dont le grand-père Dentzel fut longtemps officier d'état-major et qui a bien voulu être le parrain du bébé. Étonnez-vous qu'avec pareille hérédité Georges Eugène soit devenu « impérialiste », qu'il ait rallié Louis Napoléon Bonaparte et ait fait carrière dans le service de l'État !

Pour comprendre un homme, saisir ses motivations, expliquer ses ambitions, connaître ses valeurs, ses répulsions et ses faiblesses, il est indispensable de remonter à ses origines. C'est Haussmann qui l'écrit :

> Le milieu dans lequel chacun de nous est né ; l'éducation qu'il y reçoit, les sentiments, les idées, les opinions qu'il y partage, influent, tout au moins, sur ses débuts [15].

Paris ne serait pas ce qu'il est aujourd'hui sans la très forte personnalité de Georges Eugène Haussmann, et cette personnalité hors du commun, cette quasi-force de la nature, ce caractère entreprenant, cette immense capacité de travail doivent évidemment beaucoup aux gènes et à l'histoire d'une famille au destin mouvementé, riche en entrepreneurs sinon en aventuriers, une famille totalement atypique. Alsaciens ou émigrés d'Allemagne de fraîche date ; luthériens convaincus ; partisans enthousiastes de la Révolution française qui leur apporte l'égalité des droits civils et politiques et en fait des hommes neufs ; ralliés à l'Empire à qui ils fournissent les cadres administratifs indispensables à la réorganisation de la France, les Haussmann constituent l'archétype de cette bourgeoisie nouvelle issue de la Révolution, éclose sous l'Empire, brimée sous la Restauration et qui rebondira sous la monarchie de Juillet pour s'épanouir sous le Second Empire.

Haussmann, littéralement en allemand, « l'homme de la maison » ; le « domestique », le « laquais », railleront les (nombreux) ennemis du baron sous le Second Empire. La famille de Georges Eugène – aussi bien maternelle que paternelle – est un parfait exemple d'assimilation, d'intégration. C'est le rejeton d'immigrés germaniques qui fera de Paris la plus belle ville du monde, tout comme ce fut le Sicilien Mazarin qui conclut les traités de Westphalie si favorables à la France. De double souche allemande – son aïeul paternel à la sixième génération est né en Thuringe et son grand-père maternel Dentzel dans le Palatinat –, Haussmann revendiquera toujours haut et fort sa nationalité française. « C'est un nom bien et dûment baptisé français que le mien », proclame-t-il dans ses *Mémoires*. Et lorsque, au lendemain de Sedan et de la chute de Napoléon III, Bismarck cherche à l'attirer à Berlin, il éclate dans une sainte colère : « Comment, parce qu'un nom a une consonance germanique, on ne serait pas français pour toujours ! » Homme de l'Est, alsacien d'origine, Haussmann se sentira toujours doublement français, selon la jolie profession de foi de l'historien lorrain Fernand Braudel.

Alsacien et protestant : Haussmann restera toute sa vie très attaché au protestantisme qui a déterminé le destin du clan. Les Haussmann, d'abord, sont des réfugiés religieux et, paradoxalement, c'est leur appartenance à la Confession d'Augsbourg qui est à l'origine de leur migration vers la France catholique. Lors de l'établissement, au milieu du XVIe siècle, du principe « *cujus regio, ejus religio* » – telle est la religion du prince, telle celle des habitants –, la famille Haussmann, fidèle à ses convictions, quitte l'électorat catholique de Cologne pour la Saxe luthérienne et s'installe à Tennstedt – aujourd'hui Bad Tennstedt – en Thuringe. Mais la vie est difficile dans cette partie de l'Allemagne ravagée par la guerre de Trente Ans et, en 1702, Balthazar Haussmann conduit sa famille dans la riche Alsace, française depuis peu mais où la pratique de la religion réformée est sous la garantie internationale des traités de Westphalie de 1648. L'absurde et scandaleuse révocation de l'édit de Nantes, décrétée en 1685 par Louis XIV, ne s'y applique donc pas et Balthazar Haussmann, pharmacien de son état, peut s'installer sans problème à Colmar. Il ne doit manquer ni de charme, ni d'entregent, ni d'ambition : trois ans plus tard, cet immigré de fraîche date entre dans le cercle fermé des familles dirigeantes de la ville en épousant Marie-Madeleine Burger, d'une grande famille colmarienne. Bon sang ne saurait mentir : en 1737, son fils Christian, pharmacien également, conforte cet ancrage dans la bourgeoisie alsacienne en s'alliant à Barbe Buob, fille d'un marchand drapier, membre du conseil de Colmar et du consistoire protestant, administrateur de l'hôpital. Les Buob appartiennent à l'histoire de la ville : c'est un des leurs qui a introduit la Réforme protestante à Colmar et, plus tard, lorsque le grand-père d'Haussmann siégera à la Convention, un de ses lointains petits cousins, le banquier Jean Buob, sera guillotiné à Paris comme agent royaliste [16].

Les Haussmann ont l'esprit d'entreprise et, comme de nombreuses familles protestantes alsaciennes, passent bientôt du petit commerce à l'industrie. En 1777, quatre des fils de Christian Haussmann – Nicolas, le plus jeune, sera le grand-père du baron – créent une fabrique de toiles à Wintzenheim sur les bords du Logelbach dans les Vosges alsaciennes. Protestants et industriels, ce n'est pas un hasard total, explique le pasteur et historien Denis Vatinel :

> Une corrélation s'impose entre ces deux données. La situation d'exclus, qui est celle des protestants dans la France de l'Ancien Régime, les met à l'abri de cette mobilisation des capitaux et des capacités dans la course aux charges de toutes sortes à laquelle se livrent la

bourgeoisie et la noblesse. Ils vont ainsi pouvoir fournir à la jeune révolution industrielle les cadres dont elle a besoin, dans une mesure hors de proportion de leur nombre [17].

Les frères Haussmann conjuguent efficacement leurs différents talents : l'aîné Christian (à ne pas confondre avec son père) fournit les capitaux issus d'un riche mariage ; Jean met dans la corbeille l'expérience commerciale acquise durant plusieurs années de travail dans une entreprise d'Augsbourg ; Jean-Michel apporte ses compétences en chimie : scientifique reconnu, lié à Lavoisier, Chaptal et Bertholet, auteur de nombreux mémoires techniques, il inventa des procédés de teinture, additionna la chaux à la garance, fixa le bleu de Prusse sur le tissu de lin et fut le premier à utiliser le chlore pour blanchir les toiles de coton. Nicolas, enfin, est envoyé à Versailles tenir le dépôt établi pour vendre à la Cour les indiennes produites en Alsace : les toiles sont tissées dans les fermes vosgiennes, blanchies sur pré, puis peintes aux couleurs vives dans l'usine de Logelbach qui, bientôt, compte plus de mille deux cents ouvriers et produit cinquante mille pièces d'indienne. En deux générations, les Haussmann deviennent des industriels prospères et influents : en 1790, une pétition signée « Haussmann Frères et compagnie » est remise à l'Assemblée nationale pour protester contre le nouveau tarif douanier qui interdit l'importation des toiles blanches en France. Les « frères Haussmann » se posent en défenseurs de l'industrie textile de toute l'Alsace qui « emploie trente mille ouvriers et assure trois à quatre millions d'exportations pour le seul département du Haut-Rhin » : ils demandent que les toiles blanches importées pour être imprimées et réexportées soient « considérées comme matières premières » et proposent qu'un registre soit tenu à Strasbourg pour comptabiliser les pièces importées et celles exportées. N'est-ce pas là le principe des zones franches aujourd'hui [18] ?

De Luther à Robespierre

Nicolas Haussmann, le grand-père de notre héros, a tout juste dix-huit ans lorsque, en 1778, il quitte son Alsace natale et se trouve projeté dans l'agitation de la métropole Versailles-Paris et l'actualité politique nationale et internationale. 1778 est une année riche en événements, en nouvelles, ces nouvelles qui parviennent si tard à Colmar, si toutefois elles y parviennent. Louis XVI vient de déclarer la guerre à l'Angleterre. La guerre d'Amérique commence.

Qui s'en soucie à Colmar ? Mais à Versailles, cela donne un coup de pouce au commerce : les grands officiers multiplient les fêtes avant de rejoindre les escadres royales. La république des lettres est à la fois en fête et en deuil : en février, Voltaire, qui s'ennuie à Ferney, fait un retour triomphal à Paris tandis que Jean-Jacques Rousseau meurt, le 2 juillet, à Ermenonville. Personne, en revanche, ne prête attention au décès dans un hôtel du Sentier de Mme Mozart mère, venue accompagner son fils à la recherche de commanditaires et qui repartira déçu par Paris, où les déplacements sont – déjà – si difficiles : « c'est chaque fois trop loin ou trop boueux, car à Paris c'est une merde indescriptible ». La lettre de Mozart à son père est rapportée par Claude Manceron[19], qui précise que Anna Maria Mozart a été empoisonnée par l'eau de Paris « comme tant d'étrangers venant de la campagne ou des petites villes propres. Les Parisiens, en ces années-là, mangeaient et buvaient leurs excréments charriés par les ruisseaux. Ceux qui ne mouraient pas en bas âge étaient immunisés ». Près d'un siècle plus tard, le petit-fils de Nicolas Haussmann aura, encore, à se battre contre les partisans de la Seine qui soutiennent que son eau est bien meilleure pour l'organisme que l'eau de source… En tout cas, à son arrivée à Versailles, le jeune Alsacien n'imagine pas combien cet « exil » va influer sur sa destinée propre, sur celle de ses descendants et sur celle de Paris. Pas plus d'ailleurs qu'un jeune Corse qui, la même année, quitte également sa ville natale et entre au collège d'Autun, Napoleone Buonaparte…

Loin de Colmar, Nicolas s'émancipe. En 1786, il prend femme. C'est normal pour un jeune homme de vingt-six ans. Ce qui est plus surprenant, c'est que Catherine Thiénot, veuve de François Decorsan négociant en toiles peintes lui aussi, est plus âgée que lui. Et ce qui est franchement « révolutionnaire » pour la famille Haussmann et les cousins Buob : Catherine est catholique. Les mariages mixtes étant interdits depuis la révocation de l'édit de Nantes, le conjoint protestant doit en théorie abjurer sa foi. Mais, explique le pasteur Vatinel, « dès le début du règne de Louis XVI, un palliatif était apparu : l'autorisation par le roi du mariage à l'étranger. Les ambassades étant censées être en pays étranger, on vit à Paris les pasteurs des chapelles de Hollande, de Suède et de Danemark bénir, avec brevet du roi de France, des mariages entre protestants et catholiques ». C'est le pasteur de l'ambassade du Danemark qui marie Nicolas et Catherine. Joseph Valynseele[20] a retrouvé dans les registres de la chapelle du Danemark l'acte de mariage accompagné d'un brevet du roi daté du 17 août 1786 les autorisant à « célébrer en pays étranger le mariage convenu entre eux ». Voilà à quelles paperasses ubuesques conduit l'intégrisme catholique d'État un siècle après la révocation de l'édit de Nantes ! En Alsace même, malgré les traités de Westphalie, les protestants sont à peine mieux tolérés : le cardinal de Rohan, archevêque de Strasbourg, le fameux donateur du Collier de la reine, proclame :

> La religion luthérienne ne peut ni ne doit jamais acquérir, s'augmenter et recevoir du Souverain aucune nouvelle faveur ; elle doit être restreinte dans les bornes fixées par les traités [21].

On ne s'étonnera donc pas que, marqué par ce viol des consciences et ces tracasseries d'un autre âge, le couple Haussmann accueille avec ferveur les événements de 1789. Protestant et alsacien : deux excellentes raisons pour adhérer de tout cœur à une révolution qui proclame la liberté, l'égalité, la fraternité, supprime les particularismes, les castes, les statuts minoritaires et fait de tous des citoyens français égaux en droits et en devoirs. Pas étonnant non plus que l'Alsace imite très vite Paris : la prise de la Bastille est à peine connue, que Strasbourg se soulève et que, le 21 juillet, la foule envahit l'Hôtel de Ville et brûle les archives, conservatoire des privilèges et des inégalités. À Versailles, Nicolas Haussmann est aux premières loges pour assister à l'effondrement de la monarchie. Il n'est pas en reste sur ses compatriotes alsaciens et appartient à cette « petite légion de jeunes bourgeois » qui, selon l'historien Louis Madelin, ont mené la Révolution. Des jeunes qui « ne pouvaient être tenus, avant 1789, pour des déshérités du sort et spécialement de la fortune ». C'était le cas de Joseph Fouché, ce fut aussi celui de son compagnon sur les bancs de la Montagne, Nicolas Haussmann [22]. Éperdu d'admiration pour son grand-père, Georges Eugène écrira, un siècle plus tard, dans ses *Mémoires* :

> Il était tout acquis aux idées généreuses propagées par les écrits des philosophes du XVIIIe siècle et fut entraîné facilement par le courant d'opinion qui renversa la Monarchie. Esprit large et libéral ; ferme, résolu, mais pondéré ; maître de lui-même, il ne voulait d'abord, comme tant d'autres, que la réforme des abus et gaspillages financiers de l'Ancien Régime [23].

À en croire le baron, Nicolas Haussmann fut avant tout un homme d'ordre, un gestionnaire, une sorte de préfet avant l'heure :

Promptement, il s'était fait distinguer (surtout dans les séances des comités) par son grand sens pratique et ses aptitudes administratives.

Le portrait n'est pas foncièrement inexact mais terriblement réducteur et sensiblement biaisé. Administrateur, Nicolas Haussmann le deviendra, au fur et à mesure que la Révolution et lui-même s'assagiront. Mais ce ne sont pas des qualités de chef de bureau qui le font élire en 1791 à l'Assemblée législative et en 1792 à la Convention qui l'envoie en mission auprès de l'armée du Rhin. Ces « représentants en mission » sont des commissaires politiques chargés de veiller à l'enthousiasme populaire, au moral des troupes et au loyalisme des généraux. Georges Lefebvre, l'historien de la Révolution, dit :

Ces représentants en mission étaient très puissants ; c'était des députés qui, par conséquent, étaient investis de la souveraineté nationale et ils avaient derrière eux le tribunal révolutionnaire ; en l'an II personne n'osait leur résister [24].

Tant pis pour la piété filiale du baron et son portrait lénifiant : les talents d'administrateur de son grand-père sont successivement employés à multiplier les réquisitions en Alsace et en Lorraine (en 1792-1793) ; à mettre les Pays-Bas vaincus en coupe réglée (1794-1795) ; et, de retour dans l'Est en 1796-1797 avec le titre de commissaire des armées du Directoire, à dépouiller les paysans de la Forêt-Noire pour nourrir l'armée de Moreau qui recule d'Augsbourg à l'Alsace. Les exactions sont telles que les montagnards se soulèvent et livrent une véritable guérilla aux troupes françaises, incendiant les dépôts de nourriture et de fourrage, torturant et achevant les blessés. C'est une armée en lambeaux que le général Moreau et le représentant Haussmann ramènent au Rhin à la mi-octobre 1796. Gouvion-Saint-Cyr, qui assiste à leur retour à Huningue, raconte :

Six mois de bivouacs continuels avaient exténué les hommes et les chevaux et ruiné le matériel ; l'habillement, ainsi que la chaussure, étaient complètement détruits ; un tiers des soldats marchaient pieds nus [25].

Nicolas Haussmann exercera une énorme influence sur l'enfance et la formation du baron qui, dans ses *Mémoires*, parlera d'ailleurs avec beaucoup plus de chaleur de son aïeul que de son père. Plus tard, retiré des affaires dans sa propriété cossue de Chaville après s'être enrichi dans l'administration des vivres où il « pantouflera » jusqu'en 1808, le vieux conventionnel n'aura de cesse de se façonner une image de modéré. Mais s'il ne fut pas un de ces proconsuls sanguinaires parcourant les départements avec leur guillotine de campagne, le représentant Haussmann fut bel et bien un révolutionnaire, exerçant ses missions sous Robespierre et le Comité de salut public. Les archives nationales ont conservé de lui des déclarations qui témoignent de son zèle. Aux populations alsaciennes : « J'ai la satisfaction de vous annoncer que le glaive de la loi n'a eu à frapper de mort que quelques fabricateurs de faux assignats et des assassins. » Ou : « Nous avons fait arrêter les chefs de complots. C'étaient presque toujours des prêtres, des baillis ou des agents connus à l'Électeur. » Et, en décembre 1793, alors que la Terreur est à son paroxysme, il dénonce l'évêque de Versailles pour avoir refusé une cure à un prêtre marié.

« Cherchez la femme », dit le proverbe. Les recherches de Jean Lagny [26] montrent assez que Catherine Thiénot-Haussmann partage l'engagement révolutionnaire de son mari. Sa ferveur est incontestable. Marraine d'un enfant en décembre 1791, elle le baptise Pétion, du nom du leader de la Commune de Paris. Et s'en glorifie, avec quelque lourdeur, dans une lettre au maire de la capitale.

> L'usage veut que l'on donne un patron au nouveau-né. Le but de cette institution est de rappeler sans cesse l'homme à la vertu et de lui inspirer le désir de justifier le nom qu'il a reçu à la naissance. Les héros de notre calendrier n'ont pas paru propres à remplir cet objet… J'ai donc voulu que mon filleul fût appelé Pétion.

De nouveau marraine un an plus tard, Catherine récidive : le bébé s'appellera Républicain. Républicain Martin, un nom difficile à porter vingt-trois ans plus tard lors de la Restauration… Mme Nicolas Haussmann a le sens de l'actualité : le baptême est célébré le 26 septembre 1792, cinq jours après que la Convention eut décidé de dater les actes publics « de l'an Ier de la République ».

Le mot de République est lancé. Il reste à éliminer le roi, ce qui ne tarde pas : le 17 janvier 1793, la Convention condamne Louis XVI à la guillotine par 387 voix sur 721 députés en séance. Nicolas Haussmann, en mission sur le Rhin, fait partie des vingt-huit conventionnels absents et n'a pas pris part au vote. Pourtant, en 1815, lors de la Restauration, il sera accusé de régicide par intention et devra s'exiler quelques mois en Suisse. C'est que, le 12 janvier 1793, quelques jours avant la condamnation du roi, *Le Moniteur* avait publié une lettre bien compromettante envoyée à la Convention par les « commissaires à l'armée de Custine ». Datée du

6 janvier à Mayence et signée, dans l'ordre, de Haussmann, de Merlin de Thionville et de Rewbell, elle est sans équivoque :

> Nous sommes entourés de morts et de blessés. C'est au nom de Louis Capet que les tyrans égorgent nos frères, et, cependant, Louis Capet vit encore.

Pas pour longtemps. Le 21 janvier, à dix heures vingt du matin exactement, la tête du roi déchu tombe place de la Révolution. Plus tard, le baron Haussmann affirmera que la phrase condamnatrice, ce vote pour la mort par procuration, a été rajoutée par les collègues de son grand-père et à son insu. « Présent, je sais de lui qu'il n'eût pas voté la mort du Roi. » Reste à savoir pourquoi Rewbell et Merlin de Thionville auraient eu à se cacher de leur collègue. Les trois représentants en mission appartiennent au même clan, au clan des hommes de l'Est qui se battent à la fois pour la Révolution et pour la frontière du Rhin. Nicolas Haussmann sera toujours dans la roue de Rewbell, ancien procureur de Colmar, un homme énergique et volontaire jusqu'à la brutalité : membre du Directoire avec la responsabilité des affaires étrangères, il y sera « l'homme de la rive gauche du Rhin », soucieux de doter l'Alsace d'un glacis protecteur. Et, observe Georges Lefebvre :

> Il est entouré d'hommes qui pensent comme lui, deux Mayençais, Aubert, Dubayet, Hoche alors la plus grande gloire militaire du régime, Ritter, Pfleiger, Rudler, les Schérer, Haussmann, des Alsaciens [27].

L'historien de la Révolution et du Directoire oublie un nom : Georges Dentzell, originaire du Palatinat mais également du « clan des Alsaciens ». Conventionnel comme Haussmann, il est envoyé en mission en Alsace en même temps que lui. Et ils resteront assez proches pour que, en 1806, Nicolas Valentin Haussmann, qui n'a pas dix-neuf ans, épouse Caroline Dentzel, qui en a tout juste dix-sept. Mariage célébré à Versailles chez le père de la mariée, « dans un petit temple grec décorant le fond du parc de sa propriété de l'Hermitage, ancien domaine de la marquise de Pompadour, près Trianon », précisera, dans ses *Mémoires*, leur fils Georges Eugène, toujours si attentif à relever les faits, même les plus fortuits, qui rapproche sa famille des grands de ce monde : l'Hermitage, acheté en 1799, servira de refuge à Georges Dentzel au lendemain de Waterloo.

Pasteur puis baron d'Empire

Qui était ce grand-père maternel qui exerça, lui aussi, une grande influence sur les années de jeunesse de Georges Eugène ? Le portrait que celui-ci en dresse est un modèle de véracité factuelle et de mensonge par omission :

> Le général baron Dentzel, né à Durckheim dans le Palatinat, en 1755, avait été compagnon d'armes de Rochambeau et de La Fayette, comme officier du régiment dit Royal Deux-Ponts, dans la guerre d'indépendance des États-Unis d'Amérique. Il en revint chevalier de Saint-Louis et fut naturalisé français par lettres patentes du roi Louis XVI en 1784[28].

Tout est vrai mais incomplet. Taraudé par le souci bourgeois de respectabilité, Haussmann gomme les aspects les plus anticonformistes, les plus originaux de cet Allemand haut en couleurs qui débute dans la vie comme petit pasteur luthérien allemand et finira général et baron de l'Empire français.

Le propre des périodes révolutionnaires est de bouleverser les destins, de révéler des caractères, de promouvoir des personnalités qui, en temps de paix, ne seraient pas sorties de leur milieu originel et se seraient étiolées dans des emplois subalternes. Que serait devenu le lieutenant d'artillerie Bonaparte sans la Révolution ? Dans quelle garnison aurait-il végété ? En ce qui concerne Georges Dentzel, la réponse est plus aisée : il aurait probablement été ministre de la religion réformée toute sa vie. Le grand-père maternel d'Haussmann doit tout aux formidables événements qui ont alors bouleversé la France et l'Europe. Ce sont eux qui ont fait un baron d'Empire d'un jeune Palatin, courant les filles et plus aventurier que pasteur. Écartons le portrait lénifiant que fait de lui son petit-fils pour celui plus pittoresque, plus truculent, plus éclairant que l'on trouve dans un ouvrage aussi passionnant qu'oublié : *Un Allemand en France sous la Terreur, souvenirs d'un authentique aventurier, Friedrich Lauckhard*[29]. L'itinéraire de Lauckhard relève du roman picaresque : cet Allemand, originaire du Palatinat, grand amateur de bon vin et volontiers noceur, avait commencé par enseigner la théologie protestante à Halle, en Saxe, avant de se mettre au service du roi de Prusse et de s'engager dans un régiment de mousquetaires. C'est là que le trouve la Révolution française et, à l'automne 1792, il participe au siège de la ville de Landau alors française. Ses chefs lui confient une mission : simuler une désertion de l'armée prussienne et s'introduire dans la cité afin d'y évaluer la situation des assiégés. Mais surprise ! Il découvre que le conventionnel en mission qui galvanise la résistance de la ville est un ancien camarade d'études et de plaisir des années de Halle : Georges Frédéric Dentzel.

> J'avais connu autrefois cet homme singulier et nous étions même quelque peu parents, si je ne m'abuse. Il avait fréquenté l'école à Durckheim, étudié ensuite la théologie à Halle, et mené là, comme partout, une existence de joyeux drille.

C'est même à une histoire de cœur que Dentzel doit de participer à la guerre d'indépendance américaine, comme aumônier militaire, ce que son petit-fils omettra de signaler. Lauckhard écrit :

> À l'époque où il postulait une place de pasteur, il faisait la cour à Mlle Sabine Michaelis, la plus jolie fille de tout le Palatinat [...]. Se voyant éconduit, Dentzel donna libre cours à son humeur satirique et cribla de sarcasmes la jeune fille, ce qui blessa vivement le conseiller aulique son père et le prince de Leiningen, et lui enleva tout espoir d'être nommé à une cure dans la principauté de Leiningen. Ayant réussi à s'introduire auprès de plusieurs officiers français, il obtint le poste d'aumônier du régiment de Deux-Ponts. Comme c'était un homme intelligent et un joyeux compagnon, il ne lui fut pas difficile de plaire à l'excellent et libéral prince Maximilien de Deux-Ponts, qui commandait alors un régiment à Landau [30].

Il faut savoir, en effet, que le Royal Deux-Ponts infanterie est un régiment de mercenaires allemands traditionnellement au service du roi de France qui l'envoie outre-Atlantique dans le corps expéditionnaire de Rochambeau. Dentzel participe à la fameuse bataille de Yorktown, face aux régiments de Hesse au service de l'Angleterre : sur terre, la guerre d'indépendance d'Amérique fut un conflit germano-allemand. Louis XVI n'est pas un ingrat : en 1784, il accorde la nationalité française aux mercenaires étrangers qui l'ont servi en Amérique. Georges Dentzel l'en remercie quelques années plus tard, en se lançant à corps perdu dans la Révolution. Il jette son habit de pasteur aux orties, milite au club des Jacobins, est élu à la Convention qui l'envoie en mission à l'armée du Rhin (il pouvait y avoir plusieurs représentants en mission par armée). C'est là que, en 1792, Lauckhard retrouve son ancien camarade Dentzel qui dirige la résistance de Landau assiégé, ce qui n'est pas toujours facile :

> À l'Hôtel de Ville, tous les murs étaient recouverts de Décrets, d'Ordonnances, de Bulletins, etc. Or, il arriva que tous ceux qui, aux

étages supérieurs, éprouvaient le besoin d'aller aux cabinets, arrachaient, en descendant, une affiche.

Le plus difficile est d'imposer les assignats dont les habitants auraient bien volontiers fait le même usage. Dentzel, « qui s'était enfermé dans la place pour stimuler les militaires avait bien rendu un décret d'après lequel les assignats devaient avoir cours au même titre que l'argent monnayé ; les habitants n'en tenaient aucun compte : deux sous en monnaie équivalaient à dix, puis à vingt sous en papiers ». Mais au moins, Dentzell n'utilise pas la « guillotine de campagne » pour imposer la monnaie papier. Révolutionnaire et républicain, ce n'est pas un extrémiste, un « terroriste ». Il est même jeté en prison à Paris au plus fort de la Terreur en 1794 et n'échappe au bourreau que grâce à la chute de Robespierre. Il réintègre alors la Convention où il rallie bien sûr la réaction thermidorienne : en mai 1795, lors de l'insurrection montagnarde du 1er prairial an III, il est chargé de la défense de l'Arsenal et de ses munitions contre les émeutiers. Sous le Directoire, il siège au Conseil des anciens mais, esprit pratique, il commence à s'inquiéter des aléas de la vie politique et veut assurer sa carrière en entrant dans les cadres de l'armée. Dans un courrier très argumenté au ministre de la Guerre, il rappelle les services rendus au pays et à la République : il a servi le général Kellermann comme aide de camp, sauvé Landau, défendu l'arsenal contre deux assauts du Faubourg-Saint-Antoine, sans oublier sa participation à la guerre d'indépendance d'Amérique et l'éclat de boulet reçu alors dans le mollet[31]. Sa demande est acceptée : il obtient le grade d'adjudant général et est affecté en 1796 à l'état-major de l'armée de l'Intérieur. Il a quarante ans et peut songer à une nouvelle carrière mais voilà que, trois ans plus tard, après le coup d'État de brumaire, il est relégué à la direction de l'hospice militaire du Mans avant d'être mis d'office à la retraite à la fin de 1801. D'autres se résigneraient, pas Georges Dentzel qui revient à la charge, écrit à Bonaparte pour faire valoir sa connaissance de l'allemand et finit par vaincre les préventions que le personnel de l'Empire a contre lui. En 1806, il est rappelé en activité, participe à la campagne contre la Prusse et se voit attribuer une mission de confiance : administrer la ville de Weimar où s'établit l'état-major de Napoléon. L'adjudant général s'acquitte de sa tâche avec correction et préserve du pillage les trésors artistiques et la célèbre bibliothèque de la ville. Lorsqu'il quitte Weimar, il reçoit du grand-duc une bague ornée de brillants et, du grand Goethe, une chaleureuse lettre de remerciements. L'Empereur est tout aussi satisfait de ses services : deux ans plus tard, l'ex-aumônier d'un régiment de mercenaires étrangers est fait baron d'Empire, avec dotation en Westphalie. Selon les lois de l'Empire, le titre devient héréditaire si le récipiendaire constitue un majorat, c'est-à-dire un ensemble de biens ou de rentes d'État garantissant cinq mille francs de revenus annuels (dix mille francs pour un comte et vingt mille pour un duc). Et, en mai 1809, quelques semaines après la naissance de Georges Eugène qui relèvera un jour ce titre de baron, Napoléon lui manifeste une nouvelle preuve de confiance en le nommant gouverneur militaire de Vienne. Ce n'est pas une sinécure : les Français occupent la capitale autrichienne alors que l'armée ennemie campe invaincue de l'autre côté du Danube. À Essling, elle a même infligé un coup d'arrêt à l'armée française qui doit se refaire avant de lancer la contre-attaque qui aboutira à Wagram, le 4 juillet. Le gouverneur Dentzel doit multiplier les réquisitions dans un climat de plus en plus hostile aux Français, marqué par un événement exceptionnel à l'époque : un attentat terroriste. Devant le château de Schoenbrunn, le jeune Staps tente de poignarder Napoléon qui interrogera lui-même le jeune homme :

> « Pourquoi vouliez-vous m'assassiner ?
> – Parce qu'il n'y aura jamais de paix pour l'Allemagne tant que vous serez au monde.
> […]
> – Que feriez-vous si je vous mettais en liberté ?
> – Je vous tuerais. [32] »

Staps est passé par les armes. L'histoire d'amour entre la Révolution française et le peuple allemand a pris fin. « Les nations commençaient leur levée ; elles annonçaient à Bonaparte des ennemis plus puissants que les rois. [33] »

Dans un tel climat, le gouverneur militaire a d'autant plus de mérite à conserver son sang-froid et à ne pas braquer la population contre l'occupant. Et à son départ, le baron Dentzel reçoit, comme à Weimar, un témoignage de gratitude pour sa correction : la bourgeoisie de la ville lui offre une boîte en or ciselé, portant à l'intérieur ces quelques mots : « Au consolateur des maux de la guerre, la Communauté des négotiants [*sic*] bourgeois de Vienne. »

Plus tard, Haussmann conservera pieusement ces témoignages de la modération et des qualités d'administrateur de son grand-père mais, enfant, il est surtout sensible à l'épopée napoléonienne, à l'uniforme chamarré de son oncle Louis Dentzel, colonel de hussards. Dans ses *Mémoires*, il relate avec complaisance sa rencontre avec l'Empereur. Que le récit ne soit pas daté peut faire douter de son authenticité mais, même dans cette hypothèse, il témoigne de la ferveur impérialiste dans laquelle vécut Haussmann durant ses cinq premières années, celles où se forme la personnalité :

> Quand j'étais bambin, mon grand-père, le Général, me conduisit pour voir le Prince Eugène, à Trianon. Avant son audience, nous nous promenions dans une allée du parc. L'Empereur y déboucha subitement. Il donnait le bras à son aide de camp, la tête inclinée, l'air soucieux. Nous nous rangeâmes vite contre la charmille, et, prenant la position du soldat sans arme, je fis le salut militaire, en criant : « Vive l'Empereur ! » Le Souverain, surpris, s'arrêta, demandant avec sévérité :
> « Quel est cet enfant, Général ?
> – Sire, c'est mon petit-fils, un futur soldat du roi de Rome. Il attend, avec moi, d'être reçu par le vice-roi d'Italie, son parrain. »
> L'Empereur, se déridant alors, dit : « Ah ! Bien. » Puis, il me regarda fixement quelques secondes, pendant que je me tenais droit, les yeux attachés sur lui ; la main droite vissée à mon shako ; la gauche, à la couture de ma culotte ; car, j'étais en costume de hussard du régiment de mon oncle (le 6e), et mon grand-père, en uniforme, bien entendu.
> « Comment !, reprit-il, tu veux déjà, mon petit homme, entrer dans l'armée ?
> – Je veux, d'abord, entrer dans les pages de l'Empereur ! », répondis-je, sans me douter de mon audace.
> Je répétais ce que j'avais entendu bien souvent de mon grand-père lui-même, qui restait là, suffoqué. Sa Majesté sourit, et, me prenant le menton, il daigna me dire :
> « Tu n'as pas choisi la plus mauvaise porte. Eh bien ! soit, mon garçon, dépêche-toi de grandir et de savoir monter à cheval, pour prendre ton service.
> – Vive l'Empereur ! », répétai-je, pendant qu'il reprenait sa promenade [34].

Tels sont les grands-pères, qui exerceront une énorme influence sur l'enfance du futur préfet de Paris, et qui présentent d'ailleurs de nombreux points communs. Ils sont tous deux des luthériens convaincus : Nicolas, on l'a vu, a épousé une catholique mais il a tenu à ce que son mariage fût célébré par un ministre protestant, et l'ancien pasteur Dentzel siégera au consistoire luthérien de Paris dès sa création en 1808. Tous deux ont rallié la Révolution à ses débuts : Nicolas est élu en 1790 administrateur du département de Seine-et-Oise et Georges crée à Landau un club des Jacobins. L'un et l'autre sont élus à la prestigieuse Convention et sont envoyés en mission auprès des armées de l'Est. Membres du « clan des Alsaciens » et liés à la fortune du directeur Rewbell, ce sont de farouches nationalistes, adeptes de la théorie des frontières naturelles et de l'annexion de la rive gauche du Rhin. Esprits pratiques l'un et l'autre, ils ont habilement glissé de la politique à l'administration, en choisissant le secteur qui, sous le Directoire, offre les plus belles opportunités financières : l'intendance militaire. À leur retraite, les deux aïeuls de Georges Eugène profiteront d'une aisance plus que confortable, Nicolas dans sa double propriété de Chaville, Georges à l'Hermitage près de Versailles. L'un et l'autre enfin campent parfaitement le type de cette nouvelle bourgeoisie née de la Révolution, active, volontaire, entreprenante et attachée à l'État. Toutes qualités que l'on retrouvera chez le grand transformateur de Paris qui devra beaucoup à ces immigrés germaniques. Haussmann en était conscient, avec une préférence marquée pour le grand-père Nicolas : « C'est lui qui m'a, je puis le dire, élevé. » Et, dans une autoanalyse aussi rapide que sauvage, il crédite son ancêtre paternel de son esprit de méthode, de son goût de l'ordre et de sa vocation d'administrateur et de préfet. Il lui fait même l'insigne honneur, dans le système de valeurs haussmannien, de le comparer à Napoléon III : « On ne sait pas assez, dit un jour mon grand-père, combien la France renferme de ressources et combien elle deviendrait riche et puissante, si elle était bien gouvernée, bien administrée, surtout ! » S'ensuit un commentaire expert du baron : « N'y trouve-t-on pas, en termes moins éloquents, ce que, longtemps après, le prince-président déclarait dans le Programme de Bordeaux : "L'Empire, c'est la Paix !" ? » Voilà l'ancien révolutionnaire, député de la Convention sous Robespierre, enrôlé sous la bannière de l'auteur du coup d'État du 2 décembre, restaurateur d'une monarchie ! D'une effrayante froideur confinant au mépris à l'égard de son père, Nicolas Valentin, Haussmann connaîtra pour deux hommes seulement un attachement absolu qu'il ne trahira jamais : son grand-père Nicolas et l'empereur Napoléon III, vis-à-vis duquel il entretiendra un rapport quasi filial malgré la proximité d'âge.

Enfant de Waterloo

Alfred de Musset, né également sous le Premier Empire et condisciple de Georges Eugène au lycée Henri-IV, écrira :

> Les mères inquiètes avaient mis au monde une génération, ardente, pâle, nerveuse. Tous ces enfants étaient des gouttes d'un sang brûlant

qui avait inondé la terre ; ils étaient nés au sein de la guerre, pour la guerre[35].

Le préfet de Paris appartient à cette génération. De constitution fragile, il est, dès ses deux ans, envoyé au vert dans la belle propriété de son grand-père Haussmann à Chaville où il vit en petit campagnard, mais un campagnard aisé, presque un fils de hobereau. Lorsqu'il devint ministre des affaires étrangères sous le Directoire, Talleyrand s'était exclamé : « Nous tenons la place ! Il faut y faire une fortune immense, une immense fortune ! » On n'a pas conservé de traces chiffrées de celle réalisée par Nicolas Haussmann, mais elle était suffisamment confortable pour que ce retraité, à quarante-huit ans, entretînt un hôtel particulier rue Montbauron à Versailles et « nos propriétés de Chaville » (le mot est du baron) : la grande, où les Haussmann reçoivent, la petite, de l'autre côté de la route, où ils vivent lorsqu'ils sont en famille. Georges Eugène en gardera pour toujours un goût prononcé pour le luxe et les belles pierres. À Chaville, il apprend à lire chez une vieille demoiselle, puis, à écrire, chez l'instituteur de Ville-d'Avray. Il passe surtout beaucoup de temps à courir dans les bois de Fausses-Reposes, de Meudon, de Viroflay ou de Marnes en compagnie de son copain, le fils du chef jardinier, de « notre jardinier chef », insiste le baron qui manifestera toujours un sens développé de la propriété.

Heureuse enfance campagnarde, au milieu des champs et des bois, mais bientôt bouleversée par le fracas de la chute de l'Empire. Georges Eugène fête tout juste son cinquième anniversaire lorsque, fin mars 1814, les cosaques affrontent dans les bois de Chaville les quelques troupes françaises qui défendent encore Paris et installent leur bivouac dans la propriété. Maire du village, Nicolas doit organiser les réquisitions et Catherine panser les blessés de l'armée du tsar « avec ses femmes ». Les cosaques se conduisent en cosaques et violentent la petite bonne Jeannette qui n'a pas seize ans. En revanche, pas de pillage : seuls les bijoux et l'argenterie de Catherine Thiénot-Haussmann, l'ex-militante révolutionnaire, sont dérobés… probablement par le jardinier à qui elle avait demandé de les enfouir dans le parc. Après le départ des Russes, en effet, plus de trace des bijoux ni du jardinier. Mais avec les Cent-Jours, les Haussmann se reprennent à rêver. « La Restauration, écrit le baron, ne pouvait, à beaucoup près, éveiller des sentiments de sympathie dans aucune branche de ma famille. » Aussi, lorsque, en mars 1815, Napoléon débarque de l'île d'Elbe, le clan Haussmann-Dentzel le rallie aussitôt. Le grand-père Nicolas est peut-être le moins enthousiaste, à en croire un rapport rédigé après Waterloo et adressé au ministre de l'Intérieur par le sous-préfet royaliste de La Villegonthier :

> Sa conduite et ses paroles sont d'une grande réserve. Le retour de Bonaparte n'a excité chez lui qu'une joie modérée, telle qu'on devait l'attendre d'un homme adroit[36].

Requis par le ministre de la Guerre (et donc non volontaire), l'ancien représentant du peuple reprend l'uniforme pour aller aider à l'approvisionnement de l'armée du Nord. Les Dentzel repartent également à la guerre, et Louis, le colonel de hussards, aura un bras labouré par une balle à Waterloo. La nouvelle et définitive abdication de l'Empereur porte un coup terrible à la destinée du clan. Ces notables issus de la Révolution et de l'Empire deviennent subitement des parias. Le père Nicolas Valentin et l'oncle Louis basculent dans la précarité et l'humiliation des demi-soldes. Le grand-père Nicolas, démissionné de sa mairie par le préfet, doit s'exiler quelques mois à Bâle : le gouvernement de Louis XVIII a retrouvé la lettre du *Moniteur* qui fait de l'ancien conventionnel un régicide « par intention ». Georges Eugène est chassé de son paradis champêtre et doit regagner la capitale :

> Il me fallut, en février 1816, quitter Chaville [...]. À Paris, je trouvai chez mes parents, une petite sœur, née depuis un mois[37].

Ainsi qu'une grande sœur de neuf ans, Caroline, et un frère né en 1810, Louis Alphonse. Georges Eugène a sept ans. Une des périodes les plus heureuses de sa vie vient de se clore. Mais tout de même, quelle froideur pour évoquer ses retrouvailles avec ses parents, son frère et ses sœurs ! Le petit roi de la Belle Source accepte difficilement de ne plus être l'enfant unique de la maison, de devoir s'effacer devant un bébé qui accapare l'attention et les soins d'une mère, elle-même frêle jeune femme. Apparaît bien là un des traits les moins sympathiques de la personnalité du baron : un égoïsme de plomb. Cette froideur, cette distance cachent aussi une blessure : Haussmann, enfant, s'est senti mal aimé de ses parents, abandonné presque. Sa mère, la blonde et jolie Caroline Dentzel, est quasi absente de l'univers machiste, très napoléonien, de ses *Mémoires*, où les hommes font l'Histoire et dans lequel les femmes sont cantonnées aux rôles de maîtresses ou de mères que l'amour maternel rend souvent sottes et manipulables. Et dans ce monde d'hommes, le plus maltraité, à l'exception des ennemis politiques du baron, est son père, Nicolas Valentin, dépeint comme un doux rêveur, un velléitaire, un raté qui, mis sur la touche à la Restauration, échouera à se lancer dans les affaires…

Ces retrouvailles familiales manquées sont de courte durée. L'enfant gâté de Chaville accepte difficilement de partager l'institutrice de sa sœur aînée : « Ce régime féminin était peu de mon goût. » De plus, même s'il a grandi et forci au grand air, le gamin est de santé fragile et reste sous la menace du mal de l'époque : la phtisie. Dès la fin de l'année, Georges Eugène quitte sa famille et le faubourg du Roule. Destination : la banlieue plus aérée, Bagneux, où Legal, un oratorien défroqué, tient un pensionnat à proximité du parc du château de Sceaux. Georges Eugène va y passer deux années heureuses durant lesquelles il reçoit un enseignement adapté à sa nature indépendante et à sa curiosité intellectuelle. La pension du bon M. Legal est à l'opposé de ces prisons d'enfants surveillées par des répétiteurs autoritaires ou des jésuites intransigeants. Le maître de Bagneux, comme le révolutionnaire Fouché, avait appartenu à l'ordre des Oratoriens, les meilleurs pédagogues de l'Ancien Régime. Il applique à sa cinquantaine d'élèves une méthode particulièrement novatrice et qui, aujourd'hui encore, serait révolutionnaire dans la plupart des collèges. Adepte de la théorie du travail attrayant, Legal cherche à rendre l'étude agréable, en présentant les exercices autant que faire se peut sous un jour amusant. Le socle classique, latin, grec, français, prosodie, n'est pas négligé mais Legal y ajoute une foule de matières « modernes », enseignées chacune d'une façon différente et adaptée. L'astronomie ? Les soirs où le ciel est dégagé, le maître emmène les élèves sur une large terrasse étudier et admirer le firmament, repérer l'étoile Polaire où reconnaître les signes du zodiaque. La botanique ? Chacun cultive son lopin de terre. La physique et la chimie ? Deux laboratoires sont ouverts aux expériences. La musique ? Chaque élève doit jouer d'un instrument. Quant au sport, la palette pratiquée est considérable pour l'époque : les pensionnaires font du saut, de la course, de l'escrime, de la natation en été et du patinage en hiver. Le préfet « touche-à-tout » de Paris devra beaucoup à M. Legal. Toujours satisfait de lui-même mais tout de même reconnaissant, il lui rend hommage dans ses *Mémoires* : « Les notions recueillies là, sur une foule de choses, ouvrirent mon esprit, naturellement investigateur, aux études multiples qui l'attirèrent plus tard. » En tout cas, cette pédagogie moderniste et anticonformiste fut assez efficace pour permettre au jeune Haussmann de faire d'excellentes études secondaires, à Henri-IV puis au collège Bourbon (l'actuel lycée Condorcet).

Georges Eugène a atteint ses onze ans lorsque, en 1820, il quitte Bagneux pour intégrer le collège Henri-IV (sous la Restauration, le mot « lycée » trop révolutionnaire, trop napoléonien, est banni). Il y est inscrit comme pensionnaire, interne. Décidément, ses parents ne se soucient guère de garder auprès d'eux ce grand garçon qui pousse trop vite et qui traverse une adolescence difficile : à plusieurs reprises, il doit interrompre ses études pour faire des séjours à la campagne. La phtisie le menace toujours : plus tard, Haussmann décidera de vivre dans la laine, été comme hiver, depuis le cou jusqu'à la plante des pieds ; il s'y tiendra et s'en portera bien. Henri-IV, situé en haut de la montagne Sainte-Geneviève et disposant du parc de l'ancien monastère, est l'établissement le plus aéré de la capitale. Mais n'est-il pas surprenant d'y être interne quand on a ses parents qui vivent à Paris ? Des raisons matérielles expliquent, pour une grande part, ce choix sévère : le grand-père Nicolas, de retour d'exil, s'est proposé de payer la pension de son cher petit-fils. Georges Eugène interne à Henri-IV, c'est une bouche de moins à nourrir pour ses parents qui ne roulent pas sur l'or. Nicolas Valentin, chassé de l'administration militaire après Waterloo, peine à se reconvertir. Alors que les cousins de Colmar prospèrent et construisent une nouvelle filature de six étages à Logelbach, les Haussmann de Paris ne se remettent pas de l'effondrement de l'Empire. Nicolas Valentin se lance dans les inventions et les affaires mais sans grande réussite : il crée une entreprise, la Manufacture de blanchisserie hollandaise, mais fait rapidement faillite.

Il est vrai qu'outre leur étiquette d'« impérialistes » les Haussmann de Paris sont protestants. Or, il ne fait pas bon être de la religion réformée. Certes, officiellement, sous la Restauration, la liberté du culte, instaurée par la Révolution, n'a pas été remise en cause. Louis XVIII a même nommé six protestants – des banquiers, notamment – à la Chambre des pairs. Il n'empêche : les cinq cent mille protestants que compte alors le royaume se sentent exclus et renouent avec leur ancien complexe de persécution. La Terreur blanche a donné lieu en 1815 à des persécutions contre les communautés du midi de la France. Et comment l'Église réformée pourrait-elle soutenir un régime dont l'essence se résume à la double restauration des Bourbons et de l'Église catholique ? En 1827 encore, Mgr Frayssinous, ministre des Affaires ecclésiastiques et de l'Instruction publique, trouve trop belle la part faite à l'Église réformée et met en garde le gouvernement contre « les graves inconvénients qui résulteraient d'une trop grande protection accordée à un culte opposé à la religion de l'État ». L'heure est à la reconquête du pays : des missions sont organisées sur tout le territoire avec la participation des autorités civiles et militaires, qui ont pour but de frapper l'imagination populaire par des manifestations spectaculaires et de flamboyantes processions. La loi impose à tous les sujets du royaume – les protestants inclus – de fleurir leurs maisons sur le passage de ces cortèges catholiques : les Haussmann et les Dentzel, habitant la très passante rue du Faubourg-du-Roule à quelques pas de l'église du même nom, doivent se plier à cette décision vexatoire.

De tradition et de pratique luthériennes, des grands-parents conventionnels passés au service de l'usurpateur, un père en demi-solde ainsi qu'un oncle grièvement blessé sur le champ de bataille de Waterloo, on ne dira pas que la famille de Georges Eugène fût en odeur de sainteté. Tout au contraire, elle fût en marge : le père fréquente assidûment les cafés du Palais-Royal, rendez-vous de l'opposition bonapartiste et libérale, tandis que l'oncle Dentzel, « affilié des sociétés secrètes que la Restauration fit naître, se trouve compromis dans toutes les conspirations du temps * ». Les plus sérieuses sont fomentées par la Charbonnerie française qui, en 1821-1822, suscite plusieurs soulèvements, tous voués à l'échec. La répression est sanglante et donne à l'opposition ses martyrs comme les célèbres quatre sergents de La Rochelle exécutés pour ne pas avoir voulu livrer le nom de leurs chefs. Finalement, la Charbonnerie se délite et certains de ses chefs s'exilent : Louis Dentzel suit en Grèce le colonel Fabvier qui part pour le Péloponnèse encadrer les insurgés grecs. Le blessé de Waterloo y mourra en héros de l'indépendance, un demi-siècle après que son père eut participé à la guerre d'indépendance d'Amérique.

Ces titres de gloire ne font que rendre plus suspecte la famille Haussmann et accroître son sentiment d'exil. Le petit Georges Eugène, qu'on présentait à l'Empereur en uniforme de hussards, s'apprêtait à faire partie de l'élite militaire de l'Empire. En 1820, c'est presque un paria qui intègre Henri-IV. La confiance en soi, l'assurance supérieure du baron trouvent probablement leur origine dans ce revers du destin, comme si l'adolescent d'alors s'était à jamais durci face à l'humiliation sociale et à l'injustice du sort. D'autres se seraient révoltés, se seraient jetés corps et âme dans la

* La précision, du reste, plus critique qu'admirative, est d'Haussmann (*Mémoires*, tome I, p. 36).

révolution romantique qui submerge alors les arts et les lettres. Tel Lamartine dont les *Méditations poétiques* paraissent en 1820 et provoquent une immense émotion dans toute la France. Sainte-Beuve, qui est alors jeune homme, écrira plus tard :

> On ne se figure plus aujourd'hui quel enthousiasme, quel transport ce fut parmi ceux de notre âge ! Un soleil nouveau nous arrivait et nous réchauffait de ses rayons.

Haussmann, lui, se réfugie dans l'excellence scolaire. Réaction fréquente chez les adolescents appartenant à une minorité, il court après les bonnes notes : « Je pris place de suite à la tête de ma classe. Je conservai ce rang, sans grand effort, pendant tout le cours de mes études. » La modestie n'a jamais étouffé le baron, mais il n'est pas menteur : les feuilles de distribution des prix en témoignent. En 1826, par exemple, Georges Eugène partage les premiers et deuxièmes prix de français, latin, grec avec un nommé Legouvé, que l'on retrouvera à l'Académie sous le Second Empire.

Cependant, Georges Eugène se fait des amis auxquels il restera fidèle toute sa vie. À Henri-IV, il se lie à Ferdinand Le Roy, qu'il nommera plus tard directeur de la Caisse des travaux de Paris. Autre « copain » de classe (le mot est du baron) : Alfred de Musset. La guerre ouverte qui divise Paris entre classiques et romantiques a franchi les murs du collège où le porte-drapeau de la nouvelle école est le petit Alfred que ses camarades surnomment « Mademoiselle de Musset » en raison de son charme tout féminin et qui irrite ses professeurs par les credos romantiques qui envahissent ses devoirs. Haussmann ne l'oubliera pas et, en 1884, près de trente ans après le décès du poète, il lui consacrera un hommage versifié qui se mue en auto-compliment par un tour de passe-passe typiquement haussmannien :

> Musset, mon camarade, était moins fort que moi
> Et notamment en vers – sur les bancs du collège…
> Nous étions blonds tous deux, élancés ; moi plus grand,
> Bien musclé, plus hardi, d'allures masculines ;
> Lui délicat, nerveux, aux façons féminines.
> « Mademoiselle » était son surnom, pas méchant !

Des alexandrins de collégien sauvés par l'émotion qui sourd des deux derniers vers :

> Sur la grande avenue, au vieux Père-Lachaise,
> Mon tombeau de famille est à deux pas du sien [38].

Dès la quatrième, Georges Eugène se fait un autre « copain » qui jouera un rôle déterminant dans les débuts de sa carrière préfectorale : le duc de Chartres, fils aîné du duc d'Orléans. Le futur roi Louis-Philippe entend donner une éducation bourgeoise à ses enfants : le duc de Chartres et son cadet, le duc de Nemours, sont demi-pensionnaires à Henri-IV et partagent le quotidien de leurs camarades. Seules faveurs : les deux princes passent les heures d'étude dans une salle à part en compagnie de leurs précepteurs et, au réfectoire, ils sont placés tout en haut de la table dans un ordre immuable : le maître d'étude, puis les précepteurs, puis les deux princes et, juste à la droite du duc de Chartres, l'élève… Haussmann. Observons la facilité avec laquelle ce dernier, bien que « impérialiste de naissance », se lie avec un prince de sang, descendant d'Henri IV et de Louis XIV. Il est vrai que le grand-père du prince, Philippe Égalité, avait siégé sur les bancs de la Convention aux côtés du grand-père Haussmann et du grand-père Dentzel. Accuser Georges Eugène d'opportunisme serait commettre un réel anachronisme et méconnaître la situation politique d'alors. Lorsque, en 1822, les deux jeunes gens se lient, les Orléans sont presque aussi marginalisés que les bonapartistes et n'ont aucune perspective sérieuse de parvenir au trône. Début 1820, ils ont pu en rêver un moment, lorsque, le 14 février, l'ouvrier Louvel a assassiné le duc de Berry sur les marches de l'Opéra, dans le but « d'éteindre la race des Bourbons ». Louis XVIII n'ayant pas d'enfant, Berry, fils du comte d'Artois – le futur Charles X –, est le seul héritier du trône en ligne directe. Quand il disparaît, la branche cadette des Orléans retrouve ses chances, comme le rappelle Chateaubriand qui, le soir même de l'assassinat, croise le duc d'Orléans :

> Je fus frappé d'une expression mal déguisée, jubilante dans ses yeux, à travers la contenance concrète qu'il s'imposait ; il voyait de plus près le trône [39].

Espoir bientôt brisé par un rebondissement romanesque : quelques semaines plus tard, la duchesse de Berry annonce sa grossesse et – devant témoins, afin de faire taire les insinuations des orléanistes – accouche le 29 septembre de Henri Dieudonné, duc de Bordeaux. Après la naissance de « l'enfant du miracle », comme le chante Victor Hugo, alors royaliste, personne – et certainement pas un petit collégien d'Henri-IV – ne peut prévoir que, dans un peu moins de dix ans, une révolution et un tour de passe-passe extraordinaire feront du duc d'Orléans le roi Louis-Philippe et du duc de Chartres le nouveau duc d'Orléans, héritier du trône. Haussmann saura alors se rappeler au bon souvenir de son ex-condisciple et nous verrons avec quelle insistance.

Malgré le grand air de la montagne Sainte-Geneviève, la santé de Georges Eugène reste délicate. À seize ans, il doit être retiré du pensionnat et retrouve parents, frère et sœurs auprès desquels il n'a passé au total que cinq ou six ans. C'est d'affection que manque l'adolescent quasi phtisique, plus que de grand air.

Ni le Rouge ni le Noir

La famille Haussmann a quitté le faubourg du Roule et habite rue Montholon dans le quartier beaucoup moins chic du faubourg Montmartre. Georges Eugène est naturellement inscrit comme externe à l'établissement le plus proche, le collège Bourbon (aujourd'hui Condorcet), rue Caumartin. Il est intéressant de s'arrêter un peu sur les quartiers de la capitale où a vécu et s'est déplacé cet adolescent à l'esprit curieux et ouvert. Le collège Henri-IV, qui occupe les bâtiments encore debout de l'abbaye Sainte-Geneviève, est alors à la frontière de deux mondes séparés par la rue Clovis, ouverte en 1807 et dont le percement a nécessité la destruction totale de l'ancienne basilique. Les professeurs de la Restauration n'ont pas manqué de dénoncer devant leurs élèves cet acte de vandalisme napoléonien, qui a d'ailleurs permis la mise au jour des tombeaux de Clovis et de Clotilde. Côté nord et ouest de la rue, c'est le vieux Paris moyenâgeux avec son enchevêtrement de rues étroites grimpant à l'assaut de la montagne Sainte-Geneviève, le Paris des étudiants et des révolutionnaires, des demi-soldes et des sociétés secrètes. Au sud et à l'est, au-delà des ruines de la muraille de Philippe-Auguste, s'étendent les faubourgs avec leurs nombreux jardins, presque la campagne, dont Émile de Labedollière donne cette idyllique description dans son guide, *Le Nouveau Paris* :

> Le promeneur qui, après avoir suivi la rue Mouffetard, tourne à droite et prend celle du Petit-Gentilly se trouve inopinément en face d'un des plus beaux paysages qui soit à Paris. Il a devant les yeux une vallée arrosée par la Bièvre… ; dans les prairies environnantes, les blanchisseuses étendent le linge sur des piquets ; des vaches paissent en pleine campagne[40].

Le faubourg Montmartre où, appauvri, Nicolas Valentin Haussmann a installé sa famille a beaucoup moins de charme. Mais, en allant chaque jour au collège Bourbon par la rue Saint-Lazare,

Georges Eugène longe un quartier en totale transformation : la Nouvelle Athènes avec ses magnifiques hôtels particuliers, ses maisons néoclassiques à colonnes, portiques et arcades, habités par les acteurs vedettes de l'époque : Talma et les trois fameuses « demoiselles », Mars, George et Duchesnois. « Il s'agit de réunir autant que possible des personnes choisies et ayant des réputations acquises dans les lettres, les sciences ou les arts », ambitionnait le receveur général La Peyrière, promoteur de la Nouvelle Athènes et précurseur de la segmentation sociale de la ville qui sera tant reprochée au préfet Haussmann. La méthode utilisée pour urbaniser ces nouveaux quartiers est également très novatrice. Pour embellir Paris, les gouvernements de la Restauration ne manquent pas d'idées, mais d'argent. Il leur faut d'abord assainir les finances publiques et régler la facture de Waterloo : près de deux milliards de francs-or pour les indemnités de guerre et les frais d'occupation. Si l'État n'a pas d'argent, les particuliers en ont ; c'est pourquoi le pouvoir va donner le feu vert à une vague de lotissements qui va bouleverser le nord-ouest de Paris : les quartiers de l'Europe, de Saint-Georges ou Poissonnière. Le principe est simple : des promoteurs – le plus souvent des banquiers assistés d'architectes – achètent une grande surface (jardin, propriétés nobiliaires, domaines religieux) et reçoivent l'autorisation de les lotir, à charge pour eux d'aménager les nouvelles rues ainsi ouvertes. Grâce à cette méthode toute libérale, le gouvernement agrandit Paris à moindres frais pour le budget de l'État et pour le plus grand profit des promoteurs. La splendeur des collections du musée Jacquemart-André en porte témoignage : les André – banquiers protestants – ont loti une grande partie du quartier de l'Europe et du « Nouveau quartier Poissonnière ». À l'évidence, ils ne s'y sont pas appauvris. Le quartier Saint-Georges, lui, est pris en charge, à partir de 1821, par la compagnie du même nom gérée par trois associés : un notaire, un propriétaire et un ancien agent de change. Seul ce dernier, M. Dosne, gros actionnaire des mines d'Anzin, restera dans l'Histoire, grâce à son gendre qui fut aussi et d'abord l'amant de sa femme : Adolphe Thiers *.

À la mode, les nouvelles rues peuplées d'acteurs, d'artistes, ou de peintres attirent bien vite une nouvelle population à qui l'église de

* En 1830, ce dernier a besoin d'être propriétaire pour se présenter au suffrage censitaire. Qu'à cela ne tienne, Dosne, mari aveugle ou complaisant, lui vend – à crédit, c'est cela la faveur – le n° 1 de la place Saint-Georges. Reconnaissant, Thiers fait nommer Dosne receveur général à Brest, étant entendu que Mme Dosne restera à Paris avec ses deux filles. Bientôt Thiers épousera l'aînée, Émilie. Elle a quinze ans.

style paléo-chrétien, Notre-Dame-de-Lorette, donnera son nom : les lorettes, jeunes femmes, jolies et pas trop farouches que Balzac définit superbement[41] :

> Lorette est un mot décent inventé pour exprimer l'état d'une fille ou la fille d'un état difficile à nommer, et que, par sa pudeur, l'Académie française a négligé de définir, vu l'âge de ses quarante membres.

Plus tard, le sous-préfet aux champs appréciera les jolies bergères, et le préfet de Paris les petits rats de l'Opéra. Aujourd'hui, l'adolescent du collège Bourbon n'est pas le dernier à lorgner sur les lorettes au regard effronté, comme Delacroix qui confie alors dans une lettre à George Sand :

> Ce nouveau quartier est fait pour étourdir un jeune homme aussi ardent que moi. Le premier objet qui a frappé les yeux de ma vertu, en arrivant, ç'a été une magnifique lorette de la grande espèce, toute vêtue de satin et de velours noir qui, en descendant du cabriolet et avec une insouciance de déesse, m'a laissé voir sa jambe jusqu'au nombril.

Mais, pour l'heure, Georges Eugène termine ses études secondaires au collège Bourbon. En 1826, le baccalauréat en poche, il s'inscrit à la faculté de droit, en haut de la rue Saint-Jacques. Après l'élégance de la Nouvelle Athènes, il renoue avec les venelles étroites et sales du quartier Latin. Le préfet Haussmann aurait-il mis autant de zèle à remodeler Paris si, dans sa jeunesse, il n'avait connu à la fois les effets heureux de la rénovation urbaine du quartier Saint-Georges et le spectacle sordide du Paris moyenâgeux que, durant ses quatre années de droit, il parcourt deux fois par jour, matin et soir ?

Haussmann se lèvera toujours tôt. Préfet, il sera à son bureau dès six heures du matin. Étudiant, il quitte à sept heures le domicile familial de la rue Montholon pour gagner l'École de droit. À pied, bien sûr : les transports en commun parisiens sont alors en pleine expansion libérale, les compagnies se multiplient et se font une concurrence acharnée, mais la famille tire le diable par la queue et il n'est pas question de dépenser dix sous (aller-retour) pour grimper dans un Omnibus, une Favorite, une Diligente, une Citadine, une Caroline, une Écossaise, une Dame blanche, une Béarnaise ou une Batignolienne, lesquelles, du reste, iraient à peine plus vite que ses longues jambes. D'autant que, par définition, les rues qu'il emprunte n'ont pas encore été redressées par le préfet du Second Empire, ni bordées de trottoirs : il lui faut sans cesse se garder des carrioles et des chevaux qui descendent la rue Montmartre, et, arrivé à la pointe Sainte-Eustache, prendre garde à ne pas glisser sur les détritus qui jonchent le sol. Son chemin le conduit droit, si l'on peut parler ainsi d'un tel labyrinthe, à travers les Halles installées là par Louis Le Gros et qui n'ont guère changé depuis deux ou trois siècles. Après les odeurs fortes du marché au poisson, Georges Eugène respire un peu auprès de la fontaine de Pierre Lescot ornée des nymphes de Jean Goujon. Rare innovation dans le ventre de Paris : Louis XVIII a fait remplacer le charnier des Innocents par des galeries de bois abritant les étals. Puis ce sont les encombrements de la rue Saint-Denis, longtemps la plus courue de la capitale, mais qui est détrônée par sa parallèle, l'élégante rue de Richelieu.

En mai 1824, on peut imaginer Georges Eugène y assistant à un spectacle d'un autre âge : le cortège solennel qui ramène Charles X de la cérémonie du sacre à Reims. L'ex-comte d'Artois, qui n'a rien oublié ni rien appris, a jugé bon de ressusciter ce rite antique mais, de l'aveu même de la comtesse de Boigne, « ce roi en chemise de satin blanc, couché par terre pour recevoir par sept ouvertures, ménagées dans ce vêtement, les attouchements de l'huile sainte se releva ridiculisé »[42]. Rue Saint-Denis, en tout cas, le cortège est accueilli par un lourd silence, tandis que, dans les tavernes, républicains et bonapartistes entonnent la dernière création de Béranger, *Le Sacre de Charles le Simple*.

La rue Saint-Denis telle que l'emprunte chaque jour le jeune Haussmann, c'est le Paris archaïque, le Paris des vieilles boutiques poussiéreuses, de *La Maison-du-chat-qui-pelote* de Balzac :

> Les murs menaçants de cette bicoque semblaient avoir été bariolés d'hiéroglyphes. Quel autre nom le flâneur pouvait-il donner aux X et aux V que traçaient sur la façade les pièces de bois transversales ou diagonales dessinées dans le badigeon par de petites lézardes parallèles ? Évidemment, au passage de la plus légère voiture, chacune de ces solives s'agitait dans sa mortaise. Ce vénérable édifice était surmonté d'un toit triangulaire dont aucun modèle ne se verra bientôt plus à Paris. Cette couverture, tordue par les intempéries du climat parisien, s'avançait de trois pieds sur la rue, autant pour garantir des eaux pluviales le seuil de la porte que pour abriter le mur d'un grenier et sa lucarne sans appui. Ce dernier étage fut construit en planches clouées l'une sur l'autre comme des ardoises, afin sans doute de ne pas charger cette frêle maison[43].

Un coup d'œil à la fontaine du Palmier qui chante l'expédition d'Égypte – le préfet la fera plus tard déplacer de quelques mètres –, le pont aux Changes traversé et voici notre étudiant sur l'île de la Cité, le Paris de la misère, de la saleté et des ruines. L'île que Bonaparte jugeait « tout juste bonne à loger les rats de l'ancienne Lutèce » est plus que jamais ce dédale de rues obscures, étroites et tortueuses, dépeint par Eugène Sue dans *Les Mystères de Paris* :

> Cette nuit-là, le vent s'engouffrait violemment dans les espèces de ruelles de ce lugubre quartier ; la lueur blafarde, vacillante des réverbères agités par la bise, se reflétait dans le ruisseau d'eau noirâtre qui coulait au milieu des pavés fangeux. Les maisons, couleur de boue, étaient percées de quelques rares fenêtres aux châssis vermoulus et presque sans carreaux. De noires, d'infectes allées conduisaient à des escaliers plus noirs, plus infectes encore, et si perpendiculaires, que l'on pouvait à peine les gravir à l'aide d'une corde à puits fixée aux murailles humides par des crampons de fer [44].

Rive gauche, passé le vieux pont Saint-Michel en accent circonflexe, le paysage urbain est à peine plus engageant. Le jeune Haussmann termine sa course par les rues de la Harpe et Saint-Jacques, dépeintes par Edmond Texier dans son *Tableau de Paris* :

> Des rues noires, étroites, tortueuses, bordées de baraques bizarrement alignées, biscornues, de hauteurs inégales et qui ressemblent à des rangées de vieux livres de classe jaunis, déchirés, empilés au hasard [...]. Il semblait, poursuit Texier, qu'on dût monter à l'assaut avant d'arriver à la hauteur du collège Louis-Le-Grand car, à l'époque où la rue Saint-Jacques avait été ouverte, les rues ne violentaient pas les montagnes et, tant bien que mal, grimpaient le long du sol avec des escaliers, des masures, des maisons irrégulières qui ressemblaient à des voyageurs fatigués [45].

Georges Eugène pénètre enfin dans l'École de droit juste en dessous du Panthéon, pour y suivre les cours ou plutôt pour se présenter à l'appel du matin. Il ne s'y attarde guère en effet : à dix heures, la faim le tenaille déjà et il sort déjeuner. Modestement, comme il se doit pour le fils d'un demi-solde. Il a tout de même les moyens d'éviter, rue Saint-Jacques, le trop populaire « Rousseau l'aquatique où jamais bouteille de vin ne fut débouchée ; où l'ordinaire de beaucoup d'étudiants se composait de deux sous de pain, trois sous de haricots à l'huile ; eau à discrétion [46] ». Il préfère aller dans la même rue, chez Vigneron, manger une tranche de pâté ou une tartelette accompagnée d'un soi-disant madère. Mais son point de ralliement préféré, c'est, place de la Sorbonne, Flicoteaux, « qui sert de minces côtelettes et de prétendus biftecks à six et huit sous, et verse un vin problématique aux clients qui ne craignent pas de faire événement par cette consommation anormale[47] ».

> Il est peu d'étudiants logés au quartier Latin pendant les douze premières années de la Restauration qui n'aient fréquenté ce temple de la faim et de la misère. Le dîner, composé de trois plats, coûtait dix-huit sous avec un carafon de vin. Ce qui, sans doute, a empêché cet ami de la jeunesse de faire une fortune colossale est un article de son programme imprimé en grosses lettres et ainsi conçu : PAIN À DISCRÉTION, c'est-à-dire jusqu'à l'indiscrétion[48].

À en croire Balzac, qui relate les déjeuners de Lucien de Rubempré dans les *Illusions perdues*, les beefsteaks dégustés par Georges Eugène sont de cheval :

> [Chez Flicoteaux,] tout est en rapport avec les vicissitudes de l'agriculture et les caprices des saisons françaises. On y apprend des choses dont ne se doutent pas les riches [...]. L'étudiant parqué dans le quartier Latin y a la connaissance la plus exacte des Temps : il sait quand les haricots et les petits pois réussissent, quand la Halle regorge de choux, quelle salade y abonde, et si la betterave a manqué. Une vieille calomnie, répétée au moment où Lucien y venait, consistait à attribuer l'apparition des beefsteaks à quelque mortalité sur les chevaux[49].

Quel étudiant est alors Haussmann et pourquoi a-t-il choisi le droit ? Le rouge et le noir, le sabre et le goupillon, tout comme la haute fonction publique et la magistrature, lui sont interdits : dans la société ultra-réactionnaire de Charles X, un protestant, petit-fils de conventionnels ralliés à Napoléon et lui-même de convictions libérales, est presque un paria ; tout au plus peut-il espérer faire carrière dans la basoche (il y songe) et les offices comme celui de notaire. Chaque soir, durant ses études de droit, il passe quelques heures dans l'étude du notaire de famille. Il affirme dans ses *Mémoires* n'avoir jamais envisagé « d'entrer dans la très honorable corporation des notaires ». Lui, peut-être, mais sa famille ? En août 1830, dans une lettre adressée au ministre de l'Intérieur pour solliciter une sous-préfecture, il mettra en avant ses quatre années de « stagiaire à la chambre des notaires de Paris » et précisera : « Je suis licencié en droit et ma famille me destinait à la carrière de notariat. »

Haussmann, qui aime les poses devant l'Histoire, se présentera toujours comme un travailleur acharné, commandant au sommeil et prônant avec supériorité « qu'il tient beaucoup plus de temps qu'on ne le croit généralement en vingt-quatre heures ». Effectivement, lorsque, nommé préfet de Paris, il aura rendez-vous avec son destin, avec l'œuvre de sa vie, il sera un bourreau de travail pour lui-même et pour ses collaborateurs. Mais jusque-là, c'est-à-dire jusque vers ses quarante-quatre ans, il manifestera, dans un curieux mélange, à la fois un goût certain pour le travail et une relative propension au dilettantisme. Et sa vie d'étudiant donne moins l'image de la rage d'apprendre que celle d'une curiosité intellectuelle aussi éveillée que papillonnante. Georges Eugène court les amphithéâtres, ne négligeant guère que celui de la fac de droit. Après son brunch chez Flicoteaux, il fait une pause rue des Grès (aujourd'hui rue Cujas) dans un cabinet de lecture où il a loué un tiroir pour serrer ses livres et ses cahiers. Ou bien il gagne la Sorbonne, monte au Collège de France, ou descend à l'École de médecine écouter, en auditeur libre et intermittent, les cours de professeurs réputés dans les matières les plus diverses, tels le très en vogue professeur de littérature Villemain, le mathématicien Cauchy – inventeur du calcul infinitésimal –, le physicien Gay-Lussac, le chimiste Thénard ou, même, à l'École des mines, le géologue Élie de Beaumont. Fidèle aux leçons et aux méthodes du pensionnat de Bagneux et du bon M. Legal, il ne néglige pas les exercices corporels et ses loisirs dénotent moins le fort en thème que le dandy, le « lion » comme on disait alors : il va au théâtre, fréquente les bals, monte au manège de la rue Cadet ; il pratique l'escrime dans la salle de Mathieu Coulon, tire au pistolet chez Lepage au bas de la rue de Richelieu, fait de la natation à la piscine Deligny et, l'hiver, du patinage à la Glacière ou sur le canal de l'Ourcq.

L'époque, il est vrai, se prête à l'éclectisme et est favorable aux intelligences curieuses. Contrairement à la vie politique et à bien des idées reçues, la Restauration connaît une très riche fermentation intellectuelle et artistique, favorisée par le retour à la paix et le contact avec l'étranger, l'Angleterre notamment. Au sortir de l'Empire où, selon le mot de Lamartine, « les hommes géométriques avaient seuls la parole », les jeunes talents, désormais interdits de gloire militaire, vont quérir les lauriers dans les sciences, la littérature, les arts, la musique, l'aventure. En 1828, l'explorateur René Caillé est le premier Européen à entrer dans la ville de Tombouctou et revient en France en héros : c'est l'annonce de la grande aventure coloniale et, deux ans plus tard, une escadre française débarque à Alger. Alors que Haussmann poursuit son droit, une guerre fait rage dans les salons, les théâtres, les expositions, les librairies, la guerre entre les classiques et l'école romantique dont Stendhal vient d'écrire le manifeste dans sa brochure sur *Racine et Shakespeare* :

Le romantisme est l'art de présenter aux peuples les œuvres littéraires qui, dans l'état actuel de leurs habitudes et de leurs croyances, sont susceptibles de leur donner le plus de plaisir possible. Le classicisme, au contraire, leur présente la littérature qui donnait le plus grand plaisir possible à leurs arrière-grands-pères.

Lamartine, Musset, Vigny, Balzac, Hugo, etc., quelle fête, quelle effervescence ! La peinture et la musique ne sont pas en reste : après *Le Radeau de la Méduse* de Géricault en 1819, Delacroix, un jeune peintre que l'on dit le fils naturel de Talleyrand, crée en 1824 un choc en exposant *Les Massacres de Scio*. Et si Beethoven meurt en 1827, Schubert et Schumann ont pris la relève romantique, alors que Berlioz se forme au Conservatoire, condisciple d'un certain Georges Eugène Haussmann. Condisciple mais pas copain. Haussmann, marqué par son grand-père, éduqué dans l'esprit des Lumières, appartient à l'école classique, peut-être d'ailleurs aussi parce que les romantiques sont alors plutôt à droite, royalistes même, et les classiques à gauche, conservateurs des idées révolutionnaires. Ce qui n'empêche pas Georges Eugène de nourrir une passion pour la musique. Il s'y entend très bien, joue du violoncelle, du piano, de l'orgue et se fait accepter au Conservatoire où, durant deux ans, il suit la même classe que Berlioz, sans d'ailleurs le moindre doute sur son talent :

Je devins passablement fort ; je puis même dire aussi fort que beaucoup des élèves-artistes de ces professeurs, grâce à mes dispositions naturelles et à l'avantage que me donnaient mes études littéraires, pour le développement d'une idée, même d'une idée musicale et, partant, pour la construction symétrique d'une symphonie ou d'un de ces fragments d'opéra qu'on nomme cantate [50].

Haussmann parle de musique comme de mathématiques. Dans quelques décennies, ces « dispositions naturelles » pour la symétrie marqueront Paris à jamais. Et on comprend qu'il ait été peu sensible au génie du jeune Berlioz dont il dira : « Il appartenait à l'école romantique, et sa musique pompeuse, assez incorrecte, bruyante plutôt que sonore, semblait s'inspirer de certaine poésie, fort admirée en ce temps-là [51]. » Les professeurs du Conservatoire partagent ce mépris pour l'école romantique, à commencer par le directeur Luigi Cherubini qui, le jour de l'examen, humilie publiquement celui qui sera un grand compositeur :

« Qu'est-ce que ce silence de deux mesures ? demande Cherubini à Berlioz dont il parcourt une partition.

– J'ai voulu, par ce silence, produire un effet.
– Ah ! Vous croyez que cette suppression de deux mesures produirait un bon effet sur les auditeurs ?
– Mais oui, Monsieur.
– Eh bien, supprimez le reste : l'effet sera meilleur encore [52] ».

On ne verra pas le jeune Haussmann, en gilet rouge, à la première d'*Hernani* de Victor Hugo le 25 février 1830, à la Comédie-Française, une soirée pourtant mémorable que racontera plus tard Théophile Gautier :

> Quel vacarme ! Quels cris ! Quelles huées ! Quels sifflets ! Quels ouragans de bravos ! Quels tonnerres d'applaudissements ! les chefs de parti s'injuriaient comme les héros d'Homère [53].

Comme on ne le voit pas rejoindre son père, au café Lamblin, le rendez-vous des libéraux et des demi-soldes qui y lisent et commentent les journaux d'opposition. En fait, Georges Eugène étouffe dans l'appartement de la rue Montholon, dans ce milieu d'anciens bonapartistes qui entretiennent la nostalgie de l'Empire et conspirent contre le régime. Toute cette agitation que son esprit concret juge stérile l'agace prodigieusement :

> Ce dont je me mêlais le moins, c'était de politique. Excepté mon grand-père Haussmann, le vieux conventionnel, qui m'en approuvait fort, tous les miens s'en étonnaient pour ne pas dire plus. Moi, je pensais qu'ils s'y trouvaient trop engagés, et souvent mal [54].

Georges Eugène n'aime pas pour autant les Bourbons mais il sait qu'ils se perdront par leurs propres fautes et qu'il « n'est pas besoin à cet effet de se rendre coupable de conspiration ni de menées secrètes ; encore moins de chanter en famille *La Marseillaise*, l'*Hymne de Riego* ni d'autres productions musicales de cet ordre [55] ».

En fait, Georges Eugène est prêt à s'accommoder de la Restauration et le premier souci de ce jeune dandy est de sortir du ghetto d'une famille par trop à l'écart pour mener la vie agréable et bourgeoise à laquelle il se prépare. Quitte – il faut bien vivre – à embrasser la profession la plus conventionnelle qui soit : celle de notaire.

Mais l'Histoire va en décider autrement. Le 25 juillet 1830, Charles X commet une faute suicidaire et signe quatre ordonnances décidant la dissolution de la Chambre et la suspension de la liberté de la presse. Les journaux d'opposition refusent d'obtempérer : rue de Richelieu, les journalistes du *Temps* s'enferment dans les locaux du journal. Parmi eux, Nicolas Valentin Haussmann, l'amateur de *La Marseillaise* et de l'*Hymne de Riego*, qui, à sa grande surprise – et à sa grande joie –, voit le jour même son fils Georges Eugène le rejoindre. Ils participeront ensemble aux Trois Glorieuses. En franchissant le seuil du 92, rue de Richelieu, le jeune étudiant en droit a rendez-vous avec sa destinée.

Chapitre II

L'INSURGÉ

(1830)

Journées sacrées de Juillet ! Que votre soleil était beau !
Que le peuple de Paris était grand !

Henri Heine

N'en déplaise au futur préfet et à ses railleries sur les hymnes révolutionnaires chantés en famille, Nicolas Valentin Haussmann, son père, force la sympathie. Autant le « vieux conventionnel » Nicolas, le grand-père adulé, laisse l'image d'un opportuniste prudent ayant servi successivement la Convention, le Directoire (sous lequel il a fait fortune) et l'Empire avant de se faire tout petit sous Louis XVIII et d'occulter le plus possible son passé révolutionnaire, autant Nicolas Valentin a passé les quinze années de la Restauration en opposant irréductible, manifestant un attachement indéfectible aux idéaux de la Révolution. Pas de danger que l'on lise son nom dans le best-seller politique de l'époque : le *Dictionnaire des girouettes*. Or, on l'a vu, le portrait qu'en laisse son fils Georges Eugène est plutôt celui d'un raté, incapable de se reconvertir dans les affaires au lendemain de Waterloo et qui sacrifie l'argent du ménage « à son goût dispendieux pour les inventions nouvelles[1] ». Pourtant, c'est grâce à Nicolas Valentin, à son engagement politique, que la famille Haussmann est sortie de son exil intérieur en 1830, que Georges Eugène s'est trouvé en phase avec une révolution qu'il n'avait en rien prévue ni préparée et que, finalement, il a fait carrière dans la préfectorale. Sans le militantisme de son père, jamais Haussmann n'aurait pu être préfet de Paris.

Nicolas Valentin, en 1815, n'a pas vingt-huit ans lorsque la défaite de Waterloo fait de lui un demi-solde bien vite rayé des cadres de l'armée. Il s'essaie un moment aux affaires, dans le textile comme les cousins d'Alsace, mais sans partager leur succès : la Manufacture de blanchisserie hollandaise qu'il crée avec un sieur Guillaume fait faillite en 1823, ce qui obérera pour longtemps les finances de la famille. Quelques années plus tard, en 1829, il a tout de même les moyens de souscrire au capital d'un nouveau journal, *Le Temps*, un organe d'opposition bien sûr, qui se veut « le journal des progrès politiques, littéraires, scientifiques et industriels », avec pour programme politique de « défendre les libertés garanties par la Charte ». Plus de soixante-dix députés de l'opposition libérale souscrivent au capital de cinq cent mille francs du journal dirigé par Coste et le bonapartiste Baude, ancien préfet de l'Empire. Haussmann, l'ex-intendant de la Grande Armée, est à la fois actionnaire, administrateur et rédacteur. La date de création du *Temps* – le premier numéro sort le 4 octobre 1829 – n'est pas due au hasard : depuis quelques mois, le climat politique du royaume se détériore cependant que sévit une crise économique. L'industrie et le commerce français subissent en effet le contrecoup de la grave crise que connaît alors la Grande-Bretagne. Et, accident plus classique, une série de mauvaises récoltes entraîne une crise des subsistances. La vague de froid de l'hiver 1829-1830 n'arrange rien : la Seine se couvre de glace, les ouvriers au chômage souffrent à la fois du froid et de la faim. Si, de nos jours, les aléas de la conjoncture économique font et défont les majorités, au siècle dernier ils entraînent des révolutions. En 1829, l'opposition relève la tête. Avant de descendre dans la rue, elle s'exprime dans les journaux. Rarement la presse d'opposition aura eu autant d'audience : les feuilles gouvernementales, avec leurs quatorze mille exemplaires, font piètre figure face aux quarante-trois mille abonnés de la presse, libérale, à laquelle il faut ajouter les journaux de la contre-opposition de l'extrême droite et leurs six mille destinataires. D'autant que les cabinets de lecture, les cafés, la pratique des abonnements partagés (parfois entre trente familles) démultiplient le lectorat réel et accroissent d'autant l'influence [2]. C'est sous la Restauration que naît le pouvoir de la presse. François René de Chateaubriand ne s'y trompe pas :

> La presse est un élément jadis ignoré, une force autrefois inconnue, introduite maintenant dans le monde ; c'est la parole à l'état de foudre ; c'est l'électricité sociale [3].

Et déjà, l'écrivain-homme politique s'interroge sur l'usage que doivent en faire les gouvernements :

> Pouvez-vous faire qu'elle n'existe pas ? Plus vous prétendrez la comprimer, plus l'explosion sera violente. Il faut donc vous résoudre à vivre avec elle, comme vous vivez avec la machine à vapeur.

Le concept de « quatrième pouvoir » – et la dénonciation de ses excès – est bien antérieur aux médias audiovisuels. C'est même le sujet de la première chronique que Balzac signe pour la *Revue parisienne* dans une rubrique promise au plus grand avenir :

> La presse est en France un quatrième pouvoir dans l'État : elle attaque tout et personne ne l'attaque. Elle blâme à tort et à travers, elle prétend que les hommes politiques et littéraires lui appartiennent et ne veut pas qu'il y ait réciprocité ; ses hommes à elle doivent être sacrés. Ils font et disent des sottises effroyables, c'est leur droit ! Il est bien temps de discuter ces hommes inconnus et médiocres qui tiennent tant de place dans leur temps, et qui font mouvoir une Presse, égale en production à la Presse des livres. Cette rubrique de la Revue parisienne tiendra donc la critique de la presse périodique [4].

La révolution de 1830 est sans doute le premier événement politique d'importance où la presse a joué un rôle déterminant, tant dans sa préparation que dans son déroulement. *Le Temps* était d'opposition disons modérée mais, à l'automne 1829, apparaît *Le National*, plus radical et réclamant davantage que le simple respect des libertés garanties par la Charte. Ses sponsors (le banquier Laffitte, le baron Dalberg et le… prince de Talleyrand) et ses patrons (Thiers, Carrel, Mignet qui ont décidé de diriger le journal à tour de rôle, un an chacun) nourrissent un projet à peine camouflé : changer de dynastie et remplacer la branche aînée des Bourbons par la branche cadette des Orléans ; substituer à l'inflexible Charles X le duc d'Orléans réputé plus souple. Le bibliothécaire de celui-ci, le jeune Alexandre Dumas, révélera que le duc lui-même a apporté vingt mille francs au projet. Le choix du titre *National* annonce clairement la couleur : le mot Nation appartient alors au vocabulaire de gauche et renvoie à la Révolution et à l'Empire. Pour tout lecteur un tant soit peu averti, la ligne éditoriale est aussi explicite que le permet la censure. Difficile, par exemple, d'être dupe de l'implicite contenu dans cette évocation du changement de dynastie par la Grande-Bretagne de 1688 :

Un changement de dynastie n'est pas une révolution ; et l'Angleterre était si peu révolutionnaire en 1688 qu'elle mit sur le trône le plus proche parent de Jacques [5].

Ce rappel historique est un programme pour demain. Un demain que les erreurs suicidaires de Charles X va précipiter en mettant en branle un corps social déjà échauffé par la crise économique. Voici cinq ans que le comte d'Artois est devenu Charles X et qu'il rêve de restaurer l'Ancien Régime comme s'il n'y avait eu ni Révolution, ni Empire, ni Code civil, ni cadastre, ni même la Charte constitutionnelle de 1814. Comme l'a souligné finement Bertier de Sauvigny [6], non seulement Charles X n'accepte pas le point de vue des nouvelles générations de Français issues de la Révolution, mais il est même radicalement incapable de les comprendre. Et ses fantasmes réactionnaires tout à fait anachroniques vont le conduire à sa perte en trois étapes, trois pas vers l'abîme. Il franchit la première en août 1829 lorsqu'il remplace le comte de Martignac, modéré, par Jules de Polignac, ultra, fils de l'ancienne favorite de Marie-Antoinette, émigré de la première heure, prince par la grâce du Saint-Siège, congréganiste, époux d'une Anglaise et anglophile. Exactement tout ce qu'il faut pour déplaire à l'immense majorité des Français *. D'autant que le roi persiste, en nommant à l'Intérieur La Bourdonnaye et à la Guerre le général Bourmont. Or le premier incarne la Terreur blanche de 1815 et le second est tout simplement le général qui a trahi Napoléon à la veille de Waterloo. Le comble de la maladresse, sinon de la provocation, que dénonce aussitôt avec talent *Le Journal des débats* :

Coblence, Waterloo, 1815 : voilà les trois principes, les trois personnages du ministère. Tournez-le de quelque côté que vous voudrez, de tous les côtés, il effraie, de tous les côtés, il irrite. Pressez, tordez ce ministère, il n'en dégoutte qu'humiliations, malheurs et dangers [7].

Tout le monde comprend où veut en venir Charles X : effacer quarante années d'histoire et revenir au 1er janvier 1789. Un journal catholique ultra, *L'Apostolique*, ne cache d'ailleurs pas les dessous de l'affaire :

On ne peut se refuser à le reconnaître, la source du mal vient d'une Charte impie et athée et de plusieurs milliers de loi rédigées par des

* Waterloo ne remonte qu'à quatorze années et la mort de Napoléon à Sainte-Hélène à huit.

> hommes sans foi et par des Révolutionnaires. La religion, la justice et Dieu même commandent d'anéantir tous ces codes infâmes, pour endiguer l'impiété que l'enfer a vomise sur la France [8].

Certes, le journal est poursuivi en justice pour en avoir trop dit, mais l'opposition n'a pas besoin de cet aveu intempestif pour comprendre que son heure est venue et qu'il ne lui reste qu'à retourner cette provocation contre le régime, selon une tactique que définit alors parfaitement le jeune avocat-journaliste Adolphe Thiers : « Enfermons les Bourbons dans la Charte, fermons exactement les portes, ils sauteront immanquablement par la fenêtre. »

Ce que Charles X ne tarde pas à faire. Ce vieillard de soixante-seize ans n'est pas un apprenti dictateur mais il veut être roi et roi absolu, parce que, pense-t-il, c'est là son droit et sa mission. Louis Blanc l'a admirablement compris et dépeint : « Aussi humain que médiocre, il voulait que son pouvoir fût absolu, c'était pour se dispenser de le rendre violent car il n'y avait en lui rien d'énergique, pas même son fanatisme ; rien de grand, pas même son orgueil [9]. » Avec un pouvoir doté de telles dispositions psychologiques, la crise est fatale et ne tarde guère. La deuxième marche vers l'abîme est franchie le 16 mai 1830 : face à la parfaite impopularité du gouvernement Polignac, le roi réagit en prononçant la dissolution de la Chambre des députés. Les cent mille électeurs du suffrage censitaire sont donc appelés à élire de nouveaux députés. Coupé de l'opinion, le pouvoir ne mesure ni l'ampleur du mécontentement, ni les inquiétudes provoquées par le marasme économique qui dure depuis trois ans, ni la montée de la criminalité. Ainsi, on ne parle ce printemps que des incendies inexpliqués qui se multiplient en Normandie : le gouvernement a dû y envoyer trois régiments pour rassurer la population. Polignac croit avoir trouvé la carte maîtresse propre à rallier les Français à son panache blanc : la conquête « d'Alger-la-guerrière », la citadelle imprenable qui a résisté à Charles Quint et à seize expéditions chrétiennes. Depuis trois ans, à la suite d'un geste d'impatience du dey d'Alger au consul de France à propos d'un contentieux financier (le fameux coup d'éventail), une petite flotte française bloque la rade sans résultats et sans obtenir les excuses de Hussein-Dey qui a répondu avec mépris à l'ultimatum français : « Je m'étonne que les Français ne me demandent pas ma femme ! » Les gouvernements aux abois à l'intérieur recourent volontiers à la bonne vieille recette de la diversion extérieure et, en mai 1830, Polignac décide de réchauffer l'affaire algérienne : le 16, appareillent de Toulon 103 bâtiments de guerre, 377 navires de transports et 250 bateaux divers transportant 27 000 marins et 36 000 fantassins ou cavaliers. L'ampleur de l'armada révèle son véritable objectif : la conquête d'Alger. Mais quelle idée d'avoir placé à la tête de ces 36 000 hommes le général Bourmont, le traître honni ! Sur les navires, les soldats chansonnent :

Alger est loin de Waterloo.
On ne déserte pas sur l'eau.
De notre général Bourmont.
Ne craignons pas la trahison [10].

De fait, le 8 juillet, le canon tonne à Paris pour annoncer la prise d'Alger. Mais ce succès militaire, qui aura tant de répercussions sur l'histoire des deux pays, n'a alors aucun impact sur les élections en cours. Si un journal de Marseille, *Le Sémaphore*, demande – déjà – la création de trois départements de l'autre côté de la Méditerranée, le reste de la presse d'opposition hurle à la diversion politique et l'opinion ne s'enthousiasme guère : l'Algérie n'est pas la rive gauche du Rhin. Le 19 juillet, les résultats définitifs des élections claquent comme une gifle : 274 députés de l'opposition sont élus ou réélus, l'ex-majorité gouvernementale n'en compte plus que 143. Désavoué dans les urnes, le roi réagit par la force. Troisième étape vers l'effondrement du régime : le 25 juillet, il signe au château de Saint-Cloud les fameuses ordonnances qui violent la Charte de façon flagrante et vont déclencher les Trois Glorieuses. Charles X arrive au bout de sa démarche suicidaire. « Encore un gouvernement qui, de propos délibéré, se jette du haut des tours de Notre-Dame », s'exclame Chateaubriand avec un bonheur d'expression toujours d'actualité [11]. Ce coup d'État royal ne fait pas dans la nuance puisque, à la fois, il dissout la nouvelle Assemblée à peine élue, modifie la loi électorale, suspend la liberté de la presse. C'est cette dernière mesure qui va mettre le feu aux poudres, déclencher l'insurrection et traduire le mécontentement en barricades : directement atteints, attaqués dans leurs convictions, menacés dans leur gagne-pain même, les journalistes sont les premiers à réagir. Comme un feu qui couve, la révolution de Juillet « prend » dans les salles de rédaction du *National* et du *Temps*.

Messager de la Révolution

Au matin du lundi 26 juillet, *Le Moniteur*, journal ministériel, ayant peu de lecteurs, publie les ordonnances signées la veille. La nouvelle du coup d'État de Charles X se propage très lentement. Seuls quelques initiés jouent la rente à la baisse, comme Talleyrand et James de Rothschild qui dans la nuit a reçu ce petit mot du prince de Bénévent : « J'arrive de Saint-Cloud ; jouez à la baisse. » En quittant son domicile à dix heures du matin, Alexandre Dumas trouve « la physionomie de Paris aussi tranquille que si *Le Moniteur*, au lieu de publier les ordonnances, eût annoncé l'ouverture de la chasse [12] ». Il faut attendre le début de l'après-midi pour que des dizaines de journalistes appartenant à de nombreux titres se rassemblent dans les locaux du *National*, rue Neuve-Saint-Marc dans le quartier de la Bourse. Toute l'équipe du *Temps* est présente, venue en voisine de la rue de Richelieu. Des discussions animées débouchent sur une proposition : les journaux braveront l'interdiction de paraître et publieront une protestation commune qui sera signée individuellement par les journalistes volontaires. Cet engagement personnel, imposé par les « durs » sur une idée de Thiers, en fera reculer plus d'un. Le lendemain matin, 27 juillet, seuls *Le National*, *Le Temps* et *Le Globe* publient cet appel à la résistance :

> Le régime légal est interrompu ; celui de la force est commencé... Le gouvernement a perdu aujourd'hui le caractère de légalité qui commande l'obéissance. Nous lui résistons pour ce qui nous concerne ; c'est à la France à juger jusqu'où doit s'étendre sa propre résistance [13].

Quarante-quatre journalistes apposent leur signature au bas de cette fière déclaration de guerre au pouvoir royal, dont, pour *Le National*, Thiers, Mignot, Carrel, Chambolle, et, pour *Le Temps*, Coste, Baude, Dussart et... Haussmann.

Cet Haussmann, c'est bien sûr Nicolas Valentin, sur le pont depuis la veille, et qui, ce mardi matin, voit arriver au 92, rue de Richelieu son fils Georges Eugène : « On fut surpris de la résolution avec laquelle j'allai, dès le lendemain des ordonnances, rejoindre mon père, afin de partager son sort, aux bureaux de la rédaction du *Temps*. [14] » Pourquoi ce dandy, jusque-là si condescendant à l'égard des engagements politiques de son père, va-t-il le rejoindre ? Qu'est-ce qui motive ce geste de solidarité filial ? Dans ses *Mémoires*, Haussmann ne s'en explique pas. Doit-on y voir de l'opportunisme, travers dont il fera souvent preuve durant sa carrière, du moins jusqu'à son ralliement indéfectible à Louis Napoléon ? Certainement pas, sauf à commettre un grossier anachronisme. Il faut en effet bien avoir à l'esprit la situation politique à Paris au matin du 27 juillet. La révolution est d'autant plus loin de l'avoir emporté qu'elle n'a même pas commencé. On l'a vu, la capitale n'a pas bougé à la publication des ordonnances. Une quinzaine de députés se sont certes réunis, mais le résultat du colloque a été de constater qu'ils n'étaient pas assez nombreux pour engager une action et qu'ils se reverraient le lendemain après-midi. Dans les jardins du Palais-Royal, des ouvriers imprimeurs et des étudiants ont crié : « Vive la Charte ! À bas les ministres ! » Mais les gendarmes les ont rapidement dispersés avant de fermer les grilles. Le soir, les bals, les théâtres, les cafés sont pleins. Au Français, *Le Barbier de Séville* fait salle comble, tout comme *Le Sergent Mathieu* au Vaudeville et *La Chatte blanche* aux Nouveautés. À Saint-Cloud, le roi s'est couché fatigué mais serein après une belle journée de chasse en compagnie du dauphin dans la forêt de Rambouillet. Avant de se retirer dans leurs appartements, les deux hommes ont croisé le maréchal Marmont, chargé du maintien de l'ordre à Paris :

> « Y a-t-il quelque chose de nouveau ?
> – Beaucoup d'inquiétude et d'agitation à Paris, Sire, et une forte baisse sur les fonds publics.
> – De combien sont-ils descendus ? demande le Dauphin.
> – De quatre à cinq pour cent, Monseigneur.
> – Ils remonteront », répliqua le prince, pas autrement inquiet [15].

Le mardi matin donc, Georges Eugène, en rejoignant la rédaction du *Temps*, ne vole pas au secours de la victoire, mais de son père, directement sous la menace d'une arrestation, tout comme les quarante-trois autres signataires de la protestation adoptée la veille. Violant délibérément les ordonnances, *Le Temps*, *Le National*, *Le Globe* et *Le Journal du commerce* paraissent ce mardi matin avec, à la une, l'appel solennel à la désobéissance qui est, par ailleurs, diffusé à cent mille exemplaires sous forme d'affiches. Le pouvoir ne peut que réagir et il le fait d'autant plus brutalement qu'il voit les journalistes isolés. À peine arrivé dans les bureaux du journal, Georges Eugène lit par-dessus l'épaule du rédacteur en chef Coste le billet que celui-ci adresse à Benjamin Constant : « Ami, il se joue ici un jeu terrible ; nos têtes servent d'enjeu ; venez vite apporter la vôtre ! » Haussmann fils a déjà présenté la sienne, sans que personne la lui demande. C'est en acteur, en combattant même, qu'il va vivre la révolution des 27, 28 et 29 juillet 1830.

« Journées sacrées de juillet ! Que votre soleil était beau ! Que le peuple de Paris était grand [16] ! » chantera un témoin enthousiaste, le poète allemand Heine. Ce mardi matin, la journée promet d'être magnifique, dans un Paris qui ne connaît ni la pollution automobile ni l'exode estival. Seuls quelques privilégiés ont pu fuir la canicule, dont au moins deux reviennent à bride abattue dès qu'ils apprennent la publication des ordonnances, le banquier Jacques Laffitte et le vicomte de Chateaubriand. Laffitte est occupé à compter les chênes coupés dans sa forêt de Breteuil – une bagatelle de sept mille cinq cents hectares – lorsqu'un courrier envoyé par son neveu lui apporte *Le Moniteur*. Dès le mardi soir, il regagne son hôtel particulier de la rue d'Artois (aujourd'hui rue Laffitte). Ce sera un des principaux protagonistes du tour de passe-passe orléaniste. L'écrivain, lui, est surpris par la nouvelle à Dieppe où il pensait partager les bains de mer de Mme Récamier. Arrivé le mardi à midi, il découvre *Le Moniteur* en fin d'après-midi et repart aussitôt pour Paris où il parvient le lendemain soir, notant, toujours modeste : « Dans ma rue, mes voisins me virent arriver avec plaisir : je leur semblais une protection pour le quartier [17]. » Mais, dans leur immense majorité, les huit cent mille habitants que compte alors la capitale – (785 866 exactement au recensement du 1er mars 1827) – s'agglutinent sur les places et dans les jardins publics autour d'orateurs improvisés qui, debout sur des chaises, déclament la protestation des journalistes. Les badauds applaudissent à la phrase choc : « Dans la situation où nous sommes placés, l'obéissance cesse d'être un devoir ! », mais ne prennent pas pour autant les armes. Du moins pas encore. Trente-six heures après la publication des ordonnances, Charles X et le prince de Polignac, toujours à Saint-Cloud, peuvent croire la partie gagnée. Quelques cris ne suffisent pas à renverser un régime, pas plus qu'une protestation de journalistes. Ceux-ci du reste se sentent isolés et mesurent le danger. Ce mardi matin, un des plus fougueux, Adolphe Thiers, est parti se cacher à la campagne dans la famille d'un de ses collaborateurs. Sûr de sa force, le pouvoir décide alors de frapper : le préfet de police donne l'ordre de saisir les presses des journaux contrevenant aux ordonnances et lance des mandats d'arrestation contre les quarante-trois signataires. Rue de Richelieu, les rédacteurs et les employés du *Temps* se barricadent et attendent la police qui se présente en début d'après-midi. Alexandre Dumas se trouve dans la foule qui afflue vers les bureaux du journal. Il racontera [18] la scène tragi-comique qui oppose le commissaire de police Dereste au baron Baude, ex-préfet de Napoléon Ier, « suivi des autres rédacteurs, des employés, des ouvriers qui forment derrière lui une masse d'une trentaine de personnes » (les Haussmann, père et fils, sont bien sûr de la partie). Baude, un colosse d'un mètre quatre-vingt-dix aux cheveux noirs épais et flottants comme une crinière, prend la parole le premier :

« Que voulez-vous, Monsieur, et dans quel but vous présentez-vous à notre imprimerie ?

– Monsieur, répond le commissaire, je viens en vertu des Ordonnances…

– Briser nos presses, n'est-ce pas ? Eh bien, moi, en vertu du Code, antérieur et supérieur à vos Ordonnances, je vous somme de les respecter ! »

Et Baude de tendre au policier un Code grand ouvert à l'article « Effraction ». Mais Dereste a des ordres et fait intervenir un serrurier. Baude arrête l'artisan par le bras :

« Vous ne savez peut-être pas ce que vous risquez, en obéissant au commissaire de police ? Vous risquez tout simplement les galères. »

Et il lit à haute voix l'article du Code :

> Sera puni de la peine de travaux forcés à temps tout individu coupable ou complice de vol commis à l'aide d'effraction extérieure, ou d'escalades ou de fausses clefs, dans une maison, un appartement, chambre ou logement habités ou servant à l'habitation, ou leurs dépendances, soit en prenant le titre d'un fonctionnaire public ou d'un officier civil ou militaire, ou après s'être vêtu de l'uniforme ou du costume du fonctionnaire ou de l'officier, en en allégeant un faux ordre de l'autorité civile ou militaire.

Interloqué, le serrurier hésite : la foule l'applaudit, le commissaire réitère l'ordre et le serrurier fait un mouvement pour entrer.

« Ce seront les travaux forcés », rappelle Baude.

Mais le commissaire insiste.

« Messieurs, dit alors Baude, j'en appelle de M. le commissaire au jury et des Ordonnances, à la Cour d'assises… Les noms de ceux qui voudront témoigner de la violence qui m'est faite ?

– Moi, moi… »

Dans la foule, des feuilles circulent aussitôt où chacun inscrit son nom et son adresse.

« Vous voyez, gouaille Baude, les témoins ne me manqueront pas. »

Le serrurier profite de l'agitation pour s'esquiver. Le commissaire en fait venir un autre qui prend peur devant les murmures des manifestants et s'arrange pour perdre son trousseau de crochets dans la foule.

« On m'a volé mes crochets…

– Je vous arrête ! » hurle le commissaire.

Mais l'homme se fond dans la foule et disparaît à son tour. Dereste en est réduit à réquisitionner le serrurier attaché à la préfecture de police et chargé de river les fers des forçats, le « serrurier de la guillotine ». Celui-ci s'exécute, force la porte de l'imprimerie du *Temps* et brise la presse. Mais, maladresse ou mauvaise volonté, il ne lui fait subir que des dégâts limités. Après quelques réparations effectuées dès le départ de la police, elle est bientôt à même d'imprimer des « bilboquets », journaux d'une page destinés à être affichés et qui contribueront à la révolution de 1830.

Cependant, la tension monte dans toute la ville. Chassés par la canicule de leurs appartements exigus et de leurs rues étroites aux odeurs nauséabondes – le tout-à-l'égout se résume alors à un caniveau coulant au milieu de la rue –, les Parisiens descendent sur les grands boulevards et envahissent les jardins publics, avec une prédilection pour le Palais-Royal. Il va suffire d'une incroyable maladresse du pouvoir pour transformer ces passants en insurgés, pour susciter des meneurs qui transforment une foule en une armée et une agitation de rue, en une révolution : en fin de matinée, on apprend que le roi a confié le rétablissement de l'ordre dans la ville au maréchal Marmont, duc de Raguse. Or, pour les Parisiens, Marmont c'est « le » traître, le maréchal d'Empire qui, en 1814, abandonna Napoléon et livra la capitale aux Alliés. Son impopularité est telle qu'elle a donné naissance à un féroce néologisme : « raguser », synonyme de trahir. Seize années après cette trahison, le choix du maréchal sonne comme une provocation, particulièrement pour les demi-soldes, les anciens grognards de l'Empereur qui vont apporter leur connaissances militaires à la populace et mettre en œuvre dans les rues de Paris les techniques de guerre des rues que beaucoup d'entre eux ont subies en Espagne. Revêtus ou non de leurs uniformes élimés, ils parcourent les rues en compagnie des ouvriers imprimeurs rendus oisifs par les ordonnances et de gavroches qui coupent les cordes des lampadaires, arrachent les emblèmes royaux aux portes des magasins ou des immeubles publics. Rue de Richelieu, Georges Eugène est aux premières loges pour assister au développement de l'insurrection : l'armurier Lepage, dont il fréquentait la salle de tir, est dévalisé ; la première barricade, édifiée à partir d'un omnibus renversé, d'une charrette et d'un gros tonneau de porteur d'eau, bloque le bas de la rue ; au milieu de l'après-midi, des coups de feu claquent et les premières victimes tombent. Un étrange et funèbre cortège parcourt le quartier, avec à sa tête un garçon boulanger à la carrure herculéenne qui porte à bout de bras le cadavre d'une jeune femme dont les cheveux dénoués lui balaient le visage. Arrivé devant le poste de garde de la Banque de France, le mitron s'arrête et jette le corps aux pieds des soldats :

« Tenez ! Voilà comment vos camarades arrangent nos femmes ! En ferez-vous autant ?

– Non, répond un soldat. Mais venez donc avec des armes ! »

Les autres se taisent. Ils regardent ce corps dont la tête a sonné atrocement en heurtant le pavé. L'officier a beau abaisser rageusement la visière de son shako, chacun peut voir qu'il a des larmes dans les yeux.

Le soir, les premiers drapeaux tricolores font leur apparition. Le mouvement de colère a changé de nature. La protestation devient révolution. Grâce au *Temps* et à son père, Georges Eugène va y prendre une part active, comme toute la rédaction. Les mercredi 28 et jeudi 29, alors que l'insurrection soulève toute la ville, c'est Baude – le même qui a ridiculisé le commissaire Dereste – qui commande les insurgés, lesquels, dans des combats sanglants contre les troupes royales, prennent, perdent puis reprennent l'Hôtel de Ville, symbole du pouvoir populaire depuis la Révolution. Le célèbre tableau de Delacroix, *La Liberté guidant le peuple* et les gravures où l'on voit les objets les plus divers – vaisselle, chaises, fauteuils, commodes, bancs, pianos même – jetés des fenêtres sur la tête des cuirassiers à cheval, ont marqué pour toujours la mémoire collective et l'imaginaire français. Tout comme le personnage de Gavroche dont le père littéraire, Victor Hugo, a pourtant passé les événements enfermé dans son appartement de la rue Goujon à écrire *Notre-Dame de Paris* *. Les deux grands écrivains sont étrangement absents de cette forte mutation de Paris qui, selon la belle formule de Jean-Louis Bory, change alors de sexe :

> Paris se réveille de son sommeil. Du coup, il cesse d'être aux yeux des poètes, ville féminine, capitale de la volupté artistique et des plaisirs frivoles, cité passive et comme allongée au bord de la Seine, pour

* Stendhal n'est pas plus engagé : il ne quitte pas sa chambre de l'hôtel de Valois, rue de Richelieu, au cœur même des événements, et passe son temps à lire à haute voix *Le Mémorial de Sainte-Hélène*.

devenir mythe masculin, colosse debout, les pieds dans les boucles dénouées de son fleuve, guerrier solide aux bras nus [19].

Le jeudi 29 au matin – l'anticyclone couvre toujours la France et le temps est de plus en plus chaud –, six mille barricades coupent les rues de la capitale. La rédaction du *Temps* a perdu contact avec son administrateur Baude et l'Hôtel de Ville. Il faut lui envoyer une estafette. Georges Eugène, qui souhaite se rendre utile, se propose et part en compagnie d'Étienne Arago qui l'arme d'un fusil : la veille, Arago a pris au Vaudeville, dont il est le directeur, la vingtaine de fusils et de sabres utilisés dans la pièce bonapartiste alors à l'affiche, *Le Sergent Matthieu*. « C'est, écrira plus tard le baron, dans cet équipage que j'entrai pour la première fois de ma vie dans le Palais municipal [20]. » Foin de litote : le futur préfet de la Seine, séide de Napoléon III, pilier de l'Empire autoritaire, homme d'ordre par excellence qui vivra à l'Hôtel de Ville comme un monarque en son palais, y pénètre le 29 juillet 1830, le fusil à la main, en insurgé. C'est à travers le tohu-bohu d'un bâtiment public envahi par des hommes en armes qu'il finit par trouver Baude et lui communiquer les messages de ses amis du *Temps*. Depuis que, la veille, il a pris le contrôle de l'Hôtel de Ville, l'ancien préfet d'Empire n'a pas perdu de temps : il a multiplié les ordres, décrets, déclarations, organisé avec les syndics des boulangers l'approvisionnement de Paris et rédigé une proclamation annonçant la déchéance des Bourbons signée « Baude, secrétaire du gouvernement provisoire ». Mais encore faut-il assurer la diffusion de cette proclamation révolutionnaire, en l'acheminant aux journaux susceptibles d'en faire un bilboquet prêt à afficher, *Le National* et *Le Temps*. Étienne Arago est chargé de la porter au premier et Georges Eugène Haussmann naturellement au second.

Héros de Juillet

L'aller-retour rue de Richelieu–place de Grève est à très haut risque. Les combats se poursuivent au cœur de Paris, même après la chute du Louvre et des Tuileries vers midi. En reprenant le chemin du *Temps*, Georges Eugène se trouve pris au piège d'un de ces réduits où la lutte est d'autant plus sauvage qu'elle est désespérée, exactement au coin de la rue Saint-Honoré et de la rue de l'Échelle, là où Jeanne d'Arc fut blessée lors du siège de Paris :

Je me trouvai parmi les insurgés que les Suisses postés aux fenêtres du Théâtre-Français et les Gardes royaux tirant de celles des maisons de la rue Saint-Honoré canardaient, et qui ripostaient de leur mieux, embusqués derrière des angles de boutiques et autres abris, tandis que… une pièce d'artillerie, chargée à mitrailles, balayait, de minute en minute, la rue de Richelieu [21].

Subitement, l'affaire manque de tourner au drame :

À la suite d'une décharge générale des troupes, je fus emporté, à travers la fumée, par le mouvement subit d'une foule sortant de toutes les portes, jusque sur le bataillon des Suisses, désarmé non sans peine après une lutte sanglante corps à corps, où, laissant mon fusil, devenu complètement inutile, je réussis à me garer des coups d'un officier, en le serrant de près, afin d'arracher de sa main le sabre dont il allait m'embrocher [22].

Il est utile, dans ce genre de péril, d'avoir vingt et un ans, d'être costaud et de mesurer un mètre quatre-vingt-douze : Georges Eugène s'en tire avec une éraflure sans importance au-dessus du genou droit et, plus sérieux, une balle qui lui a déchiré la cuisse gauche.

Pour une fois, dans ses *Mémoires*, Haussmann n'exagère pas. Il s'est effectivement trouvé au cœur des combats les plus sanglants de la révolution de Juillet qui fit au total dix-huit cents victimes parmi les insurgés – aux noms gravés sur la colonne de la Bastille – et cent soixante-trois parmi les troupes royales. Les Trois Glorieuses ne furent pas vraiment haineuses et les contemporains ont relevé mille cas de générosités, tels ces insurgés blessés qui, à l'Hôtel-Dieu, cédaient leur place à des soldats plus atteints qu'eux. Les révoltés de Juillet ne manquaient ni d'humour ni du sens de la mise en scène : pendant les combats, les insurgés traversant les ponts sous le feu des canons interpellent les pêcheurs installés sur les quais : « Alors, ça mord ? » La prise des Tuileries, qui aurait pu tourner au saccage, se solde par la décapitation d'un buste de Charles X (celui de Louis XVIII, père de la Charte, est respecté) et la fusillade d'un portrait de Marmont par Gérard. Goût du symbolique toujours : les insurgés sautent sur le lit du roi et installent sur le trône le cadavre d'un étudiant de Polytechnique mort durant l'assaut. Les Parisiens s'inclinent devant lui et dansent dans les salles du palais, revêtus d'habits de cour. À un seul endroit, les combats connaissent l'âpreté, la haine de la future Commune de Paris, quarante ans plus tard. Cet endroit, c'est le Palais-Royal, là précisément où se trouve pris au piège le jeune Haussmann. Le maréchal Marmont, en se retirant vers Saint-Cloud, a « oublié » là quelques détachements de soldats et de gardes-suisses encerclés par les insurgés. C'est ici que se sont produits les premiers affrontements et, sur le trottoir de la rue de Valois, gisent encore les corps de jeunes gens abattus par les soldats du poste de garde du Palais-Royal. En début d'après-midi, les militaires commencent à fraterniser avec la foule lorsqu'un mouvement de panique aussi subit qu'inexpliqué provoque le tir des soldats. La situation échappe alors à tout contrôle, les militaires se sachant condamnés tirent à tout-va et la foule répond de la même manière, massacrant les gardes qui tombent entre ses mains et exécutant sommairement des prisonniers sans défense, tel cet officier capturé dans une maison par un insurgé qui le traîne devant un tas de cadavres : « C'est toi qui les as fait tuer. Ils seront vengés ! À genoux ! » Et il l'abat sur les corps amoncelés. C'est lors de ces combats du désespoir qu'Haussmann manque d'être la victime d'un officier de la garde-suisse. Cependant, sa blessure à la cuisse ne semble pas trop le handicaper : il fait rapidement panser ses blessures rue de Richelieu et poursuit sa mission d'estafette. Il se rend à l'hôtel particulier du banquier Laffitte, rue d'Artois, et fait son rapport aux « députés désignés pour faire partie du Gouvernement provisoire » et qui sont tranquillement en train de dîner. « On leur servait un melon à la glace, qui me fit grande envie. » Mais, malgré la canicule et l'air hâve du jeune homme au soir d'une telle journée, aucun des convives ne songe à lui en offrir. Il faut dire qu'il est un bien modeste personnage pour ces politiciens orléanistes – Laffitte, Casimir-Perier, Thiers – occupés à mettre au point un des plus jolis tours de passe-passe de l'histoire de France visant à substituer, à la barbe des bonapartistes et des républicains, Louis-Philippe à Charles X, un « roi des Français » au roi de France. Le rapport que leur apporte Haussmann sur des événements clos depuis plusieurs heures doit, du reste, leur apparaître incongru. D'ailleurs pourquoi se seraient-ils empressés auprès de ce messager bonapartiste, lié à Baude et donc au parti de l'Hôtel de Ville, eux qui, précisément, ont pris prétexte d'une foulure de la cheville de Laffitte pour tenir leur réunion ici, chez le banquier, et non à l'Hôtel de Ville qui, à leur goût, se trouve trop sous le contrôle des insurgés ? Que vient-il faire là, qui l'a envoyé ? Dans son récit, Georges Eugène ne le précise pas et l'on peut parier que, s'il avait reçu d'un des responsables de l'insurrection l'ordre de se rendre chez Laffitte, il n'aurait pas omis de s'en vanter. Tout indique, en fait, que le jeune homme a agi de son propre chef et tenté de se placer auprès du nouveau pouvoir. Le peu d'effet que son arrivée et ses informations ont provoqué chez les hiérarques affamés de l'orléanisme ne décourage pas le jeune Haussmann qui a pris goût à l'action et entend rester au cœur des événements. Puisque ceux-là l'ignorent, il rejoint sa famille politique d'origine : au sortir de la rue d'Artois, il court se placer sous les ordres des officiers bonapartistes qui réorganisent la Garde nationale afin de prévenir tout retour offensif des troupes royales. Il rejoint au manège de la rue Cadet le colonel d'Empire Bro et ne le quitte plus : ensemble, ils vont prendre le contrôle des positions militaires de la butte Montmartre, avant de recueillir la capitulation des artilleurs du fort de Vincennes. Georges Eugène traverse, triomphant, le faubourg Saint-Antoine où, quelques heures plus tôt, volaient les armoires et les pianos :

> Quand nous rapportâmes la capitulation, dans la soirée, à travers le faubourg Saint-Antoine illuminé et les flots pressés de la population, je me vois encore, en uniforme improvisé, conduisant notre avant-garde, à la tête d'un détachement d'artilleurs à cheval, presque tous Alsaciens, que nous ramenions [23].

Quelques mois plus tard, venant répondre à l'enquête d'une sous-préfecture sur le jeune Haussmann, le colonel Bro se portera garant, par lettre certifiée en mairie, de ses hauts faits révolutionnaires, affirmant que « du 29 juillet au 14 août, M. Haussmann (Georges Eugène) ne l'a pas quitté », que le 29 il s'est trouvé « sur tous les points menacés et [a] agi avec la plus grande rigueur près de la place du Palais royal et notamment sous les colonnes du Théâtre-Français où il a désarmé et mis hors de combat un officier de la Garde royale dont il a rapporté le sabre », que, pendant six jours et six nuits, il n'a pas pris de repos ; enfin que les chefs de légion (troupes constituées d'insurgés et de soldats de l'ancienne armée royale) l'ont désigné pour avoir l'honneur de porter le drapeau [24], le drapeau tricolore de la Révolution et de l'Empire, celui qui flottait au fronton de la mairie de Chaville, fief de son cher grand-père Nicolas.

La revanche des Haussmann

Pendant que Georges Eugène s'active avec la fougue de ses vingt ans, l'Histoire s'est accélérée et les amateurs de melon glacé de la rue d'Artois ont fini de mitonner leur cuisine politique : le 21 juillet, le duc d'Orléans accepte « la lieutenance générale du royaume » et il est accueilli par La Fayette à l'Hôtel de Ville ; le

2 août, Charles X abdique : il ne quittera la France que le 16 en s'embarquant à Cherbourg sur un navire américain ; le 7, la Chambre des députés « appelle au trône Son Altesse Royale Louis-Philippe d'Orléans » ; le 9, le nouveau « roi des Français » prête solennellement serment au palais Bourbon. Le colonel Bro fait partie de son escorte, avec, à ses côtés, son officier d'ordonnance, le désormais inévitable Georges Eugène Haussmann *. Le jeune homme n'est pas trop mal loti pour quelqu'un qui, quelques jours plus tôt, montrait si peu d'intérêt pour la politique :

> J'assistai sur un des gradins de l'estrade à cette solennité non loin du duc de Chartres, alors colonel d'un régiment de Hussards qu'il avait ramené de Joigny à Paris [25].

Le princier camarade de la classe d'Henri IV revient de loin : arrêté le 30 juillet à Montrouge, il a failli être passé par les armes par un groupe de républicains et n'a dû son salut qu'à un sauf-conduit de La Fayette véhiculé *in extremis* par un jeune polytechnicien dont on reparlera : Auguste Comte. Ce 9 août, la même cérémonie qui donne la couronne à son père fait du duc de Chartres le nouveau duc d'Orléans, héritier du trône. Ce qui ne l'empêche pas de reconnaître à quelques pas de lui, sur l'estrade, son ancien condisciple et de lui faire un petit signe d'amitié, dont ce dernier n'est pas peu fier :

> Nous ne nous étions pas vus depuis longtemps : il parut heureux de retrouver, dans une telle circonstance, un ancien condisciple, dont le dévouement affectueux ne pouvait faire l'objet d'aucun doute pour lui [26].

On voit que l'« impérialiste de naissance » n'aura pas mis longtemps pour se sentir rempli d'un « dévouement affectueux » envers le fils du roi et donc le nouveau régime. Cet échange de regards sent son offre de service.

La révolution de 1830 détermina donc la carrière de Georges Eugène, modifiant radicalement son comportement et sa personna-

* Le peintre romantique Eugène Devéria consacrera plus tard un tableau à cette grand-messe politique du palais Bourbon. Absent de Paris lorsque l'artiste exécuta le tableau, Haussmann y est « représenté par un officier quelconque de la Garde nationale ». On comprendra d'ailleurs que Devéria ne se soit guère soucié de peindre d'après nature ce comparse plus remarquable par sa taille que par sa notoriété. Mais Haussmann, qui estime s'être fait voler sa place sur le tableau, en ressentira un vif sentiment d'injustice.

lité. Le Haussmann d'avant les Trois Glorieuses était un touche-à-tout, qui ne se sentait aucune véritable vocation et n'était pas assez riche pour se lancer dans les affaires. Sous le règne de Charles X, son protestantisme et ses ascendances bonapartistes lui interdisaient de songer à l'armée, à la magistrature ou à la haute administration. Sans les journées de Juillet et la chute des Bourbons, gageons que Georges Eugène serait devenu avocat ou notaire. Au lendemain des Trois Glorieuses, l'homme lui-même a changé : son corps à corps avec l'officier des gardes-suisses a achevé de lui donner confiance en lui. Le daguerréotype de 1831 que l'on conserve de lui révèle un homme jeune plus qu'un jeune homme ; les traits sont réguliers mais accusent une certaine lourdeur ; la bouche s'annonce sensuelle dans l'épaisseur de la lèvre inférieure ; le regard est direct, mais d'une franchise qui confine à l'arrogance. Au total, l'expression est celle d'un homme intelligent et conscient de l'être. On sent déjà poindre ce côté avantageux qui irritera tant ses collègues et ses supérieurs. C'est aussi l'expression d'une personnalité volontaire, désormais saisie par l'ambition. L'étudiant papillonnant s'est fixé un objectif stratégique : faire carrière, une grande et rapide carrière ; tirer les bénéfices du bouleversement politique, auquel, grâce à l'engagement de son père, il a pris une part active. Passons sur les maladroites dénégations de ses *Mémoires* : « Il me répugnait de me mêler à la tourbe qui se rua promptement à la curée des places. » Haussmann est plus crédible lorsqu'il ajoute : « Je ne savais pas encore bien ce que je voulais. » S'il se rue au festin un peu moins vite que d'autres, ce n'est ni par délicatesse d'âme ni par manque d'appétit, mais plutôt parce qu'il n'est pas encore fixé sur le menu qu'il souhaite dévorer.

Cette ruée aux places qui suit tout bouleversement politique, la famille Haussmann y participe dans un ensemble admirable, et avec une inextinguible soif de revanche. La Révolution de 1789 avait fait la carrière des grands-parents, celle de 1830 permet aux enfants et petits-enfants de reprendre leur place dans la société et l'administration. Même les cousins d'Alsace abandonnent leur confortable discrétion. Le 16 août 1830, les journaux annoncent que :

> MM. Haussmann frères, fabricants au Logelbach près de Colmar, viennent de former avec leurs seuls employés une compagnie de soixante hommes et qu'ils ont versé cinq cents francs pour les orphelins et veuves de ceux qui ont glorieusement répandu leur sang pour la noble cause des lois et de la liberté [27].

Voilà qui s'appelle voler au secours de la victoire, mais cela illustre également la joie des milieux protestants alsaciens après la chute de la Restauration. Chez les Haussmann de Paris, on n'est pas en reste. Malgré ses soixante-dix ans, l'ancien conventionnel Nicolas retrouve la mairie de Chaville. Nicolas Valentin, le journaliste du *Temps*, l'inventeur impécunieux, réintègre les services administratifs de l'armée comme sous-intendant et se trouve aussitôt détaché au ministère de l'Intérieur avec mission d'organiser l'administration de la Garde nationale, la milice bourgeoise du nouveau régime. Son fils Louis-Alphonse, né en 1810 et frère cadet du futur baron, choisit la carrière militaire jusque-là interdite et, grâce au soutien paternel, est admis en décembre 1830 à l'École royale de cavalerie de Saumur comme élève sous-lieutenant. Reste à placer Georges Eugène, le « héros de Juillet ». Son attitude sous les arcades du Théâtre-Français et sa blessure lui valent la médaille de la Résistance de l'époque, la croix spéciale de Juillet, que lui attribue la toute nouvelle Commission des récompenses nationales. Être ainsi distingué à vingt et un ans, c'est prestigieux (les médaillés de Juillet ne dépasseront pas les deux mille), mais une décoration ne nourrit pas son homme. Il faut songer à une carrière. Haussmann se précipite donc chez son « copain », le nouveau duc d'Orléans, lequel sait que le nouveau régime a besoin, pour s'établir et durer, d'hommes nouveaux qui lui soient dévoués. Georges Eugène tombe à pic et le prince lui propose sans barguigner une des sous-lieutenances créées par une loi spéciale en faveur des combattants de Juillet.

Un infatigable quémandeur

Mais il y a loin du gamin déguisé en hussard à l'étudiant en droit. Le métier des armes n'attire guère cet esprit indépendant et il décline l'offre, en arguant poliment qu'il a déjà un frère qui se destine à l'armée. Réflexion faite, il décide de se lancer dans la magistrature, une voie qui ne lui est plus interdite, et, tout naturellement, reprend rendez-vous avec le duc d'Orléans afin de solliciter son soutien. Entre-temps, le jeune prince a réfléchi : la mise en place du nouveau régime est beaucoup plus difficile que prévu ; les légitimistes ne feront aucun cadeau au « traître » Louis-Philippe, et les républicains, floués, multiplient les troubles à l'ordre public. La monarchie de Juillet ne peut se maintenir qu'en plaçant des hommes à elle dans la haute administration et en verrouillant la police et les préfectures. Il l'expose sans détour à Georges Eugène :

> Rien n'est à faire dans la magistrature tandis que l'administration du pays confiée jusqu'alors à des fonctionnaires dont on n'exigeait qu'un dévouement aveugle au Trône et à l'Autel lui ouvrira une voie inexplorée où, travailleur et instruit, il saura se signaler et marcher rapidement [28].

Le message est sans ambiguïté et il est difficile de refuser ce conseil venant d'un tel personnage : Louis-Philippe a alors cinquante-sept ans, ce qui est déjà un âge avancé à cette époque, et le prince royal est son dauphin. Haussmann comprend qu'il a tout intérêt à jouer la carte de son ancien condisciple. Va donc pour la carrière préfectorale. Quelques jours plus tard, le 14 septembre exactement, le jeune homme adresse à Guizot, alors ministre de l'Intérieur et protestant lui aussi (mais calviniste), une lettre de candidature en bonne et due forme : « Je prie votre Excellence de vouloir bien me confier l'administration d'une sous-préfecture [29]. » C'est un peu direct ; c'est déjà du Haussmann. Dans cette missive conservée aux Archives nationales, le postulant énumère ses titres universitaires, évoque sans complexe les « nombreuses occasions » qu'il a eues de mettre en pratique ses connaissances en législation ainsi que les « grandes occupations » auxquelles il s'est livré. Il n'oublie pas les titres qu'il pense détenir à la reconnaissance du nouveau régime, à la suite des « dangers auxquels [il] s'est exposé » pendant les journées de Juillet. Et termine par une pesante évocation de son protecteur le duc d'Orléans : « Ma conduite pendant ces mémorables journées est à la connaissance de SA le Prince royal qui a daigné m'en témoigner la satisfaction et dont la bienveillance pour moi est peut-être mon meilleur titre à la faveur que je sollicite [30]. » Et comme Haussmann ne fait jamais rien à moitié, il joint à sa lettre à Guizot un petit mot du secrétariat du duc d'Orléans précisant : « De la part de Monsieur le duc d'Orléans qui s'intéresse à son ancien condisciple monsieur Haussmann et le recommande à la bienveillante attention de monsieur le ministre de l'Intérieur. » En fait-il trop ? N'est-il pas maladroit d'insister sur ses relations princières dans un régime parlementaire si jaloux de ses prérogatives ? En tout cas, l'austère Guizot ne se laisse guère impressionner par ce courrier impudent, et Haussmann, qui n'a pas oublié de préciser son adresse sur la lettre – 21 rue des Moulins –, attend en vain une réponse. Rien ne vient ; le ministre fait le mort.

Mais il en faut davantage pour décourager le jeune homme. L'épisode de ce début de carrière est essentiel pour saisir deux traits de la personnalité du baron : une maladresse brutale qui lui vaudra de multiples ennemis et une combativité jamais prise en défaut. Huit mois durant, Georges Eugène va bombarder le ministre de l'Intérieur de demandes, de lettres de soutien, de pressions de toutes sortes. Tout le monde redoute Guizot, à commencer par Louis-Philippe, mais apparemment pas Haussmann. Pour plaider sa cause, il fait intervenir le ban et l'arrière-ban. Rien n'illustre mieux son caractère que l'énumération de ces interventions et l'analyse des arguments destinées à prouver l'aptitude du jeune homme à sa vocation préfectorale.

Dès le 20 septembre, six jours seulement après la lettre à Guizot, le colonel Bro, dont Haussmann s'est improvisé officier d'ordonnance à la fin des Trois Glorieuses, monte au créneau et, dans une lettre évoquée précédemment, insiste en militaire sur le courage de Georges Eugène lors des combats de Juillet. Celui-ci, qui a travaillé le soir dans une charge de notaire, ne laisse rien au hasard : il prend la stupéfiante précaution de faire « légaliser » la signature du colonel Bro et, pour cela, demande au maire du IIe arrondissement d'authentifier la lettre. Le ministre reste muet ; aussi, le 11 novembre, Haussmann entreprend-il une nouvelle action : il adresse au ministre une lettre signée, entre autres personnalités, par le général La Fayette et émanant de la prestigieuse Commission des récompenses nationales, laquelle certifie solennellement que « Monsieur Eugène Haussmann [...] s'est acquis un droit incontestable à la bienveillance et à la faveur du gouvernement », affirme – d'où lui vient cette conviction ? – qu'il a « les connaissances, les capacités, les principes et le talent[31] » pour occuper une sous-préfecture, et le recommande enfin auprès du ministre « d'une manière très spéciale ». Mais pour convaincre Guizot qui est un homme d'autorité, pas un agitateur, le rappel des journées de Juillet n'est pas de la meilleure efficacité ; aussi Haussmann ajoute-t-il une touche d'idéologie conservatrice et mobilise-t-il à son profit – et à leur insu – les cousins industriels d'Alsace : « Issu de parents que leur industrie a placés parmi les premières notabilités du commerce d'Alsace, la position sociale de ma famille est un sûr garant de mon amour pour l'ordre public et le maintien de nos nouvelles institutions[32]. » Georges Eugène n'a pas vingt-deux ans et il a déjà senti la nature profondément bourgeoise et conservatrice du régime. Il est lui-même un homme d'ordre. On l'avait déjà deviné à l'insistance avec laquelle il dépeint ses deux grands-pères conventionnels en admirateurs de la philosophie des Lumières et en visionnaires débonnaires, soucieux d'ordre et de bonne administration ; une véritable autoprojection.

L'insistance est-elle trop pesante ? Guizot, qui n'a pas encore lancé son fameux « Enrichissez-vous ! », fait la sourde oreille et écrit même sur la missive à destination de son secrétariat : « Réponse polie ». La mauvaise volonté du ministre est d'autant plus évidente que jamais (sauf beaucoup plus tard à la Libération) le corps préfectoral n'a connu une épuration aussi rapide ni plus ample : en moins de trois mois, Guizot révoque 76 préfets sur 86 et change 636 fonctionnaires du corps préfectoral sur 746.

> Les nouveaux venus, note Gabriel de Broglie, provenaient aussi bien du personnel révolutionnaire, impérial ou des Cents-Jours, de fonctionnaires révoqués par la Restauration, d'élus libéraux de 1827 ou de 1830 que, et ceci était plus nouveau, de professions libérales ou commerciales, de milieux bancaire ou industriel. Tous appartenaient à la bourgeoisie aisée, aucun n'était favorable aux Bourbons, beaucoup bénéficiaient de recommandations, émanant souvent de personnalités du Mouvement [33].

Alors pourquoi pas Haussmann dont la famille répond à tous ces critères ? Guizot lui faisait-il le même reproche que celui qu'il adressse à Henri Beyle, plus connu sous le nom de Stendhal, lequel sollicite aussi une place de préfet et se la voit refuser pour « dilettantisme » ?

Heureusement pour les ambitions de Georges Eugène, le ministère Guizot sera éphémère et, fin octobre 1830, le comte de Montalivet prend à son tour le portefeuille de l'Intérieur. Tout est à recommencer et Haussmann s'y emploie, avec la même obstination. Le 15 février, il écrit au comte ministre. Son insistante requête rappelle ses demandes à Guizot, évoque pour la première fois le nom de Lamartine, et termine bien sûr en rapportant (sans excès d'élégance) que « le duc d'Orléans a bien voulu réclamer plusieurs fois » en sa faveur. D'ailleurs, Georges Eugène a obtenu que le duc envoie directement un mot au ministre évoquant les cinq années passées ensemble à Henri-IV. Le jeune homme, enfin, fait les fonds de tiroir des relations familiales et trouve un nouveau soutien en la personne d'un ancien officier d'Empire qu'il a rencontré le soir du 29 juillet à la sortie de l'hôtel du banquier Laffitte : le colonel Lavoestine. Celui-ci y va de sa missive, à l'évidence dictée par Haussmann qui profite de l'occasion pour apporter une nouvelle nuance à son argumentaire et réduire quelque peu ses prétentions : aujourd'hui il accepterait volontiers « une sous-préfecture difficile ».

L'obstination finit par payer. Le comte de Montalivet répond trois semaines plus tard (le 5 mars) à Lavoestine qu'il « croit pouvoir comprendre [Haussmann] dans un prochain travail qui doit être soumis à l'approbation de sa majesté ». Montalivet envisage même de lui confier Château-Chinon dont le sous-préfet « est un jeune saint-simonien illuminé et persuadé de l'esprit de prosélytisme ». Malheureusement, un nouveau changement de gouvernement en mars 1831 suspend le mouvement. Ce n'est que partie remise : le duc d'Orléans, qui n'oublie pas son protégé, demande au comte de Montalivet, passé à l'Instruction publique, de recommander ce dernier au nouveau chef du gouvernement, Casimir Perier. Grand honneur fait au jeune homme et qui ne peut s'expliquer que par ses soutiens et ses relations, Perier le reçoit personnellement et témoigne un intérêt sincère à son cas et à sa carrière en lui conseillant un détour bien politique : « Pour couvrir le prince royal vis-à-vis de la Chambre, très jalouse des influences de la Cour, il serait bien que votre candidature fût appuyée par quelques députés. » Nicolas Valentin Haussmann, qui, rappelons-le, est chef de bureau au ministère et a noué de nombreuses relations dans les milieux libéraux avant la révolution de Juillet, fait jouer une nouvelle fois ses relations : quelques jours plus tard, Georges Eugène revient voir le ministre « escorté d'un groupe de ces honorables à la tête desquels figure M. Chevandier, directeur des manufactures de Saint-Gobain, député de la Meurthe, ami de son père [34] ».

Le Moniteur du 21 mai 1831 annonce que, par ordonnance royale, « M. Haussmann fils » est nommé secrétaire général de la préfecture de la Vienne à Poitiers. Un bonheur ne vient jamais seul : le 2 mai, dans le même *Moniteur*, Georges Eugène Hausmann figurait dans « l'état nominatif des citoyens auxquels sera décernée la Croix de Juillet ». À Poitiers, Monsieur le secrétaire général pourra arborer lors des cérémonies officielles la croix à trois branches surmontée d'une couronne et attachée d'un ruban bleu ciel liseré de rouge. Elle porte sur une face le coq gaulois ; sur l'autre 27, 28, 29 juillet 1830 avec en exergue : « Patrie et Liberté ». C'est un haut fonctionnaire loyaliste, orléaniste, qui prend la route du Poitou.

Chapitre III

UN INTERMINABLE APPRENTISSAGE

(1831-1848)

M. Haussmann a un peu la légèreté et la présomption de son âge ; mais en revanche, une grande capacité, de l'instruction, de la facilité de travail, beaucoup d'activité et plus d'intelligence des affaires que son âge ne le supposerait.

Lettre au ministre du préfet Croneau,
27 juin 1833

Au terme de huit mois de démarches incessantes, après avoir remué ciel et terre et utilisé tous les arguments, Georges Eugène a enfin le pied à l'étrier. Être, à vingt-deux ans, secrétaire général d'une préfecture, c'est assez exceptionnel. Dans ses *Mémoires*, Haussmann s'en dira satisfait : « Je désirais un poste de secrétaire général de préfecture où je pusse me préparer à l'administration active [1]. » En 1830 et 1831, nous avons vu le jeune Georges Eugène revendiquer directement une sous-préfecture. À peine sorti de l'École de droit – son doctorat date d'avril 1831 –, il ne doute pas qu'il soit apte à prendre seul en main une administration. Persuadé d'être au-dessus de l'immense majorité de l'humanité, et donc à ses supérieurs, Haussmann entretiendra toujours des rapports difficiles avec ces derniers, Napoléon III excepté. Ce 21 mai 1831, sa nomination comme secrétaire général de préfecture étant acquise, le jeune Georges Eugène n'a plus qu'une obsession : l'avancement. Il y mettra une impatience, une frénésie proprement extraordinaires. Son dossier préfectoral, conservé aux Archives nationales sera durant des années essentiellement constitué de lettres et de suppliques qui dépeignent, avouons-le, un personnage plutôt désagréable, un éternel mécontent s'estimant toujours mal traité, oublié, un insatisfait chronique à tendance paranoïaque. C'est tout juste si dans la lettre de remerciement au ministre du 26 mai 1831 il ne commence pas par exprimer son désappointement d'être nommé à une si petite fonction. Qu'on en juge à cette remarque aux allures d'antiphrase : « Je comprends l'importance du poste qui m'est confié et je m'efforcerai de justifier le choix de Sa Majesté et le vôtre [2]. » Quel serait l'abattement de notre Rastignac s'il savait qu'il allait lui falloir attendre vingt-deux années, autant que sa vie passée, avant de revenir à Paris et que, durant tout ce temps, il occuperait quasiment exclusivement des emplois préfectoraux subalternes ?

Un « fashionable soigneusement tenu »

Sitôt nommé, sitôt parti. Le 30 mai, à cinq heures de l'après-midi, monsieur le secrétaire général de la préfecture de la Vienne case tant bien que mal ses longues jambes dans l'étroit habitacle de la diligence Paris-Bordeaux qui part de la rue Notre-Dame-des-Victoires. Le lendemain matin, il est à Poitiers et se présente aussitôt à son patron, le préfet Boullé, qui lui fait bon accueil. Le préfet n'ignore pas que le jeune homme est recommandé par le président du Conseil en personne, l'autoritaire Casimir Perier, surnommé « le maniaque énergique [3] », tant il sait se faire respecter, y compris du roi Louis-Philippe, dont il dit : « Le roi est un homme chez lequel un ministre ne doit jamais entrer sans avoir son portefeuille tout prêt à lui jeter à la tête. » Pour faire impression, Haussmann arbore la médaille de Juillet qui atteste de ses liens avec le nouveau régime. Mais l'accueil sympathique de Boullé n'est pas que politique et relève aussi de raisons personnelles : les Boullé sont comme les Haussmann des revenants du Premier Empire et goûtent la revanche des carrières frustrées par la Restauration. Boullé père, ancien représentant du peuple sous la Révolution, fut préfet d'Empire et le fils eut à peine le temps de servir comme sous-préfet de l'Empereur, qu'il était révoqué par Louis XVIII. La monarchie de Juillet vient tout juste d'aller le repêcher dans sa retraite du Morbihan pour l'installer en lieu et place du comte de Cartéja, un préfet légitimiste mis à l'écart. Quant à Georges Eugène, il prend la place au secrétariat général de la préfecture d'un autre légitimiste, M. de Travestey, qui a eu le panache de démissionner avant d'être remercié. Boullé préfet et Haussmann secrétaire général, c'est la revanche des bourgeois sur les châteaux.

Comme il s'agit du premier poste de Georges Eugène Haussmann, il est utile de s'arrêter un peu sur le cérémonial d'investiture qu'il revivra si souvent, et notamment sur la prestation de serment et la confection de la « fiche signalétique » remise à jour à chaque changement de poste. Le 1er juin, Boullé fait son rapport au ministre sur l'intronisation d'Haussmann :

> Nous avons reçu le serment de fidélité à sa Majesté qu'il a prononcé en ces termes : « Je jure fidélité au roi des Français, obéissance à la Charte constitutionnelle et aux lois du Royaume.[4] »

Détail amusant qui montre que M. Boullé est parfois distrait ou encore mal habitué au nouveau cours des choses : il a d'abord écrit « au roi » seulement et il a oublié les mots « des Français » ; mais, au lieu de se donner la peine de récrire le procès-verbal, le préfet se contente de surcharger le texte... Voilà donc le premier serment prêté par Georges Eugène à un régime politique. Il en jurera d'autres et à d'autres régimes ! La fiche signalétique, « qu'il a remplie de sa main » précise le préfet, constitue aussi un document précieux sur les pratiques administratives de l'époque comme sur Haussmann lui-même et on notera avec attention les modifications qu'il apportera aux fiches qu'il remplira à chaque nomination. Voici donc, pour l'essentiel, la première * :

- Installation : 31 mai.
- Prénom : Georges Eugène
- Qualification ou profession actuelle : licencié en droit.
- Domicile politique : Paris.
- Résidence : Paris.
- Naissance : 27 mars 1806.
- Famille : célibataire
- Fortune évaluée en revenu : [un blanc].
- Qualification, profession ou fonctions depuis l'entrée dans la société : licencié en droit.
- Nom du prédécesseur et motif de remplacement : Monsieur de Travestey, démissionnaire.

* Dans le document du ministère de l'Intérieur conservé dans le dossier personnel du préfet, les rubriques sont préimprimées, les réponses sont de la main d'Haussmann.

On n'est pas surpris du blanc en face de « fortune évaluée en revenu » : Haussmann, qui n'a alors que vingt-deux ans, n'a reçu aucun héritage et n'a évidemment aucun patrimoine propre. En revanche, on s'étonne de l'étrange erreur sur sa date de naissance : Georges Eugène s'est vieilli de trois ans. Étourderie ? Émotion ? Difficile à imaginer de la part d'un jeune homme aussi calculateur. Il est plus vraisemblable que le nouveau secrétaire général se soit délibérément vieilli afin de mieux en imposer à son supérieur et à ses collègues de Poitiers.

À peine arrivé, aussitôt déçu : Haussmann découvre qu'il n'a quasiment rien à faire. Son prédécesseur, plus préoccupé de ses titres de comte que des tâches administratives, a abandonné l'essentiel de ses fonctions au secrétaire personnel du préfet. Georges Eugène doit se contenter de superviser les archives et de signer les expéditions. D'autres se seraient satisfaits de cette sinécure. Lui piaffe. Par tempérament et par ambition : trier des archives ne permet guère de se faire remarquer ni d'obtenir de l'avancement. Il le sait et met donc en place une stratégie pour se rendre aimable et nécessaire. Comment ? Par les femmes. En tout bien, tout honneur, il fait la conquête de Mme la préfète, « une beauté plantureuse, blonde, au teint frais, aux yeux tranquilles, bleu faïence, un peu saillants ; aux lèvres rouges, non moins saillantes ; bonne et aimable personne sans prétentions [5] ». Le soir, il joue au whist avec Mme Boullé, à moins qu'il ne se fasse battre « de bonne grâce » au billard par Monsieur, afin « d'éviter son trictrac [l'actuel backgammon moderne] auquel [il ne veut] jamais rien comprendre et son échiquier où [il a] trop souvent gagné ». Lorsque M. et Mme Boullé donnent un grand dîner ou un bal en l'hôtel de la préfecture, notre Parisien organise la fête, « ce dont préfet et préfète [s'avouent] également incapables ». L'ancien élève de Cherubini se révèle : il joue du piano et chante des romances – certaines de sa composition – pour madame à moins qu'il ne lui lise des vers, « ce qu'elle aimait encore mieux, ce qui m'étonnait toujours ; car rien d'autre ne trahissait en elle des instincts poétiques ». Haussmann sait être féroce, y compris à l'égard des personnes qui ne lui veulent que du bien.

Boullé n'est pas un ingrat et, très vite, il réorganise le travail de la préfecture afin de faire sa place au nouveau secrétaire général, d'autant, note sans la moindre once d'humour le baron, qu'il s'aperçoit « que son nouveau secrétaire général [n'est] pas précisément le premier venu ». Que de morgue dans ce « précisément » ! Si Haussmann revendique, il accomplit et manifeste un sens inné de l'organisation ; il établit aussitôt « un ordre de services permettant de suivre chaque affaire depuis son entrée jusqu'à sa sortie, dans toutes les phases de l'instruction qu'elle devait subir, et de signaler les oublis ou négligences de nature à retarder la solution qu'elle comportait[6] ». Voilà en quelques lignes le discours de la méthode d'une bonne administration telle qu'il l'établira plus tard à Paris, mais à Poitiers on imagine le chambardement provoqué par l'Alsacien dans la vie routinière et poussiéreuse des bureaux d'une préfecture vieillotte installée tant bien que mal dans l'ancien évêché confisqué à la Révolution. Haussmann est et sera toujours un homme de terrain : il parcourt le département pour les conseils de révision et, démarche exceptionnelle de la part d'un fonctionnaire de la préfectorale, il visite les entreprises, comme la manufacture d'armes blanches de Châtellerault. À chacun de ses postes, il manifestera toujours une forte curiosité à l'égard de la vie économique. Mais il n'oublie pas non plus les sites archéologiques ou historiques : il parcourt, Froissart à la main, le champ de bataille de Vouillé où le roi Jean le Bon subit une des plus terribles défaites de la guerre de Cent Ans et celui de Moussac-la-Bataille où, selon la tradition, « Charles Martel arrêta les Arabes à Poitiers ».

Mais – et heureusement pour lui – l'activité du jeune secrétaire général de la préfecture de la Vienne ne s'arrête pas à sa carrière. Tout en se préoccupant activement de son avancement, Georges Eugène se ménage un espace de vie privée. Ainsi, au lieu de réclamer l'appartement de fonction auquel il a droit dans l'ancien évêché, loge-t-il en ville, dans le quartier haut, le plus chic de Poitiers, et prend pension place d'Armes chez un restaurateur de renom « tenant une table réservée aux fonctionnaires publics sans famille, qu'il présidait patriarcalement afin de servir lui-même ses clients de distinction[7] ». Une scène de la *Comédie humaine*. En tout cas, ce n'est pas très cher : cent vingt francs par mois.

Surtout, Georges Eugène sort. Et sort beaucoup ! Au diable la discrétion de l'administration et les traditions de la préfectorale ! Le soir, Haussmann rejoint « la jeunesse dorée locale ». Le mot est de lui tout comme l'autoportrait flatteur qui suit :

> J'étais ce qu'on appelait alors un fashionable, très soigneusement tenu, quoique des mises les plus simples et de manières réservées autant que jolies[8].

Georges Eugène fréquente tous les milieux (à l'exclusion des milieux populaires bien sûr) et, en particulier, la banque et le haut commerce. Il s'exerce à la salle d'armes, organise des bals à abonnements (les redoutes) très en vogue et assiste à tous les spectacles de la saison 1831-1832. Il se rend même trente-deux fois de suite – à Poitiers, le choix est restreint – à la représentation de *La Muette de Portici*, l'opéra d'Auber (ancien élève de Cherubini comme lui-même) qui sent alors politiquement le soufre. L'œuvre en question, plus précisément le fameux duo « Amour sacré de la Patrie », lors d'une représentation à Bruxelles l'année précédente, a donné le signal du soulèvement belge contre le roi de Hollande. Depuis lors, à chaque représentation, le duo suscite des manifestations libérales. À Poitiers, chaque soir, les étudiants de la célèbre faculté de droit se lèvent, brandissent le poing vers la loge du préfet en chantant : « Malheur à nos tyrans ! » ou en entonnant *La Marseillaise*. Haussmann, qui a le sens de l'ordre inné et connaît les devoirs de sa charge, supporte très mal l'affront :

> Une fois, deux fois, trois fois, cela pouvait passer ; mais tous les soirs de représentation, c'était insupportable [9].

L'occasion de réagir lui est donnée un soir où, rendant visite à une dame dans sa loge durant l'entracte, il tourne par inadvertance le dos au public. « Face au parterre ! » crient d'en bas les étudiants trop heureux de se moquer d'un représentant du régime. Haussmann se retourne, jette un coup d'œil aux braillards et reprend sa position et sa conversation. Un étudiant fait irruption dans sa loge :

> « Monsieur, vous êtes donc sourd ?
> – Du tout ; j'entends au contraire admirablement.
> – Eh bien faites face au parterre !
> – Je n'ai pas de leçon à recevoir d'un polisson comme vous !
> – Monsieur, avez-vous l'intention de m'insulter [10] ? »

Haussmann se tourne alors vers la salle et lance à la cantonade : « Je lui dis qu'il est un polisson et il me demande si j'ai l'intention de l'insulter ! » La salle éclate de rire, l'étudiant se retire mais envoie aussitôt ses témoins. Un « coup d'épée anodin » au petit matin derrière les massifs du jardin public de Blossac mettra un terme à l'affaire. Haussmann a prouvé qu'il sait se faire respecter, mais est-ce bien ainsi qu'un fonctionnaire de la préfecture doit montrer l'exemple et faire respecter la loi ?

Haussmann est un bagarreur. Les opposants aux grands travaux de Paris s'en apercevront un jour. Tout comme, peu après cet esclandre théâtral, un étudiant convié à la table d'hôtes qui critique un peu vivement le gouvernement et prend Georges Eugène à partie. Celui-ci se lève soudain, pose sa serviette, contourne la table :

« Je vais vous donner la gifle que vous méritez, méchant gamin !
– Je l'accepte.
– À votre aise.
– J'entends que je la tiens pour reçue.
– Soit [11] ! »

Et tout le monde, le secrétaire général, l'étudiant, les témoins, de se retrouver à l'aube sur le pré. Haussmann s'étant taillé une réputation flatteuse à l'épée, l'imprudent étudiant a choisi un pistolet à double détente. Ce qui n'arrange pas le fonctionnaire placé devant un cruel dilemme : toucher gravement son adversaire ou attendre le feu par générosité, c'est-à-dire prendre le risque « d'une balle bien dirigée par hasard ». Les deux options hypothéqueraient également sa carrière. Mais, grâce au ciel, les témoins de l'étudiant proposent une rétractation de ses propos à condition qu'Haussmann retire la gifle. Méprisant, il accepte : « Je puis d'autant plus aisément retirer ce soufflet qu'en réalité je n'ai pas eu la peine de le donner. »

Évidemment, après de tels « exploits », Georges Eugène est devenu la bête noire des étudiants contestataires de l'université de Poitiers. Ils ne lâchent plus ce pilier du régime qui n'est guère plus âgé qu'eux et arbore, sur son uniforme, la croix à trois branches de Juillet avec une insistance un peu lourde. En clair, il est devenu la cible favorite de leurs quolibets. Depuis que le gouvernement de Casimir Perier a dispersé une manifestation place Vendôme grâce à des lances à incendie, un mot fait fureur dans les milieux d'opposition, en province comme à Paris : « Casimir Pompier ». Le secrétaire général de la préfecture s'en trouve bientôt affublé et, alors qu'en grand uniforme il se rend à une revue de la Garde nationale de la ville, il entend les étudiants plaisanter dans son dos : « Voilà la revue de Casimir Pompier. » Georges Eugène de se retourner brusquement :

« Qu'est-ce que vous dites ?

– Mais, Monsieur, nous ne vous disons rien.

– C'est possible, mais quand vous aurez envie de répéter la sottise que je viens d'entendre, tenez-vous à quinze pas de distance, si vous ne voulez pas que je la prenne pour moi. »

Tout en se donnant le beau rôle, Haussmann oubliera dans ses *Mémoires* de rappeler l'objet de la manifestation du 5 mai 1831 réprimée grâce aux jets des lances à incendie. Et pour cause : il s'agissait d'une manifestation bonapartiste se déroulant sous les fenêtres de l'hôtel de Hollande où résidait depuis quelques jours le prince Louis Napoléon Bonaparte, le futur… Napoléon III.

Mais pour l'instant, le secrétaire général de la préfecture de la Vienne combat l'opposition, bonapartiste ou non. Il y met un zèle parfois excessif qui frise la provocation. Ainsi, il lui arrive de se promener dans les rues de Poitiers, accompagné de son frère en uniforme de l'École de Saumur qui a conservé au shako le plumet blanc, la couleur tant honnie de la Restauration. Louis-Alphonse est également chatouilleux de la lame et cherche visiblement querelle aux étudiants. Combatif à l'égard de l'opposition bonapartiste, libérale et républicaine, Georges Eugène l'est beaucoup moins à l'égard des légitimistes, les carlistes, qui s'agitent pourtant beaucoup dans ce département proche de la Vendée. Surtout lorsque, au début 1832, la duchesse de Berry, fraîchement débarquée en France tente de soulever la population de l'Ouest. Le préfet reçoit alors de Paris l'ordre de fouiller les châteaux à la recherche de la duchesse mais Haussmann se félicite de ne pas participer à ces perquisitions. Il conserva toujours un côté parvenu, flatté d'être en relation avec la vieille noblesse ou avec les princes de l'Église (catholique).

En tout cas, malgré ou à cause de son activisme, le préfet Boullé est satisfait de son secrétaire général. Et il le lui manifeste, en lui confiant les clés du département lors d'un congé qu'il prend début 1832. Haussmann se tire suffisamment bien de l'épreuve pour obtenir à son tour un congé de quinze jours (ce qui est considérable pour l'époque) et bénéficier d'une entrevue avec le président du Conseil, Casimir Perier. Un secrétaire général, même zélé, n'est pas à même d'obtenir un entretien avec le chef du gouvernement. Georges Eugène, à son habitude, s'en attribue pourtant l'entier mérite et passe sous silence l'intervention de ses proches, notamment de son père. Celui-ci, ne l'oublions pas, est revenu aux affaires : en août 1831, il assure l'intendance de l'expédition militaire du maréchal Gérard contre le roi de Hollande qui menace la toute jeune Belgique. Un document conservé par les Archives nationales témoigne du soin que Nicolas Valentin prend de la carrière de son fils : le 5 septembre 1831, il écrit à Casimir Perier pour « réclamer » une sous-préfecture pour son fils qui « depuis sa nomination a donné des preuves de capacité [et] a su dans les circonstances difficiles [lesquelles ? L'amour paternel sait être imaginatif] montrer un égal dévouement au roi, à nos institutions et aux principes du gouvernement ». Il n'est pas interdit de voir dans l'entrevue de février 1832 accordée par Casimir

Perier au jeune homme une réponse à la missive paternelle. Une entrevue plutôt pittoresque : le ministre reçoit le jeune homme à cinq heures du matin, dans son cabinet de toilette où « il se rasait et éméchait ses rares et longs cheveux gris ». Entrevue originale aussi dans son contenu : après les questions classiques sur l'esprit public dans la Vienne et les prochaines élections législatives, Casimir Perier glisse un conseil inattendu :

> À propos, un jeune fonctionnaire doit toujours trouver aimables et même jolies, quand c'est possible, les femmes et les filles des députés. Les autres aussi, mais je le crois moins nécessaire [12].

D'abord interloqué, Georges Eugène finit par se souvenir que, lors d'une soirée, il s'est un peu moqué de l'épouse d'un député des Deux-Sèvres « aussi ennuyeuse que laide ». La police du régime est bien faite.

Il n'y a pas que Nicolas Valentin pour écrire en la faveur de son fils : le même mois, le duc d'Orléans sollicite également du Premier ministre une sous-préfecture pour « son ancien camarade de collège ». Entretenir à vingt-deux ans un contact direct avec Casimir Perier n'est pas donné à tout le monde. Voilà une carrière bien partie. D'autant que le préfet Boullé adresse à Paris des rapports favorables qui plaident pour que le jeune secrétaire général reçoive une promotion et qu'il ne pâtisse pas de la décision que vient de prendre le gouvernement pour causes d'économies budgétaires : la suppression de la plupart des secrétaires généraux de préfecture. Seule question qui semble se poser : dans quelle sous-préfecture Georges Eugène Haussmann va-t-il être nommé ? Tous les espoirs lui sont permis lorsque advient une catastrophe : le choléra morbus fait son apparition à Paris et va emporter plus de dix-huit mille personnes, dont son protecteur Casimir Perier. On ne comprend pas l'obstination avec laquelle le baron Haussmann détruira les quartiers insalubres, aérera Paris, si on n'a pas à l'esprit cette terrible épidémie venue du Moyen Âge et qui éclate dans la capitale à la mi-carême 1832. Une explosion soudaine qu'Alexandre Dumas rapportera magnifiquement :

> Je me rappelle le jour (le 25 mars) où il frappa son premier coup : le ciel était d'un bleu de saphir ; le soleil, plein de force. Toute la nature renaissait avec sa belle robe verte et les couleurs de la jeunesse et de la santé sur les joues… Tout à coup, cet effroyable cri retentit, poussé par une de ces voix dont parle la Bible, qui passent dans les airs en jetant à la terre les malédictions du ciel : « Le choléra est à Paris… »

On fuyait dans les rues, on se pressait de rentrer chez soi, on criait : « Le choléra ! le choléra ! » comme dix-sept ans auparavant, on criait : « Les cosaques ! » Paris va connaître près de trois mois d'horreurs : les corbillards ne suffisent plus à emporter les morts, on les remplace par des voitures de déménagements où les cercueils sont empilés jusqu'à une hauteur qui approche du premier étage des maisons : on les appelle les omnibus des morts [13].

Comme au Moyen Âge, les rumeurs les plus folles se répandent ; des innocents sont lynchés comme empoisonneurs ; on accuse le gouvernement de vouloir empoisonner le peuple. Aussi, pour faire taire les rumeurs, le duc d'Orléans, accompagné de Casimir Perier, va-t-il visiter les hôpitaux le 1er avril. Démarche courageuse mais fatale : le jeune duc, en pleine santé, n'est pas atteint, mais le Premier ministre, très fatigué, doit s'aliter quelques jours plus tard. « Des spasmes nerveux, raconte un témoin, soulevaient ce grand corps par une sorte de mouvement mécanique dont la puissance irrésistible était effrayante [14]. » Après une longue agonie durant laquelle, conscient de son état, il passe de l'exaltation la plus vive à l'abattement le plus complet, le chef du gouvernement expire le 16 mai 1832. Les historiens ont montré quelle perte constitua pour la monarchie de Juillet la disparition de ce grand homme d'État. Elle sera également énorme pour Haussmann dont la carrière, débutée si tôt, va désormais progresser plus lentement. Certes, il n'est pas abandonné : les secrétaires généraux de préfecture disparaissent comme convenu, mais, le 13 juin, il apprend sa nomination de sous-préfet. Seulement, comme le ministère a voulu faire vite pour éviter la concurrence des autres secrétaires généraux, le lieu d'affectation n'est pas très enthousiasmant : Yssingeaux en Haute-Loire dont il « connaissai[t] à peine le nom, d'orthographe douteuse, semblait-il ; car beaucoup de géographes écrivaient Issingeaux et d'autres : Issengeaux [15] ». « I cinq jaux (les cinq coqs) » selon la tradition locale. La lettre de remerciement au ministre donne la mesure de la déception du nouveau sous-préfet :

Conformément à vos ordres, je vais m'empresser de me rendre à mon poste et j'espère, Monsieur le Ministre, m'y comporter de manière à vous mettre un jour à même de m'accorder un arrondissement qui ne m'éloigne pas autant de ma famille et de mes intérêts que celui d'Yssingeaux [16].

Il n'a pas encore gagné son nouveau poste, qu'il demande déjà une promotion. Et de quels intérêts veut-il parler, lui qui n'a pas de fortune, comme l'a montré sa fiche administrative ?

Au pays de « l'auberge rouge »

Il fait rapidement ses adieux aux sympathiques Boullé et part pour Le Puy où il doit prêter serment auprès du préfet avant de gagner sa sous-préfecture d'Yssingeaux. La traversée du centre de la France qu'effectue Georges Eugène en ce mois de juin 1832 constitue un intéressant cas d'école. Le train est alors inconnu en France : le premier transport de voyageurs sur rail a eu lieu le 1er mars sur la ligne d'Andrézieux à Saint-Étienne et c'est seulement le 7 septembre qu'une demande de concession sera déposée pour une ligne entre Paris et Saint-Germain-en-Laye. Le bateau excepté, le sous-préfet Haussmann utilisera toutes les sortes de véhicules alors disponibles pour rejoindre son poste. Il emprunte d'abord la diligence Paris-Bordeaux jusqu'à Angoulême où un voiturier, faisant le service de la poste, le conduit à Limoges par La Rochefoucauld et Saint-Junien. À Limoges, il hésite à prendre la patache quotidienne pour Clermont-Ferrand mais elle met deux jours pour arriver à destination et, faute de suspension, est particulièrement inconfortable. Il attend donc un peu, visite la ville, envoie de la porcelaine à ses amis de Poitiers et prend la diligence qui, elle, ne met « que » trente-six heures. À noter que notre saint-simonien de cœur a déjà visité trois entreprises depuis son départ : une fabrique de porcelaine à Limoges, une manufacture de papiers à Angoulême et la fonderie de canons de marine de Ruelle. La traversée de la Creuse est particulièrement ennuyeuse et il faut même monter à pied la côte de Bourganeuf afin de soulager les chevaux de la diligence. En revanche, la chaîne des puys l'enchante, tout comme la vallée de l'Allier. Au matin du mercredi 27 juin, après une moyenne commerciale de quarante et un kilomètres par jour et un dernier voyage de nuit, il arrive fourbu au Puy et a tout juste le temps de se rafraîchir à l'auberge avant de se présenter devant M. Du Puy, le bien nommé. Le préfet est affable, l'accueil, sympathique : Haussmann prête à nouveau serment et remplit sa fiche signalétique. Elle présente peu de changements par rapport à celle de Poitiers : l'erreur (volontaire, il n'y a cette fois plus de doute) de date de naissance s'y retrouve, la fortune n'a pour sa part pas prospéré. En revanche, la rubrique « qualifications, professions ou fonctions depuis l'entrée en société » s'est étoffée : outre le rappel de son passage au secrétariat général de la Vienne, il est précisé qu'il est « décoré de la Croix de Juillet » et le « licencié en droit » est devenu « avocat ». Le nouveau sous-préfet peut maintenant rejoindre son poste : ultime étape de cette véritable expédition, il loue le lendemain après déjeuner un berlingot, lequel, après vingt-huit kilomètres de routes de montagne où les débris des pierres volcaniques roulent sur les sabots des chevaux, arrive à la nuit tombée à Yssingeaux. Mais c'est soir de marché et une bagarre entre paysans éméchés obstrue l'entrée de la sous-préfecture. La cause est entendue : Yssingeaux est un arrondissement difficile, peuplé de paysans « ivrognes et batailleurs, toujours prêts à jouer de la "coutelière" qu'ils portaient en général dans une poche de côté de leurs pantalons [17] ». Après avoir rétabli l'ordre, Haussmann pénètre enfin dans « l'hôtel » de la sous-préfecture, en fait une maison bourgeoise assez modeste avec cour et jardin et dont il doit racheter le mobilier à son prédécesseur. L'État loge ses représentants en province, il ne les meuble pas. Dès le lendemain matin, le nouveau sous-préfet, accompagné d'un escadron de gendarmerie, est sur les chemins (à cheval cette fois) car il est arrivé tout juste pour le début du tirage au sort de la classe 32.

Haussmann restera en tout et pour tout un peu moins de cinq mois à Yssingeaux, aussi son « œuvre » y sera-t-elle modeste. D'autant qu'il passera beaucoup de temps à faire du tourisme sur une pouliche limousine de quatre ans qu'il acquiert pour son expérience de la montagne. Il fait l'ascension du Mézenc, pique-nique au mont Gerbier-de-Jonc, aux sources de la Loire, pêche la truite et l'omble-chevalier dans le Lignon, cher aux poésies du marquis d'Urfé. Mais le sous-préfet invente également le tourisme économique, s'intéresse à l'industrie des vers à soie d'Aubenas et se précipite à Saint-Étienne pour visiter ses manufactures d'armes, ses charbonnages et bien sûr son chemin de fer tiré par des chevaux. Un jour, l'excursion manque de tourner au drame. Surpris en pleine montagne par la nuit, Georges Eugène s'arrête dans une auberge isolée. Mais l'atmosphère de la salle commune est si étouffante et si enfumée qu'il se fait ouvrir la porte, déjà barricadée, pour respirer un meilleur air. Et voyant la lune se lever, il décide finalement de reprendre la route, malgré l'insistance de l'aubergiste. Huit mois plus tard, alors qu'il a déjà changé de poste, il lira dans *Le Journal des débats* le compte rendu du procès d'un couple d'aubergistes de l'Ardèche qui assassinaient et dépouillaient les voyageurs. Il reconnaît les patrons de l'auberge de Peyrabelle où il s'est arrêté et où il a même rencontré une des victimes évoquées dans le journal, un gros marchand de bestiaux de l'arrondissement d'Yssingeaux. « Était-ce cette nuit qu'on l'avait tué ? » s'interrogera Haussmann dans ses *Mémoires*, qui reconnaît avoir lu avec passion le déroulement du procès. On connaît l'issue : l'aubergiste, Pierre Martin, dit le Blanc, son épouse et un domestique furent condamnés à mort le 25 juin 1833 par la cour d'assises de Privas et exécutés le 2 octobre devant « l'auberge rouge ». À en croire *La Gazette des tribunaux* du 9 octobre, plus de quatre mille personnes assistaient à l'exécution. Vingt ans plus tard, Julles Vallès s'arrêtant dans cette auberge dira y avoir passé une très mauvaise nuit, « croyant entendre les cris de ceux qu'on avait tués [18] ».

Chemins et écoles, même combat

Un sous-préfet est d'abord le représentant du pouvoir, chargé de surveiller le climat politique dans son arrondissement. Et celui d'Yssingeaux, très peuplé alors avec ses quatre-vingt-dix mille habitants, n'est pas facile. Jusqu'en 1831, le parti légitimiste y régnait en maître, avec comme député le grand avocat Berryer, défenseur de la duchesse du Berry. Le suffrage censitaire et proportionnel de la nouvelle loi municipale de 1831 permet au gouvernement – et donc à Haussmann dans son arrondissement – de faire entrer dans les mairies des bourgeois, partisans de la monarchie de Juillet et traditionnellement en guerre avec le parti des châteaux. Haussmann découvre une autre particularité de la région qui est sans doute à l'origine de sa nomination dans ce coin perdu : la présence d'une forte minorité protestante. Haussmann est attaché à la religion réformée et fréquente volontiers les pasteurs. La rencontre qu'il fait un dimanche, à Saint-Voy-de Bonas, centre protestant de la région, avec ses coreligionnaires, ne manque pas de pittoresque.

> J'assistai au prêche et je me vis à la sortie, entouré de mes coreligionnaires qui n'avaient pas idée jusque-là d'un sous-préfet protestant, et me parurent, en général, un peu bien sauvages. Ceux de la campagne venaient au temple avec un fusil accroché à l'épaule qu'ils déposaient en entrant et qu'ils reprenaient en sortant de l'office [19].

Le complexe de persécution est encore très présent chez ces protestants dont les ancêtres ont gagné les montagnes pour fuir les dragonnades de Louis XIV et qui eux-mêmes ont connu les excès de la Terreur blanche de 1815 « dont, écrit Haussmann avec compassion, nous connaissons mal toute l'intensité [20] ».

Difficile de réaliser grand-chose en quelques mois. Pourtant, lorsque, en novembre de la même année, Haussmann est nommé à Nérac dans le Lot-et-Garonne, il semble bien être en passe de s'imposer et de réussir dans son premier poste d'autorité. En témoignent les nombreuses interventions locales auprès du ministère de l'Intérieur pour annuler ce transfert. Son préfet, d'abord, l'apprécie, comme en témoigne le rapport qu'il adresse à Paris le 15 juillet :

> Je me suis rendu dans l'arrondissement d'Yssingeaux pour y juger de l'impression produite par l'arrivée du nouveau sous-préfet. J'ai pu remarquer que Monsieur Haussmann s'était acquitté de ses fonctions pendant les opérations de tirage pour le recrutement, de manière à se concilier tous les suffrages [21].

Dans un nouveau courrier, le 19 octobre, le préfet est encore plus positif et écrit au ministre du Commerce et des Travaux publics : « C'est un jeune homme d'une grande expérience, qui a bien le sentiment de ses forces et qui se promet un grand avenir. » M. Du Puy ne manque pas de finesse : le jugement flatteur qu'Haussmann porte sur lui-même ne lui a pas échappé. Ces appréciations positives qui relaient celles du préfet Boullé sont à souligner dans la mesure où, plus tard, Haussmann se fera une spécialité d'être en conflit avec ses supérieurs. À Yssingeaux, le jeune sous-préfet semble ne s'être fait que des amis, alors que, plus tard, il se fera autant d'ennemis irréductibles que d'amis fidèles. En tout cas, le ministère est accablé de missives demandant son maintien. Le maire d'Yssingeaux met l'accent sur « les résultats inspirés » qu'il a obtenus ; le procureur du roi vante « notre excellent sous-préfet » ; le député de la Loire, Baude, met en avant son action politique en faveur du régime. Il est vrai qu'Haussmann est alors ce qu'on appellerait aujourd'hui un fonctionnaire engagé. À son arrivée à Yssingeaux, il a fait imprimer une déclaration on ne peut plus politique adressée à tous les maires :

> Dévoué au maintien du Trône constitutionnel fondé en juillet 1830, mon premier soin, comme mon premier devoir, sera de dégager l'action du Gouvernement des obstacles que, dans ces temps difficiles, les factions s'efforcent sans cesse et partout de lui opposer [22].

Les grands travaux de Paris ont laissé l'image d'un Haussmann démolisseur, bâtisseur et urbaniste, et quelque peu occulté la dimension politique et idéologique du personnage. Or, à Poitiers puis à Yssingeaux, Georges Eugène est avant tout un haut fonctionnaire politique qui s'applique à mettre en place les doctrines du régime. Les Archives de France ont conservé sur les conceptions politiques du jeune Haussmann un document extrêmement précieux et inexploité jusqu'ici : son « rapport sur l'état d'esprit de la population » de l'arrondissement qu'il adresse au ministre le 31 octobre 1832[23]. Bien au-delà d'un rapport traditionnel du préfet mi-politique, mi-policier, ce texte analyse sans complexe l'état d'esprit des diverses classes sociales, ce que le gouvernement est en droit d'en attendre et ce qu'il doit faire pour les rallier à lui, à court et à moyen terme. D'entrée, Haussmann définit l'objectif stratégique de la monarchie de Juillet : réaliser « l'union de la fortune et des lumières », « en résumé, s'approprier la classe des agriculteurs, y mettre à sa tête la bourgeoisie, son alliée naturelle, tel est le but qu'il faut atteindre ». Tel est, de fait, le principe du juste milieu. Ce qui implique bien sûr la baisse de l'influence de la noblesse et de l'Église. La première, estime le rapport, « manque en général de lumières. Elle a perdu les avantages qu'elle retirait de la Restauration. De là son hostilité contre le gouvernement nouveau ». L'Église catholique est traitée encore plus durement par Haussmann dans cette note destinée à rester confidentielle et qui est donc plus révélatrice des sentiments profonds de son auteur que sa visite protocolaire à l'évêque du Puy :

> Le clergé est fortement organisé pour lutter contre l'esprit du siècle. Il en est encore à un jésuitisme de bas étage et cherche à retenir le pays dans les liens d'une sensibilité aveugle.

Après l'analyse, les solutions. C'est là que le jeune homme se révèle le plus moderne. Il propose un double remède complémentaire pour « émanciper la classe importante des propriétaires agriculteurs et les attacher à la Révolution » : développer les routes et les écoles. Pourquoi les routes ?

> Cette amélioration des communications est un puissant moyen d'arriver à éclairer les basses classes et à les arracher aux influences sous lesquelles je les ai montrées placées.

Entendez : la noblesse légitimiste et surtout le clergé. Et Haussmann poursuit : « En effet, cette influence ne saurait résister longtemps à cette instruction pratique que donne le frottement des autres hommes et, sous ce rapport, les chemins sont, à mes yeux, un moyen de civilisation non moins actif que les écoles. » « Multiplier et les chemins et les écoles primaires », telle est donc pour ce jeune homme la tâche prioritaire d'un préfet bien avant la surveillance de ses concitoyens et les petits jeux politiciens. Même s'il ne néglige pas les méthodes administratives classiques, à court terme, pour réduire l'influence du clergé : « Il fonde son empire sur l'ignorance. Il faut par l'instruction ruiner cette emprise dans l'avenir et, pour le moment, résister à l'invasion des prêtres dans le temporel et les renfermer dans l'exercice de leur ministère. » Profession de foi anticléricale d'une violence étonnante pour l'époque et qu'aurait pu signer plus tard le petit père Combes. Devenu grand notable, Haussmann entretiendra les meilleurs rapports avec le haut clergé mais, dans ce texte qui a toute la sincérité de la jeunesse, il exprime sa philosophie personnelle la plus profonde. On retiendra surtout la modernité surprenante de sa conception de la communication associant les chemins et les écoles. Plus tard, on le verra, c'est autour des communications modernes, c'est-à-dire du chemin de fer et des gares, que le préfet de la Seine redessinera Paris. Et en 1879, siégeant à l'Assemblée nationale comme député bonapartiste, Haussmann sera saisi d'une profonde émotion lorsqu'il entendra Charles de Freycinet, ministre des Travaux publics de la gauche républicaine, lancer un vaste programme de travaux publics axé sur les infrastructures de communication, routes et surtout chemins de fer. Le plan Freycinet, destiné à contrebalancer les effets de la grande dépression économique de la fin du siècle, aura également une finalité politique explicite : l'extension des transports doit faire pénétrer l'esprit républicain dans des régions restées jusque-là à l'écart de la vie nationale et soumises aux influences conservatrices. Exactement le « programme » du jeune sous-préfet d'Yssingeaux en 1832... Georges Eugène aura bientôt l'occasion et le temps de le mettre en œuvre : lorsqu'il quitte Nérac en février 1840, l'arrondissement est un des mieux équipés du pays en routes et en écoles.

Au pays d'Henri IV

Georges Eugène ne se hâte pas vers sa nouvelle affectation. N'ayant, de son propre aveu, « aucune envie de se faire trimbaler de patache en patache » en traversant le Massif central, il prend son temps, vend son mobilier et expédie sa jument sur Nérac. Quant à lui, il décide de passer par Paris, afin de visiter sa famille « et de prendre l'air des bureaux de ministère ». Quelques jours plus tard, il grimpe dans une de ces énormes voitures jaunes des Messageries royales – la même compagnie que la ligne Paris-Bordeaux – et, comme il ne reste plus de place dans le coupé, le compartiment de luxe des diligences, il doit se contenter de la rotonde où il ne peut déplier ses membres inférieurs. Les jambes enflées et le dos courbaturé, après trois nuits et deux jours de voyage, il arrive rue Notre-Dame-des-Victoires.

À Paris, l'atmosphère a bien changé depuis son entretien matinal avec Casimir Perier. Depuis quelques jours, le nouveau ministre de l'Intérieur s'appelle Adolphe Thiers et n'a que faire de recevoir un petit sous-préfet en transit. D'autant qu'une série d'indices donnent au pouvoir le sentiment que le nouveau régime est enfin installé et a marqué des points contre ses trois ennemis : les républicains, les bonapartistes et les légitimistes. Les premiers ont été écrasés dans le sang en juin au cloître Saint-Méry après l'insurrection qui a suivi les funérailles du général républicain Lamarque. Les seconds viennent d'être frappés par la mort du duc de Reichstadt le 22 juillet au château de Schoenbrunn, là où son père avait séjourné après Austerlitz et Wagram, et personne ne prête encore attention au jeune Louis Napoléon qui se proclame chef de la dynastie et, dans le modeste château d'Arenenberg en Suisse, arbore désormais à sa cravate un petit aigle de diamant tenant dans ses serres un foudre de rubis. Quant aux légitimistes, ils sont en déconfiture depuis l'arrestation à Nantes le 7 novembre de la duchesse de Berry : prévenus de sa présence par une trahison, les gendarmes arrivent dans les lieux mais ne trouvent personne jusqu'à ce que l'un d'eux, resté en faction, ait l'idée d'allumer dans une cheminée un feu avec de vieux papiers : « Nous nous rendons ! Nous sommes vos prisonniers » entend-il crier. La duchesse et trois de ses proches sont dissimulés dans une cache aménagée derrière la cheminée où ils ont manqué de s'asphyxier. Lorsque Georges Eugène retrouve la capitale, on ne parle que de cette affaire rocambolesque. On en rira carrément quelques semaines plus tard lorsqu'on apprendra que la duchesse, veuve depuis de longues années et étendard du trône et de l'autel, est enceinte… Quand, après un bref congé de quelques jours, le sous-préfet quitte Paris pour Nérac – en s'arrêtant au passage pour rendre visite à ses amis de Poitiers –, il peut se dire qu'il a choisi le bon camp et arbore plus que jamais la croix de Juillet.

À Nérac, le 25 novembre 1832, il renouvelle sa circulaire aux maires de son arrondissement :

> Comme dépositaire du pouvoir, nous avons d'abord à maintenir l'obéissance à la constitution, la fidélité au Souverain et la fidélité aux lois.

Mais Haussmann n'a jamais eu une conception étroitement policière de la fonction préfectorale. Il ajoute aussitôt que « son occupation de chaque instant » sera de développer l'instruction primaire et de favoriser l'industrie et le commerce. Et dans une démarche très moderne, le sous-préfet de 1832 commence sa mission par une analyse politique (d'autres s'en seraient tenus là), géologique, historique, sociologique et économique de son arrondissement. Dans un rapport au préfet, il souligne le particularisme de l'arrondissement de Nérac historiquement « étranger à l'Agenois et dépendant en grande partie de l'ancien duché d'Albret possédé par le roi de Navarre et cédé en échange de Sedan ». La suite du rapport montre combien Haussmann continue de lier instruction et communication :

> L'ignorance profonde de la majeure partie de la population et le manque presque absolu de communications ont contribué à maintenir jusqu'à présent les préjugés du pays.

De fait, il n'existe même pas de route directe d'Agen à Nérac :

> Quant aux chemins vicinaux, tous se trouvaient à l'état de sol naturel, c'est-à-dire à peu près impraticables. Ces révélations me firent l'effet d'autant de douches froides. Je sortais d'un pays réputé sauvage, mais sillonné de routes nombreuses, bien entretenues, et possédant une voie vicinale passable, et je venais administrer un prétendu pays de Cocagne presque dépourvu de moyens de communication ! L'idée me passa par la tête de retourner à Paris… mais je réfléchis que, plus j'aurais à faire dans ce pays arriéré, plus il serait méritant de l'entreprendre [24].

La tentation de la démission surmontée, Georges Eugène se met aussitôt à la tâche avec une détermination, des méthodes, des astuces qui annoncent les grands travaux de Paris. Il commence par examiner à la loupe le budget de toutes les communes dépendant de lui, afin de détecter ce qui peut être consacré à l'investissement. Jusque-là, les hommes de l'arrondissement devaient des journées de travail pour l'entretien des chemins. Haussmann transforme cette survivance des corvées en taxes, c'est-à-dire en un bel et bon argent afin de trouver les moyens d'acheter les matériaux et de construire des ponts. Il soutire à la préfecture des subventions « tantôt sur les fonds du département, tantôt sur la portion réservée des amendes de police correctionnelle ». Il n'hésite pas à mettre les propriétaires à contribution en obtenant d'eux qu'ils cèdent gratuitement des parcelles de terre permettant de redresser les chemins : il leur fait justement valoir que le reste de leurs propriétés est valorisé d'autant. Enfin, en 1836, il voit ses efforts favorisés par le vote de la loi sur les chemins vicinaux qui impose aux communes de lever cinq centimes additionnels aux quatre impôts directs et de les réserver aux chemins.

Depuis le testament d'Yssingeaux, on sait qu'Haussmann attache aux routes et aux écoles la même mission civilisatrice. À Nérac, il entreprend de développer l'éducation, aidé, cette fois, par la loi Guizot sur l'enseignement primaire de 1833 : à condition de prélever trois centimes additionnels en vue d'ouvrir une école primaire locale, les communes pourront obtenir de l'État le financement complémentaire de cette école. C'est, pour les communes, une puissante incitation à créer des écoles qui ne sont encore ni obligatoires ni gratuites (sauf pour les enfants pauvres). Le sous-préfet Haussmann se fait l'apôtre de cette loi, effectue le tour des communes pour en expliquer aux notables la vertu et les mécanismes, n'oubliant pas de mentionner aux maires que l'instituteur pourra servir de secrétaire de mairie ou, aux curés, de chantre. Bref, à la rentrée 1836, toutes les communes de l'arrondissement de Nérac possèdent une école en état de fonctionnement avec local, matériel et surtout instituteur. L'effort est si exemplaire que Guizot en est informé et attribue la Légion d'honneur à Haussmann en 1837. C'est en tout cas la version rapportée par le récipiendaire (mais qui, nous le verrons plus loin, est contestable), dont le récit est intéressant en ce qu'il illustre sa récurrente autosatisfaction : Guizot devant une carte coloriée décrivant l'implantation progressive des écoles dans les divers arrondissements aurait été « très frappé du point blanc par lequel celui de Nérac tranchait sur l'obscurité de la région du Sud-Ouest » et aurait appris que ce phénomène était dû « au zèle hors ligne d'un jeune sous-préfet ne plaignant pas sa peine »...

Cependant, tout le monde n'est pas aussi satisfait de lui qu'il semble le croire. Car, à Nérac, Haussmann commence à développer ce caractère fonceur mais cassant, plus soucieux du but que des moyens, tellement convaincu de la grandeur de ses objectifs qu'il en néglige les hommes. Quoique plein de sollicitude à son égard, son premier préfet dans le Lot-et-Garonne, M. Croneau, dresse de lui dans une note datée du 27 juin 1833 (sept mois après sa prise de fonctions à Nérac) un rapport si contrebalancé qu'on ne sait s'il veut en privilégier les côtés positifs ou négatifs. Côté positif :

> M. Haussmann arriva dans un moment difficile. L'esprit de cette localité est inquiet et tracassier. Le prédécesseur, homme d'un caractère léger [...], accordait son appui au parti ultra-démocratique et favorisait ainsi l'exaltation déjà très grande d'une partie de la population.

M. Haussmann a eu et a encore beaucoup à faire pour redresser ce mauvais pli, et il faut lui tenir compte de ces difficultés [25].

Côté positif toujours, « une grande capacité, de l'instruction, de la facilité au travail, beaucoup d'activité et plus d'intelligence aux affaires que son âge ne le [suggère] ». Côté négatif :

Il aurait dû peut-être user de moyens moins tranchés, moins incisifs, se mettre moins à l'écart, attirer à lui les citoyens sages et influents. Il a un peu négligé dans le principe ces formes conciliatrices.

Et le préfet Croneau, qui ne manque pas de psychologie et dépeint là le futur préfet de la Seine, conclut :

Je crois qu'après ces quelques mois d'expérience, il comprend mieux sa position ainsi que les petites exigences de la localité. En un mot, pour me servir d'une expression qui peint ma pensée : il commence à prendre.

Cela ne sera absolument pas l'avis du successeur de Croneau, le préfet Brun, qui prend très vite son sous-préfet en grippe, pour d'assez vaines querelles politiques locales, mais aussi à cause de sa désinvolture à l'égard de la hiérarchie intermédiaire. Haussmann a une fâcheuse tendance à s'adresser directement à Paris par-dessus la tête de ses supérieurs, comme plus tard il traitera directement avec l'Empereur en négligeant les ministres. Dès octobre 1834, Brun envoie à Paris un rapport au vitriol. Certes, il rend hommage au zèle et à l'intelligence de son sous-préfet, mais il poursuit :

On le trouve tranchant, léger, avantageux, pour me servir d'une expression locale [...]. Je n'ai pas pu m'empêcher de reconnaître en lui beaucoup de forfanterie et de légèreté [26].

La hargne nuit à la démonstration. Pour être plus posée, la fiche de renseignements envoyée à Paris par le préfet le 12 février 1836 (Haussmann va avoir vingt-sept ans) en est beaucoup plus efficace et donne un portrait saisissant du jeune homme. En voici quelques lignes qui décrivent le mieux son caractère :

Considération : quoique menant une vie régulière et ayant des habitudes d'ordres et de moralité, M. Haussmann jouit de peu de considération dans son arrondissement. Cela tient surtout à une excessive légèreté, à une volonté qui dégénère en vanterie et à un penchant exagéré pour l'hyperbole.

> Talens [*sic*] : talens variés. Il a une instruction assez étendue. Il est mathématicien, littéraire, connaît assez bien les lois civiles. Son travail est prompt et facile. Il écrit avec correction et élégance.
> Caractère : Caractère doux, bienveillant ; mais beaucoup d'amour-propre et de présomption.
> Ancienne direction d'opinion publique : je crois qu'il a toujours appartenu à l'opinion libérale constitutionnelle.
> Fortune et sa source : à l'en croire, elle serait considérable. On m'a informé cependant, et c'est l'opinion publique, qu'elle est fort bornée. Son père est sous-intendant militaire.
> Goûts dominants : studieux, aimant le travail. Aucun goût dominant propre à la jeunesse. Quoiqu'il ait au plus trente ans. Célibataire [27].

Au total, un portrait positif même s'il veut être méchant. Car, au-delà du même défaut décliné sous divers qualificatifs (présomption, amour-propre, vanterie, goût pour l'hyperbole, etc.), on y apprend qu'Haussmann est intelligent, doué, travailleur, de mœurs irréprochables.

Si, dans le Lot-et-Garonne, il se fait un ennemi de son préfet, il obtient l'amitié et le soutien d'un important personnage local, le député et marquis de Lusignan, qui se battra avec obstination pour obtenir son avancement et lui faire décerner la Légion d'honneur. Il en fait, écrit le marquis en mai 1837, une affaire « personnelle » et avertit qu'il ne se contentera pas d'une « réponse banale ». Durant deux ans, Lusignan assaille les bureaux parisiens de lettres en faveur d'Haussmann qui lui est sans doute plus redevable de sa Légion d'honneur qu'à Guizot *. Et certainement plus qu'au préfet Brun : lorsque, en juillet 1837, le ministre de l'Intérieur annonce au préfet la nomination de Georges Eugène comme chevalier de la Légion d'honneur et le félicite très protocolairement, Brun répond avec une stupéfiante brutalité. « Permettez-moi de vous faire observer, Monsieur le Ministre, que je n'ai pris à cette nomination qu'une part très indirecte. » Ce n'est plus de l'hostilité, mais de la

* Une anecdote mérite ici d'être rapportée. Un jour qu'Haussmann se rend chez le marquis dans son château de Xaintrailles, des ouvriers maçons découvrent une sorte de cachot dans lequel se trouvent des ossements humains, un crâne encore garni de quelques cheveux et des lambeaux d'étoffe tramée d'or et d'argent. La légende familiale selon laquelle, au Moyen Âge, un ancêtre du marquis, Poton de Xaintrailles, avait fait emmurer vivante son épouse infidèle, Mathilde de Sabran, n'en serait donc pas une. Haussmann, passionné d'histoire, lit le soir même les *Mémoires de l'histoire de France*, notant qu'un Poton de Xaintrailles était frère d'armes du fameux La Hire, compagnon de Jeanne d'Arc, dont le château est tout proche de Nérac et qui est devenu le Valet de Cœur des jeux de cartes.

haine. Et dans une nouvelle fiche de renseignements envoyée au ministre en juillet 1839, il exécute son subordonné par cette annotation mortifère pour une carrière préfectorale : « Caractère peu sûr », ajoutant avec une hargne déplacée : « On ne peut avoir aucune confiance dans la véracité de ses assertions. Il altère la vérité même dans les choses les plus indifférentes. Il ne m'inspire à moi personnellement que de la réserve et de la défense. » Le sous-préfet, il est vrai, ne fait guère d'effort pour plaire à son préfet. Et il a une fâcheuse tendance à le court-circuiter. Notamment lors de deux événements qui vont bouleverser la vie calme et retirée de Nérac et dont le préfet aurait bien naturellement aimé tirer profit pour sa propre publicité : l'arrivée inopinée de George Sand et le voyage officiel du duc d'Orléans, cet « ancien camarade de collège » si souvent invoqué.

La visite de la baronne Dudevant

Un matin, alors qu'Haussmann fait sa toilette de très bonne heure – à six heures il est déjà à son bureau –, il est surpris « par le fracas » d'une calèche de poste s'arrêtant devant la sous-préfecture. On frappe bientôt à sa porte. La baronne Dudevant, accompagnée d'un ami parisien, demande à le voir. La baronne Dudevant, c'est le nom d'état civil d'un des personnages les plus connus alors : l'écrivain à scandale George Sand. Elle présente au fonctionnaire trois papiers : une ordonnance de référé du tribunal civil de la Seine l'autorisant à reprendre sa fille Solange retenue par son époux, dont elle est séparée de corps et de biens, en son château tout proche de Guillery ; une lettre écrite de la main du ministre de l'Intérieur invitant le fonctionnaire à apporter son aide à l'écrivain ; un billet de la propre sœur d'Haussmann qui vient d'épouser le professeur Artaud, ami littéraire de George Sand. Il ne peut que s'exécuter : peu après, une véritable expédition composée d'une brigade de gendarmes, d'un huissier, de l'avoué parisien et de George Sand qui a pris le sous-préfet dans sa calèche se met en route pour Guillery que le baron Dudevant se préparait à quitter pour aller mettre sa fille à l'abri en Espagne. La scène est parfaitement datée, dans son ton et dans son vocabulaire. Le baron, qui tient la petite Solange par la main devant les portes du château, remet l'enfant à sa mère sans résistance :

> « Madame, je dois céder à la violence qui m'est faite.
> – Monsieur, je n'ai jamais refusé de vous laisser voir votre fille ; mais vous avez voulu me la ravir et j'ai dû régler ma conduite sur la vôtre [28]. »

Agacé par cette scène de ménage très littéraire et redoutant qu'elle ne dégénère, le sous-préfet intervient : « Monsieur, je suis ici, conformément à des instructions reçues directement de M. le ministre de l'Intérieur, ce matin même, pour m'assurer de l'accomplissement régulier, qui vient d'avoir lieu, d'une décision de justice. Je vous demande la permission d'arrêter un débat aussi pénible qu'inutile. » Georges Eugène est, lui, aussi urbain qu'autoritaire. Il fait monter dans la calèche la mère et la fille qu'il trouve bien mal élevée.

> Solange, me montrant du doigt à sa mère, demande : « Qu'est-ce que celui-là ? » Puis elle se prit à me tutoyer [29] !

George Sand est sensible au zèle et à l'efficacité du sous-préfet. Elle en apprécie également l'urbanité, la culture, le goût de la discussion de l'homme et restera au total trois jours en invitée à la sous-préfecture. Les notables du pays se pressent à la table d'Haussmann pour rencontrer ce monstre sacré de l'époque romantique. Lui-même est enchanté de sortir de la vie de province, d'étaler sa culture (il lit beaucoup les journaux de Paris, les revues littéraires, les romans à la mode). Dans ses mémoires, l'écrivain se souvient de leurs conversations au salon « où l'on causa beaucoup de philosophie, terrain neutre en comparaison de celui de la politique où le jeune fonctionnaire ne se fut pas trouvé d'accord avec nous » [30]. Georges Eugène est bien conformiste pour cet écrivain « socialiste » mais elle lui reconnaît « un esprit sérieux, assidu de creuser le problème général » cependant qu'« un savoir-vivre exquis l'empêcha de soulever aucune question délicate » [31]. C'est beaucoup plus tard qu'Haussmann, préfet de la Seine, se conduira en mufle. Un jour que l'écrivain proposait de le revoir par ce petit message : « Je suis visible, comme les étoiles, de minuit à quatre heures du matin », il répondit : « C'est votre droit de vivre à la façon des étoiles, vos sœurs. Quant à moi, je n'ai qu'une seule ressemblance avec le soleil : c'est de me coucher le soir pour me lever le matin. [32] »

Georges Eugène est trop petit-bourgeois pour apprécier cette femme libérée. Lui aime plutôt les femmes-objets et – nous y reviendrons – ne dédaigne pas les bergères de Nérac, comme l'ancien seigneur du lieu, Henri IV le Vert Galant. Le portrait qu'il laisse de George Sand montre assez qu'il n'envie pas la bonne fortune de Jules Sandeau, de Mérimée ou de Musset :

Madame Sand accusait alors plus de trente ans. Petite de taille, très brune de cheveux, avec un profil et un teint espagnols, elle était visiblement dépourvue de toute coquetterie, et j'ose dire que, par cette raison et par l'effet constant de sa pensée, elle manquait à mes yeux de tout charme féminin [33].

En tyran domestique qui s'ignore, car il est encore célibataire, il la plaisante plutôt sur ses cigarettes au tabac d'Orient qu'elle allume avec un briquet bijou qui tire les étincelles d'une agate. À son départ, George, qui ne manque pas d'humour, lui offre ce briquet, à lui qui ne fume pas.

« Est-ce une épigramme ?, demande-t-il.
– Lorsque vous viendrez me voir à Nohant, je vous donnerai le reste : un narghilé ! La fumée fraîche, à l'eau de rose, voilà bien votre affaire.
– Vous dites peut-être encore plus vrai que vous ne le pensez », réplique le sous-préfet qui veut faire le bel esprit [34].

Haussmann doit, bien malgré lui, se rendre protocolairement à Agen pour présenter le célèbre écrivain au préfet Brun, furieux de ne pas avoir accueilli lui-même cette célébrité parisienne. Cet intermède mondain, s'il a rehaussé le lustre local du sous-préfet, a encore aggravé leurs rapports.

La visite du duc d'Orléans ne va rien arranger. Décidément, on se presse à Nérac ! À l'été 1839, l'héritier de la couronne est en voyage officiel dans le Sud-Ouest et, en descendant d'Henri IV, souhaite visiter l'ancien château et tous les sites évoquant son aïeul comme la fontaine, dite de Fleurette, où la jeune maîtresse d'Henri de Navarre se serait suicidée. Dès que le duc arrive à Bordeaux, Georges Eugène s'y précipite afin de préparer la visite de Nérac : le couple princier – la duchesse, allemande d'origine, est comme Haussmann de religion luthérienne – s'arrête déjeuner à la sous-préfecture dans deux grandes pièces abandonnées que le sous-préfet a fait aménagées en catastrophe à ses frais et qu'il « aura grand peine à se faire indemniser ensuite par le département ». Revoir son ancien camarade d'Henri-IV constitue un bol d'air pour Georges Eugène et lui fournit la preuve qu'il n'est pas oublié : il lui reste à Paris de puissants soutiens pour relancer une carrière qui commence sérieusement à s'enliser. Et ce n'est pas le préfet Brun qui l'aidera, lequel est, on s'en doute, furieux du voyage à Bordeaux qui le court-circuite et dont il n'a pas été prévenu. Le 20 août 1839, il envoie une lettre de réprimande à son subordonné :

> J'apprends que vous êtes parti pour Bordeaux sans m'en prévenir ou même avec l'intention que ce départ restât secret pour moi puisqu'il n'y a pas eu de lacune apparente dans votre correspondance [35].

Et le préfet conclut en rappelant le devoir d'obéissance : « Je vous invite expressément, Monsieur le sous-préfet, à ne plus vous affranchir des règles hiérarchiques qu'il est de mon devoir de faire respecter. »

Une fiancée protestante et… riche

À Nérac, Georges Eugène mène une vie assez monotone. Certes, la nourriture y est excellente, mais le jeune homme se sent bien seul dans sa sous-préfecture qui n'a d'hôtel que le nom administratif, une vieille bâtisse de deux étages ayant appartenu à un ancien couvent dont une aile abrite désormais la mairie et l'autre le tribunal. Même pas de parc pour se promener. Dans son rapport déjà cité du 3 octobre 1834 « sur la situation morale et politique de l'arrondissement de Nérac », le sous-préfet consacre tout un passage à sa « situation personnelle », pour se plaindre du caractère « délabré » de la sous-préfecture : « C'est à peine si je puis m'y loger et y placer mes bureaux. » On vient de voir qu'il doit lui-même aménager deux grandes salles abandonnées aux araignées et aux souris pour recevoir le prince héritier. Le reste de l'immeuble est à l'avenant :

> Le département est propriétaire d'une partie fort minime du mobilier, des bureaux et de quelques fauteuils qui forment un petit meuble de salon incomplet. Le surplus du mobilier m'appartient en entier, ainsi que les glaces et les argenteries sans aucune exception [36].

À l'époque, les élus départementaux, issus du suffrage censitaire et donc des propriétaires, ont la réputation d'être pingres à l'égard de l'administration préfectorale.

La vie sociale du sous-préfet n'est guère plus chatoyante. À lire ses *Mémoires*, on l'imagine parcourant les contrées, invité dans toutes les bonnes maisons, rapportant de Paris les derniers articles à la mode pour les dames de la bonne société de la ville. La réalité semble avoir été moins séduisante. Dans le rapport cité précédemment, cet homme fier fait cet aveu : « Les relations sont peu faciles et surtout peu agréables, sauf quelques exceptions très rares. » Et en 1839 encore, dans sa fiche détaillée de renseignements, le préfet Brun note méchamment à la rubrique (préimprimée) « relations sociales » :

> Presque nulles dans son arrondissement. Il vit fort retiré [...]. Disciple très fervent, du moins en apparence, de la communion protestante à laquelle il appartient, il a été très fréquemment occupé de ses pratiques religieuses[37].

Certes, Brun insiste sur tout ce qui donne du sous-préfet l'image d'un personnage désagréable, hautain, presque asocial, c'est-à-dire ne possédant pas les qualités relationnelles requises pour sa fonction. Mais si le sous-préfet était aussi bien reçu qu'il le dit dans toutes les maisons, qu'aurait-il besoin – comme il en fait aussi l'aveu – de s'y présenter à l'improviste les après-midi de semaine, obligeant « la servante ahurie » à ouvrir les volets du salon, à enlever les housses et à prévenir sa maîtresse « qui se hâtait d'improviser un bout de toilette » ?

Brun, on le voit, exagère à peine. Et il est totalement dans le vrai lorsqu'il évoque la pratique religieuse de Georges Eugène : Nérac, ancien fief du huguenot Henri IV, possède une communauté protestante importante (on y voit encore la tour où Calvin s'est un moment réfugié) et, chaque dimanche, le sous-préfet invite à déjeuner un pasteur protestant très instruit, alsacien d'origine et presque un homonyme : Hosemann. La monarchie de Juillet n'a évidemment pas envoyé par hasard un fonctionnaire protestant à Yssingeaux puis à Nérac et, dans le fief d'Henri IV, Haussmann se fera effectivement le défenseur de ses coreligionnaires. Sa correspondance au préfet conservée dans les Archives du département du Lot-et-Garonne en témoigne amplement. En décembre 1832, il est à peine installé qu'il demande une subvention pour les temples en argumentant : « Les protestants n'ont obtenu que de faibles secours et il y a longtemps que rien ne leur a été accordé, aussi leurs temples sont dans la misère la plus complète. » Il se battra trois années durant avec la municipalité de Nérac pour qu'elle prenne à sa charge, comme la loi l'y oblige, le logement du pasteur. Par ailleurs, il ne rate jamais l'occasion de souligner le contraste entre la froideur de l'Église catholique, restée légitimiste, envers le nouveau régime et le zèle de l'Église réformée. Le 12 mai 1835, il écrit au marquis de Lusignan :

> Nous avons fait la fête du roi aussi brillante que possible, mais nulle part les curés n'avaient reçu ordre de l'évêque de dire des messes. C'est bien scandaleux lorsque nos pauvres protestants s'égosillaient à chanter pour le roi[38].

En 1838, il rapporte que les protestants ont spontanément célébré la naissance du comte de Paris alors que l'Église ne l'a fait que quelques jours plus tard à huit heures du matin et devant les seuls fonctionnaires publics prévenus très tardivement[39]. C'est une qualité qu'il faut reconnaître au baron : il restera toujours fidèle à la religion de ses ancêtres, même sous le Second Empire soutenu par la haute hiérarchie catholique. Pas question du reste pour lui de contracter mariage hors de cette confession : « Je ne pouvais accepter même l'idée d'un mariage mixte[40]. »

On sait peu de chose sur la vie privée du jeune sous-préfet. Haussmann ne cherchera jamais à cacher son goût pour les femmes et, pour tout dire, pour le sexe. Plus tard, il évoquera de manière ambiguë les bergères de ces campagnes mais, s'il a connu des aventures, elles durent rester fort discrètes. D'abord parce que, dans une petite ville, tout se sait, et que son ennemi le préfet Brun n'aurait pas manqué de dénoncer à Paris la moindre incartade, la moindre rumeur. De plus parce que, à Nérac, le jeune homme est sous la surveillance de la communauté protestante : les pasteurs de la région et les marieuses habituelles se sont mis dans la tête de sortir le sous-préfet de son isolement.

> Je n'allais nulle part sans me trouver, comme par hasard, en face de riches héritières, de bonnes familles protestantes[41].

Ce qui décide Georges Eugène au mariage, c'est le long séjour que sa mère et ses sœurs font à la sous-préfecture en 1836 ou, plus précisément, le terrible sentiment de solitude qu'il éprouve à leur départ. Nicolas Valentin n'a, on le sait, jamais été riche. Aussi lorsque, cette année-là, l'armée l'envoie en Algérie pour préparer l'intendance de la campagne dite des Portes de fer destinée à prendre Constantine et qui se terminera d'ailleurs par un sanglant fiasco, il envoie, pour raison d'économies, sa famille à Nérac. Durant près d'un an, la triste sous-préfecture s'anime : on y chante, on y danse, on y fait de la musique. Georges Eugène a ressorti son piano qu'il avait dissimulé de peur que ses administrés ne le prennent pas au sérieux ! Bref, on vit, et lorsque la petite famille le quitte, sa solitude devient très pesante. Haussmann, toujours organisé et volontaire, laissant peu de place au hasard et à la fantaisie, décide alors de convoler. Trop provinciales, les jeunes protestantes de l'arrondissement de Nérac ne sont pas du goût de notre jeune ambitieux pour qui le mariage doit davantage être un marchepied qu'une aventure passionnelle. Grâce au pasteur Hosemann, l'invité du dimanche, Georges Eugène va trouver la fiancée idéale : protestante bien sûr, d'une famille honorable, influente et riche. Tout pour plaire, même si la jeune fille n'est ni très belle ni très passionnée. Hosemann fait venir à Nérac une sorte de missionnaire méthodiste, le pasteur Henri de Laharpe, qui rencontre naturellement le sous-préfet dont il devient bientôt l'ami. Haussmann lui parle de ses envies maritales. Or, divin hasard, Henri a une sœur, Octavie, toujours célibataire. Certes, elle approche la trentaine, mais c'est elle qui a refusé tous les partis pour rester auprès de ses parents après la mort d'une autre sœur. Ce qui prouve au moins son bon cœur. Et puis, la famille de Laharpe, originaire du canton de Vaud en Suisse, présente tous les avantages : la religion (très stricte), l'influence et la richesse, comme l'explique Georges Eugène dans une lettre au marquis de Lusignan :

> Cette alliance doit me mettre en relation de parenté avec une partie des notabilités commerciales de Bordeaux et d'ailleurs je crois pouvoir dire que M. de la Harpe y jouit, non seulement à cause de sa grande fortune mais encore de ses qualités personnelles, d'une considération aussi grande que celle acquise dès longtemps en Suisse [42].

Haussmann a de nombreux défauts mais il n'est et ne sera jamais un hypocrite. La franchise, ici quelque peu vantarde, est même un de ses principaux traits. À l'été 1837, les présentations sont faites lors d'un voyage à Bordeaux. L'année suivante, Georges Eugène rend deux autres visites aux parents de la jeune fille et trouve l'affaire assez mûre pour prendre conseil auprès d'un (troisième) pasteur, Emmanuel Frossard, qui sert d'intermédiaire et apporte la bonne nouvelle : Octavie ne serait pas opposée à une union avec le sous-préfet. Haussmann écrit au frère, qui donne alors des cours d'hébreu à Genève, lequel organise tout, la demande en mariage, l'acceptation et surtout le contrat. Les Laharpe – apparentés au célèbre critique littéraire – appartiennent à la caste des riches négociants bordelais. Ils acceptent de donner leur fille à ce haut fonctionnaire relativement désargenté mais sous la double garantie de la religion – trois pasteurs se sont mobilisés pour faire cette union – et du notariat, dans le souci de protéger au mieux ses intérêts. Le contrat de mariage, établi le 4 octobre 1838 par maître Blaquières, notaire à Bordeaux [43], ne laisse rien au hasard : le futur déclare apporter 100 000 francs dont 92 000 en argent et en rentes sur l'État, 4000 francs de meubles meublants et 4000 autres en « linge de corps et vêtements, bibliothèque, bijoux, médailles » (Haussmann fait feu de tout bois pour atteindre le seuil psychologique des 100000 francs). L'épouse n'a nul besoin de contorsions financières : elle met dans la corbeille 4000 francs de diamants, bagues et bijoux « sans que cette évaluation fasse rente au profit du futur époux » ; 130000 francs de dot, en avance d'hoirie « payables la veille de la célébration du mariage qui a valeur de quittance » ; 3000 francs pour l'achat d'un trousseau. Il est prévu, enfin, qu'en cas de décès d'un des époux le survivant conservera 50000 francs « en pleine propriété » et « en témoignage de leur attachement ». La cérémonie religieuse est célébrée le 17 octobre 1838 au temple des Chartrons. Du côté Haussmann, seuls son père et sa sœur Louise ont fait le voyage pour assister à ce mariage bourgeois qu'il est difficile d'appeler un mariage d'amour. Significative, du reste, est la manière dont le baron décrira dans ses *Mémoires* sa fiancée : « très aimable, très gracieuse et même très jolie personne ». On appréciera le « même »... Haussmann, du moins, a atteint son objectif : renforcer sa position sociale, entrer enfin dans le monde des vrais notables, le monde des propriétaires, les piliers de la monarchie de Juillet. Le préfet Brun, guidé par la lucidité de la haine, ne s'y trompe pas : à la rubrique « Fortune et sa source » de sa fameuse fiche de renseignements de juillet 1839, il écrit de sa main :

> Il ne possédait par lui-même ou par les siens aucun avoir, bien qu'il ait prétendu et proclamé le contraire. Un riche mariage contracté il y a un an avec la fille d'un protestant méthodiste de Bordeaux à l'aide de ses relations et doctrines religieuses l'a mis dans une belle situation de fortune, sinon immédiate, du moins pour l'avenir[44].

N'oublions pas que Brun, lui-même de la religion réformée, connaît parfaitement la bourgeoisie bordelaise. Et en préfet qui aime le côté policier de sa fonction, il ajoute perfidement à la rubrique « Conduite privée » : « Régulière. Il avait cependant quelques dettes qu'un mariage récent est venu comblé. » En tout cas, une fois marié, Haussmann prend ses premières vacances depuis... 1831 et part pour Paris présenter son épouse à toute la famille et au grand-père Nicolas qui vit encore. Octavie, petite femme frêle qui deviendra vite revêche, souffre de la séparation de ses chers parents. Elle tombe malade, garde le lit chez ses beaux-parents et le couple ne revient qu'en janvier à Bordeaux où elle séjourne. Elle ne fera son apparition à Nérac qu'en avril, apparemment peu pressée de vivre sa vie de jeune mariée.

Haussmann déjà bâtisseur

Bien installé dans cette famille bourgeoise et ayant assuré financièrement ses arrières, Georges Eugène n'a plus qu'un souci : relancer une carrière qui, décidément, patine. Oubliés les débuts fulgurants du Parisien qui, à vingt-deux ans, faisait la conquête des salons de Poitiers. Voici maintenant un septennat qu'il se morfond dans une sous-préfecture « délabrée » au fond du Béarn. Et cela malgré un bilan particulièrement positif. Passons sur le côté politico-administratif du poste : Haussmann n'y réussit ni mieux ni plus mal qu'un autre. En revanche, il manifeste sur le terrain économico-social une activité extraordinaire pour l'époque et qui annonce directement l'activisme du préfet de Paris. On a déjà parlé des écoles et de son zèle à mettre en œuvre la loi Guizot qui prépare sous de nombreux aspects la loi Ferry. Sous son « règne », l'essentiel des communes de l'arrondissement est doté d'une école et le nombre des élèves double. Le sous-préfet pense à tout : en 1839, après un coup de grêle qui a dévasté les cultures, il s'inquiète du sort des instituteurs rétribués par les communes et les parents aisés : « Il faudrait secourir les instituteurs des communes grêlées qui vont mourir de faim ou quitter leurs postes [45]. » Deuxième préoccupation d'Haussmann tout à fait dans l'esprit de sa profession de foi d'Yssingeaux : les communications, routes, ponts et canaux. À son arrivée, la région d'Albret est un véritable cul-de-sac, le parent pauvre du Lot-et-Garonne, avec des chemins quasi inaccessibles aux voitures suspendues.

> Pendant la saison mauvaise, les cavaliers se voyaient obligés de chausser de grandes guêtres à pieds, en droguet, sorte de drap grossier de chanvre et de bourre de laine, gris bleuâtre, dont les paysans s'habillent, dans lesquelles on entrait tout botté, et qui se boutonnaient jusqu'au milieu de la cuisse [46].

À la fin de la décennie, le pays est désenclavé, de nouveaux ponts ont été construits et une région marécageuse, foyer de maladies, a été asséché. À l'échelle d'un arrondissement et à la mesure de ses moyens financiers, Haussmann a réalisé en Albret ce qu'il réalisera plus tard à Paris. Avec pour toute récompense une décoration obtenue après des démarches répétées – les siennes, celles de son père et de ses amis. Il n'a pas tort de taxer le gouvernement d'ingratitude, comme il l'écrit un jour à Lusignan :

> Un fonctionnaire qui sous le régime actuel espère quelque chose pour ses services est un imbécile ou un aveugle [...]. Nous sommes à une

époque de déception : service passé, service oublié, je quitterai la partie... [47].

Mais avant de démissionner – ce à quoi sa personnalité hyperactive ne se résoudra jamais –, Haussmann fera tout pour obtenir de l'avancement et réaliser son rêve : être patron d'un département. À chaque voyage dans la capitale, il va humer l'air des bureaux et se rappeler au bon souvenir de ses supérieurs ; il ne cesse d'activer en sa faveur parentèle et relations. Le député du coin, le marquis de Lusignan, est constamment mobilisé, comme en fait foi cette lettre au ministre de l'Intérieur du 25 juin 1834 : « Je me permets de solliciter pour lui de l'avancement ou du moins une meilleure sous-préfecture qui le rapproche de Paris. » Le marquis-député profite en outre de son courrier pour attirer l'attention du gouvernement sur les problèmes de la vigne : « Les électeurs de nos contrées n'ont qu'un cri : que l'on s'occupe de la question des vignes ! » Le ministre écrit dans la marge de la lettre « réponse bienveillante », mais cette bienveillance va au correspondant, pas au sous-préfet car, dans sa réponse officielle, le ministre assurera qu'il songera à Haussmann « à la première occasion ». Cette première occasion tarde à se présenter. Un an plus tard, n'ayant rien vu venir, Georges Eugène, dont la patience n'est pas la qualité dominante, prend lui-même la plume et, dans une longue lettre datée du 22 mars 1835, dépose sa candidature en bonne et due forme pour une préfecture afin d'utiliser ses capacités et son expérience « dans un cadre moins circonscrit ».

Mes services ont fourni à mes supérieurs de nombreuses occasions d'apprécier ce que je puis avoir de dévouement et de capacité [...]. Après bientôt trois années de séjour dans l'arrondissement de Nérac, je pense, monsieur le Ministre, être en droit de prétendre au témoignage de haute confiance qu'on m'avait fait entrevoir. Administrer un département [...], tel est le but de mon entrée dans l'administration,

écrit-il avec son inimitable et brutale franchise [48]. Le ministre ne tarde pas à répondre (sa lettre est du 31 mars 1835), mais avec le même ton dilatoire : « Je regrette que les circonstances [...] mais si plus tard [...] occasion favorable. » Sans suite, évidemment. Un moment, il semble même qu'Haussmann soit plus près de la porte que de l'augmentation ; des rumeurs, on dit alors des « dictons », courent : le marquis de Lusignan s'en fait l'écho pour s'en inquiéter dans une nouvelle lettre au ministre du 7 janvier 1836 : « Il y a des dictons qu'il est changé et on va jusqu'à dire qu'il est destitué » [49].

La réponse du ministère le 14 janvier n'est plus dilatoire, elle est franchement négative. Dans le brouillon de la lettre conservé aux Archives nationales, le sous-secrétaire d'État à l'Intérieur a même écrit ces lignes ensuite barrées :

> On pourrait souhaiter de sa part plus de gravité, plus de bienveillance dans ses relations avec ses administrés, une connaissance moins superficielle des hommes et moins de facilité à épouser les idées de quelques coteries [50].

Il en reste ce jugement plus que mitigé : le fonctionnaire ne serait pas à l'abri de tout reproche ! À l'évidence, Haussmann irrite et les rapports hostiles de Brun finissent par lui nuire : les bureaux parisiens se méfient de ce mauvais caractère, de cet ambitieux, qui ne manque pas une occasion d'évoquer son « ancien camarade de collège », le duc d'Orléans. Plus loin il sera de Paris, et donc du duc, mieux ce sera pour la tranquillité du service. Cet ostracisme n'en est pas moins injuste et scandaleux. Les améliorations réelles qu'il a apportées à son arrondissement plaident en sa faveur. La preuve en est la « mention spéciale » que le conseil d'arrondissement de Nérac vote en 1839 à son « administration éclairée ». Mais, c'est bien connu, l'administration préférera toujours un esprit docile et routinier à une personnalité forte et innovante. Tel le préfet Brun pour qui, selon une heureuse formule d'Haussmann dans sa correspondance, « la fermeté est de la violence, la persévérance de l'entêtement, un homme actif, un brouillon [51] ». Pour que Georges Eugène quitte enfin Nérac en 1840, il faudra qu'il en soit quasiment chassé, que ce soit une punition, pas une promotion. La goutte d'eau : une banale affaire électorale locale lui met définitivement à dos le ministre de l'Intérieur, Duchâtel, qui va lui jouer un tour à sa façon. La veille même de la chute du gouvernement, ce dernier prend le temps de nommer Haussmann à un autre poste. D'habitude ces ultimes nominations servent à récompenser en catastrophe des amis, à corriger des injustices, à promouvoir des fonctionnaires qui ont bien servi le gouvernement sortant. Cette fois, c'est l'inverse : il s'agit d'une nomination-sanction destinée à enterrer un peu plus encore cette personnalité encombrante. Le 19 février 1840, Louis-Philippe signe une ordonnance nommant Georges Eugène Haussmann sous-préfet de Saint-Girons dans l'Ariège ! Et pour que personne ne se méprenne sur ses intentions, le ministre sortant nomme à Nérac le sous-préfet de Saint-Girons, un jeune fonctionnaire dont c'est le premier poste et à qui l'on fait valoir que Nérac est une promotion. Près de dix ans après son entrée dans la préfectorale, Haussmann est toujours sous-préfet et d'un arrondissement plus lointain encore… Le brouillon de la lettre du ministre conservé aux Archives nationales est d'une rare muflerie à l'égard d'un fonctionnaire de la préfectorale :

> Le bien des services ne permettant pas que vous fussiez maintenu dans la sous-préfecture de Nérac. J'aurais voulu, ainsi que vous le désiriez, vous assigner un poste plus rapproché de Bordeaux mais je regrette qu'il ne m'ait pas été possible de concilier vos convenances personnelles avec les intérêts de l'administration [52].

« Jeune, léger de mœurs, aimant le plaisir »

Georges Eugène reçoit l'avis de nomination le 25 février, alors qu'il est de retour de Bordeaux où vient de naître sa première fille, Marie-Henriette. Il est plus que déçu, il est furieux ! Sa réponse au ministère est d'une franchise toute haussmannienne et ne manque pas somme toute de panache :

> S'il est d'usage qu'un ministre démissionnaire se serve encore du pouvoir afin de récompenser *in extremis* des services particulièrement connus de lui, c'est la première fois que, dans ces conditions, un fonctionnaire déclaré méritant se voit frappé d'une véritable disgrâce [53].

Évidemment, il songe à démissionner et, au lieu de gagner sa nouvelle affectation, il monte de son propre chef à Paris demander des explications. Auparavant, il envoie à tous les maires de l'arrondissement une fière lettre d'adieu : « Je reçois avec calme la disgrâce qui me frappe » et explique celle-ci par son refus d'être un sous-préfet politique, manipulant les élections, d'aller « au-delà de limites imposées à l'action du pouvoir dans les questions politiques » [54]. Signée par un fonctionnaire, la proclamation est osée et non sans risques. Mais le nouveau gouvernement ne veut pas d'incident avec « l'ancien camarade de collège » du prince héritier, dont, qui plus est, le père et le beau-frère Artaud sont très introduits dans les milieux orléanistes. Il n'est donc pas éconduit et reçoit même un accueil attentionné : le chef du personnel de l'Intérieur, le ministre et même le chef du gouvernement Thiers (un des amateurs du fameux melon glacé de juillet 1830) le reçoivent et l'abreuvent de bonnes paroles destinées à calmer son amour-propre. N'avait-il pas demandé à quitter Nérac ? Son séjour pyrénéen ne sera que provisoire ! On pensera à lui dès que possible pour Libourne près de Bordeaux et de sa belle-famille ! Et même, sur le ton du secret d'État : ne vous y trompez pas ! Saint-Girons est un poste de confiance qui touche à la haute politique : on compte sur son énergie et sa fermeté pour surveiller les cols aux mains des contrebandiers effectuant des trafics d'armes destinées aux troupes du général Cabrera en lutte contre le gouvernement de Madrid. « N'est-ce pas pour me dorer la pilule amère que vous voulez bien me dire toutes ces choses ? » demande-t-il non sans naïveté. « Non », lui répond-on bien sûr. Georges Eugène est trop fin pour être dupe, mais il consent à gagner Saint-Girons à la frontière espagnole. Sans se presser cependant, si bien qu'en mars le préfet de l'Ariège écrit au ministre pour lui demander de hâter l'arrivée de son nouveau sous-préfet :

> Je ne me suis déterminé à adresser cette prière à votre excellence que parce que j'ai appris indirectement, mais sans y ajouter plus de créance que cet avis n'en mérite, que M. Haussmann ne voulait pas accepter la sous-préfecture à laquelle il a été appelé [55].

Le préfet Petit de Bantel redoute, en fait, d'avoir à effectuer lui-même dans ce pays de montagnes, alors que la neige commence tout juste à fondre, le tirage au sort de la conscription. Haussmann prend ostensiblement son temps, passe par Bordeaux où il laisse sa petite famille à la garde de ses beaux-parents, fait le voyage du val d'Andorre qui le déçoit, visite la grande usine sidérurgique Saint-Antoine près de Foix où, le 7 mai, il prête serment et remplit sa quatrième « notice individuelle » : il se juge désormais assez âgé pour corriger l'erreur de sa date de naissance, s'affirme « avocat à la Cour royale de Paris » et évalue sa fortune à vingt-deux mille francs de revenus annuels.

Haussmann a un esprit positif. Il ne se laisse jamais submerger par la rancœur et sait tirer le meilleur parti des coups du sort. Une fois à Saint-Girons, il s'y plaira. Les paysages grandioses des Pyrénées le séduisent et il y passe seize mois de quasi-vacances à parcourir la montagne en compagnie des douaniers et des gendarmes. Au départ, plutôt que de vivre en célibataire dans une sous-préfecture vide, il s'installe à l'Hôtel de France dont la cuisine est renommée, y déjeune et y dîne en compagnie des autres fonctionnaires aussi peu installés que lui, comme lors de ses débuts à Poitiers près de dix ans auparavant. Il court la montagne à la chasse aux contrebandiers, dort à la belle étoile, dîne de truites pêchées dans les torrents et cuites à la broche, est réveillé par les ours (son cheval, une nuit, est même griffé par l'un d'eux), se soumet aux coutumes locales, comme celle d'embrasser les Bethmalaises qui ferment la route d'un ruban et n'ouvrent le passage qu'en échange d'un baiser ou d'une obole. D'ailleurs, séparé de son épouse, le jeune sous-préfet dans la force de l'âge – il a tout juste trente et un ans – semble s'intéresser aux jeunes filles. Ainsi décrypte-t-on ce poème écrit beaucoup plus tard et qui chante un sous-préfet « jeune, léger de mœurs, [aimant] le plaisir » :

> Un sous-préfet de mes amis
> Pour un temps avait été mis
> Comme en exil au fond d'une province,
> En un petit pays qu'on nomme Saint-Girons…
> Parmi le beau sexe, il paraissait de mode
> De faire un peu de l'œil au jeune sous-préfet
> Il était grand, bien fait, mince et très élégant,
> Il avait le teint blanc et rose d'un enfant
> Les cheveux blond cendré et la barbe soyeuse,
> Le regard doux, voilé, la tournure amoureuse…
> Que voulez-vous ? Tout cela portait fruit,
> Et plus d'une conquête en fut l'heureux produit [56].

Durant cet intermède pyrénéen, cependant, Georges Eugène poursuit son éducation, emmagasine les connaissances qui feront de lui le bâtisseur du Paris moderne. « C'est à Saint-Girons, écrira-t-il, que s'affermirent en moi les convictions désormais inébranlables, auxquelles Paris doit un service de sources dérivées, pures et salubres [57]. » Il est ainsi très fier d'avoir, le premier, établi un lien de cause à effet entre la fréquence anormalement élevée des crétins et goitreux d'une vallée de son arrondissement avec l'eau de cette vallée suintant à travers des couches d'ardoise stratifiée et ne contenant ni phosphates ni carbonates de chaux. C'est du reste à cette occasion qu'il se lie d'amitié avec le docteur Ferrus qui soigne ces aliénés avant de le faire venir plus tard à Paris lorsqu'il créera les grands asiles.

Mais Haussmann s'impatiente. Ces « vacances » pyrénéennes finissent par le lasser, même si Octavie le rejoint quelques mois à Saint-Girons (commence-t-elle à s'inquiéter des effets éventuels du célibat prolongé sur son sous-préfet aux champs ?). Il reprend bien vite sa correspondance avec le ministère. Dès le 11 juin 1840, un mois après son arrivée, il piaffe déjà et récrimine dans une lettre au ministre d'une arrogance si incroyable qu'elle doit être en grande partie inconsciente. Georges Eugène est furieux car, venant de lire les ordonnances de mutation dans le journal, il y a « cherché en vain l'accomplissement des promesses sur la foi desquelles [il est] à Saint-Girons ». Il rappelle que c'est pour ce motif qu'il a « retiré sa démission », que son « acceptation, même à titre temporaire », a nui à son image. Il souligne avec une stupéfiante prétention qu'il s'est sacrifié pour le gouvernement : « Je me suis résigné parce que mon refus placerait le gouvernement dans une position embarrassante et que je voulais avant tout lui épargner une telle position » et termine par une mise en demeure : « Je compte sur la loyauté du ministre[58]. » On comprend que ce dernier ne s'empresse guère de céder à un tel ultimatum. D'autant que lui arrivent des lettres de l'Ariège, comme celle du maire de Betchac qui, tout en demandant que sa missive reste confidentielle, « prie le ministre de bien vouloir mettre un terme prompt à l'intérim de la sous-préfecture de Saint-Girons. M. Haussmann est absent de son poste depuis longtemps. Les affaires de notre pays exigent fortement son retour[59] ». De même, les rapports du préfet de l'Ariège, sans être aussi agressifs que ceux du préfet Brun, sont pour le moins mitigés, comme le montrent ces deux extraits de la fiche de renseignements envoyée à Paris le 3 septembre 1841. À la rubrique « Manière d'administrer », le préfet Pascal fait cette remarque qui se révélera si prémonitoire :

> Sa manière d'administrer ne passera jamais inaperçue. Il vise à l'effet [*i. e.* au résultat], sans peut-être songer à se ménager, pour l'avenir et dans des circonstances décisives pour le gouvernement, des moyens d'influence et d'action.

Bref, il brûle trop vite ses cartouches. Et à la rubrique « Ambition », Pascal juge tout de go que son subordonné n'est pas mûr pour une préfecture :

> Il a de l'ambition. Des promesses formelles lui auraient été faites sous différentes administrations. Son travail facile, son activité incessante et son dévouement à la Dynastie de 1830 lui donnent sans nul doute des droits à une préfecture, quand la maturité de son jugement le mettra mieux en position de juger les choses et les hommes[60].

Blaye : encore une sous-préfecture !

Le ministre entend son préfet. Les promesses seront tenues, mais à moitié. Toujours pas question de lui offrir une préfecture. Après un cafouillage de dépêches ministérielles qui l'envoient d'abord à Bazas, Georges Eugène Haussmann est nommé le 9 décembre 1841 à Blaye. C'est encore une sous-préfecture, sa quatrième après Yssingeaux, Nérac et Saint-Girons ; dans sa lettre de remerciement au ministre, l'incorrigible Georges Eugène se plaint du « peu d'importance de ce poste » et tranche : « Le but n'est atteint que très imparfaitement. » Que dirait-il s'il savait que la monarchie de Juillet l'oubliera dans ce poste de « peu d'importance » durant près d'un septennat, jusqu'à ce que la révolution de 1848 l'en chasse ?

Seule satisfaction : l'arrondissement de Blaye se trouve aux portes de Bordeaux, c'est-à-dire de la belle-famille et des « intérêts » d'Haussmann. À Blaye, Georges Eugène hâte son embourgeoisement, sous l'influence de sa belle-famille et de son épouse mais aussi de l'esprit d'une région dotée des vins et des propriétés que l'on sait. Il est lui-même devenu propriétaire dans le Sud-Ouest. Durant son long séjour à Nérac, il s'est beaucoup occupé du développement des Petites Landes du Lot-et-Garonne et a encouragé les débuts de l'ensemencement des Landes en pins que développera systématiquement Napoléon III. Il s'est même renseigné sur la possibilité d'y acheter un domaine. À peine nommé dans l'Ariège, Haussmann passe à l'acte : à la fin mai 1840, il achète sur la commune d'Houeillès, dans le Lot-et-Garonne, deux domaines pour un total de cinquante mille trois cents francs qui, selon les archives notariales, seront achevés de payer en septembre. Nous reviendrons sur Haussmann propriétaire et homme d'argent. À dater de son installation à Blaye, en tout cas, Haussmann et sa famille vivront dans le confort. Finis les séjours à l'hôtel ou les bâtisses administratives inconfortables. La sous-préfecture de la Gironde est élégante, bien aménagée et, luxe rare à l'époque, possède une salle de bains. Haussmann dispose en outre d'un bel appartement dans l'hôtel particulier des Laharpe à Bordeaux et de leur maison de campagne du Bouscat aux portes de la ville. D'ailleurs, Bordeaux étant à environ trois heures de bateau de la sous-préfecture, le sous-préfet s'y rend très souvent, pour voir Octavie, épouse à éclipses qui passe le plus clair de son temps dans sa famille, mais aussi pour mener cette vie mondaine qu'il apprécie de plus en plus : il hante le salon du préfet, le baron de Sers, protestant lui aussi et cousin de la mère d'Octavie ; il fréquente les châteaux et participe à des dégustations de grands crus en compagnie des notables du Bordelais. C'est à cette époque que s'affine le palais du préfet de la Seine qui stockera par la suite à l'Hôtel de Ville une des plus somptueuses caves de la capitale. D'ailleurs, lors des vendanges, le sous-préfet aime aller chez les cousins Sarget à Château-

Laroze ou dans la famille Guestier au château Beychevelle. On le trouve fréquemment dans de grandes familles, chez le marquis de Lamoignon par exemple, descendant des Saint-Simon, qui tient table ouverte midi et soir dans son château de La Cassine :

> Dans tous les cas, seul aussi bien qu'accompagné, il passait gravement, à l'heure dite, dans sa salle à manger, entre deux haies de valets en livrée, poudrés à l'anglaise. Son maître d'hôtel lui présentait tous les plats et lui offrait de tous les vins ; mais il refusait tout, car il ne prenait qu'un potage et des gelées, et ne buvait jamais que de l'eau sucrée. Il quittait la table avec le même cérémonial[61].

Georges Eugène a également un faible pour le château de Mirambeau dont l'hôtesse, la comtesse Duchâtel, ancienne dame du palais de Napoléon Ier, entretient le culte de l'Empereur. Il est vrai qu'il n'échappe pas à notre ambitieux qu'elle est également la mère du... ministre de l'Intérieur dont dépend son avancement. Comme à la préfecture de Poitiers à ses débuts, il se propose pour organiser les fêtes, bals et dîners au château. Il reçoit ainsi de façon spectaculaire le deuxième fils de Louis-Philippe, le duc de Nemours, en visite officielle dans la région. Comme le duc doit descendre le fleuve à la nuit tombée, Haussmann fait illuminer les maisons de lampions et de verres de couleur et, là où la berge est déserte, il a l'idée de faire brûler des petits tonneaux de goudron espacés régulièrement. Des fanons de navire sont accrochés aux ailes des moulins à vent ; au loin, les soldats de la citadelle de Blaye tirent des salves de cartouches étoilées. C'est lors de ce voyage et en présence d'Haussmann tout aussi enthousiaste que le propriétaire du château Beychevelle porte à Louis-Philippe le célèbre toast : « Sur le plus beau fleuve du monde, avec le meilleur des vins, je bois au meilleur des rois. » Quelques années plus tard, c'est pour le prince-président Louis Napoléon que Bordeaux, l'opportuniste, étalera ses fastes, Georges Eugène Haussmann en sera là encore l'organisateur.

Durant toutes ces années bordelaises, Haussmann est fort à son aise dans la région comme dans l'idéologie de la monarchie de Juillet. De 1840 à 1847, le gouvernement Guizot consacre le triomphe de la bourgeoisie, ces quelque deux millions de personnes qui, grâce au suffrage censitaire, dominent le reste de la population (soit trois millions et demi de Français) et appliquent la fameuse invite de Guizot en 1842 : « Fondez votre gouvernement, affirmez vos institutions, éclairez-vous, enrichissez-vous, améliorez la condition morale et matérielle de la France. » Comme sous-préfet, Haussmann s'active avec son zèle habituel et dans ses deux domaines préférés : les écoles qu'il multiplie et les routes qu'il trace ou qu'il redresse. Il applique à Blaye la méthode qui lui a bien réussi à Nérac : il convainc les propriétaires de céder des parcelles de terrain en leur faisant valoir que les chemins ainsi créés valoriseront leurs terres. Il sera très fier de l'hommage d'un vieux maire du canton de Bourg : « Vous avez écrit votre nom, en chemins vicinaux, sur tout le sol de notre arrondissement. » Bientôt, il l'écrira en rues et en avenues sur tout le sol de Paris.

Haussmann, le bâtisseur, dérange déjà

Mais, à Blaye comme à Nérac ou à Saint-Girons, Haussmann ne se fait pas que des amis. Un réformateur dérange, qui bouleverse les habitudes et les positions acquises. À Blaye se monte, dès le début 1847, une véritable cabale qui ne vise rien de moins qu'à obtenir son départ. À l'origine de la polémique, une affaire de terrains. Le sous-préfet a accordé un vieux chemin à un propriétaire en échange d'un terrain destiné au percement d'une nouvelle route. Le procédé est courant ; seulement cette fois le bénéficiaire du vieux chemin n'est pas un riverain et les autres propriétaires crient à l'abus, au favoritisme et s'estiment lésés. Ils assaillent le ministre de l'Intérieur de lettres de protestation qui font encore grossir le dossier administratif d'Haussmann, déjà bien épais pour un simple sous-préfet. L'affaire mérite que l'on s'y arrête car elle est exemplaire et annonce les nombreuses cabales qui seront montées contre le préfet de Paris. Le 15 février, le président du tribunal de commerce écrit au ministre : « M. Haussmann a tous les reproches à se faire d'être devenu un instrument de désordre [...] et il paraît qu'il a agi de la même manière à Nérac. » Le lendemain, nouveau tir, venant cette fois d'un conseiller général, le sieur Pascault, qui affirme : « Tout l'arrondissement souhaite que M. Haussmann parte le plus tôt possible[62]. » Le 28, c'est une salve qui est tirée dans une lettre collective, signée du commandant de la Garde nationale, d'un conseiller municipal, du fondateur et administrateur de la caisse d'épargne, etc. Puisque l'affaire du chemin ne suffit pas à ébranler Paris, ces braves notables reprochent en outre au sous-préfet de semer le trouble, d'inciter les passions, de frayer avec les légitimistes et – sournoise allusion à sa religion – d'avoir fermé un petit séminaire catholique, afin de plaire aux républicains et à la gauche. En clair, ce décoré de Juillet ferait alliance à la fois avec l'opposition de droite et de gauche ! La passion est trop évidente, l'acharnement trop grossier (les signatures de la pétition ont même été « légalisées » par un document joint du maire de Blaye), et le ministère continue de faire le mort. Les ennemis d'Haussmann s'exaspèrent et, fin mars, le conseiller général Pascault envoie cette fois à Paris un véritable opuscule : un fascicule de vingt pages, imprimé à Bordeaux, consacré au « redressement du chemin n° 47, dit de Pira ». Le fascicule est distribué dans la région de sorte que l'affaire est bientôt connue de tous et que le ministre est contraint de réagir. Il demande donc un rapport circonstancié au préfet de Bordeaux, le baron de Sers, sur les reproches faits à son subordonné. Celui-ci s'exécute :

> M. Haussmann est un fonctionnaire d'une capacité très remarquable dont le travail est à tous égards fort distingué ; il obtient par une volonté ferme et bien dirigée des résultats satisfaisants [63].

De Sers a raison et Napoléon III saura plus tard l'utiliser : Haussmann, c'est avant tout une volonté. Et le préfet de démonter point par point une cabale née « des haines locales » et animée par des « propriétaires aveuglés par leurs ressentiments personnels ». Non seulement le baron de Sers défend son subordonné, mais il termine son rapport en demandant au ministre de renouveler sa confiance à Haussmann et de tancer le maire de Blaye pour avoir couvert cette cabale. Le ministre s'exécute en tous points. Le 20 avril, il écrit au maire que « les griefs articulés contre M. Haussmann [ne sont] pas fondés », qu'« aucune suite ne leur sera donnée » et il lui reproche « l'appui donné à une dénonciation sans preuves » [64]. Le même jour, un autre courrier ministériel assure à Haussmann qu'il bénéficie « de l'entière confiance » du gouvernement qui « apprécie vos services » [65]. Enfin, le 24 juillet, le conseil d'arrondissement de Blaye, dans une délibération spéciale, vote à l'unanimité ses « remerciements » au sous-préfet et « son approbation sans réserves à toutes les mesures [prises], notamment celles relatives aux chemins et à l'Instruction publique » [66]. Haussmann a gagné sur toute la ligne mais il ne sait pas être magnanime. À Paris, aussi, il aimera défaire totalement ses adversaires, au mépris des ressentiments éternels qui finiront un jour par l'abattre. Point final de l'affaire : le 24 février 1847, il est promu au grade d'officier de la Légion d'honneur.

C'est décidément une manie ministérielle : au lieu de promouvoir Haussmann, on le décore. À trente-huit ans, le météore de 1831 est toujours sous-préfet. Il s'est alourdi, sa stature est devenue plus imposante. Curieusement, cet homme, déjà beaucoup plus grand que ses contemporains, a tendance à se redresser, à porter la tête légèrement en arrière, ce qui accentue cet air de supériorité, qui irrite tant. En 1847, le destin d'Haussmann semble tout tracé : il sera un notable embourgeoisé, qui finira par être préfet à l'ancienneté avant de se retirer dans le Sud-Ouest gérer ses propriétés et celles de son épouse. Il est vrai que, cinq ans plus tôt, sa carrière préfectorale a subi un terrible coup du sort avec le décès accidentel de son protecteur, le duc d'Orléans : le 13 juillet, peu avant midi, le duc commande sa voiture pour aller déjeuner à Neuilly[67]. Ses chevaux habituels étant indisponibles, on lui amène une voiture rapide, un phaéton fort bas, sans portières, attelé de jeunes bêtes ardentes. Arrivé à la porte Maillot, les chevaux prennent subitement le galop.

« Tu n'es plus maître de tes chevaux ?, crie le duc au postillon.

– Non, Monseigneur, mais je les dirige encore. »

À pieds joints, se fiant à sa souplesse, le duc saute de la voiture mais sa tête heurte le pavé et il décède quelques heures plus tard, dans l'épicerie voisine où il a été transporté et où l'ont rejoint Louis-Philippe et la reine *. Le jeune duc était populaire et libéral : sa perte est terrible pour la monarchie de Juillet qui s'enfonce lentement dans un conservatisme aveugle, coupé des évolutions du pays. Elle est très grave aussi pour Haussmann qui avait tout à espérer de l'accession au trône du dauphin. D'ailleurs, Georges Eugène est si choqué par l'événement que, pour la première fois, il envisage vraiment de renoncer, de quitter le service public pour le négoce bordelais, aux côtés de son beau-père. En décembre 1842, il s'offre ainsi le luxe de décliner la sous-préfecture plus importante de Libourne qu'il avait autrefois réclamée. Au nom de son confort : « Je suis venu à Blaye, écrit-il au ministre, un peu à contrecœur, mais j'y suis installé. » Mettant en avant les frais d'un déménagement, il rappelle malgré cela sa candidature à une préfecture :

> Maintenant que mes convenances de famille et d'affaires sont à demi-satisfaites par ma position à Blaye, je souhaite ne quitter cette résidence que pour obtenir l'avancement auquel je crois avoir déjà des droits acquis[68].

Tous les mots sont pesés dans cette missive qui n'est pas celle d'un courtisan. Il lui faudra néanmoins attendre près de six ans pour que Paris reconnaisse ces « droits acquis » si fièrement brandis : en

* L'épicerie, rachetée par Louis-Phillippe, fut remplacée par la chapelle de style byzantin, Notre-Dame-de-la-Compassion, qui est toujours place des Ternes et qu'Haussmann respecta scrupuleusement lors de l'aménagement du quartier.

janvier 1848, enfin, il peut penser être parvenu à ses fins : le ministre de l'Intérieur le prévient discrètement de se tenir prêt à partir pour Angoulême en qualité de préfet de la Charente. La signature du roi est imminente, assure le message. Le poste est idéal, la préfecture est aux confins du Bordelais et Haussmann entreprend le tour de ses amis pour leur annoncer la nouvelle et faire ses adieux. Le 26 février, au matin, il est au château de La Grange, occupé à surveiller la plantation d'un parterre, lorsqu'un employé de la sous-préfecture lui apporte une dépêche télégraphique urgente : la révolution a éclaté à Paris, le roi a abdiqué, la République est proclamée. Les nouvelles datent du 24 février mais le mauvais temps a retardé de deux jours leur transmission. Bordeaux n'est relié à Paris que par le télégraphe de Chappe qui agite ses grands bras sur la colline, dont le bon fonctionnement dépend donc de la visibilité naturelle. Enterrée la promotion d'Angoulême. « Au moment de l'atteindre, j'échouais au port », écrit Haussmann qui peut se croire victime d'une véritable malédiction. Qui parierait alors un sou sur l'avenir de ce « décoré de Juillet », de cet orléaniste avéré qui a tout à craindre du changement politique ? Alors qu'à Blaye Haussmann se lamente sur ce nouveau mauvais coup du sort, à Londres un exilé comprend que l'heure de sa chance a sonné : le 27 février, Louis Napoléon Bonaparte, qui s'est évadé deux ans plus tôt du fort de Ham où il était condamné à la détention perpétuelle pour son expédition de Boulogne, s'embarque pour la France. Le lendemain, il est à Paris où il adresse à Lamartine, chef du Gouvernement provisoire, ce fier message :

> Messieurs, le peuple de Paris ayant détruit par son héroïsme les derniers vestiges de l'invasion étrangère, j'accours pour me ranger sous le drapeau de la République[69].

De cette République sortira bientôt le Second Empire, qui donnera à Haussmann un destin.

Chapitre IV

LA TENTATION DE BORDEAUX

(1848)

On ne sort de l'ambiguïté qu'à son détriment.
François Mitterrand

Ainsi donc, à croire ses *Mémoires*, Haussmann n'aurait pas été informé plus tôt des événements parisiens en raison du mauvais temps qui aurait paralysé le télégraphe… En vérité, le baron ne peut admettre, même à plusieurs décennies de distance, que le préfet de Sers ne se soit tout simplement pas pressé d'alerter son subordonné de Blaye : il est clair que le sort de la France ne se joue guère dans cette sous-préfecture des bords de la Gironde. L'exacte vérité, Haussmann l'a forcément apprise par la suite lors de son séjour à Bordeaux : les autorités bordelaises ont bel et bien été informées demi-journée par demi-journée, sinon heure par heure, de la révolution parisienne qui a entraîné l'abdication de Louis-Philippe et la proclamation de la République.

Un document précieux consigne le déroulement de la révolution : le Memorandum d'un grand bourgeois de la ville, Antoine Gautier, qui fut premier adjoint puis maire de Bordeaux de 1848 à 1860 et qui avait l'habitude de rapporter chaque soir sur un cahier les événements (publics et personnels) de la journée [1]. Lorsque l'actualité en valait la peine, comme lors des événements de 1848 et de 1851, Gautier prenait, en outre, le temps, à l'heure du déjeuner, de commenter dans son cahier les réactions de la population et de transcrire le texte des dépêches télégraphiques parvenues à la préfecture. Ainsi peut-on suivre avec une précision exceptionnelle la façon dont la préfecture et la mairie de Bordeaux furent informées du déroulement de la révolution de février 1848 *.

On est surpris des performances du télégraphe aérien de Chappe qui permet d'informer les notables bordelais avec seulement quelques heures de décalage. Au début février, alors que la campagne des banquets politiques organisés dans toute la France par l'opposition touche à sa fin et se rapproche de Paris, les riches négociants de Bordeaux ne se font guère de souci pour l'avenir de Guizot : « On voit aujourd'hui qu'il est un véritable homme d'État et, certes, nul mieux que lui ne saurait être le président du Conseil des ministres[2] », écrit Gautier le 9 février. En fait, Gautier et Bordeaux s'intéressent alors surtout à « l'affaire Combette », un fait divers jugé à Toulouse et qui défraie la chronique. Un religieux, frère de la Doctrine chrétienne, est accusé d'avoir violé une jeune fille, Cécile Combette, et le procès tourne au scandale car la Congrégation de la Doctrine chrétienne n'a pas hésité à « prendre parti pour son affidé », comme le déplore notre bourgeois, plutôt méfiant à l'égard du pouvoir clérical. À la fin du mois, pourtant, l'annonce d'un grand banquet final à Paris pour le 22 février commence à inquiéter Gautier qui, ce soir-là, tente de se rassurer en regardant par la fenêtre : « Il fait un temps affreux, abominable ; s'il a fait ainsi à Paris, il est probable que le banquet n'a pas attiré grand monde. » Pronostic à distance pour le moins aventureux car, si la canicule de juillet 1830 a contribué à l'énervement des Parisiens, les trombes d'eau et les rafales de vent de février 1848 ne les ont pas découragés de descendre dans la rue. Tandis que notre Bordelais reste bien au chaud, la révolution a bel et bien éclaté dans les rues de la capitale. Les premiers troubles surviennent le 22 février : la préfecture et la mairie de Bordeaux en sont averties le lendemain grâce à trois dépêches successives envoyées par le ministère de l'Intérieur. La première, datée de « Paris, le 22 à huit heures trente du matin », arrive à onze heures et elle est rassurante : « Paris est parfaitement tranquille. » La deuxième, datée de « Paris, 22 février,

* Plus généralement, ces cahiers constituent un matériau incomparable pour étudier la transmission des nouvelles dans la France du milieu du XIXe siècle, une France qui maîtrise encore mal les moyens de communication modernes que sont le télégraphe électrique et les chemins de fer. Seules deux lignes de télégraphe sont alors en fonctionnement ou en construction, reliant la capitale à Rouen et à Lille, alors que la Grande-Bretagne, la Belgique, l'Allemagne et même la Russie exploitent déjà de grandes lignes. Quant aux chemins de fer, lorsque s'effondre la monarchie de Juillet, la France n'a que 1900 km en exploitation pour 6300 outre-Manche et 3500 pour la seule Prusse.

deux heures de l'après-midi », est plus réaliste et rapporte qu'« il y a eu dans la matinée quelques attroupements mais pas de désordres sérieux ». La troisième, partie de « Paris, le 23 février à 9 heures et demie du matin », arrive dès dix heures et évoque les barricades, mais le ministère se veut encore rassurant : « Dans la soirée d'hier, des barricades assez nombreuses ont été élevées par les émeutiers, elles ont été sur-le-champ détruites par la Garde nationale et les troupes de ligne. » Dans la capitale, cependant, les événements s'accélèrent ; même la Garde nationale bourgeoise manifeste aux cris de « Vive la Réforme ! À bas Guizot ! ». Louis-Philippe, se voyant abandonné par la bourgeoisie parisienne, pilier du régime, se résigne à renvoyer son cher Guizot et appelle Molé. Mais c'est trop tard. En fin de soirée, un incident boulevard des Capucines entre des manifestants et la troupe provoque un moment de panique chez les soldats, qui tirent. Des dizaines de victimes restent sur le pavé. Leurs cadavres sont hissés sur un fourgon à bagages des Messageries et promenés, dans une macabre mise en scène, à travers toute la ville qui se soulève : des barricades s'élèvent un peu partout. La foule s'empare de l'Hôtel de Ville, symbole, on le sait, du pouvoir populaire, et menace les Tuileries. À midi et demi, le 24 février, le vieux Louis-Philippe, qui voit se reproduire le scénario de 1830, abdique et s'enfuit dans un fiacre qui l'attend au pied de l'obélisque. À seize heures, sous les applaudissements des insurgés qui ont investi le palais Bourbon, Lamartine, Ledru-Rollin et Dupont de l'Eure annoncent la constitution d'un gouvernement provisoire et proclament l'avènement de la République, sous une forme, il est vrai, quelque peu alambiquée : « Le gouvernement provisoire veut la République, sauf notification par le peuple qui sera immédiatement consulté. »

À Bordeaux, les dépêches du ministère de l'Intérieur au préfet de la Gironde sont une à une communiquées à la mairie. À quatre heures de l'après-midi, le 24 février, au moment où la République est proclamée à Paris, deux dépêches arrivent quasiment en même temps. La première, datée de « Paris, une heure de l'après-midi », annonce simplement le changement du gouvernement Guizot et conclut que « tout va marcher vers le calme et la conciliation ». La seconde date d'une demi-heure plus tard et annonce tout bonnement l'abdication du roi : « Ministre de l'Intérieur à préfet : le roi a abdiqué, la duchesse d'Orléans a été nommée régente ».

C'est « la consternation générale », note le soir Antoine Gautier, qui rapporte un premier incident à Bordeaux : « Des jeunes gens ont fait chanter la Marseillaise au Théâtre. » « Ont fait chanter » : cela signifie que la salle, plus contrainte que spontanée, a repris l'hymne révolutionnaire. Mais Gautier ne sait pas encore qu'au moment même où cette dépêche parvient en Gironde, à Paris, la Régence est écartée au profit de la République. La capitale de l'Aquitaine n'apprend que le lendemain le changement de régime. À neuf heures, première dépêche : « Un gouvernement provisoire est constitué. » À une heure et demie, nouvelle dépêche « encore plus extraordinaire » qui constitue également le premier ordre donné par le nouveau pouvoir au préfet, le baron de Sers : « 25 février, onze heures du matin : « Le gouvernement républicain est constitué. La nation va être appelée à lui donner sa sanction. Vous aurez immédiatement à prendre toutes les mesures nécessaires pour assurer au nouveau gouvernement le concours de la population et la tranquillité publique. »

De fait, le baron ne se hâte guère d'alerter le sous-préfet Haussmann, lequel n'apprend la nouvelle que le 26 au matin alors qu'il joue au régisseur dans la propriété d'une grande famille de la noblesse. Les consignes qu'il reçoit enfin sont simples : rentrer à Blaye et y maintenir un ordre qui n'est du reste pas encore troublé. Haussmann obtempère immédiatement, organise des patrouilles mixtes Garde nationale-armée « afin de prévenir toute manifestation hostile des hommes d'opinion avancée[3] » et campe à sa sous-préfecture jusqu'à ce que, le 14 mars, il apprenne le retrait du baron de Sers. Il est temps, juge-t-il, de venir aux nouvelles à Bordeaux. Le 15, sans aucune consigne, il quitte Blaye, rend visite au baron de Sers dans sa retraite bordelaise et se rend à la préfecture où est installé le commissaire-préfet fraîchement arrivé de Paris, un nommé Chevallier. Georges Eugène affirmera plus tard avoir eu l'intention de remettre sa démission, ce qui est bien le moins après celles du baron de Sers et du maire Duffour-Dubergier, le représentant des négociants et armateurs de la ville que l'on surnomme le « roi d'Aquitaine ». Il dira en avoir été dissuadé par l'accueil du commissaire-préfet et les pressions de ses amis. Paris s'est bien gardé d'envoyer un extrémiste dans cette ville orléaniste et c'est un « rouge » bien urbain qui accueille Haussmann en ami : il lui avoue qu'il est également un « décoré de Juillet », lui confie qu'il a connu son père à la rédaction du *Temps* en 1830 et finit par lui offrir d'entrer au Conseil de préfecture. Entré dans le bureau du commissaire-préfet pour démissionner, l'orléaniste Georges Eugène en ressort au service de la République. Il met certes quelques formes à ce qu'il faut bien appeler un ralliement de fait. Peut-être moins par scrupule que par souci de ménager son avenir personnel à

Bordeaux : Haussmann est trop lié à la haute bourgeoisie de la ville pour ne pas d'abord consulter ses « parrains », le baron de Sers et quelques autres notables qui lui conseillent d'accepter pour que l'ordre soit maintenu. Bref, Haussmann est arrivé à Bordeaux le 15 mars la démission en poche. Le 17, il est nommé conseiller de préfecture et retourne à Blaye muni par le nouveau pouvoir de la « délégation spéciale » d'installer son successeur.

Au service des notables bordelais

Il faut bien le reconnaître, durant ces journées de crise, et même jusqu'à son ralliement définitif à la cause de Louis Napoléon Bonaparte, Haussmann se comporte de façon ambiguë à l'égard de la IIe République : ni franchement rallié ni ouvertement opposant. Mais il serait inexact, du moins incomplet, de ne voir là que les effets d'un carriérisme vulgaire. Il semble d'ailleurs que, dans cette période, Georges Eugène songe sérieusement à quitter l'administration pour se lancer, comme on l'a vu, dans les affaires, aux côtés de son beau-père, gros négociant en vins. S'il reste alors dans la préfectorale et accepte de collaborer avec le nouveau régime – même s'il insiste sur le caractère purement administratif de sa fonction –, c'est précisément parce que la grande bourgeoisie bordelaise le lui a demandé afin de veiller au mieux à la protection de ses intérêts. Bref, à la préfecture de Bordeaux, Georges Eugène se considère comme investi d'une mission, et réserve sa loyauté intime aux oligarches de la ville plutôt qu'à la République proclamée à Paris. Le baron de Sers ne lui a-t-il pas conseillé d'accepter le Conseil de préfecture en soulignant « le très grand intérêt [qu'il] voyait, pour le maintien de l'ordre, à faire entourer convenablement le nouveau représentant de l'autorité dans Bordeaux [4] » ?

« Le maintien de l'ordre » : tout est dit. On ne comprend ni l'attitude de Georges Eugène ni celle des grands bourgeois qui l'incitent à collaborer si on n'a pas à l'esprit la grande peur, la terreur même (le mot est fréquent dans les témoignages de l'époque) qui gagne la bourgeoisie possédante lorsqu'elle comprend que la révolution de 1848 n'est pas seulement une lutte politique comme en 1830, mais aussi un combat de classes. Dès janvier, le comte de Montalembert a alerté la Chambre des pairs : « L'ordre social est menacé par une nouvelle invasion de barbares [5]. » Dans ses *Souvenirs*, Tocqueville reprend l'image : « On ne saurait comparer [cette terreur] qu'à celle que devaient éprouver les cités civilisées du monde romain quand elles se voyaient tout à coup au pouvoir des Vandales et des Goths[6]. » Et, traversant Paris dans l'après-midi du 25 février, l'écrivain s'avoue « frappé par le caractère [...] uniquement et exclusivement populaire de la révolution qui [vient] de s'accomplir, la toute-puissance qu'elle [a] donnée au peuple proprement dit, c'est-à-dire aux classes qui travaillent de leurs mains, sur toutes les autres[7] ».

Si la grande bourgeoisie est si inquiète, c'est qu'elle n'a pas la conscience tranquille. Elle sait qu'elle a été la seule à profiter du fameux précepte de Guizot – « Enrichissez-vous » –, alors que les salaires des ouvriers n'ont cessé de baisser et la misère de s'accroître dans ce que l'on commence à appeler le prolétariat. L'historien Henri Guillemin note que, de 1830 à 1848, la rémunération d'une journée de travail dans les filatures a baissé de 25 % pendant que les prix grimpaient de 17 %[8]. Et le député de gauche Pierre Leroux exagère à peine lorsqu'il déclare à la tribune de l'Assemblée que plus de trente millions de Français disposent alors de moins de vingt sous par jour pour vivre. Cette misère structurelle est aggravée par la crise économique et les mauvaises récoltes qui frappent le pays depuis 1846, misère et crise étant rendues encore plus insupportables par les scandales financiers qui se multiplient durant les dernières années de la monarchie de Juillet et qui illustrent la concussion des milieux politiques dirigeants. C'est alors que surgit la question sociale, cependant que paraît *Le Manifeste du parti communiste* de Karl Marx. Descendus dans la rue et ayant mis à bas le régime bourgeois, les ouvriers – les « blouses », dit-on alors – n'entendent pas se voir confisquer leur révolution comme dix-huit ans plus tôt. De nombreux insurgés ont participé à la révolution de 1830 et n'ont pas oublié le tour de passe-passe par lequel la grande bourgeoisie a substitué un roi des Français à un roi de France ; aussi prennent-ils cette fois des gages auprès du Gouvernement provisoire qui lance les premières lois sociales : la journée de travail est limitée à dix heures à Paris et à onze heures en province ; le droit au travail est proclamé et des ateliers nationaux sont ouverts pour employer les chômeurs ; enfin, le 4 mars, l'esclavage est aboli. C'est de la révolution de 1848 que date cette habitude de la gauche française de marquer son arrivée au pouvoir par des « avancées sociales ».

Toutes ces mesures sociales déplaisent évidemment aux bourgeois qui emploient de la main-d'œuvre, et l'abolition de l'esclavage frappe tout particulièrement les négociants et armateurs bordelais, lesquels travaillent avec les îles et tirent beaucoup d'argent du fret du sucre. Ainsi, la correspondance de la maison de négoce

Gradin avec ses agents à la Martinique apporte un précieux témoignage sur l'état d'esprit des notables de la ville et sur la situation économique en France et dans les îles[9]. Le 27 mars 1849, Gradin, dans une lettre à son agent à Saint-Pierre, dresse un tableau apocalyptique de la situation en métropole :

> Le commerce est ici dans un état de nullité profonde. Plusieurs maisons de Paris ont succombé ou sont en liquidation. Grand nombre de celles des départements sont dans le même état[10].

La maison Gradin, qui s'inquiète beaucoup de « l'ingratitude et de la mauvaise volonté des nègres », cherche à contourner la loi pour continuer de bénéficier d'une main-d'œuvre corvéable à merci. Une autre missive datée du 26 mai 1848 fixe les conditions d'« organisation du travail libre » (*sic*). Extraordinaire document, confondant de dureté et de cynisme :

> Chaque nègre continuera à jouir de sa case et de son jardin tant qu'il restera attaché aux travaux de l'habitation. Le travail de chaque nègre sera rétribué à raison de cinq sous par jour ou de cinq francs par mois, le travail de chaque négresse à raison de quatre sous par jour ou de quatre francs par mois, payable mois par mois. Le samedi sera consacré par le nègre à faire venir les vivres nécessaires pour sa subsistance. Qui demeurera entièrement à sa charge. Dans le prix de la journée est compris le travail de nuit chaque fois que la fabrication du sucre le rendra nécessaire[11].

Bref, la durée du travail est extensible à volonté et la maison Gradin, qui verse à ses Noirs en un mois ce qu'un ouvrier de la métropole gagne en un ou deux jours, ajoute le cynisme à la cupidité en écrivant à ses colons de Basse-Pointe :

> Nous subvenons aux besoins des noirs [pour une fois, on ne parle pas de nègres] d'une manière large et bienveillante. Ce fardeau serait au dessus de nos forces si nos revenus cessaient d'être en rapport avec nos sacrifices. Les ouvriers de France ne demandent que de l'ouvrage et s'estiment fort heureux quand ils en ont. Les noirs ne purent donc se flatter qu'ils seront mieux traités[12].

Tels sont les discours qu'Haussmann ne peut manquer d'entendre dans les salons qu'il fréquente avec tant d'assiduité. Rien n'indique qu'il en ait été autrement choqué. Dans ses *Mémoires*, il condamne « l'odieux trafic des nègres », mais c'est pour le comparer au socialisme qui vise « à réduire les blancs en servage ». L'attitude de

Georges Eugène en 1848 est très claire : il souhaite demeurer dans l'administration tant qu'il peut servir les intérêts de la haute bourgeoisie bordelaise (qui sont également les siens), quitte à démissionner avec fracas si les choses tournent mal et à se lancer lui-même dans les affaires, aux côtés de son beau-père.

« Qu'est-ce que cette Martine ? »

Cependant, « d'évêque, j'étais devenu meunier », écrit-il. Sur le point d'être intronisé préfet d'Angoulême, il se retrouve membre du Conseil de préfecture de la Gironde, au service (au moins en apparence) d'un gouvernement révolutionnaire. Et, comme au temps où il était sous-préfet, comme à Yssingeaux dix-sept ans plus tôt, voilà Georges Eugène, à cheval, parcourant sa circonscription pour procéder aux opérations de tirage au sort. Décidément, sa carrière patine ! Mais cette tournée revêt un grand intérêt politique : elle lui permet de jauger l'état d'esprit des ruraux qui constituent alors l'énorme masse des Français. Ceux de la Gironde – comme certainement ceux des autres provinces – apparaissent à notre fonctionnaire à la fois foncièrement hostiles aux socialistes, aux « partageux », plutôt désorientés par les bouleversements politiques imposés par la capitale et ne s'identifiant pas dans les nouveaux dirigeants qui se présentent aux élections législatives d'avril. Certains sont convaincus que la royauté va être rétablie, « car, enfin, le duc Rollin (pour le républicain Ledru-Rollin bien sûr) qui gouverne ce n'est pas un roi ! » D'autres prennent Lamartine pour une femme : « Qu'est-ce que cette Martine ? » demandent-ils à Haussmann.

Lorsque celui-ci revient à Bordeaux, les esprits sont agités. Paris, qui constate que le commissaire Chevallier s'est bien trop vite habitué à la capitale girondine, a décidé de le chapeauter par un républicain pur et dur, le citoyen Félix Latrade, envoyé à Bordeaux avec le titre ronflant de « commissaire général pour la Gironde et la Dordogne ». Latrade n'y fera pas long feu : arrivé le 20 mars au matin, il repart le soir même, chassé par une petite émeute. À la nouvelle de son arrivée, une foule menaçante s'est massée devant la préfecture aux cris de : « À bas Latrade ! À bas le Proconsul ! » Courageusement, celui-ci s'avance sur le balcon pour s'adresser aux manifestants. Mais les huées couvrent sa voix tandis que la foule envahit le bâtiment. Il ne reste au proconsul qu'à s'enfuir par les toits et à retraverser la Garonne. Comment va réagir le Gouvernement provisoire, dont l'autorité se trouve publiquement bafouée ? La situation est trop tendue à Paris pour qu'il se soucie d'entrer en conflit avec une ville aux tentations séparatistes fort anciennes. Il se contente donc d'envoyer un nouveau commissaire, baptisé « extraordinaire » celui-ci, Clément Thomas, chargé d'établir un rapport sur les événements. Thomas, qui est originaire de la région, connaît la mentalité des autochtones et se garde bien de rétablir Latrade dans sa fonction. Il obtient au contraire de Paris d'être nommé à sa place et n'a bientôt plus qu'une préoccupation : se faire élire député de Bordeaux. Aussi s'empresse-t-il de rassurer la population dans un discours programme dont il ressort que la République est le meilleur garant de l'ordre et de la propriété : exactement ce que veut entendre la bourgeoisie bordelaise. Il accoutume à la mode locale les directives révolutionnaires venues de Paris et fait de la plantation d'un arbre de la liberté une cérémonie consensuelle, le 8 mai, place des Quinconces. Dans un souci œcuménique de réconciliation nationale, toutes les autorités sont invitées, civiles et religieuses. L'arbre est successivement béni par monseigneur Donnet, l'archevêque de Bordeaux, le grand rabbin Isidor et le pasteur Maillard, président du Consistoire protestant. Ce dernier remporte un joli succès : à peine a-t-il bibliquement appelé sur l'arbuste « la rosée du ciel », qu'il se met à pleuvoir ! Un petit miracle qui, d'ailleurs, ne portera pas chance à l'arbre : quelques années plus tard, lorsque les idées républicaines seront passées de mode, le préfet de la Gironde l'arrachera et en fera faire « un petit fagot ». Le nom de ce profanateur : Haussmann.

En attendant, Georges Eugène semble entretenir avec le commissaire extraordinaire de la République des rapports si satisfaisants que celui-ci, devant rentrer à Paris à la mi-mai 1848, lui propose tout bonnement sa place. Clément Thomas n'est pas seul à voir Haussmann à la tête du département : ce dernier a donné suffisamment de gages à la République pour que le commandant de la place de Blaye, son ancienne sous-préfecture, écrive au ministre de l'Intérieur afin de recommander Haussmann pour la Gironde. Ce dernier, à en croire le militaire, serait républicain depuis 1830. La lettre, datée du 1er mai et conservée dans le dossier préfectoral d'Haussmann, est savoureuse : « Décoré de Juillet après les trois glorieuses journées où il combattit vaillamment, ses vœux étaient plutôt pour la République que pour une royauté [13] », écrit le commandant qui proteste de ses propres convictions républicaines et estime qu'Haussmann saurait rallier ce département « timide et irrésolu » au nouveau régime :

> Ce citoyen, par son intelligence rare, ses connaissances étendues, son courage, son patriotisme, ne tarderait pas à ramener les Girondins à des sentiments de respect, d'estime et d'attachement envers la République.

Le commandant prend le soin d'affirmer que son intervention est faite à l'insu d'Haussmann, mais il est difficile de croire qu'il a agi seul. Comment notre ambitieux va-t-il réagir à l'offre de Clément Thomas ? Va-t-il sauter sur l'occasion d'avoir enfin rang de préfet ? En réalité, bien conseillé par ses amis bordelais, Haussmann est trop habile pour accepter une proposition dont il n'est même pas sûr que le ministre de l'Intérieur Ledru-Rollin l'entérinerait. Surtout, en ce mois de mai, Georges Eugène sent que l'heure des ralliements définitifs n'est pas venue : l'Histoire n'a pas encore tranché entre les modérés et les radicaux ; la tension monte entre les bourgeois et les blouses. Le 4 mai, Proudhon écrit dans *Le Représentant du peuple* : « Nous n'entendons proférer de toutes parts que cette parole de mort : il faut en finir ! » Mais si Haussmann refuse la première place dans le département, il ne renonce pas à y exercer de l'influence : après avoir consulté, comme à son habitude, ses amis et notamment son beau-père, « suisse de nationalité, républicain de naissance et d'opinions très libérales [14] », il propose à Thomas un nom plus qu'un homme : Henri Ducos, républicain modéré, frère d'un ancien conventionnel très connu à Bordeaux et qui présente le grand avantage d'avoir dépassé les quatre-vingts ans : sous l'autorité formelle de cet homme de paille, Haussmann pourra gérer effectivement les affaires de la préfecture. Il ne perd du reste aucune occasion d'accentuer son implantation locale et se fait élire chef d'une compagnie de la Garde nationale. Il affirme l'avoir équipée de neuf de sa propre bourse, même s'il semble avoir laissé quelques factures derrière lui *.

Peu à peu, la fièvre révolutionnaire gagne le pays. En juin 1848, la fermeture des Ateliers nationaux conduit la cité girondine au bord du soulèvement : les notables songent à créer une « confédération défensive du Sud-Ouest », tandis que la préfecture ouvre dans les

* Le 19 novembre 1849, alors qu'Haussmann a quitté la Gironde pour le Var, deux commerçants de Bordeaux s'adressent au ministre de l'Intérieur pour réclamer le paiement de 1775 francs d'équipements non payés. Menaçant de faire un procès qui serait mal venu pour l'administration, Bloc et Bénédih, du magasin « Aux cent mille paletots », dénoncent : « Nous avons itérativement écrit à M. Haussmann mais il a essayé de s'abriter dans des équivoques et de gagner du temps. » On ne sait si le ministre a donné à cette dénonciation une suite autre que le mot écrit en travers de la lettre : « à mettre au dossier du préfet »... (AN 162, pièce 151).

mairies des listes d'enrôlement de gardes nationaux prêts à marcher sur Paris. Des bateaux à vapeur sont affrétés pour conduire les volontaires à Nantes d'où ils sont censés gagner la capitale par le train. Mais l'écrasement rapide de la révolte ouvrière, après trois jours de terribles combats – plus de trois mille morts, onze mille arrestations et quatre mille déportations –, rend vaine l'opération girondine. La bourgeoisie bordelaise respire et salue le retour à l'ordre. Sans perdre de temps, la maison Gradin écrit le 26 juin à son agent de Basse-Pointe pour menacer les « nègres » qui seraient tentés de se révolter :

> Les ouvriers de France et particulièrement de la capitale se sont livrés à des émeutes [...]. Le gouvernement a agi contre eux avec vigueur et a triomphé de leur résistance. Vous voyez par conséquent qu'il tient à l'ordre avant tout. Il faut persuader cela aux nègres [15].

Une prudente réserve

Il est temps pour Georges Eugène de relancer sa carrière. Symbole du retour à l'ordre, le général Cavaignac, nommé chef du gouvernement après avoir écrasé l'insurrection ouvrière, supprime les commissaires du gouvernement et rétablit le poste de préfet. Il faut pourvoir celui de la Gironde : le tout-Bordeaux sollicite Haussmann qui, à la surprise générale, se récuse à nouveau. La préfecture de Bordeaux, si longtemps rêvée, échoit alors au sous-préfet de Rethel, le baron Neveux. Le dossier préfectoral de ce dernier dit assez jusqu'où peut aller la servilité des hauts fonctionnaires. Le 3 mars 1848, au lendemain de la proclamation de la République, Neveux, qui, sous la monarchie de Juillet, s'était battu pour relever le titre de baron de son beau-père, s'empresse d'écrire au ministre Ledru-Rollin : « Citoyen ministre, j'ai l'honneur de vous déclarer que j'adhère au gouvernement provisoire [16]. » Son zèle lui vaudra la belle préfecture de la Gironde. À peine installé à Bordeaux, Neveux récidive et flatte sans la moindre pudeur le ministre de l'Intérieur :

« J'ai reçu un accueil excellent comme préfet de la République [...]. Votre circulaire relative aux élections municipales est depuis dix jours l'objet de toutes les conversations [...]. Votre éloge est dans toutes les bouches [17]. » Haussmann, pour sa part, se replie dans des tâches administratives. À Paris, pourtant, on continue de penser à lui. Avant de quitter la présidence du Conseil de préfecture et de laisser sa place à Neveux, Henri Ducos a remercié son « inventeur » par un rapport particulièrement élogieux :

> Haussmann a fait preuve d'adhésion totale et ferme au nouvel ordre de choses. Petit-fils d'un conventionnel, il a montré en juillet 1830 qu'il n'avait pas oublié ses origines. Entré vers cette époque dans l'administration, sur la demande du duc d'Orléans dont il avait été le condisciple de collège, il fut complètement abandonné depuis par le pouvoir qui ne lui donna aucun avancement [18].

Une façon habile et efficace de dédouaner Georges Eugène de son orléanisme passé et de le remettre dans la course aux places : le ministre de l'Intérieur lui propose en novembre la préfecture de la Charente inférieure. À la surprise générale, il se récuse à nouveau. Pourquoi donc ? Dans ses *Mémoires*, Haussmann donnera deux raisons à ses refus réitérés : la situation politique n'était pas encore totalement stabilisée et, surtout, il n'aurait pas voulu avoir à combattre Louis Napoléon, qui entame son ascension : « Ce fut la raison décisive de mon refus », écrira-t-il après coup. Si la première explication est tout à fait probable, la seconde paraît moins crédible, du moins en ce qui concerne le poste de Bordeaux. Il est peu vraisemblable que Louis Napoléon Bonaparte ait quoi que ce soit à voir avec le refus d'Haussmann d'accepter la préfecture de la Gironde en mai 1848. La preuve en est un épisode totalement occulté dans les *Mémoires* : la candidature d'Haussmann au Conseil général du canton d'Houeillès, où il est propriétaire, en août de la même année. Une élection triangulaire qui, lit-on dans le *Journal du Lot-et-Garonne*, se terminera par la victoire du républicain Nasse face aux « candidats légitimiste (Pérès) ou philippiste (Haussmann) [19] ». C'est clair, ce dernier n'a pas fait campagne sous les couleurs bonapartistes, mais sous le drapeau du très orléaniste et très influent « Comité de la Société du libre-échange ». En novembre, en revanche, lorsque Paris lui offre la préfecture de la Charente inférieure, le climat a changé : Louis Napoléon est en pleine ascension et, circonstance capitale pour Haussmann, à Bordeaux, ses amis de la Société du libre-échange basculent dans le camp bonapartiste. Il peut renouer avec ses origines impérialistes sans trahir sa famille bordelaise.

Opportunisme invétéré ? Oui et non. Oui, dans la mesure où Haussmann a surtout souci de son implantation locale. Non, car à ce moment-là le futur Napoléon III est loin d'avoir gagné la partie. Du reste, le ralliement d'Haussmann à sa personne sera total et définitif et la bourgeoisie bordelaise, orléaniste de cœur, vivra une évolution parallèle, la ville étant une des premières à reconnaître dans le neveu de l'Empereur le garant de l'ordre et de la prospérité. La seule différence, mais elle est capitale, entre Haussmann et ses protecteurs est que ceux-ci effectueront d'autres ralliements, alors que

Georges Eugène, l'intrigant, l'arriviste, gardera désormais une indéfectible fidélité au prince par laquelle il pourra réaliser l'œuvre de sa vie. C'est en cet été 1848, tandis qu'il rallie la cause de Louis Napoléon, que se noue le destin d'Haussmann. Sans cette adhésion passionnée, son destin était tracé : il aurait bien fini par accepter telle ou telle préfecture avant de se retirer à Bordeaux pour y finir ses jours en notable repu. Son épouse Octavie, qui n'était vraiment heureuse que près de ses chers parents, l'y poussait tout comme le confort apporté par la fortune, la réputation et les relations sociales de sa belle-famille.

« Pensez au neveu du petit caporal »

Mais l'ambition ne l'a pas quitté et elle est désormais guidée par la raison et la maturité. Les événements de 1848 ont fait mûrir Georges Eugène qui comprend qu'il a besoin, pour s'accomplir, de retrouver les liens de confiance tels que ceux qui le liaient à son grand-père. S'il a pu espérer recréer un tel rapport avec le duc d'Orléans, le décès accidentel de celui-ci, en 1840, l'a laissé politiquement orphelin. Voici qu'à l'été 1848 surgit sur la scène nationale un curieux personnage, mi-héritier, mi-aventurier : le prince Louis Napoléon. Très vite, Haussmann va s'attacher à lui, parier sur son étoile, seconder son destin. Lorsque, profitant des événements et de la chute de Louis-Philippe, Louis Napoléon Bonaparte fait irruption sur la scène politique, il n'est pas vraiment un inconnu, mais son image est plus celle d'un aventurier (ou, si l'on veut être gentil, d'un héros romantique) que celle d'un meneur d'hommes.

À quarante ans, l'homme n'a pas fait grand-chose, mais il a déjà beaucoup vécu. Né en 1808 – un an avant Haussmann –, le fils de Louis, roi de Hollande, passe sa petite enfance à la cour des Tuileries, aux côtés de sa mère Hortense de Beauharnais, fille de l'impératrice Joséphine, fastueuse, mondaine et légère : « L'origine légitime de Napoléon III a de tout temps été contestée », observe son biographe Adrien Dansette[20], et, plus tard, Louis Napoléon se découvrira un demi-frère utérin en l'homme d'affaires et politicien orléaniste Morny, fruit des amours de sa mère avec le comte de Flahaut, lui-même fils naturel de Talleyrand. Puis Waterloo jette Hortense sur les chemins de l'exil, jusqu'à ce qu'elle soit autorisée, en 1817, à acquérir le petit château d'Arenenberg, sur la rive sud du lac de Constance. Le neveu de l'Empereur s'ennuie bientôt en Suisse et, en 1831, s'étant lié aux milieux libéraux italiens, il participe à une insurrection sans lendemain dans les États pontificaux. Un an plus tard, après le décès du duc de Reichstadt, l'Aiglon, il se proclame chef de la famille napoléonienne et rêve d'un retour glorieux à Paris. L'homme d'État autrichien Metternich, dont on sait la lucidité politique, avait déjà demandé à son ambassadeur d'alerter le roi des Français :

> Je vous prie de rendre le roi Louis-Philippe attentif au personnage qui succédera au duc de Reichstadt. Je me sers du mot succéder car, dans la hiérarchie bonapartiste, il y a une succession tout avouée et respectée dans le parti. Le jeune Louis-Bonaparte est un homme engagé dans les trames des sectes. Le jour du décès du duc, il se regardera comme appelé à la tête de la République française [21].

Louis-Philippe, tout occupé à détourner la légende napoléonienne à son profit – en 1840, il organisera le retour en fanfare des cendres de l'Empereur –, prête peu d'attention à cette analyse prémonitoire et à l'apprenti conspirateur. Même après la tentative de ce dernier de soulever la garnison de Strasbourg en octobre 1836, il se garde de le faire juger et préfère l'expédier en Amérique. Il faut la récidive et le débarquement de Louis Napoléon à Boulogne le 6 août 1840 pour que la Chambre des pairs condamne le prince à la détention perpétuelle dans la forteresse de Ham en Picardie. Le nom du neveu impérial est désormais connu de tout le pays et son évasion de 1846, sous les habits du maçon Badinguet, en met plus d'un de son côté. Cependant, Louis Napoléon n'a pas perdu son temps dans son « université de Ham » : il fait des études, écrit des opuscules, montre qu'il s'intéresse – ce qui est encore rare – à la question sociale avec son essai sur *L'Extinction du paupérisme*. Lorsque la révolution de 1848 éclate, il décide de quitter son refuge londonien pour s'atteler à la conquête du pouvoir par les voies légales. Dès le 27 février au soir, il est dans la capitale. « J'accoure pour me ranger sous le drapeau de la République qu'on vient de proclamer », écrit-il au Gouvernement provisoire qui lui conseille de regagner Londres. Soucieux de démontrer son loyalisme, il s'incline, repart, tout en laissant à Paris quelques amis comme Persigny pour organiser sa propagande. Le 4 juin, à la surprise générale, lors des élections partielles, il est élu à la fois (c'est alors possible) dans quatre départements : la Seine, l'Yonne, la Charente inférieure et, bien sûr, la Corse. L'ascension vers le pouvoir a commencé, même s'il renonce à son siège de député à la suite de troubles et d'incidents divers. C'est que les républicains commencent à deviner le jeu du prince. Proudhon écrit dans *Le Peuple* :

> Il y a huit jours le citoyen Bonaparte n'était qu'un point noir dans un ciel en feu ; avant-hier ce n'était qu'un ballon gonflé de fumée ; aujourd'hui c'est un nuage qui porte dans ses flancs la foudre et la tempête[22].

Le retrait du prince est effectivement tactique et la propagande napoléonienne redouble d'intensité. On vend ou on distribue des boîtes d'allumettes à son portrait, des médailles à son effigie, des aigles impériales, des petits drapeaux avec l'inscription « vive le prince Louis », des gravures qui l'associent à l'Empereur, des biographies, des chansons comme « Napoléon rentre dans ta patrie ! Napoléon, sois bon républicain ! ».

La presse bonapartiste se développe. Cette campagne électorale totalement inédite a un effet foudroyant sur l'électorat, qui découvre le suffrage universel : lors de nouvelles élections partielles, Louis Napoléon est élu en septembre dans cinq départements à la fois : la Seine, la Corse, la Charente inférieure, la Moselle et l'Yonne. Il choisit le département bourguignon et, cette fois, personne ne s'étonne de le voir prendre place le 25 septembre dans les travées du Palais-Bourbon, sept mois après son retour d'exil.

La vague napoléonienne atteint également la Gironde. Dès juin, Haussmann rapporte la propagande spontanée des vétérans et fils de vétérans de l'Empire. Et il observe aussi que ces soutiens de type sentimental reçoivent le renfort des paysans à qui l'Empire a apporté la consécration de leurs propriétés, ainsi que celui de la grande bourgeoisie, toujours à la recherche d'un garant de l'ordre et de la richesse. C'est davantage au nom de ces valeurs qu'à cause de ses origines « impérialistes » que Georges Eugène se rallie à Louis Napoléon, même si celles-ci faciliteront plus tard son intégration dans l'équipe du prince. Jusqu'en 1848, en effet, aucun indice ne montre le moindre tropisme de Georges Eugène à l'égard de Louis Napoléon. Grand lecteur de journaux, il a évidemment suivi ses aventures, mais dans ses *Mémoires* ou dans sa correspondance, aucune allusion au prince n'apparaît. Si Haussmann rallie le camp de Louis Napoléon dès l'été 1848, c'est d'abord parce qu'il sent que ce dernier incarne sa propre conception de la politique et de la direction du pays. Homme d'ordre, le petit-fils de révolutionnaires est également un démocrate fondamental au sens où, pour lui, seul le peuple donne la légitimité. Partisan d'un système plébiscitaire, il répétera souvent que le suffrage universel devrait être réservé à l'élection présidentielle et que les élections législatives devraient se faire au suffrage minoritaire, c'est-à-dire censitaire. Désormais – et ce sera le cas jusqu'au coup d'État de décembre 1851 – Haussmann servira moins la République que le Prétendant. Quitte à se trouver parfois à la limite de la déloyauté, de la faction.

Le 19 novembre 1848, Bordeaux fête, place des Quinconces, la proclamation de la Constitution de la IIe République. Les grands notables sont présents, à commencer par l'archevêque qui, entouré de son clergé, fait chanter un *Te Deum* en l'honneur de la République. Mais il manque quelqu'un parmi les officiels : le conseiller de préfecture Haussmann – confirmé à ce poste le 8 septembre en raison de « son dévouement à la République [23] ». À la tribune, où son rang exigerait sa présence, Haussmann a préféré le pavé de la place : il est resté avec ses hommes de la 6e compagnie du 2e bataillon de la 2e légion de la Garde nationale aux uniformes flambant neufs, fournis par le magasin « Aux cent mille paletots ». Il marque ainsi ses distances avec la République. Son engagement bonapartiste devient public avec la présidentielle de décembre qui met en lice, au suffrage universel, Louis Napoléon, Lamartine, le général Cavaignac, Ledru-Rollin et Raspail, représentant l'extrême gauche. La Société de libre échange charge alors Georges Eugène d'une mission d'information et de propagande dans son ancien arrondissement de Blaye. Ce qu'il entend le rassure rapidement : les masses rurales voteront pour le neveu de l'Empereur.

Le jour du vote, les hommes de sa compagnie qui gardent des bureaux de vote ont consigne de conseiller à mi-voix aux électeurs : « Pensez au neveu du petit caporal [24]. » Ils y penseront. Dans la Gironde, Louis Napoléon est largement en tête avec 104 000 voix contre 20 500 à Cavaignac et 537 à Lamartine. Avec plus de 78 % du suffrage, il dépasse même son score national de 75 %. En ralliant le prince-président, Haussmann est donc bien au diapason de la population locale. Retrouvons la maison Gradin. Au lendemain des résultats, elle écrit avec enthousiasme à son agent de Saint-Pierre :

> Les affaires sont beaucoup mieux en France et la confiance s'est accrue de la manière la plus heureuse depuis la nomination de Louis Napoléon à la présidence. Nous sommes dans l'attente des actes de son administration qui promet d'être sage et paternelle [25].

Georges Eugène, lui, n'a plus de raison de bouder les promotions. Il a misé sur le bon cheval et compte en profiter. Le président élu le 10 décembre prêtera serment le 20 mais, dès le 16, Haussmann écrit au ministre de l'Intérieur pour solliciter une préfecture. Et, comme il ne changera décidément jamais, il précise qu'il aimerait « ne pas être trop éloigné des intérêts matériels [qu'il a] dans la Gironde et le Lot-et-Garonne[26] ». Même le préfet Neveux, sans doute pas mécontent de se débarrasser d'une personnalité aussi encombrante, y va de sa missive au ministre, et met l'accent sur « la position sociale élevée du fonctionnaire : la famille de sa femme est alliée à toutes les notabilités de la ville ». Cette fois, Haussmann n'aura pas longtemps à attendre. D'autant que Curé, le maire de la ville, et son premier adjoint, Gautier, ont des connexions avec des proches du nouveau président comme Abbatucci. Dès janvier, Haussmann est convoqué à Paris par le ministre de l'Intérieur Léon Faucher qui lui fait d'abord une impression désastreuse :

> Frappé de son aspect chétif, étriqué, malingre, qui contrastait avec son air important, gourmé, pédant même, je trouvai que mon nouveau chef manquait absolument de prestige[27].

Mais, très vite, il reconnaît les hautes qualités intellectuelles et morales du « ver à soie malade ». Sans doute parce que Faucher lui ouvre à la fois les portes de la haute administration et de l'Élysée : chargé de faire le tri parmi les anciens préfets de la monarchie de Juillet, le ministre l'a placé « aux premiers rangs de la liste des préfets à prendre dans l'ancien personnel qu'il a remise au prince-président ». Et, ajoute-t-il, comme celui-ci tient à rencontrer les nouveaux préfets avant de décider de leur nomination, Haussmann est attendu à l'Élysée le lendemain.

Les destins croisés du futur Napoléon III et du futur préfet de la Seine, le grand transformateur de Paris, font de ce premier entretien une rencontre historique. Haussmann est aussitôt séduit, d'autant plus rapidement qu'il ne demandait qu'à l'être. Et Louis Napoléon commence à saisir et à apprécier la qualité première de son visiteur : la volonté et la capacité, une fois la mission définie, de briser tous les obstacles. Qualité déterminante pour Louis Napoléon le velléitaire, prolifique en visions et en projets, mais qui ne passe véritablement à l'acte que lorsqu'il trouve des relais aussi efficaces qu'Haussmann pour Paris ou Ferdinand de Lesseps pour le canal de Suez. Bien sûr, le prince-président ne sait pas encore qu'il chargera Haussmann de la « grande œuvre » parisienne mais, dès ce premier entretien, il devine en Haussmann une volonté de fer.

La rencontre de l'Élysée

Lorsque, à la mi-janvier 1849, par un froid matin d'hiver, Georges Eugène pénètre dans la cour de l'Élysée, un souvenir d'enfance le saisit : rentrant de Chaville en 1814, quelques jours après la capitulation de Paris, il avait assisté, depuis la rue, à la prière du soir d'un bataillon de la Garde impériale du tsar logeant dans le palais. Depuis la chute du Premier Empire, l'hôtel d'Évreux a peu changé ; les rois ont préféré les Tuileries et ont abandonné le palais où Napoléon Ier abrita nombre de ses amours au sort de résidence pour les hôtes de passage : le bey de Tunis y séjourne un moment. La révolution de 1848 commence (comme souvent les révolutions) par l'ouvrir au public… On y donne des bals de charité, des fêtes foraines, des feux d'artifice jusqu'à ce qu'un décret du 12 décembre 1848 lui attribue l'affectation qu'il connaît aujourd'hui :

> L'Assemblée nationale, voulant surtout éviter d'installer le nouveau chef de l'État aux Tuileries, lui assigne par décret l'Élysée national comme résidence [28].

Le 20 décembre, Louis Napoléon Bonaparte prend possession des lieux, en commençant par une visite sentimentale, un petit pèlerinage au salon d'argent où, le 28 juin 1815, Napoléon a signé son abdication définitive. Le premier président de la République française est d'autant plus ému que, quelques jours avant Waterloo, il a dîné ici, en famille, et qu'il a lancé en pleurant à son oncle : « Je ne veux pas que vous alliez à la guerre, les méchants alliés vous tueront [29]. » Deux semaines plus tard, sa mère Hortense le conduisait à la Malmaison embrasser l'Empereur vaincu qui partait pour Rochefort, ultime étape avant Sainte-Hélène. Après de tels chocs émotionnels, on ne s'étonne pas que Louis Napoléon ait été « un enfant de santé fragile, de nature féminine, timide, sensible, émotif », pris de terreur panique dans le noir et ne pouvant dormir qu'avec une veilleuse allumée...

L'Élysée que découvre le prince-président est aussi riche en toiles d'araignée qu'en souvenirs. Les députés, peu soucieux de valoriser la fonction présidentielle, ont fait assaut de pingrerie pour doter l'installation du président.

> Le mobilier, selon le rapport de l'administrateur du Mobilier national, est à peu près hors de service et, pour que le palais soit habitable, il est

indispensable de remplacer immédiatement au moins les sièges, les tentures et draperies des grands appartements [30].

Victor Hugo est l'un des convives du premier dîner donné par le nouveau locataire de l'Élysée national. Il observe que les vitres cassées ont été rafistolées avec du papier et trouve « le grand salon affreux, les gravures et les tableaux du choix le plus misérable, la cuisine exécrable… ». Il se lève de table ayant encore faim, et le Président lui avoue : « Avant-hier quand je suis arrivé, c'est à peine si j'avais un matelas pour me coucher [31]. »

Tel est le palais dans lequel est introduit Georges Eugène Haussmann, où il est d'abord reçu par le chef de cabinet du président, Jean-François Mocquart. Haussmann connaît déjà ce Bordelais de naissance qui fut sous-préfet de la monarchie de Juillet, à Bagnères-de-Bigorre quand lui-même était à Nérac. Mocquart est l'un des plus anciens partisans de Louis Napoléon : dans les années 40 il dirigeait *Le Commerce*, le seul journal bonapartiste. Le chef de cabinet, dont les manières franches et cordiales le font apprécier de tous, met aussitôt en confiance son ancien collègue qui lui déclare tout de go être « prêt à servir son Altesse Impériale, bien plus que le Président de la République » ; un acte d'allégeance légèrement insistant et surtout à la limite de la déontologie d'un haut fonctionnaire. Le temps pour Mocquart d'aller avertir Louis Napoléon de la présence du visiteur et de lui faire part de son état d'esprit, Haussmann est introduit dans le grand salon du rez-de-chaussée, qui ouvre sur le jardin. Le temps est glacial, les arbres du parc sont blancs de givre et, dans ce palais aux vitres fendues, le Président a pris froid : un rhume de cerveau rend encore plus nasillarde sa voix au débit lent, empreinte d'un accent vaguement germanique. Rien de plus dissemblable que ces deux hommes qui formeront un couple inséparable et révolutionneront ensemble Paris. L'âge excepté, tout les oppose. Le conseiller de la préfecture, habitué à la calme vie provinciale, fait beaucoup plus jeune que ses quarante ans avec son visage poupin, son teint rose et sa peau glabre. L'entretien ayant lieu debout, on l'imagine plier au maximum son mètre quatre-vingt-douze pour ne pas trop humilier le prince et ses cent soixante-six centimètres. Voici le portrait que l'orléaniste Charles de Rémusat fait du futur empereur à l'époque de cette rencontre :

Un long visage et des traits lourds, un teint livide et maladif, un grand nez perroquet, une bouche gâtée comme tous les Beauharnais, point de regard, des yeux nuls, petits, de la couleur de ses joues et à qui un tour plissé ne donne d'autre expression qu'un soupçon de lubricité, enfin une tête trop longue pour son corps, trop long lui-même pour ses jambes, des gestes lents et apprêtés, une démarche molle et comme embarrassée dans les reins [32].

Certes, Rémusat a un parti pris hostile, mais Morny, qui est reçu à l'Élysée le 23 janvier, peu après Haussmann, et qui rencontre pour la première fois son demi-frère, n'est pas plus impressionné :

Si je n'avais suivi que mon goût, je n'y serais jamais retourné. Je le trouvais imbu de préjugés, de faux systèmes de défiance. Il avait les idées que l'on prend naturellement dans un exil prolongé, une espèce de libéralisme sentimental naturel aux proscrits mais avec lequel on ne conduit pas longtemps un gouvernement [33].

Rien de plus dissemblable non plus que leurs regards : Georges Eugène regarde son interlocuteur droit dans les yeux, avec une audace qui frise l'arrogance. Louis Napoléon, éternel conspirateur, a appris à cacher ses sentiments sous un regard vide de « fumeur d'opium [34] » et à dissimuler le mouvement de ses lèvres sous la fameuse barbe à la Napoléon III. D'ailleurs, autant Haussmann aime « tenir le crachoir », autant le prince parle peu, laissant parler les autres sans se livrer :

Les paroles qu'on lui adressait, raconte Tocqueville, étaient comme des pierres qu'on jette dans un puits ; on en entendait le bruit mais on ne savait ce qu'elles devenaient [35].

Rien de plus dissemblable enfin que leur personnalité profonde : le prince est un héros romantique de la tête aux pieds, un personnage totalement de son siècle ; Haussmann se rattache plutôt aux Lumières, à l'école classique, par son souci de la clarté, son obsession de la rationalité. Bref, des personnalités qui seraient inéluctablement en conflit si elles se trouvaient être en compétition mais qui vont merveilleusement se compléter, à partir du moment où ils auront trouvé leur *modus operandi*.

En ce jour de janvier 1849, les deux hommes se comprennent aussitôt. Le prince manque cruellement de personnes dévouées, de relais pour asseoir son influence et son autorité. Ayant vécu l'essentiel de sa vie hors de France, « il ne connaissait, écrira Persigny, pas un homme important qui pût le servir et n'avait pas un ami dont il pût convenablement faire un ministre [36] ». Aussi comprend-il très vite tout le parti qu'il peut tirer de la personnalité forte et du caractère affirmé d'Haussmann et consacre-t-il l'essentiel de l'entretien à tester ses sentiments bonapartistes et son adhésion à sa personne. Informé par Mocquart des dispositions du fonctionnaire, le prince-président lance la première question sur la famille de Georges Eugène et sur son attachement à la cause impériale. Oubliés la croix de Juillet, le duc d'Orléans, les serments réitérés au roi des Français, les courriers multiples et pressants qui sollicitent l'honneur d'être préfet de ce roi ! Aujourd'hui, à l'Élysée, c'est le petit-fils du général baron Dentzel, gouverneur militaire de Vienne durant la campagne de Wagram, qui parle, le fils de l'intendant de la Grande Armée, le neveu du colonel blessé à Waterloo et surtout le filleul du prince Eugène de Beauharnais, lequel est l'oncle du prince-président. Son parrain n'avait pu tenir sa promesse de le faire entrer chez les pages du roi de Rome. Il se rattrape aussi aujourd'hui *post mortem*, en étant en quelque sorte le garant du bonapartisme de son filleul. Bref, le courant passe. Dans un geste qu'il affectionne et qui a des allures d'adoubement, Louis Napoléon prend congé de son visiteur en serrant sa main dans les siennes. « Avant peu, vous saurez le poste que je vous aurai désigné. » Haussmann fait désormais partie du clan.

Mais il n'appartient pas encore au premier cercle. Le Président, très bridé par le gouvernement et l'Assemblée sur les nominations aux plus hauts postes, ne perd pas de temps pour pourvoir ceux dont il dispose dans l'administration préfectorale et dans l'armée. Haussmann ronge son frein quelques jours, le temps peut-être d'aller voir *Boulevard du crime* et Mlle Ozy qui fait scandale en se montrant toute nue dans le rôle d'Ève ou Frédéric Lemaître qui fait rire tout Paris en transformant *L'Auberge des Adrets*, annoncé comme un drame, en une comédie loufoque. Bien vite, arrive une invitation à un dîner officiel au ministère de l'Intérieur, présidé par Louis Napoléon. Au café, celui-ci prend à part Georges Eugène : « Je vous ai nommé préfet du Var. » Incorrigible Haussmann : au lieu de se répandre en remerciements pour une promotion qu'il sollicite depuis près de quinze ans, il ne peut réprimer un mouvement de surprise et de recul.

« Éprouveriez-vous quelque répugnance pour ce poste ?

– Aucune, Monseigneur, réplique le préfet, qui ajoute néanmoins avec une franchise brutale : Mais votre Altesse Impériale ne pouvait guère m'envoyer plus loin, fût-ce à Lille ou à Strasbourg. »

Bref, il trouve Draguignan, qui abrite alors la préfecture du Var, un peu loin et un peu petit, ce que trahit l'allusion aux préfectures « lourdes » de Lille et Strasbourg. Mais le prince-président, qui cache un tempérament d'autocrate sous des airs nonchalants, sait ce qu'il veut et explique qu'il s'agit là d'un poste de confiance auquel il tient personnellement et qu'il n'est donc pas question de refuser sauf à rompre le contrat d'allégeance :

> Le Var est un de nos plus mauvais départements. Les démagogues s'y trouvent en force. Ils tiennent en échec le pouvoir à Toulon, notre grand port de guerre, comme à Draguignan où j'ai besoin d'un préfet absolument sûr. La police de notre frontière d'Italie * exige en ce moment beaucoup de vigilance et de sagacité [...]. D'après ce que je sais de votre passé, je vous crois mieux qualifié que personne pour aviser, avec décision et mesure, à tout ce que, là, des complications imprévues peuvent imposer à votre initiative [37].

Le propos recèle, surtout sur la fin, quelque pommade destinée à apaiser l'amour-propre toujours à vif du fonctionnaire mais, sur le fond, l'analyse est exacte : le Var est un des départements à la fois les plus à gauche et les moins bonapartistes du pays. Aux élections présidentielles de décembre, Louis Napoléon y a fait un de ses plus mauvais scores avec seulement 25 % des suffrages contre 75 % en moyenne sur toute la France et plus de 78 %, on l'a vu, à Bordeaux. La mission du nouveau préfet est on ne peut plus claire : « casser du rouge » et rallier au chef de l'État les modérés, légitimistes et orléanistes. Haussmann n'a plus qu'à s'incliner : « Je n'épargnerai aucun effort pour mériter cette confiance de Votre Altesse », réplique-t-il, piégé par l'adroite flatterie du prince, sa propre protestation d'allégeance, son ambition et son tempérament. « J'y compte ! » conclut le prince-président qui commence à s'impatienter [38]. Georges Eugène comprend, au ton de sa voix, qu'il a désormais un chef, presque un maître. Et, au fond de lui-même, cela ne lui déplaît pas. Son propre tempérament autoritaire, son mépris profond pour le parlementarisme – qu'il assimile à de la « parlote » –, son goût de l'action, ses méthodes directes qui s'embarrassent peu de procédures, sa propension permanente à court-circuiter les hiérarchies intermédiaires pour traiter directement avec l'autorité supérieure, la seule qu'il juge digne de lui ; tous ces traits de caractère si profonds et si forts le prédestinaient à servir un pouvoir autoritaire. Bonapartiste, Georges Eugène l'est effectivement de naissance et de tempérament. Et c'est en bonapartiste de combat qu'à Draguignan, Auxerre puis Bordeaux il va servir le prince, combattre l'opposition de gauche, préparer l'avènement de l'Empire. Et être, selon la très belle formule de Maurice Agulhon [39], « un préfet d'Empire avant l'Empire ».

* Nice et le futur département des Alpes-Maritimes sont encore italiens.

Chapitre V

« PRÉFET D'EMPIRE AVANT L'EMPIRE »

(1849-1853)

Les hommes de désordre ne doivent attendre aucun ménagement de moi.

Georges Eugène Haussmann

Au lendemain de sa nomination dans la modeste préfecture du Var, Haussmann s'incline devant Louis Napoléon, mais dans sa lettre de « remerciement » au ministre de l'Intérieur, il ne peut s'empêcher de se plaindre « des embarras qui résultent pour [lui] du brusque abandon de [ses] intérêts dans la Gironde » [1]. Cependant Georges Eugène est enchanté de devenir enfin préfet après dix-sept ans de carrière et il est si pressé de revêtir les insignes de son nouveau pouvoir qu'il ne peut supporter les délais d'un tailleur et demande à son épouse Octavie, restée comme d'habitude à Bordeaux, de lui faire parvenir par diligence son uniforme de sous-préfet enrichi « de quelques broderies pour le transformer en petite tenue de préfet [2] ». Il entend partir au plus tôt pour connaître enfin le plaisir d'être le patron d'un département, celui qui décide, ordonne, surveille sous le seul regard lointain du ministre de l'Intérieur. Haussmann brûle d'endosser cette fonction de préfet créée par Bonaparte pour rappeler au pays la présence de l'État et renouer, par-dessus la tempête révolutionnaire, avec la tradition centralisatrice de la monarchie française. En ce début 1849, le pays est agité ; des troubles ont éclaté à Lyon, Mâcon, Chalon-sur-Saône, Marseille, précisément sur la route du Var, et c'est seulement le 1er février au soir que le nouveau préfet quitte Paris pour aller prendre ses nouvelles fonctions. Pas question cette fois de s'arrêter en chemin, de visiter les sites ou les usines, Georges Eugène est pressé et, de diligence en patache, il gagne sa préfecture en seulement trois nuits et trois jours, soit à la vitesse d'une lettre. Une fois de plus, il emménage seul dans une vaste préfecture à peine meublée ; Octavie est demeurée dans sa famille avec leurs deux filles et ne rejoindra son mari qu'au printemps. Cela dit, il découvre, à la préfecture, « une excellente cuisinière [...] maintenue à ses fourneaux sous tous les régimes [3] ». Une cuisinière, un concierge, un cocher, tel est – hors les services administratifs – le personnel mis à la disposition du préfet, en attendant qu'Octavie amène avec elle une institutrice, une femme et un valet de chambre. Autant dire une « véritable smala » (le mot est d'Haussmann) que permettent les revenus personnels du ménage plus que les appointements du fonctionnaire. Dans la notice individuelle qu'il rédige pour la septième fois, le préfet avoue, à la rubrique Fortune, « vingt-quatre mille francs de revenu actuel ». Ce qui, dans les normes de l'époque et pour un taux de rendement de 3 à 4 %, donne un capital confortable d'environ six cent à huit cent mille francs. Confortable mais sans plus, si l'on en croit Hippolyte Taine qui divise alors la société en trois catégories : « les gens au-dessous de vingt mille livres [francs] » qui ne reçoivent pas, « le monde qui flotte entre quarante et quatre-vingt mille livres de rente » dans lequel on commence à être à la mode, et ceux au-dessus de cent mille francs qui peuvent mener « la vie élégante » [4]. À suivre ces critères, le ménage Haussmann ne jouit que d'une aisance relative, même si l'on tient compte des dix mille francs de traitement annuel d'une petite préfecture comme celle du Var. Et l'on peut être certain qu'Haussmann n'a pas sous-évalué son état de fortune parce que avoir du bien constitue alors un bon point pour le gouvernement soucieux de nommer des préfets aptes à mener un train de vie conforme à leur charge. Il est en revanche amusant de relever que, dans la même notice, Haussmann se présente désormais comme un « docteur en droit » et mentionne une ultime fois qu'il est « décoré de Juillet ».

De droite, mais pas réactionnaire

Dès son installation, le nouveau préfet découvre que le prince-président ne lui a pas menti : le Var n'est pas une sinécure. Certes, Haussmann est enfin son propre patron, il rédige des rapports sur ses subordonnés, a la haute main sur les forces de police et l'administration, mais les conditions de cet exercice du pouvoir sont particulièrement complexes et difficiles. Draguignan est un endroit bien isolé : le télégraphe aérien s'arrête à Toulon et les dépêches ministérielles sont livrées par la route. Au total, l'aller-retour Paris-Draguignan, ministère-préfecture, prend huit jours. Épris d'indépendance, adorant lancer des initiatives personnelles, Haussmann ne se plaindrait pas trop de cette contrainte si toutes les autorités du département étaient logées à la même enseigne. Or c'est loin d'être le cas : le « préfet maritime » de Toulon (Haussmann ne décolère pas de cette usurpation de titre) et le sous-préfet sont, eux, dotés du télégraphe aérien. Et il est plaisant de voir Georges Eugène se plaindre amèrement de la propension de son subordonné toulonnais à passer par-dessus sa tête et à communiquer directement avec Paris :

> Le voisinage du télégraphe constituait un danger permanent pour ce fonctionnaire toujours fébrile, préoccupé de se faire valoir et ne sachant pas mesurer les communications exceptionnelles qu'il pouvait adresser au gouvernement par cette voie directe, en dehors des règles hiérarchiques [5].

Haussmann renoue spontanément avec le ton des rapports que le préfet Brun du Lot-et-Garonne adressait au ministère pour fustiger l'indiscipline du sous-préfet de Nérac… Pour tout dire, notre ambitieux découvre à Draguignan une préfecture quasi postiche où seuls résident les responsables des services fiscaux, de la gendarmerie et des domaines. La marine et l'armée siègent à Toulon ; l'Instruction publique et les Eaux et Forêts à Aix et l'évêque siège traditionnellement dans la ville romaine de Fréjus. Haussmann se sent un peu seul. C'est une des raisons pour lesquelles, il sera, selon la formule de Jean Lacouture, un « préfet à cheval » plus souvent sur les routes que dans sa préfecture.

Haussmann, on le sait, a un esprit curieux, actif et moderne particulièrement intéressé par le développement des chemins de fer et de l'école. Un modernisme qui n'est alors pas partagé par tous, à commencer par le conservateur catholique Louis Veuillot, qui dénonce le caractère attentatoire à la morale des chemins de fer :

> On augmentera à l'infini la facilité de se déplacer, mais est-il avantageux pour la morale que l'homme quitte si facilement et si souvent le foyer domestique que Dieu lui a permis de constituer ? L'ouverture de ces chantiers et de ces gares va attirer des foules, des villageois vont abandonner leur héritage et la paisible vie artisanale, ils viendront se

> démoraliser dans les grandes villes et répugneront ensuite à retourner dans leur village, ils deviendront des déracinés, des inquiets, des instables, des mécontents, peut-être des criminels. Des malheureux à coup sûr[6] !

Quant à l'autre sujet de controverse, l'école, il suffit de citer cette déclaration d'Adolphe Thiers en mars 1850 pour mesurer ce qu'est alors le véritable conservatisme social. Le débat sur la loi Falloux connaît ses plus chaudes heures et voilà que Thiers, le libre penseur ayant combattu longtemps l'influence du clergé, traite, à la tribune de l'Assemblée, les instituteurs d'« asociaux », de « socialistes et communistes », se déclare « prêt à donner au clergé tout l'enseignement primaire » et demande « que l'action du curé soit forte, beaucoup plus forte qu'elle ne l'est, parce qu'[il] compte beaucoup sur lui pour propager cette bonne philosophie qui apprend à l'homme qu'il est né ici pour souffrir[7] ». À coup sûr, s'il avait été alors député à Paris et non préfet à Draguignan, le protestant Haussmann aurait plutôt applaudi Victor Hugo s'exclamant à la même tribune : « Pas de commune sans une école ! Pas un village sans un collège[8] ! » Georges Eugène Haussmann est bien un homme de droite, mais pas un réactionnaire.

Il le montre du reste aussitôt dans le Var : le nouveau préfet n'est pas installé depuis quarante jours, qu'il rédige à l'intention du ministre de l'Intérieur un rapport détaillé, de tonalité progressiste, sur la question des biens communaux, soit cent quatre-vingt mille hectares absolument improductifs. Les petits paysans, qui en réclament le partage, se sont toujours heurtés à l'opposition des grands propriétaires qui tiennent les mairies et sont les premiers à bénéficier de ces espaces pour le pacage de leurs troupeaux. La conclusion du rapport au ministre est aussi socialement juste que politiquement habile : Haussmann se range franchement du côté des petits paysans en recommandant la mise en culture et la cession par petits lots de ces terres communales ; par là il cherche surtout à désamorcer la propagande socialiste très active dans la région. Afin de donner à son action la publicité qu'il convient, il ne se contente pas d'expédier son rapport à Paris, il fait le tour des communes pour débattre avec les paysans, et combattre les « rouges » avec sa robuste logique : « Pourquoi sympathisez-vous avec les socialistes qui veulent transformer les propriétés particulières en propriétés communes[9] ? » Cependant, dix-huit mois de présence à Draguignan ne sont pas suffisants pour marquer la vie économique du département : la création d'une ferme-école, l'achèvement de quelques routes grâce au lancement réussi d'un emprunt gouvernemental, l'étude du reboisement, tels furent « les grands travaux haussmanniens » du Var. Pas de quoi pavoiser, comme le fait Haussmann dans ses *Mémoires*, lorsqu'il rappelle avec complaisance l'hommage que lui rend le journal socialiste *Le Démocrate du Var* :

> On a parfaitement compris qu'il y avait en lui un administrateur distingué ; que son caractère était empreint de loyauté ; que, moins qu'un autre, par le temps qui court, il est disposé à servir les rancunes du jésuitisme de 1815 et 1830 ; qu'en un mot, chez lui, l'homme vaut mieux que l'opinion ; l'administrateur, mieux que le fonctionnaire [10].

Il est amusant d'observer, comme le fait l'historien Georges Laronze, qu'Haussmann a découpé et conservé précieusement durant des décennies cet article paru à Toulon le 14 septembre 1849 [11].

Pour être juste, toutefois, il convient également de signaler la prescience avec laquelle Haussmann imagine la vocation touristique de la future « Côte d'Azur », et en particulier de Cannes dont il songe à faire le « Nice français » : à l'époque, le Var est limitrophe de l'Italie et contient l'arrondissement de Grasse qui, en 1860, avec le comté de Nice annexé, constituera le nouveau département des Alpes-Maritimes. La description qu'Haussmann fait de Cannes ne manque pas de pittoresque, notamment des trois premières villas dont il nomme même les propriétaires (des Anglais qu'il fait peut-être surveiller en raison de la proximité de la base navale de Toulon) :

> C'était une sale petite ville, au-dessus de laquelle existaient trois villas : celles de lord Brougham, de M. Woolefield et de M. Leader Temple. Pas une de plus. On ne pouvait en établir sur la plage, parce que les vastes relais de mer qui s'étendaient de la Napoule à la Croisette, appartenaient à l'État, même devant la ville. J'entamai des négociations avec l'autorité maritime d'une part, avec le Domaine de l'autre, afin d'arriver à la mise en vente, par lots, de ces espaces arides, à l'aspect désolé. J'y réussis non sans peine. Ce fut le point de départ de la transfiguration complète [12].

Il est permis de regretter cette réussite… Plus tard, lorsqu'il sera préfet de la Seine aux confortables émoluments, Haussmann fera l'acquisition au-dessus de Villefranche d'un vieux moulin à huile qu'il transformera en une élégante villa.

La chasse aux « rouges »

C'est surtout sur le plan politique que le département présente un intérêt nouveau. Jusque-là, Georges Eugène avait davantage été un fonctionnaire bâtisseur qu'un politicien. Mais à Draguignan, comme ensuite à Auxerre et à Bordeaux, il préfigure sous la République ce qu'on appellera bientôt les « préfets à poigne » du Second Empire. C'est le prix à payer pour entrer dans le clan bonapartiste qui, dans moins de deux ans, confisquera les libertés publiques pour instaurer un empire plébiscitaire et autoritaire.

Le Var est incontestablement de gauche, et, s'il était arrivé trois semaines plus tôt, le nouveau préfet aurait pu assister le dimanche 14 janvier dans la commune du Luc à une manifestation aussi spectaculaire qu'édifiante organisée par un club républicain, le « Club du café Condroyer ». L'historien Maurice Agulhon, citant les rapports de police, raconte :

> On [pouvait] voir deux bœufs traînant un char sur lequel se trouvaient trois individus coiffés d'une toque ou bonnet rouge et vêtus en blanc ; des faisceaux de laurier étaient attachés sur le char, six individus l'entouraient portant chacun un drapeau tricolore. Derrière suivaient une centaine d'individus chantant La Marseillaise. Le cortège fait le tour de la ville, puis tout le nouveau club se réunit à lui (trois cents personnes) et l'on gagne au son du tambour la place des platanes où se trouve l'arbre de la liberté, en présence duquel le Chant des Girondins marque la fin de la cérémonie [13].

Notez qu'alors Le Luc ne compte qu'un peu plus de neuf cents électeurs (les femmes ne votent pas). Certains départements sont à la fois de gauche et bonapartistes, l'Yonne, par exemple. Mais pas le Var qui, lui, est nettement antibonapartiste, et cela depuis le Premier Empire, comme l'observe Agulhon qui ajoute : « L'antibonapartisme de 1815 profitait au drapeau blanc, au parti des prêtres et des riches bourgeois, celui de décembre 1848 s'exprime sur le nom de républicains et déjà de radicaux [14]. » Aux présidentielles de décembre 1848, Louis Napoléon n'arrive pas en tête dans seulement trois départements, dont le Var avec moins de 25 % des suffrages en faveur du « neveu » contre, par exemple, près de 80 % en Gironde. Le nouveau préfet a devant lui une lourde tâche, même si sa mission directe n'est évidemment pas de faire de la propagande bonapartiste. Plus habilement, Paris lui demande seulement, si l'on peut dire, de fédérer à droite les modérés au nom de l'ordre et de la propriété, conformément au programme que le prince-président énonce publiquement en mai 1849 : « Il est temps que les bons se rassurent et que les méchants tremblent. » Le préfet n'aura de cesse de renverser le rapport de forces local qui se lit ainsi à son arrivée : gauche, sept (députés) ; droite, deux. Première échéance : les élections législatives de mai 1849 qui se présentent mal pour le « parti conservateur » *. Haussmann déplore (déjà) l'unité de la gauche et les divisions de la droite :

> Le parti rouge, admirablement discipliné, comme il le fut, l'est et le sera toujours, accepta, sans observation, la liste de candidats arrêtée par ses chefs [15].

Une liste habilement composée qui réunit le leader républicain national Ledru-Rollin, le maire socialiste de Toulon, un notaire, un négociant, un ouvrier et un paysan, ce qui est encore extrêmement rare. Le « parti conservateur » est, en revanche, tiraillé par « les luttes intestines entre blancs et bleus », entre légitimistes, orléanistes ou bonapartistes. Malgré l'aide active de l'évêque de Fréjus, le préfet ne parvient pas à unifier la droite, et l'apparition d'une liste dissidente donne trois députés aux « conservateurs » contre quatre aux « rouges », dont Ledru-Rollin. Certes, Haussmann peut revendiquer un progrès mais il est bien mince comparé au raz-de-marée droitier de ces élections qui donnent 450 élus au parti de l'Ordre contre 180 à la gauche républicaine.

Après les urnes, l'épreuve de la rue : le 13 juin, Ledru-Rollin et ses Montagnards organisent à Paris une manifestation contre l'intervention française à Rome, destinée à remettre en place le pape chassé par la République romaine. La manifestation tourne vite à la tentative de soulèvement. Quelques départements s'y sont associés, dont bien sûr le Var. Haussmann n'est pas autrement surpris. Dès le 6 juin, il a averti le ministère d'un risque d'insurrection et pris ses précautions : concentrant l'armée sur la protection de Toulon, base de départ du corps expéditionnaire de Rome, le préfet organise une sorte de force d'intervention rapide composée de petites unités de gendarmerie qu'il fait converger discrètement sur Draguignan. Lorsque les choses se gâtent, il est prêt. La nouvelle du déclenchement de l'insurrection parisienne ne parvient à Draguignan que le 14 juin, alors qu'elle a déjà échoué. Mais personne ne sait encore l'issue, pas plus le préfet que les meneurs montagnards et, bientôt,

* Les dénominations mises entre guillemets sont celles employées par Haussmann lui-même dans ses *Mémoires*. On voit comme elles sont révélatrices de ses conceptions et de ses partis pris.

une foule de manifestants se masse devant les grilles de la préfecture, dans l'intention de s'en emparer. Haussmann dispose la centaine de gendarmes arrivés dans la nuit et peut répondre aux « délégués du peuple » venus lui demander de livrer l'immeuble :

> Si vous êtes dix mille, j'ai cent hommes résolus, auxquels on vient de distribuer cent cartouches par carabine, soit dix mille au total : une pour chacun des vôtres ! Je devrais commencer par vous faire fusiller, comme vous le méritez, comme le méritent les lâches qui, n'osant pas se mettre en avant eux-mêmes, vous ont envoyés ici. Allez leur dire que, si votre parti l'emporte à Paris et dans le reste de la France, il faudra bien que je remette mon poste au Préfet du gouvernement nouveau ; mais que, jusqu'alors, si vous tentez de le prendre de force, vous le paierez cher [16].

Cette mâle déclaration qui se trouve dans les *Mémoires* du préfet, a-t-elle été réellement prononcée ? Une chose est sûre : Haussmann se montre assez dissuasif pour que les manifestants quittent les lieux. Le calme ne revient totalement dans le département qu'à partir du 16 lorsqu'une dépêche, ayant transité par Bordeaux (Lyon n'est pas sûr), annonce que l'insurrection parisienne est brisée, qu'une trentaine de députés montagnards sont en fuite ou en prison. Parmi eux, deux élus du Var, Suchet et Ledru-Rollin, que le préfet a pour mission de rechercher. Il n'aura d'ailleurs pas à le faire, car on apprend bientôt que le leader républicain a réussi à gagner la Belgique.

Le parti de l'Ordre l'a emporté, mais il aura eu peur. À Paris, le président et l'Assemblée conservatrice se coalisent pour briser la gauche : de nouvelles lois réactionnaires verrouillent la presse et les associations politiques. À Draguignan, Haussmann ne se fait pas prier pour « casser du rouge ». Il feint de prendre au mot les manifestants qui prétendent descendre « de la montagne pour guillotiner les blancs » et arrête les meneurs, lesquels, contrairement aux règles judiciaires, sont emmenés en secret au fort Sainte-Marguerite, la prison connue pour avoir abrité le Masque de fer. Tous les prétextes sont bons pour pourchasser l'opposition de gauche. Lors d'une fête champêtre, organisée le 17 juin à Cogolin, sont tenus publiquement des propos qui dénoncent l'arrestation des leaders montagnards. Pour le préfet, c'est une incitation à la « révolte », un « complot », et le voilà qui organise une véritable expédition, mobilisant gendarmes et magistrats, pour interpeller les deux organisateurs. Les choses se gâtent lorsque le cortège traverse la petite cité ouvrière de La Garde-Freinet. Les ouvriers bouchonniers grondent dans la rue par centaines ; on manque d'en venir aux mains, mais les prisonniers eux-mêmes appellent leur parti au calme. Dans ses *Mémoires*, Haussmann se donne le beau rôle, et rapporte par exemple comment il a fait face à des manifestants criant « À mort le Préfet » :

> Me retournant je fis quelques pas au milieu de cette tourbe [*sic*] et… je m'écriai : Qui parle de mettre le préfet à mort ? Qu'il vienne donc, ce prétendu Républicain : me voilà seul ; qu'il ose porter publiquement la main sur le représentant de la loi [17].

L'anecdote n'est pas invraisemblable, eu égard au courage physique qu'a toujours manifesté Haussmann : en septembre 1849, alors qu'il est lui-même souffrant, il n'hésitera pas à visiter les hôpitaux de Toulon au plus fort d'une épidémie de choléra qui fera plus de sept cents victimes dans Toulon et sa banlieue. Les deux organisateurs de la fête champêtre sont finalement acquittés.

La révolte des juges

Haussmann tempête contre le laxisme des juges et choisit de se passer d'eux, la gendarmerie constituant son arme favorite. Aussi reçoit-elle l'ordre d'aller arracher les arbres de la liberté sur les places des villages. L'armée n'est pas en reste et les garnisons de Toulon et Draguignan sont peu à peu soumises à une sévère – et illégale – épuration politique. Fin 1849, le marquis de Castellane révélera qu'« environ vingt-cinq sous-officiers et soldats par régiment ont été punis de soixante jours de cellule et envoyés en Algérie à cause de leurs sympathies socialistes [18] ». Le préfet applique avec zèle les nouvelles lois répressives sur la presse et les associations. Ses cibles favorites, *La Voix du peuple* de Marseille et *Le Démocrate* du Var, récoltent procès sur procès. En revanche, il ne dédaigne pas de manipuler les feuilles conservatrices pour lesquelles sa sollicitude est sans égale : le ministère refuse-t-il des subventions aux trois journaux de droite, *Le Toulonnais*, *La Sentinelle* et *Le Conciliateur* ? Haussmann y substitue un plan de soutien efficace : les deux premiers bénéficient de mille abonnements, payés par le comité électoral conservateur et destinés aux adresses choisies par la préfecture, en contrepartie de quoi ils se voient imposer le même rédacteur en chef qui n'est autre que le chef de cabinet du préfet, Ferrier de Tourettes * ! Les propriétaires des deux

* À Auxerre, Bordeaux et Paris, il sera encore le porte-plume d'Haussmann.

journaux doivent s'estimer heureux d'en conserver la gestion courante. Le propriétaire-rédacteur en chef du *Conciliateur* est traité de façon plus étonnante encore : il conserve la direction du journal mais se voit en même temps offrir un emploi bien rétribué à la préfecture. En échange de quoi, il doit publier un supplément dominical rédigé pour moitié en français, pour moitié en provençal, et envoyé gratuitement à mille personnes désignées par le préfet. Le patron du *Conciliateur* est un catholique plutôt légitimiste, mais il est recommandé à Haussmann par l'évêque de Fréjus, monseigneur Wicart, qui convie volontiers le préfet à sa table aux mets choisis et aux vins d'exception. Un jour, il impressionne son hôte en reconnaissant à l'aveugle un Saint-Julien 1841 du château Saint-Pierre. Plus tard, il avoue que s'il a bien reconnu l'appellation et deviné l'année, il a donné le nom du propriétaire par déduction, s'étant rappelé que le propriétaire du château Saint-Pierre fournissait un négociant bordelais qui se targuait d'avoir des clients dans le haut clergé.

Les historiens parleront beaucoup de l'omnipotence des préfets du Second Empire ; Haussmann, en quelque sorte, a pris de l'avance [19]. Au lendemain de l'émeute montagnarde de juin, une nouvelle loi restreint le droit d'association. Il l'applique aussitôt dans le Var et ordonne la fermeture des multiples clubs politiques républicains ou socialistes. La mesure est plutôt maladroite car les clubs interdits réapparaissent aussitôt sous la forme des « chambrées », cercles populaires dont les membres se retrouvent le soir pour bavarder, chanter, jouer, boire, et parfois lire les journaux. Vieille tradition provençale aux origines religieuses, la chambrée n'a pas de vocation politique mais il arrive qu'elle s'en invente une, surtout quand les autres modes d'association sont tenus pour illégaux. Haussmann s'engage alors dans une spirale répressive, impose des observateurs aux réunions et décrète la fermeture de vingt-trois chambrées – ce qui est dérisoire : le département en compte près de mille qui regroupent, selon un recensement préfectoral, vingt-huit mille personnes. « Une véritable armée ! » se désole Haussmann, qui voit une menace dans toute association qui lui échappe [20]. Cette répression injuste et disproportionnée est en outre condamnée au ridicule. Lors d'une perquisition, le préfet fait brûler chez un menuisier une guillotine qui a servi à décapiter un mouton. À Vidauban, il ordonne l'arrestation des auteurs d'un carnaval qui a dégénéré en un simulacre d'exécution avec la décapitation du mannequin blanc. Au Luc, il fait enlever par les gendarmes l'inscription « ci-gît un pauvre » sur la croix de la tombe d'un idiot de village mort de faim et de froid en janvier 1850. Justification du préfet :

> Ci-gît un pauvre est une manœuvre ayant pour but de perpétuer au-delà de la mort les distinctions haineuses qu'on cherche à accréditer parmi les vivants, parce que c'est une protestation inconvenante de la société, un appel permanent à la révolte déguisé sous l'apparence d'un acte religieux[21].

Évidemment, la surenchère répressive provoque de vives réactions dans l'opposition, d'autant que les accusés des procès engagés par Haussmann voient voler à leur secours un jeune avocat républicain de grand talent : Émile Ollivier, dont le père fait de la politique dans le département. Haussmann, qui ne peut imaginer que le même Ollivier, devenu Premier ministre, le chassera de la préfecture de la Seine, déteste ce jeune avocat qui n'a pas le couteau entre les dents et met les rieurs et les juges de son côté : il obtient ainsi l'acquittement des deux femmes jugées pour avoir cousu le carnaval blanc décapité à Vidauban. Les juges, il est vrai, en ont assez d'être traités par le préfet comme des auxiliaires du pouvoir politique. Et si Haussmann leur reproche leur laxisme, eux lui font plus gravement grief de son mépris des procédures et du droit des personnes. En un mot, la répression brutale à laquelle le préfet entend les associer provoque contre lui ce qu'il faut bien appeler une révolte des juges. L'affrontement commence dès le 18 juin 1849, au lendemain des troubles de Draguignan, lorsqu'un magistrat vient à la préfecture déplorer que les meneurs interpellés aient été conduits au fort Sainte-Marguerite au lieu d'être mis à la disposition de la justice à la prison de la ville. Haussmann n'exagère sans doute pas lorsqu'il raconte dans ses *Mémoires* qu'il ne laissa pas parler le magistrat et lui fit au contraire la leçon : « Sur ce, je le congédiai. Le jour même, je demandais son changement de résidence[22]. » Une fois de plus, Haussmann se conduit ici comme un « préfet d'Empire avant l'Empire » puisque, au lendemain du coup d'État du 2 décembre 1851, les préfets recevront de fait le droit de révoquer les maires, les fonctionnaires, ou les juges trop tièdes à l'égard du nouveau régime. La brutalité d'Haussmann sous la Seconde République a l'effet inverse de celui qu'il recherche : la magistrature s'oppose au fonctionnaire et à sa politique répressive.

> L'autorité judiciaire me secondait assez mal, et les fauteurs de scandales qu'on arrêtait par mon ordre [...] échappaient à toute punition, quand ils allaient en Cour d'assises, devant des jurés tremblants, ou

revenaient acquittés, en appel, par la cour d'Aix, quand ils avaient été condamnés en police correctionnelle [23].

Ainsi se plaint Haussmann sans se demander si ces poursuites sont juridiquement fondées. Draguignan ne parle bientôt plus que de la guerre ouverte que se livrent par lettres et rapports interposés le préfet Haussmann et le procureur Tailhan. Il faut dire que le préfet, d'habitude si attaché à l'étiquette, a reçu le procureur en robe de chambre. Comme ce dernier ose s'en plaindre dans un courrier daté du 22 août, Haussmann répond dès le lendemain avec la plus grande désinvolture que, s'il a reçu ainsi le magistrat, c'est parce que celui-ci est venu trop tôt à la préfecture : « Je suis toujours en robe de chambre de six heures à dix heures du matin [24]. » En octobre, Haussmann, s'étant plaint de ne pas être tenu au courant par la magistrature des affaires en cours, le procureur met les points sur les i et invite le fonctionnaire au respect de « la ligne de démarcation entre les deux autorités, administrative et judiciaire [25] ».

Même les crimes de droit commun, les évasions de bagnards donnent lieu à des accrochages entre les deux autorités. Toulon possède encore le bagne d'où a été libéré Jean Valjean avant de voler les chandeliers de l'évêque de Digne. En mai 1849, sept forçats s'évadent, mais, après une chasse à l'homme sanglante dans les bois des Maures, trois sont repris et condamnés à mort par la cour d'assises du Var. Le procureur Tailhan manifeste à l'égard des détenus une sollicitude humaine qui ne doit pas nous tromper : au XIXe siècle, la justice fait généralement en sorte que les condamnés à mort n'échappent pas par une mort naturelle ou un suicide à l'exécution, considérée comme une expiation. Le 16 janvier, Tailhan écrit à Haussmann pour demander qu'un « poêle soit installé aux abords de leur cellule » :

> La cellule dans laquelle sont enfermés les trois forçats […] est imprégnée d'une humidité qui peut avoir pour la santé des résultats très fâcheux : l'eau suinte à travers les parois où les chaînes sont rivées [26].

Comme Haussmann ne réagit pas (mais il a, révèlent les Archives, écrit en marge de la lettre « réclamé un rapport d'urgence de l'architecte »), le procureur insiste. Six jours plus tard, il envoie une nouvelle missive au préfet se contentant de demander cette fois « trois couvertures supplémentaires que le vestiaire peut fournir [27] ». Une autre intervention du magistrat met en rage le préfet. Il est vrai qu'elle ne manque pas d'un certain humour : puisque Haussmann passe son temps à multiplier les arrestations dans ce département au relief accidenté, Tailhan s'inquiète de l'état de la voiture cellulaire départementale ; ce même mois de janvier 1850, il écrit au préfet pour dénoncer le caractère dangereux de cette voiture dans les grandes descentes et demande que soit installé un « appareil à enrayer ». Sa lettre « étant restée, comme tant d'autres, non répondue », il récidive le 23 janvier[28]. Les relations entre les deux hommes s'enveniment tellement que Paris finit par intervenir. Informé des excès du préfet par le procureur d'Aix, le garde des Sceaux alerte le ministre de l'Intérieur qui demande des explications à Haussmann dans une dépêche confidentielle du 27 février 1850. Fou de rage, Haussmann met un mois à répondre à son supérieur, sous prétexte qu'il a été accaparé par le tirage au sort de la classe 1849. Et sa lettre du 22 mars ne brille pas par excès de courage : il feint de s'étonner des récriminations du magistrat et proteste de sa constante courtoisie à son égard. S'il consent à admettre qu'une de ses réponses au procureur (à propos de la voiture cellulaire précisément) était « acerbe dans la forme », c'est qu'elle avait été écrite par le secrétaire général de la préfecture : « Il est probable que si j'eusse rédigé moi-même cette dépêche, elle eût été moins incisive[29]. » On en doute.

Premier choc avec Émile Ollivier

Reste une question : l'attitude répressive d'Haussmann est-elle politiquement payante ? Le préfet remplit-il la mission que lui a confiée le prince-président : souder le parti de l'ordre et réduire l'opposition républicaine et socialiste ? Les élections partielles de mars 1850 destinées à remplacer les deux députés de gauche, Ledru-Rollin et Suchet, invalidés, donnent au préfet l'occasion de déborder de zèle. D'autant que la gauche s'est trouvé un excellent orateur en la personne d'Émile Ollivier. Haussmann redoute plus que quiconque cet intellectuel au langage modéré et élégant qui « jamais ne demanda la tête de personne ni ne réclama de prise d'armes[30] ». Bien que la modération verbale d'Ollivier laisse peu d'angle d'attaque, Haussmann le fait inculper en février afin de l'empêcher de participer à la campagne électorale. Sous quel motif ? Le récit qu'Ollivier fera de l'affaire trahit que le préfet n'était pas très sûr de son fait :

> Je vais devant le juge d'instruction. On m'accuse d'abord d'avoir ouvert une réunion non publique dans un but politique, ce qui m'entraîne en Cour d'assises. Quelques jours après, on se rétracte, et c'est comme clubiste qu'on me traduit en police correctionnelle [31].

Pour les juges, l'occasion de se venger du préfet est trop belle, ils se font porter pâles : « l'affaire ayant été remise sous prétexte de maladie du procureur », le leader républicain est finalement jugé en avril, après les élections. Le procès donne lieu à une vaste démonstration populaire :

> Les routes sont couvertes de voitures, de charrettes, de piétons. Au moment de l'audience, une foule immense entoure le palais de justice et me salue [32].

Quelques heures plus tard, Ollivier est acquitté sous les applaudissements de la foule qui le porte en triomphe et c'est à la tête d'un véritable cortège qu'il regagne à pied Vidauban. On devine la colère d'Haussmann. À la veille du scrutin, il rédige à l'intention des maires une proclamation au ton empreint de menace :

> N'hésitez pas à faire interdire l'entrée des assemblées électorales à ces agents de propagande, à ces tribuns nomades qui parcourent le pays en temps d'élection. Ne perdez pas de vue que les réunions privées restent assujetties à la loi du 28 juillet 1848 et que les chambrées sont non seulement des réunions privées mais surtout des réunions établies dans un but politique [33].

Électoralement parlant, les résultats sont mitigés : certes, la droite gagne un des deux sièges vacants grâce aux abstentions et aux dépens du centre, mais la gauche a elle-même gagné des voix et continue de rallier près d'un tiers des électeurs. Le pouvoir le constatera en décembre 1851 après le départ d'Haussmann : le Var est avec l'Yonne un des départements qui opposera la plus forte résistance populaire au coup d'État du futur Napoléon III. Le 10 décembre, à Aups, quatre-vingt-sept communes se soulèveront et une « armée républicaine » de six mille hommes armés de vieux mousquets, de fusils de chasse à deux coups, de faux, de pelles et de haches affrontera l'armée, laissant plusieurs dizaines de victimes sur le terrain. La répression sera sanglante, marquée par un épisode horrible qui restera dans la mémoire populaire : un insurgé, Fernand Martin, pris par l'armée, est fusillé sur-le-champ à Aups, mais dans une telle précipitation qu'il en réchappe et parvient à se traîner jusqu'à une ferme. Dénoncé, il est repris, soigné durant deux jours et refusillé, pour de bon cette fois. Le préfet alors en place, Théodore Pastoureau, sera jugé et acquitté beaucoup plus tard (en 1868) pour cet acte qui suscitera ce mot républicain selon lequel « un préfet à poigne du Second Empire est un préfet à qui on peut demander de fusiller deux fois la même victime »[34].

Pour l'heure, Paris se satisfait des résultats de l'élection partielle de mars et le ministre écrit au préfet pour le « féliciter de cette heureuse amélioration[35] ». Haussmann, qui depuis des mois fait connaître au ministère son souhait de quitter le Var et de se rapprocher de Bordeaux, voit son vœu à moitié exaucé. Le 15 mai 1850, il apprend sa nomination dans l'Yonne. On lui avait d'abord laissé espérer la préfecture de la Moselle. Mais, l'informe le ministre, c'est le prince-président en personne qui a modifié son affectation sur la feuille de mouvements des préfets. Dès le lendemain, Haussmann adresse à tous les maires du Var une circulaire d'adieu qui résume bien son séjour dans le département : reconnaissant que son administration « a eu trop peu de durée pour y conserver des traces profondes », il rappelle qu'il « faut reconquérir à la cause de l'ordre » les « populations égarées »[36].

Préfet bonapartiste de l'Yonne

Quelques jours plus tard, dans sa propre calèche, il franchit le seuil de la cour pavée de la préfecture d'Auxerre. Seul, comme à l'habitude : Octavie a profité du changement d'affectation de son époux pour aller retrouver sa famille à Bordeaux.

« Je ne fis que toucher barres à Auxerre », écrit Haussmann dans ses *Mémoires*[37]. Revenu dans le nord du pays, il profite du chemin de fer alors en service jusqu'à Tonnerre pour aller à Paris humer l'air de la capitale et, accessoirement, saluer ses parents. L'ordre des visites qu'il effectue à Paris est moins conforme aux règles hiérarchiques que révélateur de son engagement personnel. Il a écrit au ministre de l'Intérieur, Baroche, pour lui demander l'autorisation de venir à Paris chercher « les instructions particulières touchant [s]a mission[38] ». Mais c'est à l'Élysée qu'il se rend en premier et rencontre pour la deuxième fois le prince-président. On ne s'étonnera pas que le ministre le reçoive ensuite « avec la morgue hautaine qu'il prenait vis-à-vis de ses subordonnés », écrit Haussmann dans ses *Mémoires*[39]. Il est vrai qu'en mai 1850 le préfet de troisième classe de l'Yonne est un bien petit personnage face à l'avocat Jules Baroche qui fut un des tombeurs de Guizot. Sur le fond, le ministre ne fait que confirmer à son subordonné ce que lui a dit le président : on l'a nommé dans l'Yonne parce que les idées révolutionnaires se répandent dangereusement dans ce département si proche de Paris et qui a pourtant été le premier à élire Louis Napoléon Bonaparte en 1848. Comme dans son précédent poste, on lui demande avant tout d'être un préfet politique et policier. Mais avec une nuance qui reflète l'évolution de la situation politique et la fin de l'union sacrée entre le président et la droite parlementaire contre les « rouges » : Haussmann est désormais autorisé (et invité) à brandir son drapeau napoléonien. C'est pour le président qu'il doit tenir l'Yonne, pas pour les orléanistes ou autres légitimistes. La circulaire que le nouveau préfet adresse à ses administrés le 22 mai montre qu'il a compris le double message : l'ordre et le président. Comme à Draguignan, il engage le combat contre « l'invasion des barbares modernes » :

> Je ne veux laisser à personne aucun doute sur l'énergie avec laquelle je m'acquitterai du mandat de faire prévaloir partout et en toutes choses l'ordre sur le désordre.

Les Bourguignons sont prévenus, ils ne seront pas déçus. Mais il y ajoute, lui, le préfet de la République, une profession de foi bonapartiste en faveur de « l'héritier d'un nom qui réveillait des souvenirs impérissables de gloire [40] ».

Les séjours d'Haussmann à Draguignan et à Auxerre constituent, a posteriori, un curieux intermède dans sa vie : sous-préfet, il avait été un administrateur actif, moderne, passionné d'économie, soucieux de développement, un bâtisseur d'écoles et de routes, si l'on ose dire. Bientôt à la préfecture de la Seine, il sera l'artisan du Paris moderne. Entre-temps, dans le Var et dans l'Yonne, il se comporte avant tout en policier, avec la même détermination, le même zèle que ceux qu'il manifestera dans les grands travaux de la capitale. On sait pourtant que le « vrai » Haussmann est le bâtisseur ; qu'il refusera même un jour la préfecture de police parce que le maintien de l'ordre est une tâche toujours recommencée et qu'il veut avant tout laisser une œuvre derrière lui :

> Les mesures de police, comme les combinaisons politiques, ont une valeur subjective temporaire, tandis que l'administration des choses laisse des monuments visibles, durables [41].

Le destin de Georges Eugène Haussmann et sa grandeur sont dans ces quelques lignes de ses *Mémoires*. En réalité, même dans l'Yonne, malgré la priorité absolue donnée à la politique dans les

« instructions particulières », le grand bâtisseur perce déjà, rodant ses idées, ses méthodes, ses hommes. Comme l'ingénieur Belgrand à qui le préfet demande de détourner une source pour alimenter Auxerre en eau potable. Il a l'idée, déjà, de lever un emprunt. En arrivant dans l'Yonne, Haussmann trouve un patrimoine public délabré et un conseil général qui se fait tirer l'oreille pour financer la moindre réparation. Son prédécesseur s'est vu refuser trois mille francs pour transformer en salle de billard un salon de la préfecture par ailleurs dépourvue de volets. Georges Eugène juge inutile de mendier trois sous et, lors de la session du Conseil général, propose un plan général de restauration du patrimoine public comprenant la construction d'un nouvel asile d'aliénés, celle d'une prison moderne uniquement consacrée aux condamnés et l'aménagement de l'Hôtel de préfecture (sans oublier la salle de billard), le tout financé par un emprunt départemental de huit cent quarante mille francs. Le préfet annonce qu'il a déjà obtenu du ministère une augmentation sensible des dotations de l'État, de sorte que les conseillers généraux, qui s'étaient naguère battus pour des clopinettes, approuvent un programme qui engage pour longtemps les générations futures, comme ne manque pas de le remarquer le journal d'opposition, *L'Union républicaine*, daté du 6 septembre 1851 :

> Ce dont Monsieur le Préfet se préoccupe le plus c'est de conduire à bonne fin l'exécution du plan monumental conçu par lui ! Pour peu que le Conseil général se prête aux conceptions architecturales de Monsieur G. E. Haussmann, les ressources du département vont se trouver engagées dans une série de travaux dont la génération actuelle verra le commencement mais dont elle ne verra pas la fin [42].

Les méthodes du préfet de l'Yonne, comme les critiques de l'opposition, préfigurent exactement ce qui se fera et ce qui se dira à Paris quelques années plus tard. Mais Haussmann n'est pas un maniaque des travaux publics, comme ses adversaires voudront le faire croire ; son action repose sur une philosophie politico-économique étonnamment moderne. Partisan résolu d'une politique de relance dans un pays qui est en récession depuis plusieurs années, Haussmann est un keynésien avant l'heure, comme le montre cette lettre du 1er avril 1854 à son ami Frémy, élu de l'Yonne et secrétaire général du ministère de l'Intérieur :

> Je puis juger de ce petit résultat [il s'agit de la construction de l'asile] de ce que pourrait produire en France de changement dans l'esprit

public un gouvernement résolu qui ne craindrait pas d'aborder les travaux publics sur une grande échelle [43].

Haussmann, qui adorera toujours argumenter et convaincre, fait les questions et les réponses :

> L'état des finances, dit-on, mais les finances ne sont compromises que par la stagnation des affaires et par l'inquiétude qui en résulte. Si cette torpeur continue, nous sommes perdus. Mieux vaut, au risque d'un embarras financier, hypothétique, courir la chance de nous sauver.

Le propos mérite d'être souligné, d'autant que, dans cette correspondance à un ami qui durera de juin 1850 à novembre 1851, Georges Eugène ne prend pas la pose pour la postérité comme il le fait si souvent dans ses *Mémoires*. À l'automne, devant le conseil général, Haussmann récidive en illustrant ce que les économistes appelleront plus tard l'« effet multiplicateur » et en insistant sur son impact politico-social :

> J'ai adjugé hier en dix lots les travaux de construction de l'asile. Il y avait un énorme concours d'ouvriers, les rabais obtenus au département sont tous avantageux. Mais l'effet moral de l'adjudication d'une pareille somme de travaux est bien plus avantageux encore. On me rapporte de tous côtés que la classe ouvrière en est profondément impressionnée dans un rayon considérable d'Auxerre. Ici on est fort joyeux. Il n'y a pas d'industries en effet qui ne doivent se ressentir d'un montant de fonds de trois cent mille francs [44].

Cela dit, Haussmann n'est pas alors le seul à se soucier de relancer l'économie française. Dans les archives départementales de l'Yonne, on trouve aussi une circulaire ministérielle du 6 août 1851 adressée à tous les préfets et qui, en ce qui concerne Haussmann, prend une saveur toute particulière. Le ministre de l'Intérieur y plaide pour une relance par le budget : « À défaut de la spéculation privée, c'est à l'État et aux puissances locales d'encourager le travail », et il cite en exemple les grands travaux engagés à Paris par Louis Napoléon :

> La ville de Paris, cédant au vœu exprimé par le gouvernement, vient de donner un grand exemple : malgré les difficultés qu'oppose la stagnation du crédit, la ville de Paris entreprend avec une dépense de soixante millions deux ouvrages qui feront la gloire de la génération présente. Je le propose à l'imitation des villes qui ont des revenus libres ou qui peuvent recourir au crédit [45].

Pour l'instant, ce n'est pas de l'entrepreneur dont Louis Napoléon a besoin pour tenir ce département stratégique mais du fonctionnaire à poigne. Les journaux, dont Haussmann est grand lecteur quand il ne les poursuit pas en justice, les circulaires ministérielles confidentielles et surtout sa correspondance suivie avec Frémy, propriétaire bourguignon devenu secrétaire général du ministère de l'Intérieur, lui permettent de suivre l'évolution politique et d'y adapter son action. Le zèle répressif, voire la hargne, manifesté par le préfet de l'Yonne durant ces dix-huit mois de fonction est en effet incompréhensible si l'on oublie le contexte politique dans lequel il s'inscrit. Quel est-il ? Le prince-président doit faire face à deux dangers : le danger parlementaire à droite, le danger insurrectionnel à gauche. Le second, assez peu consistant, relève plus du fantasme, voire de manipulations destinées à effrayer le bourgeois. À droite, en revanche, la crise ne fera que s'amplifier jusqu'au coup d'État du 2 décembre 1851. L'union sacrée de la majorité parlementaire de droite et du président de la République n'a pas fait long feu. Les leaders conservateurs qui, au départ, tenaient, à l'instar de Thiers, le neveu de l'Empereur pour un « imbécile » sont revenus de leur erreur et ont pris conscience des ambitions, de l'habileté et du poids politique d'un président de la République élu au suffrage universel et possédant, par la Constitution, la plénitude du pouvoir exécutif. La majorité parlementaire conservatrice n'a plus qu'une idée : se débarrasser du « Napoléonide » et restaurer la monarchie. Le seul petit ennui est que, divisée entre légitimistes et orléanistes, la majorité ne parvient pas à s'accorder sur le prétendant à installer sur le trône, depuis l'échec à l'automne 1850 de la tentative de réconciliation des fils de Louis-Philippe et du petit-fils de Charles X, le comte de Chambord. Cette première cohabitation est d'autant plus rude que la Constitution de la IIe République n'a rien prévu en cas de conflit grave entre l'exécutif et le législatif. Le président ne dispose pas du droit de dissolution et, qui plus est, ne peut se représenter pour un deuxième mandat. La révision de cet article-couperet n'ayant pas obtenu la majorité parlementaire nécessaire en juillet 1851, le choc est fatal, et les contemporains, dont Haussmann, ne se posent plus qu'une question : quand l'affrontement aura-t-il lieu ? Un curieux phénomène de psychose collective gagne le pays cependant que l'on s'achemine vers les élections présidentielles de 1852 : la peur de l'année terrible, celle de l'invasion des « nouveaux barbares », celle « dont on osait à peine parler, tant était formidable la terreur qu'elle nous inspirait d'avance pour tout ce qui devait nous arriver de calamités, de révolutions, de meurtres, de pillages et de guerres civiles[46] ». L'Yonne n'échappe pas à cette psychose, elle est même un des départements les plus touchés et son préfet saura en jouer pour briser toute opposition au pouvoir présidentiel.

Haro sur la presse

Durant les dix-huit mois de sa présence dans l'Yonne, il ne cesse de destituer, sanctionner, espionner, perquisitionner, arrêter, poursuivre en justice tous ceux qui, fonctionnaires, élus, magistrats, journalistes ou simples journaliers ne prennent pas leurs ordres à la préfecture ou ne se font pas la même idée que lui de l'autorité et de la République. À ses débuts à Auxerre, il écrit à son ami Louis Frémy :

> Tout va n'importe où dans cet arrondissement et il est temps qu'il soit remis à une direction intelligente et énergique[47].

De l'énergie, Georges Eugène en a à revendre et les trois cent soixante-quinze mille habitants du département s'en aperçoivent rapidement, à commencer par les élus. Le préfet a la destitution facile : au total il chasse soixante-cinq maires, parfois pour de bonnes raisons comme celui de Vézelay suspendu pour trafic d'influence * : Mais, dans la plupart des cas, il s'agit de délits d'opinion, de « colportage » de journaux d'opposition. Les grandes villes du département sont les plus frappées, car Haussmann est convaincu que c'est sur le plan municipal que doit se livrer la bataille politique. Il n'est pas en poste depuis trois jours que, à la suite de manifestations dans la ville de Sens, il suspend le maire et les adjoints et dissout la Garde nationale. Par chance – pour le préfet –, le 31 mai, la droite parlementaire adopte une loi électorale restrictive qui revient à amputer le suffrage universel de trois millions d'électeurs, essentiellement des ouvriers et des journaliers. À Sens, le corps électoral est réduit d'un tiers et les conservateurs entrent en force dans la nouvelle municipalité. Encouragé par ce premier succès, Haussmann applique bientôt la même méthode à Auxerre en y ajoutant une modification de la carte électorale. Il note sans complexe dans ses *Mémoires* que « les vingt-sept candidats présentés par l'Administration municipale furent tous nommés,

* Il a, contre espèces sonnantes et trébuchantes, promis à une famille d'intervenir pour exempter un fils du service militaire (AD de l'Yonne, 3K 31).

sans exception[48] ». Reste Joigny la « rouge », entendez la républicaine. Cette cité aujourd'hui si paisible est le cauchemar du préfet, surtout depuis que, le 12 août 1850, la Garde nationale urbaine a osé accueillir Louis Napoléon Bonaparte en criant « Vive la République ! » et même « Vive la République démocratique et sociale ! ». Le fait que l'acclamation « vive la République » pour accueillir le président apparaisse comme un cri séditieux en dit long sur l'état d'esprit de Bonaparte et de son préfet. Celui-ci n'aura de cesse de faire payer aux républicains de la ville cette incroyable audace qui a failli gâter un voyage officiel si important pour le nouveau préfet. À preuve cette lettre à Frémy du 13 septembre qui suit de peu ces incidents et exprime bien la rage du préfet :

> J'ai des notes assez complètes sur vos démagogues de Joigny ou d'ailleurs. J'espère en faire une razzia sous peu. La loge maçonnique est suspendue. Le Grand Orient a prescrit une enquête sur la conduite de ses membres. Je lui ai fait signaler celle de Mésilly et de Saint-Fargeau[49].

Cette dernière indication est intéressante car elle montre au moins de bonnes relations entre Haussmann et la franc-maçonnerie, comme le confirme ce rapport du procureur général à son ministre en novembre de la même année :

> La loge maçonnique de Joigny peuplée exclusivement de démocrates dangereux n'était en réalité qu'une société politique et secrète déguisée. Le Grand Orient de France, sur l'instigation de monsieur le ministre de l'Intérieur [alerté bien évidemment par le préfet] vient de suspendre cette loge et doit se livrer à une enquête avant de prendre une décision définitive. Mon substitut m'informe que si le GO prononce la dissolution de la loge, monsieur le préfet est résolu à l'ordonner lui-même[50].

Haussmann était-il franc-maçon ? L'historien américain David Jordan reprend la thèse de l'historien bordelais Albert Charles, pour lequel la carrière d'Haussmann doit beaucoup à des « influences occultes » et qui fait remarquer que « les signatures d'Haussmann sont accompagnées de trois points[51] ». Conclusion un peu rapide : d'abord ce ne sont pas trois mais deux points que l'on trouve dans toutes les signatures d'Haussmann, pour marquer l'abréviation de Georges et d'Eugène. Ensuite, les archives de la franc-maçonnerie française ne révèlent aucune trace d'une adhésion d'Haussmann à une obédience maçonnique. On peut d'ailleurs remarquer que ces fameuses « influences occultes » auraient été bien peu efficaces puisqu'il a passé dix-sept années dans des postes subalternes.

Une fois les clubs de Joigny comme celui de la Nouvelle Montagne décapités, le préfet peut dissoudre le conseil municipal et faire élire en mai 1851 une municipalité qui lui est attachée. « Préfet d'Empire avant l'Empire », Haussmann l'est particulièrement à l'égard de la presse. Il croit en sa puissance mais n'a aucun sens de sa liberté. Les feuilles conservatrices, il les met aux ordres avec les mêmes méthodes qu'à Draguignan, c'est-à-dire en nommant à leur tête des hommes à lui, comme Ferrier de Tourettes qu'il a fait venir du Var. À charge pour la préfecture et le comité conservateur de se partager le salaire du « journaliste », mille cinq cents francs par mois chacun. Quant à la presse d'opposition, républicaine ou socialiste, qu'il amalgame sous le qualificatif de « rouge », il vise ni plus ni moins à la faire disparaître à coup de procès. Avec Haussmann, un journal est vite considéré comme d'opposition, tel *Le Tonnerrois* qu'il fait condamner en septembre 1851 sur ce raisonnement :

> Sans être ouvertement hostile à l'administration, ce journal est en général peu bienveillant envers elle et peut devenir un embarras. Je le préférerais d'une opposition déclarée…[52].

Sans doute pour l'interdire plus facilement, comme il essaie de le faire avec *L'Union républicaine d'Auxerre*. « C'est presque un titre de fable : le journaliste et le préfet », écrit joliment Nathalie Laprevote[53], décrivant le duel qui oppose dix-huit mois durant Haussmann au rédacteur en chef Auguste Eude-Dugaillon, lequel horripile le préfet en intitulant ses articles : « Lettres adressées à Monsieur Haussmann ». Deux fois le journaliste va en assises, deux fois le jury populaire l'acquitte, à la vive colère du préfet qui, mauvais joueur, cherche des biais. En juillet 1851, il pense en avoir trouvé un s'en prenant à l'imprimeur du journal. La lettre qu'il adresse à son ami bonapartiste Frémy dépeint parfaitement la détermination, la hargne, la mauvaise foi dont peut faire preuve Haussmann contre ses adversaires :

> J'ai fait poursuivre l'imprimerie de l'Union pour un recueil de chansons qu'on lui a envoyé de Paris à imprimer. L'affaire peut aller devant le jury de la Seine puisque l'éditeur est à Paris, aussi bien que devant celui de l'Yonne ! Or à Auxerre, on acquittera l'imprimeur si l'on condamne l'éditeur, ce qui est douteux. À Paris, il y a plus de chance de condamner les deux. Or il me faut une condamnation contre l'impri-

meur pour que je lui fasse retirer son brevet et que je tarisse la source de *L'Union* [...] Je le répète, c'est capital ! Ne laissez pas le Procureur tranquille jusqu'à ce qu'il ait retiré l'affaire au parquet d'Auxerre [54].

Haussmann ne parviendra pas à ses fins (le journal d'Eude-Dugaillon ne sera interdit qu'au lendemain du coup d'État de décembre 1851) et en fera toujours le reproche aux magistrats qui ont le tort selon lui de ne pas se comporter en simples auxiliaires de la police politique. Il l'écrit franchement dans un autre courrier à Frémy :

Dans la répression de la propagande et des manifestations républicaines, la magistrature est appelée à jouer un grand rôle sous l'impulsion des procureurs généraux [55].

L'armée invisible de Puisaye

Le préfet ne se contente pas d'assener ses directives depuis son bureau et ; comme dans le Var, il est un « préfet à cheval », se rend sur le terrain, paie de sa personne. Lors de la grève des ouvriers du chemin de fer près d'Avallon, en juin 1850, il intervient personnellement à la tête de la gendarmerie et fait lui-même arrêter les meneurs de ce mouvement social qu'il qualifie bien sûr de « révolte ». À Ligny-le-Châtel, son sang-froid empêche qu'un procès ne tourne à l'émeute. La comparution en justice de jeunes gens pour un motif futile (ils n'ont pas respecté un arrêté du maire avançant la fermeture des cafés) donne lieu à une manifestation de rue durant laquelle les gendarmes ont reçu des pierres. Haussmann rejoint les gendarmes et s'avance seul en avant des forces de l'ordre pour calmer la foule. Seuls quelques meneurs sont arrêtés et emmenés à Auxerre. Preuve que le comportement du préfet est alors atypique, il se fait proprement réprimander par le ministre de l'Intérieur pour sa modération :

J'ai peine à comprendre qu'on a pu se contenter de six arrestations, c'est presque l'impunité assurée à la multitude de délinquants et la répression aura été presque nulle. Vous parlez d'un langage conciliant que vous avez fait entendre à la foule, j'aurais préféré un langage plus sévère [56].

Haussmann, qui attendait des compliments, est furieux et répond sèchement par retour du courrier :

« On m'a engagé quelquefois à me prémunir contre la résolution de mon caractère mais jusqu'à présent aucun de mes supérieurs n'avait cru nécessaire de me recommander la fermeté[57]. »

Les Archives nationales ont gardé une réponse du ministre acceptant les explications du préfet[58]. L'incident est clos. On peut de fait reprocher beaucoup de choses au préfet, mais pas son laxisme.

Les mois passent, « l'année terrible » se rapproche. En novembre 1851, le rapport mensuel du sous-préfet de Sens ne signale aucun incident si ce n'est le trouble causé dans l'opinion par un curé qui a tenté d'assassiner le mari de sa maîtresse et un autre qui a volé les troncs de son ancienne paroisse[59]. Mais à l'est, dans la misérable Puisaye, les rapports des gendarmes ne parlent que de sociétés secrètes qui se réunissent la nuit au fond des forêts dans des carrières abandonnées pour préparer l'attaque des châteaux et l'égorgement des propriétaires. Les dénonciations pleuvent. Tel ce prêtre, sans doute mal informé de l'appartenance religieuse de son préfet, qui écrit pour se plaindre de l'arrivée dans la commune de méthodistes, « des hommes sans croyance rangés sous le nom élastique de protestants[60] »... Beaucoup plus grave, en novembre 1851, un dénommé Perrin, garde-champêtre de la commune de Champcevrais au cœur de la Puisaye, dénonce son fils qui vient d'être initié dans une société secrète. Le sous-préfet de Joigny accourt interroger le jeune homme et la population du village, avant d'adresser à Haussmann un étonnant rapport sur les rites des sociétés secrètes rurales :

> Le jeune Perrin révéla le jour, l'heure, le lieu, le bandeau dont on avait couvert ses yeux, le serment qu'on avait exigé de lui, les pistolets qu'il vit ensuite braqués sur son visage pendant qu'on le menaçait de mort s'il révélait les secrets de la société[61].

Toutes les personnes données par Perrin sont aussitôt arrêtées, tous des prolétaires, bûcherons, sabotiers, charbonniers, journaliers, compagnons de misère, comme le reconnaît le rapport du fonctionnaire qui a au moins le mérite de fournir une explication socio-économique au développement de ces sociétés secrètes :

Dans cette Puisaye qui a perdu les avantages de l'Ancien Régime sans profiter de ceux de la Révolution, un homme valide gagne cinquante centimes par jour, ce qui ne lui permet pas de nourrir sa famille.

Et le sous-préfet de proposer deux solutions : envoyer les jeunes hommes de la région sur les chantiers du chemin de fer ou... en

Algérie. Ce qui est dans l'air du temps : on peut alors lire sur les portes des églises une affiche officielle titrée « Algérie, colonisation » et vantant aux « anciens militaires et cultivateurs mariés » les avantages consentis aux nouveaux colons dont « une maison en maçonnerie de deux pièces », le don de bestiaux, de semences, d'instruments aratoires et de rations de vivres[62]. En attendant, les hommes convaincus ou suspectés d'appartenir à « l'Armée invisible » (le nom de cette société secrète si l'on en croit Haussmann) sont interpellés et, escortés de quatre brigades de gendarmerie, gagnent la prison de Joigny. L'Armée invisible est loin d'être décapitée : trois semaines plus tard, elle se soulèvera contre le coup d'État de Louis Napoléon Bonaparte. Comme dans le Var, Haussmann ne sera plus là.

Les supérieurs d'Haussmann semblent satisfaits de l'action de ce préfet à poigne, à commencer par le prince-président. Haussmann, lors de l'entretien de l'Élysée au mois de mai 1850, s'est déclaré son féal : « Je remets les intérêts de ma carrière entre les mains de votre Altesse impériale[63] » et, depuis, il n'a cessé de veiller sur son investissement, notamment lors des deux déplacements que Louis Napoléon Bonaparte a fait dans l'Yonne à l'occasion des inaugurations à répétition des tronçons du chemin de fer. Des voyages officiels préparés avec d'autant plus de soin qu'Haussmann connaît leur véritable objectif : conforter la base populaire du président face à l'hostilité de la droite monarchique et préparer l'avènement d'un régime plébiscitaire. Plus la foule crie de façon « spontanée » « Vive Napoléon ! Vive l'Empereur ! », plus le voyage est réussi et le président satisfait de son préfet. Haussmann s'y active donc, même s'il prend un temps de retard sur son collègue Le Roy de Saône-et-Loire, « le premier préfet qui ait publié les comptes rendus [des voyages du prince-président] en les faisant suivre du cri de Vive l'Empereur[64] ! ». On se rappelle que la visite présidentielle à Joigny en août 1850 avait été obscurcie par les cris dissonants de la Garde nationale. Le second voyage dans l'Yonne, début juin 1851, est en revanche un succès complet, pour le président et pour son préfet. Louis Napoléon a commencé son offensive contre l'Assemblée et distille les petites phrases provocatrices destinées à mobiliser ses partisans. C'est lors de ce déplacement motivé par l'inauguration du tronçon Tonnerre-Dijon que, à Dijon, il proclame : « Quels que soient les devoirs que le pays m'impose, il me trouvera décidé à suivre sa volonté. » Les contemporains se trompent si peu sur le sens de ces propos que le ministre de l'Intérieur rejoindra précipitamment Paris pour empêcher qu'ils ne soient reproduits dans *Le Moniteur.* Haussmann ne participe pas au banquet de Dijon, il a quitté le président à la sortie du département de l'Yonne, mais depuis un certain regard du prince dans le train présidentiel entre Tonnerre et Montbard, il sait à quoi s'en tenir sur ses intentions profondes. Dans ses *Mémoires*, Haussmann raconte la scène de façon vive – et complaisante : à demi couché sur un divan, les yeux clos, le président semble sommeiller pendant que le préfet pérore sur les attentes populaires et, avec la complicité de compère Frémy, développe un « rêve » qui n'est autre que l'esquisse prémonitoire d'un coup d'État, avec mise au pas de l'Assemblée, exil des opposants en Nouvelle-Calédonie et « Appel à la Nation ». Or Haussmann qui, bien sûr, ne parle que pour le prince remarque que les yeux de ce dernier « qui s'étaient ouverts pour se fixer sur [lui] eurent une lueur, subitement réprimée, au mot d'Appel à la Nation » [65]. Pour une fois, le futur Napoléon III a été trahi par son regard dont le diplomate autrichien Rodolphe Apponyi disait pourtant :

> L'âme ne se fait pas plus jour à travers cet organe qu'on ne la jugerait par le nez ou par les oreilles [66].

Le préfet a le tact de feindre n'avoir rien vu. Il en est récompensé lorsque, quittant le train à Montbard, le prince prend sa main dans les siennes, geste qu'il réserve à ses amis, et lui dit :

> Vous justifiez pleinement la mission que je vous ai donnée dans l'Yonne [...]. Je compte le moment venu sur votre dévouement [67].

Alors qu'Haussmann est en poste depuis un peu plus d'un an, on parle déjà de sa promotion. Sous-préfet sédentaire malgré lui, Haussmann est devenu un préfet volatil et la discrète Octavie a bien du mal à suivre. Elle n'est arrivée dans la belle préfecture rénovée d'Auxerre qu'à la fin de l'été, après un long séjour familial à Bordeaux. Quelques incidentes des *Mémoires* laissent deviner chez le préfet sa peine d'être privé de ses deux filles, Henriette (née en 1840) et Valentine (1843), même si sa profonde pudeur lui interdit de se répandre. Élevé par son grand-père, ayant souffert de la froideur de ses parents, Haussmann sera un bon père, attentif à ses filles, très fier d'elles, relativement laxiste même, du moins pour les normes de l'époque. Mais, en raison des affectations successives, les membres de la famille se voient peu. Ainsi, durant son séjour dans le Var, Haussmann ne reçoit-il aucune visite familiale ; à

Auxerre, il n'accueille que sa mère, sa sœur et le frère d'Octavie, le pasteur Henri Laharpe, venu lui raconter sa mésaventure sentimentale : fiancé à une Écossaise « sans dot », il découvre la veille du mariage qu'elle lui a caché son âge et qu'elle a dix ans de plus qu'il ne le supposait. Fait révélateur de « son inexpérience absolue du monde féminin », commente Georges Eugène, d'un ton supérieur[68]. En fait, à Auxerre, Haussmann et sa famille se considèrent comme des oiseaux sur la branche, prêts à s'envoler vers une préfecture mieux classée. La rumeur lui fait espérer Lyon, lorsque le ministre lui propose la préfecture de police de Paris, poste qu'il récuse, on l'a vu, car il ne veut pas passer sa vie à la tâche ingrate et toujours recommencée du maintien de l'ordre. Il attend donc sa nomination à Lyon lorsque, le 27 novembre 1851, un message du ministre de l'Intérieur lui annonce sa promotion surprise en Gironde, préfecture de première classe ; ce, sur décision personnelle du prince-président. Haussmann pourra faire le retour en force qu'il espérait ; il remplace l'opportuniste Neveux qui lui avait volé le poste en 1849. La lettre de remerciement protocolaire que le préfet adresse au ministre a, cette fois, tous les airs de la fausse modestie :

> Si je ne consultais que mes forces, j'hésiterais devant l'élévation du poste que Monsieur le Président de la République vient de m'attribuer d'une manière si inattendue pour moi[69].

Haussmann est enchanté par ce poste en or dans une ville « notoirement conservatrice et généralement sympathique au Prince[70] », comme il le reconnaît dans ses *Mémoires*. Si quelqu'un d'autre est content, c'est bien Octavie. C'est sans regret qu'Haussmann quitte Auxerre, laissant en héritage un asile psychiatrique et un pénitencier construits selon les normes les plus modernes de l'époque *.

On s'étonne d'un tel cadeau alors que, à cette époque, Haussmann n'est pas encore entré dans le premier cercle napoléonien. Commentant la scène du wagon-salon, le dernier biographe français d'Haussmann écrit : « Haussmann a rejoint les rangs des conspirateurs[71]. » Est-ce à dire que le préfet de l'Yonne est dans la confidence du coup d'État qui, d'abord prévu pour novembre, vient d'être reporté au 2 décembre, jour anniversaire d'Austerlitz et du couronnement de Napoléon Ier ? La réponse à cette question est cer-

* La ville n'oubliera pas complètement son préfet : on y trouve aujourd'hui en périphérie une modeste « avenue Haussmann », qui longe l'asile, presque en face de la prison de brique et de meulière.

tainement négative. Comme beaucoup de ses contemporains, Haussmann sent venir l'épreuve de force, il la souhaite même, comme le montre clairement cette lettre envoyée à Frémy le 7 février 1851 :

> Il semble impossible d'aller ainsi pendant quinze mois [...]. Je ne vois de pratique qu'un 18 Brumaire ou, ce dont Dieu nous garde, un coup de main socialiste. Un 18 Brumaire ! Ce ne serait pas dans l'Yonne qu'on y trouverait à redire ! Nous sommes donc condamnés à voir la situation se prolonger... [72].

Ce n'est pas là la lettre d'un comploteur, tout au plus celle d'un partisan qui essaie de souffler des idées au secrétaire général – bonapartiste – du ministère de l'Intérieur. La lueur dans les yeux du prince est la seule « information » qu'Haussmann récoltera sur les intentions du président. La bévue que, la veille même du coup d'État, cet orgueilleux commettra à l'Élysée et reconnaîtra dans ses *Mémoires* le prouve amplement. Ce soir-là, comme en 1830, Haussmann est au cœur des événements, mais ne s'en rend pas tout à fait compte.

Le quiproquo de l'Élysée

Le 1er décembre, le nouveau préfet de la Gironde est à Paris, soucieux, comme à son habitude, d'humer l'air de la capitale et du ministère avant de gagner son poste. Heureuse coïncidence, c'est lundi et chaque lundi le président offre à l'Élysée une réception dite ouverte : l'élite politique et administrative peut, à partir d'un certain rang, y venir sans invitation. Les préfets en font partie et Haussmann, qui s'est installé dans un petit hôtel rue Caumartin, ne va pas manquer l'occasion de saluer le prince. Quelques manœuvres habiles entre les buffets et dans la foule des courtisans et voici notre préfet en grand uniforme dans le salon des Tapisseries sur le chemin du président de la République, lequel interpelle gentiment son protégé :

> « Madame Haussmann est-elle très contrariée de retourner à Bordeaux ?
> – Bien loin de là, Monseigneur, elle en est ravie, et, pour ma part, j'en suis d'autant plus heureux que je ne m'attendais pas le moins du monde à cela.
> – Je ne puis vous dire ici maintenant pourquoi je vous y envoie ; mais je désire que vous vous y rendiez immédiatement. Allez, demain matin, de très bonne heure, d'aussi bonne heure que possible, trouver le

ministre de l'Intérieur pour prendre vos instructions et partez de suite. »

Haussmann s'interroge encore sur cette consigne inattendue que le président ajoute à mi-voix : « Allez même avant le jour chez le ministre, ce sera mieux encore. »

Le préfet aussitôt s'empresse de chercher dans les salons le ministre de l'Intérieur Thorigny, ce qui donne lieu à un quiproquo moliéresque :

> Le ministre : « C'est au prince même que vous devez votre nouveau poste… Vous deviez aller à Lyon, le prince a jugé que vous lui rendriez de meilleurs services à Bordeaux.
> – Son Altesse Impériale a daigné me l'expliquer elle-même et m'a bien recommandé d'aller demain matin, de très bonne heure, prendre les instructions spéciales que vous avez à me donner, afin de pouvoir partir sans retard.
> – Mais je n'en ai aucune ! »

Le préfet, insistant lourdement : « L'ordre du prince est si formel que je ne puis manquer d'y obéir. Son Altesse Impériale va, je le présume, vous faire connaître dans un instant de quelle mission urgente je devrai m'acquitter à Bordeaux. »

Et Haussmann de s'empresser de regagner son hôtel qu'il quitte après une nuit très courte à cinq heures du matin pour se présenter au ministère de l'Intérieur alors situé rue de Grenelle, dans le très bel hôtel de Rothelin. Place de la Concorde, sa voiture croise des troupes en mouvement et, rue de Grenelle, un bataillon d'infanterie campe dans la cour du ministère. Haussmann, qui n'en est que plus pressé de recevoir ces fameuses « instructions particulières », ne devine pas encore ce qui se passe *. Il franchit le perron à grandes enjambées et demande à voir le ministre. Nouveau dialogue de comédie :

> « Lequel ? demande le huissier.
> – Comment lequel ? Vous pensez bien que ce n'est pas celui de la Marine.
> – Est-ce Monsieur de Thorigny que vous désirez voir ou M. le comte de Morny ?
> – Annoncez-moi à M. le comte de Morny ! »

* En quoi il a moins d'excuses que sa vieille amie George Sand qui, passant durant la nuit devant le palais de l'Élysée les lumières éteintes et la porte cochère fermée, dit en riant à son ami Manceau : « Ce n'est pas encore pour demain ! »

Georges Eugène a enfin compris. Le nouveau Brumaire, qu'il appelait de ses vœux, est en train de se produire. Morny, qui a surpris Thorigny dans son lit une heure à peine auparavant, reçoit aussitôt le préfet désigné de la Gironde et l'interpelle en ami, presque en complice :

« Monsieur Haussmann, vous êtes avec nous ?
– Je ne sais pas au juste ce dont il s'agit mais j'appartiens au Prince : disposez de moi sans réserve [73]. »

Présent par hasard à Paris ce 2 décembre, voilà Haussmann au cœur de l'événement et face à un des stratèges du coup d'État, le comte de Morny, un affairiste jouisseur qui a décidé de jouer la carte de son demi-frère utérin, Louis Napoléon. Le conjuré met enfin Haussmann dans la confidence des événements de la nuit : la veille, à l'Élysée, après le départ des derniers invités, le prince-président s'est retiré dans le salon argent et a sorti du secrétaire un dossier sur lequel était écrit à l'encre bleue le mot « Rubicon », nom de code du putsch. À ce moment même, l'armée occupe les points stratégiques de la capitale, arrête dans leur lit les meneurs de la droite monarchiste et de la gauche républicaine et commence à coller l'affiche blanche annonçant aux Français la dissolution de l'Assemblée et un prochain plébiscite. Si la rumeur d'un coup de force enflait, le secret de la date avait été bien gardé et le 2 décembre 1851 peut être considéré comme le premier coup d'État à privilégier le contrôle des moyens d'information. Le plan Rubicon a tout prévu : la crevaison des tambours de la Garde nationale et l'occupation des clochers pour empêcher les opposants d'alerter la population et de sonner le tocsin. Surtout, comme l'a remarqué Baudelaire, « la grande gloire de Napoléon III aura été de prouver que le premier venu peut, en s'emparant du télégraphe et de l'Imprimerie nationale, gouverner une grande nation [74] ». Les ouvriers de l'Imprimerie, consignés « pour un travail urgent », doivent composer durant la nuit des textes manuscrits découpés de sorte qu'ils soient incompréhensibles aux compositeurs, sous le contrôle d'un capitaine de gendarmerie qui a investi le bâtiment avec une consigne dangereuse et sommaire : « Fusiller tous ceux qui tenteraient de sortir ou de s'approcher d'une fenêtre. » Le télégraphe électrique, c'est l'affaire de Morny : c'est du ministère de l'Intérieur, rue de Grenelle, que sont envoyés les messages aux préfectures et contrôlées les dépêches de l'agence Havas qui fournit les journaux du pays en informations diverses. Haussmann se trouve ainsi au cœur du dispositif, aux côtés d'un factieux qui joue sa tête et a abandonné ce matin son humour légendaire. La veille encore, à l'Opéra-Comique où il paradait pour donner le change, il disait à une femme du monde ce qu'il ferait si le président renversait la Chambre : « Madame, s'il y a un coup de balai, je tâcherai de me mettre du côté du manche. » Maintenant, c'est lui qui le tient si fermement qu'il fera bientôt annoncer que « tout individu pris en construisant une barricade ou les armes à la main sera fusillé ». Pour l'instant, il donne à Haussmann le contenu de ces « instructions particulières » : il est envoyé à Bordeaux car on espère que ses attaches familiales et sa connaissance de la région lui permettront de rallier au coup d'État une ville très orléaniste dont on appréhende les réactions. L'automne précédent, en effet, couraient des rumeurs d'un coup de force fomenté par les princes d'Orléans réfugiés en Grande-Bretagne. Le pouvoir veut être rassuré quant au destin d'une ville aussi importante et encore isolée (le chemin de fer s'arrête à Angoulême et la ligne du télégraphe électrique n'est toujours pas terminée). Véritable procurateur du prince-président, complice d'un coup d'État autant que haut fonctionnaire de la République, Haussmann apprend de Morny que, outre les pouvoirs exceptionnels alors dévolus aux préfets, il est « investi, par décret spécial, d'un mandat presque illimité, avec la qualité de Commissaire extraordinaire du gouvernement [75] ».

Préfet-commissaire extraordinaire à Bordeaux

Il ne lui reste plus qu'à quitter Paris, ce qu'il fait par le train-poste du soir qui le dépose à Poitiers où il monte dans la diligence de Bordeaux. Haussmann est un homme prévoyant : il fait discrètement avertir le secrétaire général de la préfecture, une vieille connaissance de 1848, de son arrivée le 3 au soir. Dosquet a pour consigne de l'attendre à la Bastide, aux portes de Bordeaux, avec une voiture et surtout avec un rapport détaillé sur la situation. Sage précaution : il apprend que le préfet sortant, Neveux, lui concocte un mauvais tour. Il se prépare à proclamer l'état de siège et à placer le département sous l'autorité du commandant militaire de la place, le général d'Arbouville, orléaniste déclaré. Haussmann prend évidemment très mal cette « escobarderie [76] » et décide de prendre son adversaire de court. Il se précipite à la préfecture, monte les étages quatre à quatre par l'escalier des bureaux et, arrivé dans l'antichambre du cabinet du préfet, lance au vieil huissier : « Baptiste, annoncez-moi ! » Haussmann tombe littéralement sur Neveux, le général, le maire Gautier et d'autres personnalités orléanistes de la ville en plein conclave. Profitant de l'effet de surprise, alors que sa position est bien fragile, le nouveau préfet annonce à Neveux qu'il prend ses pouvoirs. Ce à quoi celui-ci répond qu'il arrive trop tard et que l'état de siège est décidé.

> « L'arrêté a-t-il été publié ? demande Haussmann.
> – Il va l'être à l'instant.
> – Non, car je le retire. »

Et Haussmann de brandir son arme secrète, son mandat de commissaire extraordinaire du nouveau gouvernement :

> Je voudrais n'avoir pas besoin d'invoquer ce mandat redoutable et j'espère que personne ici ne m'y forcera[77].

Cette mâle déclaration est un coup de poker : que ces orléanistes ne reconnaissent pas le coup d'État et voici Georges Eugène totalement isolé, en passe d'être emprisonné au fort de Hâ. Mais les orléanistes éprouvent plus de peur des « rouges » que de respect pour la légalité républicaine ; ils cèdent aussitôt devant l'envoyé de Morny qui jette au feu l'arrêté de son prédécesseur ainsi que les affiches annonçant l'état de siège. Ayant pris le contrôle de la situation, Haussmann peut aller dormir rue Vauban au domicile de ses beaux-parents. Seul évidemment : Octavie est encore à Auxerre avec ses filles, et ne rejoindra Bordeaux que lorsque le calme sera revenu dans le pays.

Car, après un démarrage assez lent, la résistance au coup d'État se développe à partir du jeudi 4 décembre. À Paris, des barricades s'élèvent dans les quartiers populaires et un mouvement d'affolement des soldats sur les grands boulevards provoque une fusillade meurtrière qui fait au moins trois-cent quatre-vingts morts. De nombreux Parisiens ne pardonneront jamais ce carnage à Napoléon III et à son régime. En province, une vingtaine de départements connaissent des troubles graves et même de véritables insurrections. C'est le cas de départements bien connus d'Haussmann, le Var, l'Yonne et la Nièvre limitrophe. On a évoqué plus haut le drame du Var ; dans l'Yonne, les villes de Saint-Sauveur, Neuvy ou Toucy se soulèvent alors que Clamecy, dans la Nièvre, reste plusieurs jours aux mains des insurgés. Viols, meurtres, anthropophagie : une sinistre légende, propagée par la presse gouvernementale, se forme alors autour du soulèvement populaire de Clamecy. Tel ce récit sans fondement de la plus mauvaise langue du XIXe siècle, le comte Horace de Viel-Castel qui, le 14 décembre, rapporte dans son journal :

> Les bandes socialistes, maîtresses de la ville, se sont fait servir à dîner et elles ont contraint trente-huit des plus jolies et des plus jeunes femmes ou filles de la localité à les servir dans un complet état de nudité. Ces malheureuses ont été violées *coram populo* sur la place publique. Les prêtres, liés à des poteaux, assistaient à ces saturnales ; les insurgés se relayaient pour violer et chaque femme a été la proie de plusieurs bandits ; à la fin, on cherchait ceux qui pouvaient justifier d'une maladie vénérienne pour qu'ils la communiquent aux victimes de leur brutalité [78].

Récit outrageusement déformé qui trahit surtout les haines de classe de l'époque. Dans le Sud-Ouest, la Haute-Garonne, le Lot-et-Garonne et le Tarn-et-Garonne se soulèvent également contre le coup d'État et pour défendre – il est bon de le rappeler – la République et la Constitution. Villeneuve-sur-lot, Marmande, Agen sont occupées par les insurgés dont une bande traverse Nérac. Mais le verrou de la région, Bordeaux, tient. À cause de la puissance de la bourgeoisie locale qui redoute plus les « rouges » que Bonaparte ; grâce aussi à l'énergie du préfet-commissaire extraordinaire. Le 4 décembre, au matin, il fait afficher une déclaration qui ne laisse aucun doute sur sa détermination à maintenir l'ordre :

> Je ne suis pas un inconnu dans la Gironde [...]. Les hommes de désordre ne doivent attendre aucun ménagement de moi [79].

Le lendemain, il précise ses menaces : tout individu porteur d'armes apparentes ou cachées serait immédiatement fusillé. « C'était un peu vif ; mais je connaissais mon monde [80] », s'excuse Haussmann dans ses *Mémoires*, suggérant par là qu'il menaçait afin de n'avoir pas à passer aux actes. Cependant, pas de doute qu'Haussmann n'aurait pas hésité à le faire, si cela avait été nécessaire. Le 6 décembre, à Bordeaux, c'est l'heure de vérité et la tension est à son paroxysme. Eugène Ténot, auteur de la première étude sur les suites du coup d'État, raconte :

> Le soir, une foule immense se rassembla aux mêmes endroits que la veille. Son attitude était menaçante. L'infanterie chargea ostensiblement ses armes devant le peuple et la cavalerie exécuta des charges réitérées et parvint à dissiper les rassemblements sans effusion de sang [81].

Haussmann a gagné la partie. Il lui reste à parachever sa mission en gagnant le plébiscite de la fin décembre : cent vingt-trois mille Girondins votent oui contre un peu plus de quinze mille non. Il est vrai que, là comme ailleurs, les bulletins doivent être remis pliés, sans enveloppe, au président du bureau de vote...

Le nouveau pouvoir a versé trop de sang pour être magnanime. Ce que les historiens appelleront l'« Empire autoritaire » se met en place sous la Seconde République moribonde et les préfets en seront un des leviers essentiels : ils reçoivent des « pouvoirs de police dont le souvenir marquera si fort les esprits qu'il est parvenu jusqu'à nous, noirci à dessein »[82]. Ils obtiennent le droit de fermer les journaux, de révoquer les maires, les juges de paix, les fonctionnaires.

> Si, leur écrit Morny le 10 décembre, dans cette lutte suprême qui doit décider du sort de la France, quelques fonctionnaires ont montré de la faiblesse, transmettez-moi leurs noms, ils seront immédiatement destitués[83].

Le gouvernement leur fait également un cadeau empoisonné : ils doivent présider les commissions mixtes qui, à partir de février 1852, ont à statuer dans chaque département sur le sort des révoltés de décembre et des suspects de républicanisme. Au total, plus de vingt-six mille personnes sont traduites devant ces juridictions inquisitoriales composées du préfet, du général, du procureur général, et qui ne connaissent pas les droits de la défense. Véritables tribunaux d'exception, ils classent les suspects en catégories : conseils de guerre qui prononcent de nombreuses condamnations à mort, correctionnelle, bagne de Cayenne, déportation en Algérie, exil pour les parlementaires comme Victor Hugo, Edgard Quinet, Raspail, etc. Au total, estime Louis Girard, 11 609 suspects sont libérés, 9 530 déportés, 2 804 emprisonnés et 5 108 placés sous contrôle policier[84]. À Bordeaux, la commission présidée par Haussmann examine 500 cas et en punit 74 : 5 déportations en Guyane sont prononcées, 22 en Algérie, 20 expulsions du territoire, 9 exils provisoires et 18 emprisonnements. Haussmann fut-il plus ou moins répressif que ses collègues ? Comparé aux 3440 dossiers examinés par la commission mixte du Var qui déporta 800 personnes en Algérie, le « score » girondin paraît modéré, mais il faut avoir à l'esprit que l'ordre a été peu troublé en Gironde. Et s'il n'est pas sanguinaire, Haussmann est hargneux : en avril 1852, il écrit au ministre de l'Intérieur pour s'opposer au retour d'exil d'un ancien député orléaniste :

> Je ne puis pas me dispenser de vous déclarer que ce résultat de la bonté excessive du chef de l'État sera très fâcheux. Il ne m'appartient pas de juger de la situation de l'ensemble de la France mais je puis dire que dans mon département le moment de pardonner n'est point arrivé [85].

Rancœurs orléanistes

En tout cas, l'action répressive du préfet laissera des traces, nourrira des inimitiés et des haines d'autant plus vives qu'Haussmann a des liens familiaux dans le département. À nouveau, comme jadis à Blaye, des cabales se développent très rapidement contre lui.

Les retrouvailles d'Haussmann avec Bordeaux sont donc beaucoup moins heureuses qu'il ne l'avait espéré. Sa position sociale est certes mieux assurée, financièrement aussi le préfet s'est étoffé, même si ses revenus personnels stagnent : la notice individuelle qu'il remplit à son arrivée indique vingt-deux mille francs de revenus annuels contre vingt-quatre mille lors de son départ de la région en 1849. Haussmann ne sera jamais un homme d'argent efficace pour lui-même et on peut penser que son éloignement n'a pas facilité la gestion de ses domaines du Lot-et-Garonne ni incité les métayers à faire du zèle. Heureusement la générosité de la République impériale vient largement compenser ce tassement : les salaires des préfets sont augmentés en même temps que leurs pouvoirs et leurs responsabilités. À Auxerre, Haussmann gagnait dix mille francs par mois, à Bordeaux il en touche quarante mille. Avec soixante-deux mille francs de revenus annuels, Haussmann appartient, selon les catégories de Taine, au monde dans lequel « on commence à être à la mode [86] ». D'autant que, ne l'oublions pas, il bénéficie à Bordeaux de la présence de sa belle-famille, des relations et du patrimoine de celle-ci comme le château de Cestas. Même si les relations familiales sont moins idylliques qu'on n'aurait pu le croire. La version que Georges Eugène donne dans ses *Mémoires* de ses retrouvailles avec sa belle-famille vaut le détour :

> Un en-cas, un bon feu et un bon lit m'attendaient.
> « Bonsoir, père ! Bonsoir, maman ! Tout va bien !, leur criai-je, en cognant à leur porte.
> Bonsoir, mon ami ! Bonsoir, cher fils ! Dieu soit loué ! »
> Celui qu'ils aimaient comme leur propre enfant rentrait au bercail [87].

Version émouvante, mais probablement fausse si on la recoupe avec les informations de la lettre qu'Haussmann écrit à Morny le 30 du même mois. Comme l'ex-préfet Neveux est allé à Paris dégoiser sur son successeur, et dénoncer, notamment, le zèle protestant de sa belle-famille, Haussmann, sans excès de dignité, se défend d'être influencé par elle et est amené à révéler les difficultés de sa vie familiale :

> On me reproche d'être allié à une famille protestante dont l'exagération religieuse est extrême et dont je subis aveuglément l'influence [...]. Mais ce qu'on a oublié de dire, c'est que madame Haussmann et moi n'en sommes pas membres [de l'Église méthodiste] ; que nous sommes restés attachés à l'église protestante nationale, que, par ce motif, nous avons été très longtemps en termes très délicats avec sa famille (ce que tout Bordeaux sait) et que, depuis mon arrivée ici, ni mon beau-père ni personne des siens n'a mis le pied à la préfecture [88]. »

On peut imaginer aussi que l'austère Laharpe, d'« opinions républicaines », on s'en souvient, n'a guère apprécié le coup d'État de Louis Napoléon et la part que son gendre y a prise. Il aurait en tout cas bondi de colère en lisant cette lettre où son gendre insiste sur ses « opinions religieuses accommodantes » et met en avant ses excellentes relations avec le haut clergé catholique. Haussmann joint même à son courrier la lettre – toute protocolaire – que lui a adressée l'archevêque de Sens lors de son départ de l'Yonne. Pour que Georges Eugène se défende avec tant de véhémence contre les bavardages d'un préfet mis sur la touche, il faut qu'il soit bien inquiet ou que son installation à Bordeaux ne se passe pas si bien. Des rumeurs courent déjà sur son remplacement au point que, le 8 janvier 1852, le général commandant la ville, Le Pays de Bourjolly, écrit lui-même à Morny pour se plaindre de ces rumeurs qui « diminuent l'autorité du préfet » :

> Monsieur Haussmann est l'homme qu'il faut ici. Énergique, décidé, il a toutes les qualités du bon administrateur [...]. On ne voudrait pas, sans doute, faire un tort à M. Haussmann d'être protestant ; nous ne sommes plus au temps des guerres de religion [89].

Haussmann est alors persuadé qu'il est la cible d'un complot ourdi par la « coterie orléaniste » de la ville. Et il a probablement raison, même si, officiellement, il a su rallier au régime Duffour-Dubergier, le président de la Société du libre échange, surnommé, on le sait, le « roi d'Aquitaine ». Les décrets présidentiels du

23 janvier ne vont pas lui faciliter les choses : le prince-président décide la confiscation des biens immobiliers possédés par le duc d'Orléans en 1830 et cédés à ses enfants lors de son accession au trône *. Un second décret impose à la famille d'Orléans de vendre sous un an ses autres biens situés sur le territoire français et non touchés par la confiscation. Le premier décret surtout provoque une vive émotion, on parle d'exaction, on dénonce le « premier vol de l'Aigle » et trois ministres démissionnent simultanément, Fould, Rouher et même Morny, le demi-frère du président. Que va faire Haussmann, le camarade de classe du duc de Chartres, le décoré de Juillet, le protégé de Casimir Perier ? Rien, ou plutôt son devoir de préfet : il fait afficher les décrets dans toutes les communes et informe quotidiennement le ministère des réactions de l'opinion. Sa première missive confidentielle, datée du 24 janvier, ne se prononce pas sur le fond mais alerte le ministre – il s'agit désormais de Persigny, qui a succédé à Morny – des vives réactions de l'opinion publique que cherchent à « égarer les coriphées [*sic*] du parti orléaniste qui compte encore dans cette ville un si grand nombre d'adhérents ». Le préfet relate également un certain ralentissement des affaires sur le port qui serait dû aux campagnes menées par la presse britannique, mais heureusement la rente, le baromètre de la confiance bourgeoise, n'a baissé que d'un dixième de point[90]. Le lendemain, nouvelle missive, plus engagée, dans laquelle Haussmann approuve les mesures de confiscation « si rigoureusement fondées en droit », mais ne peut s'empêcher de donner des conseils au ministre : il faut « insister sur la distinction entre les biens propres à vendre dans un délai d'un an et ceux à rendre à l'État[91] ». Dans une nouvelle lettre du 28 janvier, il persiste, soulignant que « les masses populaires veulent le retour à l'État des biens importants indûment soustraits à la fortune publique[92] ». Dans quelques années, on le verra, le préfet de Paris se rattrapera en indemnisant très largement les princes d'Orléans pour l'expropriation du parc Monceau mais, en 1852, le préfet de Bordeaux voit s'accroître la liste de ses ennemis : aux républicains qui ne lui pardonnent pas les condamnations de la commission mixte s'ajoutent maintenant les orléanistes qui peuvent lui reprocher d'être plus bonapartiste que le demi-frère de Louis Napoléon. Les cabales redoublent, ce dont témoigne son dossier préfectoral encombré de lettres, anonymes ou non, demandant son départ et de plaidoyers

* Louis-Philippe avait voulu éviter ainsi que sa fortune ne tombe dans le domaine étatique selon la tradition royale française.

pro domo de Georges Eugène. Comme toujours, c'est à son caractère que ses ennemis s'en prennent, dénonçant la « dureté », « l'outrecuidance », la « raideur » « l'insolence » d'un « homme qui a froissé les unes après les autres toutes les personnes influentes de la ville »[93]. Même la presse bonapartiste s'en mêle : en décembre 1852, le patron du *Mémorial bordelais* écrit (à trois reprises) à l'Élysée, au chef de cabinet de l'Empereur, Mocquart, pour demander le départ du préfet car « son caractère lutteur, inquiet, orgueilleux absolu l'a isolé complètement de la société et rend son administration intolérable[94] ». À Paris, ces attaques ne passent pas inaperçues et le ministre de la Police nationale Maupas – qui a jadis eu, il est vrai, maille à partir avec le préfet de Bordeaux – rédige en avril 1852 un rapport pervers à l'intention de son collègue de l'Intérieur : il y souligne les qualités d'administrateur d'Haussmann, mais c'est pour mieux amener des insinuations particulièrement graves :

> Il n'est pas aux yeux de bien des gens et au point de vue de l'honorabilité, placé aussi haut que devrait l'être un fonctionnaire de son rang.

Le ministre de la Police en dit trop ou pas assez lorsqu'il ajoute :

> Il a contre lui une affaire d'intérêt et un procès même, dans lequel on ne lui a pas prêté le beau rôle.

De plus, Haussmann ne saurait tenir son rôle dans la société : « il manque d'un salon amusant » (Octavie, il est vrai, ne l'est guère) et « il n'apparaît guère à la foule que comme un administrateur dont on ne méconnaît pas les qualités mais d'une accessibilité difficile et d'une raideur souvent regrettable[95] ». Le portrait est méchant, pas inexact cependant, même s'il vient d'un ministre qui a bâti sa carrière sur des faux *.

On comprend qu'Haussmann, sournoisement attaqué, soit parfois au bord de renoncer, comme il le confie au ministre Persigny dans une lettre du 25 décembre 1852 : « Il n'y a pas d'âme si fortement trempée qui n'ait des moments de découragement. » Il demande l'autorisation de venir à Paris répondre « aux ignobles calomnies », tout en confiant avec émotion : « Je me sens profondément humilié

* Préfet de Toulouse, Maupas avait compromis des opposants en introduisant chez eux, à la veille de la perquisition, des documents à charge. Pris la main dans le sac, il a été récupéré par le prince-président qui en a fait un de ses hommes de main.

d'avoir à me défendre après la proclamation de l'Empire contre les menées de mes ennemis[96]. » L'Empire, il est vrai, a été proclamé le 2 décembre et, on le verra bientôt, le préfet Haussmann n'y a pas été pour rien.

Dans toutes ces critiques, un compliment demeure : les qualités d'administrateur que même ses pires ennemis lui reconnaissent. Il faut donc qu'elles soient bien manifestes, même si, à Bordeaux comme à Auxerre ou à Draguignan, il n'a pas bénéficié de l'ingrédient indispensable à une action en profondeur : la durée. C'est tout de même à Bordeaux que, pour la première fois, Haussmann s'intéresse à l'urbanisme et songe à remodeler une ville. C'est sous son règne qu'est étudiée et amorcée la création des boulevards circulaires et qu'est lancé le débat sur le « Grand Bordeaux ». En septembre 1852, la gare de Bordeaux – on l'appelle alors l'embarcadère – est inaugurée en présence du préfet. Elle offre une particularité : elle n'a pas été construite dans la ville sur la rive gauche de la Garonne mais de l'autre côté sur la commune de Cenon dans le quartier de la Bastide. Ce qui pose bien vite une question aux Bordelais qui redoutent que cette commune ne profite de la gare pour faire concurrence au port de Bordeaux : ne faut-il pas annexer le quartier de la Bastide ou même toute la commune de Cenon ? En décembre 1852, la ville demande officiellement l'annexion de Cenon. Trois mois plus tard, le rapport du préfet est prêt. Son projet est autrement audacieux et propose la création d'un Grand Bordeaux :

> Les conclusions en étaient nettes et hardies. Il supprimait les pointes lancées vers le cœur de la cité par Talence et Caudéran, annexait les deux communes suburbaines. Le plus grand rayon ainsi admis, la circonférence engloberait Bègles au Sud, Le Bouscat et Bruges au Nord. Elle franchirait la Garonne, s'étalerait jusqu'au flanc des collines, embrasserait des sections de Cenon-la-Bastide, de Floirac, de Lormont[97].

Mais Haussmann n'aura pas le temps de défendre son projet qui est envoyé au ministère, signé par son collaborateur Alphand, deux jours à peine après son départ de la Gironde… Finalement, une large partie de la rive droite – mais pas Lormont – sera annexée à la ville le 1er janvier 1865, juste cinq ans après l'annexion à Paris de tout ou partie des communes de Vaugirard, Grenelle, Belleville, La Villette, Auteuil, Passy, Montmartre, Charonne, Batignolles, Bercy, Ivry, Montrouge ou Saint-Mandé. Haussmann est alors préfet de la Seine.

« L'Empire c'est la paix ! »

Les cabales montées par ses ennemis ont-elles finalement rendu service à Haussmann ? Ce qui est certain, c'est que, au lendemain du coup d'État et du point de vue de l'Élysée, ce n'est pas nécessairement un mauvais point d'être poursuivi par la haine des orléanistes, d'avoir mené avec rigueur l'épuration et de se voir accuser d'autoritarisme. Le nouveau ministre de l'Intérieur, Persigny, ne lui tient pas rigueur des nombreuses critiques de ses administrés. En mai 1852, il le convoque à Paris. Le déplacement comporte également un entretien avec le président de la République, un autre avec le ministre de la Guerre et un dernier avec le ministre de la Police Maupas. Persigny a, en fait, deux soucis dont il souhaite entretenir le préfet. L'un est vaudevillesque, l'autre hautement politique. Le premier concerne un soupçon de bigamie touchant le ministre de la Marine et des Colonies, Théodore Ducos, issu d'une vieille famille bordelaise. Alors qu'il occupe avec sa nouvelle épouse le ministère de la Marine, la rumeur court à Paris qu'il serait déjà marié civilement et religieusement à Bordeaux. L'enquête du préfet confirme le scandale et Ducos en tiendra toujours rigueur à Haussmann, ainsi que le révèle cette lettre inédite[98] d'octobre 1852 du préfet de la Gironde au ministre Persigny. Le ministre de la Marine étant venu à Bordeaux en refusant de rencontrer le préfet, celui-ci écrit avec quelque fausse naïveté :

> Cette omission m'a fait penser que M. le Ministre de la Marine voulait éviter d'avoir des relations personnelles avec moi […]. Vous savez aussi bien que moi qu'à aucune époque je n'ai pu compter sur la bienveillance de votre collègue, mais, ce que vous ignorez, c'est que, depuis quelque temps, il dissimule à peine son antipathie pour le préfet de la Gironde. J'ai dû me plaindre auprès du prince lui-même de propos tendant à dénigrer mon administration […]. D'ailleurs le frère de M. Ducos, qui est préfet du Lot-et-Garonne, ne craint pas de manifester son espoir de me remplacer très prochainement…

Avant de conclure, Georges Eugène ne peut s'abstenir d'une dernière perfidie en évoquant « la présence chez M. Ducos de sa nouvelle femme [qui] ne constitue pas un médiocre embarras pour ceux qui ont pu y voir l'autre, il y a moins d'un an, c'est-à-dire pour tous les Bordelais ».

Mais le principal souci de Persigny, lorsqu'il convoque Haussmann, concerne l'avenir même du régime : le prince-président envisage une vaste tournée en France dont il ressortirait, ou du moins dont il faudrait faire ressortir, que le peuple, aidé du zèle des préfets, souhaite le rétablissement de l'Empire. Cette tournée capitale pourrait se terminer en apothéose à Bordeaux, à condition bien sûr que le préfet se porte garant de la magnificence de l'accueil et de l'enthousiasme des habitants. La mission est donc d'extrême confiance. Haussmann l'accepte avec enthousiasme et, avant de quitter Paris, s'offre un avant-goût de ces festivités en assistant, le 5 mai à Notre-Dame, à la commémoration du trente et unième anniversaire de la mort de Napoléon Ier. Le prince-président est présent et, le 10 mai, il distribue les aigles aux drapeaux de l'armée sur le Champ-de-Mars aux cris de « Vive l'Empereur ! ».

Le voyage officiel – totalement organisé par Persigny et ses préfets – débute le 14 septembre lorsque, au débarcadère d'Austerlitz, le prince Louis Napoléon prend place dans le luxueux wagon-salon du P.O.-Midi tiré par une locomotive Crampton, la plus rapide alors. Première halte à Bourges. Persigny n'a pas lésiné : sur un arc de triomphe, trois points d'exclamation suivent l'inscription « Vive Napoléon !!! ». À Lyon, entendant fuser les « Vive l'Empereur ! », le prince joue l'hypocrite : ce cri, dit-il, « est un souvenir qui touche mon cœur plus qu'un espoir qui flatte mon orgueil ». À Marseille, il parle religion. À Montpellier, il évoque l'amnistie. Les préfets ont bien travaillé : les arcs de triomphe sont de plus en plus enthousiastes et les cris toujours plus vibrants. Tout est prêt pour l'apothéose bordelaise. Haussmann raconte dans ses *Mémoires* qu'il a tout organisé et tout surveillé jusqu'au moindre détail. On peut lui faire confiance : la réception du prince en Aquitaine ne connaît pas la moindre bavure. La nouvelle gare étant encore encombrée par le matériel de chantier, c'est par le fleuve que le président fait son entrée à Bordeaux le jeudi 7 octobre. Parti d'Agen le matin à sept heures pour profiter de la marée sur un bateau de la Compagnie des bateaux à vapeur du haut de la rivière, le président arrive en début d'après-midi au débarcadère proche des Quinconces. Le soleil brille, les quais sont noirs de monde et le spectacle est grandiose avec le fleuve couvert de navires aux oriflammes multicolores et aux matelots perchés sur les vergues. « C'est une capitale ! » murmure le prince en serrant le bras du préfet cramoisi de bonheur. *Te Deum* à la cathédrale, visite des chais, soirée vénitienne organisée par l'ingénieur Alphand au palais municipal, lancement d'un navire baptisé bien sûr le *Louis Napoléon*, rien ne manque à la visite du président de la République. Un soir il danse avec les notables, le lendemain avec les ouvrières, plus précisément avec Mlle Aimée Ruspino qui recevra le lendemain un cadeau du prince ;

tout comme la cavalière du préfet, lequel ne peut faire moins que son maître. Mais le clou de cette visite officielle de trois jours à Bordeaux c'est le discours tant attendu, le soir du 9 octobre, devant toutes les notabilités de la ville réunies dans le hall de la Bourse. Rien n'est laissé au hasard. Le président a demandé à voir le texte du toast que s'apprête à prononcer le président de la chambre de commerce, l'incontournable Duffour-Dubergier, et c'est avec le plus grand naturel qu'il répond par ce qui restera le « discours de Bordeaux », un appel d'inspiration saint-simonienne au progrès économique et social : « Nous avons d'immenses territoires incultes à défricher, des routes à ouvrir, des ports à creuser, notre réseau de chemin de fer à compléter… » Ce soir-là, le prince, qui redoute les réactions des puissances, lance son fameux « L'Empire, c'est la paix ! » ajoutant sans qu'on n'y prête alors beaucoup d'attention : « Lorsque la France est satisfaite, l'Europe est tranquille. » Personne n'en doute : c'est bien là le discours-programme de l'Empire. Le président craint tellement les erreurs de transmission (notamment dans les passages consacrés aux relations extérieures) qu'il interdit à Haussmann de télégraphier le texte à Paris. Le préfet se contente d'informer Persigny : « Ce discours est un grand événement ; c'est l'acceptation formelle de l'Empire. » Quelques semaines plus tard, un 2 décembre, bien sûr, Louis Napoléon, après un plébiscite triomphal, est proclamé Empereur héréditaire des Français et prend le nom de Napoléon III. Haussmann, qui a parfaitement tenu son rôle dans le grand spectacle de la république plébiscitaire et à qui le président a confié à l'issue du voyage bordelais « Quand le prince est satisfait, le préfet peut être tranquille » reçoit rapidement la récompense de son engagement : en janvier 1853, il est fait commandeur de la Légion d'honneur et, le 23 juin, lors d'un dîner à la sous-préfecture de Bazas, Ferrier de Tourettes s'approche de son patron pour lui remettre une dépêche signée Persigny : Georges Eugène Haussmann vient d'être nommé préfet de la Seine par l'Empereur. Vingt-deux ans après l'avoir quitté, notre Rastignac de quarante-quatre ans va retrouver Paris.

Chapitre VI

« UN ANIMAL DE RACE FÉLINE »

(1853-1857)

> *On peut, en moins de dix ans, faire de Paris la merveille du monde [...]. Fasse le ciel qu'il se trouve quelque homme assez zélé pour embrasser de tels projets, d'une âme assez ferme pour les suivre, d'un esprit assez éclairé pour les rédiger, et qu'il soit assez accrédité pour les faire réussir.*
>
> Voltaire, *Des embellissements de Paris*, 1739.

J'avais devant moi un des types les plus extraordinaires de notre temps, Grand, fort, vigoureux, énergique, en même temps que fin, rusé, d'un esprit fertile en ressources, cet homme audacieux ne craignait pas de se montrer ouvertement ce qu'il était. Avec une complaisance visible pour sa personne, il m'exposait les hauts faits de sa carrière administrative, ne me faisant grâce de rien ; il aurait parlé six heures sans s'arrêter, pourvu que ce soit de son sujet favori, de lui-même. J'étais du reste loin de me plaindre de cette disposition. Elle me révélait toutes les faces de son étrange personnalité. [...] Pendant que cette personnalité absorbante s'étalait devant moi avec une sorte de cynisme brutal, je ne pouvais contenir ma satisfaction. Pour lutter, me disais-je, contre les idées, les préjugés de toute une école économique, contre des gens rusés, sceptiques, sortis la plupart des coulisses de la Bourse ou de la Basoche, peu scrupuleux sur les moyens, voici l'homme tout trouvé. Là où le gentilhomme de l'esprit le plus élevé, le plus habile, du caractère le plus droit, le plus noble, échouerait infailliblement, ce vigoureux athlète, à l'échine robuste, à l'encolure grossière, plein d'audace et d'habileté, capable d'opposer les expédients aux expédients, les embûches aux embûches, réussira certainement. Je jouissais d'avance à

> l'idée de jeter cet animal de race féline au milieu de la troupe de renards et de loups ameutés contre toutes les aspirations généreuses de l'Empire[1].

Que Fialin de Persigny ait rédigé ce magnifique portrait de Georges Eugène Haussmann des décennies plus tard n'enlève rien à sa force, à sa véracité et à son ambiguïté. Si Haussmann réussit cet examen de passage devant le ministre de l'Intérieur au printemps 1853, s'il obtient le poste prestigieux de préfet de la Seine, il le doit autant à son caractère qu'à ses capacités d'administrateur, autant à son dévouement au nouveau pouvoir qu'à ses dons intellectuels.

> Chose étrange, poursuit Persigny, c'est peut-être moins les facultés de son intelligence remarquable que les défauts de son caractère qui me séduisirent.

La question de savoir qui a vraiment choisi Haussmann pour la préfecture de la Seine, qui a été « l'inventeur » du grand transformateur de Paris, est aujourd'hui secondaire. Persigny affirme – après coup, donc après la réussite du baron – que c'est lui, et c'est fort probable car il est alors ministre de l'Intérieur, le patron des préfets, et c'est lui qui a organisé la tournée provinciale du futur empereur dans laquelle le préfet de Bordeaux a si efficacement joué son rôle. Dans ses *Mémoires*, Haussmann se vante d'avoir été directement sélectionné par Napoléon III : « Inutile d'aller plus loin ; voilà celui qu'il me faut ! » se serait exclamé le monarque en voyant son nom en tête d'une liste des préfets de première classe[2]. Il se serait même souvenu que Georges Eugène est le filleul de son propre oncle, le prince Eugène de Beauharnais. Les choses se sont sans doute déroulées plus simplement. Napoléon III, revenu en France depuis moins de cinq ans, manque d'hommes et Haussmann a eu l'occasion, dans le Var, l'Yonne et la Gironde, de faire valoir son zèle bonapartiste. Parallèlement, il peut compter au ministère de l'Intérieur sur un ami sûr et bien placé : l'inamovible secrétaire général Louis Frémy, un ami auxerrois, lequel n'a pas oublié une petite scène très instructive qui s'est déroulée deux ans plus tôt dans les salons de la préfecture de l'Yonne. Venu à Auxerre avec le ministre de l'Intérieur du moment proposer au préfet de l'Yonne le poste de confiance de préfet de police de Paris, il s'était entendu, à sa grande surprise, opposé un refus. Haussmann avait alors fait une curieuse apologie d'un poste qu'on ne lui proposait pas, la préfecture civile de la Seine, qui lui rappelait « ces anciennes grandes orgues de Saint-Roch dont [...] personne ne put jamais entendre le

La rue Lafayette : cinq kilomètres de percée rectiligne dont Haussmann était très fier.

LA « GRANDE CROISÉE »

Inspirée du *cardo* et du *decumanus* antiques, la « grande croisée » achevée par Haussmann désigne deux grands axes est-ouest (la rue de Rivoli ci-dessus) et nord-sud (boulevards de Strasbourg et de Sébastopol, ci-dessous). Ce dernier axe, prolongé par le Pont-au-Change (ci-contre), se poursuit boulevard du Palais et s'achève, rive gauche, par le boulevard Saint-Michel.

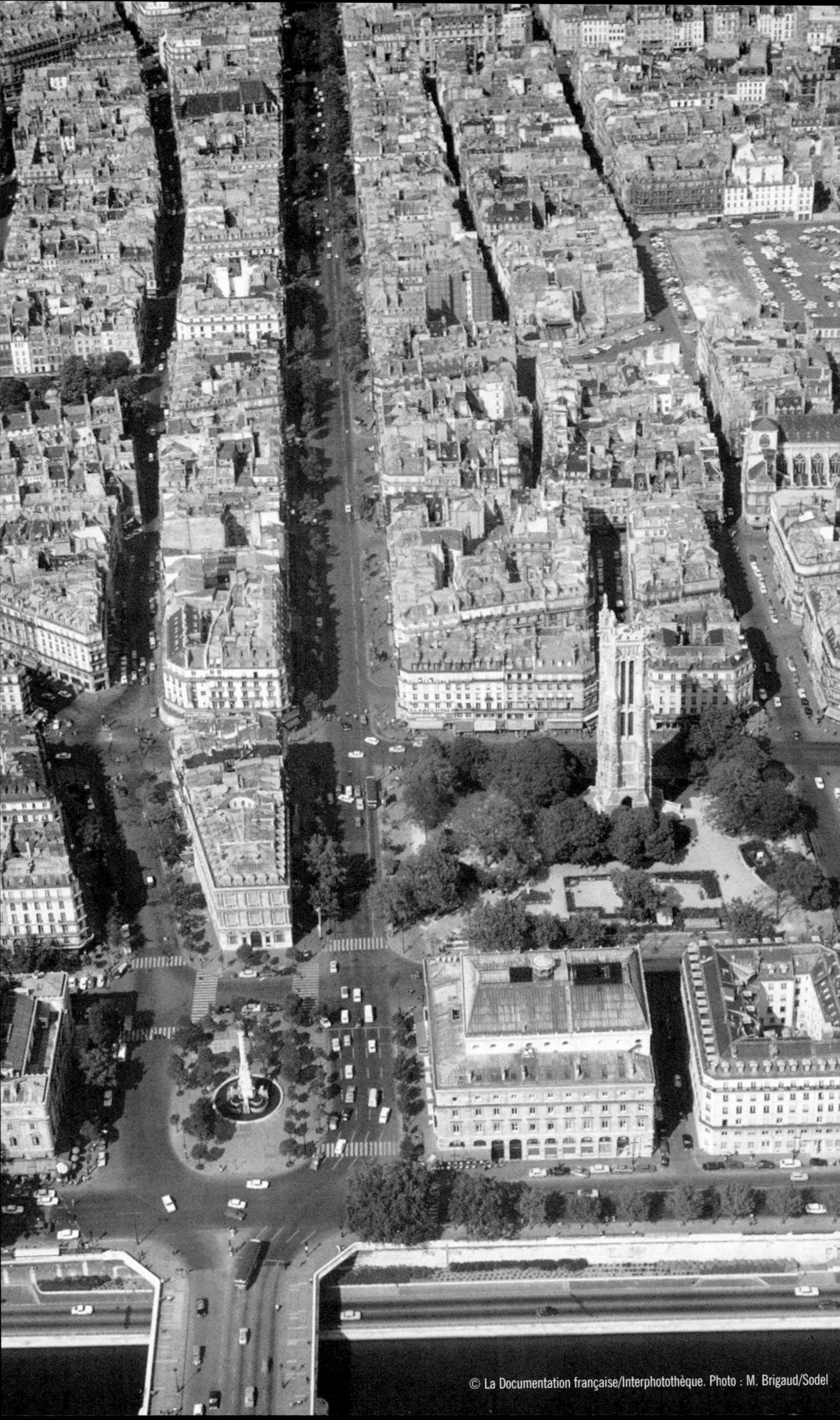

Haussmann fit raser toute la partie est de l'île de la Cité, à l'exception de Notre-Dame et de quelques îlots compris entre la cathédrale et le Quai-aux-Fleurs. L'un des plus denses quartiers médiévaux de Paris disparaît, stigmatisant une des faiblesses de l'esthétique haussmannienne. Il sera remplacé par trois bâtiments : l'Hôtel-Dieu, la Préfecture de police (ci-dessus, en travaux) et le Tribunal de commerce. Le réaménagement de l'île provoque la colère des Parisiens, notamment de ceux qui sont obligés de déménager pour cause d'expropriation (caricature de Daumier ci-dessous).

Le Propriétaire. — Vous concevez, môssieu, que ma maison se trouvant aujourd'hui dans la rue de Rivoli, je suis obligé d'augmenter votre loyer de trois mille francs.

Caricature de Chagot. © Photothèque des musées de la Ville de Paris

Photo : A. Guyomard

SAINT-AUGUSTIN ET LE BOULEVARD MALESHERBES

© BHVP

Exploit technique et première architecturale : les voûtes de Saint-Augustin sont portées par une armature métallique, masquée par un habillage néo-renaissant. Conçue par Baltard, directeur du service des travaux d'architecture (il édifia notamment les Halles), l'église, particulièrement étroite, était destinée à occuper l'angle aigu du boulevard Malesherbes. Son dôme, surnommé le « casque à pointe » par les Parisiens, se situe dans la perspective de l'Arc de triomphe.

L'Empereur remet au préfet de la Seine le décret d'annexion de la banlieue suburbaine. Le premier tableau (à gauche) est jugé trop peu cérémonieux, et Yvon en réalise un second. L'Impératrice intègre la composition, les personnages ont revêtu leurs habits de cour, et la scène a lieu sous le dais de la salle du trône.

Haussmann conçoit le nouveau système des eaux de Paris : une eau abondante, pure et distribuée à domicile. Auparavant, les Parisiens se procuraient de l'eau aux deux mille bornes-fontaines publiques alimentées par le canal de l'Ourcq ou aux pompes de Chaillot et d'Austerlitz (eau de la Seine).

Sous la direction de Belgrand et de Freycinet, 560 kilomètres d'égouts sont réalisés. C'est l'un des dispositifs essentiels du système haussmannien.

LORGET
DE VIMS
GRAND MAGA
ACHILE THO
TERRE VEGET. ET SABLE 2 M. 60
MARNE GYPSEUSE 9 M.
MARNE SILICEUSE 5 M.
MARNE CALCAIRE 3 M.
ARGILE PLASTIQUE OU GLAISE 10 A 11 METRES
EGOUTS
EAU
GAZ
CRAIE JUSQU'AUX EAUX JAILLISSANTES
BEST HOTELIN

Quatrième année. — N° 3 PRIX DU NUMERO POUR PARIS ET LES DÉPARTEMENTS 25 centimes Samedi 15 Janvier 1870

PARIS-COMIQUE

JOURNAL ILLUSTRÉ

DIRECTEUR CARLO GRIPP

ADMINISTRATION 6, Cité Trévise.

ABONNEMENTS : Paris, Six mois, 6 fr. Un an, 10 fr. Départements, Six mois, 7 fr. Un an, 12 fr. Les abonnements partent des 1er et 15 de chaque mois.

M. HAUSSMANN ET Mlle LUTÈCE

Est-il possible qu'après vous avoir tant aimée, qu'après vous avoir couverte de perles et de diamants, et fait de vous, jadis si laide, la plus belle... fille de la terre, vous me disiez... zut? Ingrate!!!

Caricature de Haussmann rejeté par Paris, gravure anonyme. © Photothèque des musées de la Ville de Paris

Lorsque le préfet de la Seine est limogé, en 1870, la presse s'acharne sur celui qui, selon la formule de Jules Ferry, laisse des « comptes fantastiques ».

Caricature de H. Mailly. © Photothèque des musées de la Ville de Paris

Avenue de l'Opéra, vers 1870. Prévu dès 1854, le percement de l'avenue de l'Opéra (photographiée ci-dessus, alors qu'elle est encore l'avenue Napoléon) n'est achevé qu'en 1879. Il permet d'assainir le quartier insalubre implanté sur la butte des Moulins (ci-dessous). Notons que le palais Garnier a été inauguré quatre ans auparavant par la IIIe République.

Travaux de la butte des Moulins.

L'avenue de l'Opéra imaginairement achevée (gravure de A. Deroy, *Le Monde illustré*, 27 mars 1869). Haussmann s'est-il avisé que la perspective de l'artère débouchait, comme le raillèrent ses contemporains, sur la loge de concierge de l'Hôtel du Louvre (ci-dessous) ?

Avenue de l'Opéra, après 1877. © BHVP

Cheveux blancs, silhouette mince, le baron Haussmann porte encore beau cependant qu'il rédige ses *Mémoires*. Il s'éteint le 11 janvier 1891. Il n'aura droit qu'à des obsèques de « troisième classe ».

grand jeu complet, parce qu'on craignait que les vibrations des gros tuyaux de l'octave basse n'ébranlassent les voûtes de l'église[3] ». Il avait par ailleurs insisté sur l'intérêt d'y nommer « un homme ayant une autorité suffisante pour entreprendre et conduire à bien de grandes œuvres, et possédant aussi la vigueur d'esprit et de corps nécessaire pour lutter contre la routine ». D'autres auraient souri ; Frémy, en ami fidèle, enregistra le message et, fort probablement, le répercuta plus tard à Persigny, qui cherchait un nouveau patron pour Paris. Une lettre inédite révèle, en toute hypothèse, qu'au fond de lui-même Haussmann s'estimait redevable au duc de sa nomination parisienne. Le 22 juin 1863, il lui écrira :

> Il y a juste dix ans aujourd'hui que vous avez contresigné le décret en vertu duquel j'exerce mes fonctions. Permettez-moi de vous rappeler cette date que vous avez pu oublier mais qui est restée dans mon souvenir et dans mon cœur[4].

Il est peu probable que Georges Eugène ait eu ce geste à l'égard de quelqu'un qui n'aurait pas pris effectivement une part décisive dans sa nomination. Quoi qu'il en soit, le dynamisme d'Haussmann supplante rapidement la question de son parrainage : embauché pour être un simple exécutant et mettre en œuvre les projets urbains de Napoléon III ainsi que les conceptions financières de Persigny, il s'appropriera bien vite leurs idées et, d'exécutant, apparaîtra désormais aux yeux des contemporains comme le véritable auteur de la transformation de Paris.

En tout cas, Haussmann n'hésite guère face à la proposition de Persigny : « À la vue, à l'odeur de l'appât, il se jeta dessus avec fureur[5]. » On le croit sans peine. Depuis vingt-deux ans, notre fonctionnaire ronge son frein. Marqué par les frustrations provoquées par une carrière commencée en trombe et longtemps enlisée dans des sous-préfectures campagnardes, il rêve d'assumer des responsabilités à la hauteur de ses capacités qu'il sait énormes et sous-employées. On peut sourire de cette complaisance mais, dans le fond, les prétentions de Georges Eugène sont largement justifiées. L'énorme œuvre de la transformation de Paris – dans ses *Mémoires*, il parle de « grande œuvre », de « transfiguration » – qu'il conduira pendant dix-sept ans malgré les obstacles, les critiques, les cabales, voire les insultes, témoignera assez des capacités – le courage, la force, l'imagination, la créativité – et de l'habileté de cet « Alsacien né à Paris », comme il se présentera bientôt à l'impératrice. À quarante-quatre ans, en pleine possession de ses moyens, Haussmann comprend qu'une occasion unique lui est donnée de sortir de l'ombre, de devenir un créateur et non plus un simple administrateur. Rien ne décourage ce « félin » ou ce « sanglier », selon une autre image utilisée par Persigny. De fait, c'est en sanglier bousculant tout sur son passage qu'il va prendre possession de son poste.

Il est exactement deux heures vingt-cinq de l'après-midi, lorsqu'une dépêche télégraphique avertit le 23 juin le préfet de Bordeaux de sa nomination à Paris : « Sa Majesté a jugé qu'il fallait une main ferme, vigoureuse et dévouée comme la vôtre pour mener à bien la grande entreprise de la ville de Paris », dit le télégramme pieusement conservé par Haussmann et ses descendants[6]. Dès le 28 au matin, Haussmann descend à l'hôtel du Danube rue Richepance et entame un véritable marathon. Fonceur mais prudent, il commence par rendre visite à son ami Frémy afin de se faire expliquer la situation à l'Hôtel de Ville et les raisons du départ de son prédécesseur Berger. Tous deux se rendent ensemble au ministère de l'Intérieur où Persigny le reçoit « à bras ouverts » et lui explique ce qu'on attend de lui. Le comte de Persigny (il ne sera fait duc que plus tard) est un des piliers du nouveau régime. Depuis 1835, il a lié son sort à celui du prince ; il a même participé au putsch manqué de Strasbourg le 30 octobre 1836. C'est le fidèle entre les fidèles, comme en témoigne ce mot de l'empereur :

> Personne n'aime l'Empire ; voyez, moi, je suis socialiste, l'Impératrice est légitimiste, le prince Napoléon est républicain ; je ne connais que Persigny qui soit bonapartiste et encore il est fou[7].

Cet homme lige n'a pas l'âme d'un courtisan. Il se fera ainsi beaucoup de tort auprès d'Eugénie de Montijo pour avoir déconseillé le mariage à l'Empereur et partagera avec Haussmann une particularité rare dans le haut personnel politique du Second Empire : l'honnêteté. Maxime Du Camp, peu suspect de complaisance, raconte comment le ministre reçut le commis d'un banquier venu proposer cinq cents actions d'une société en échange de l'indispensable paraphe ministériel : « Persigny écouta l'émissaire, signa l'ordonnance qui constituait la société, puis, saisissant le paquet de cinq cents actions qu'on lui remettait, il en retira quarante et dit : "J'ai vingt mille francs d'économies ; je ne puis donc prendre que quarante actions ; votre patron m'a cru plus riche que je ne suis." Et il restitua les quatre cent soixante actions qu'il refusait d'accepter.[8] » Lors de la visite du nouveau préfet de la Seine, Persigny ne s'attarde pas sur les travaux eux-mêmes, « domaine réservé » du chef de l'État, mais sur leur financement. Le préfet Berger a été remercié, souligne-t-il, parce qu'il renâclait à mettre en œuvre la théorie, keynésienne avant l'heure, des « dépenses productives » qui peut se résumer ainsi : emprunter aujourd'hui pour engager des travaux qui généreront de l'activité économique et donc des revenus fiscaux, lesquels permettront demain de régler intérêts et capital. Haussmann applaudit des deux mains :

> Cette théorie forme depuis longtemps un des articles principaux de ma profession de foi d'économiste [9].

Sur les travaux eux-mêmes, Persigny renvoie le préfet à Napoléon III qui le recevra le lendemain à Saint-Cloud pour lui en « faire connaître les détails ».

Le marathon continue. À l'issue de son entretien avec le ministre, Georges Eugène retourne à l'hôtel du Danube où l'attend le secrétaire général de la préfecture de la Seine, Charles Merruau, qui propose élégamment sa démission au cas où le nouveau préfet souhaiterait nommer un de ses hommes à ce poste. Souvent brutal, Haussmann n'est cependant pas dénué d'habileté. Frémy l'a averti que les conseillers municipaux, bien que nommés par le gouvernement, se préparent à lui faire un accueil mitigé car ils regrettent le départ de son prédécesseur qui s'était posé en défenseur des contribuables parisiens face aux grands et coûteux projets du pouvoir. « Ce n'est pas moi qui me prêterai jamais à ruiner la ville [10] ! » avait-il lancé un jour à Persigny, oubliant qu'il n'était qu'un fonctionnaire et non un maire élu. Haussmann sait qu'il devra manœuvrer en terrain miné : il juge nécessaire de rassurer les fonctionnaires de la ville inquiets de sa réputation autoritaire et de garder à ses côtés un homme qui connaît tous les rouages de l'administration préfectorale. Il prie donc Merruau de rester à son poste. Cela fait, il peut enfin aller déjeuner chez ses parents, sans Octavie qui, comme à son habitude, est restée à Bordeaux avec ses propres parents. Le déjeuner est rapide car il lui reste à humer l'air de la ville et des salons. Un tour à la Banque de France pour saluer le sous-gouverneur Travot, député de Bordeaux et cousin par alliance d'Octavie, et le voici faubourg Saint-Germain dans le salon très huppé et très royaliste de ses anciens protecteurs de Blaye, le marquis et la marquise de La Grange. Il y obtient ce qu'il est venu chercher : la promesse que la marquise honorera de sa présence les réceptions de l'Hôtel de Ville qu'elle boycottait du temps de Berger.

> Je pensais que de proche en proche, le noble Faubourg l'y suivrait et contribuerait ainsi à faire de nos salons ce que je projetais déjà : une sorte de terrain neutre, en tant que municipal, où toutes les élégances parisiennes, sans distinctions de partis, pourraient se rencontrer [11].

Notre fonctionnaire, qui « porte haut sa roture », comme dira un jour de lui Mme Baroche, bonapartiste de famille et de profession, ne manque pas de culot : à peine nommé, il rêve déjà d'attirer à lui la vieille noblesse légitimiste dont il rasera bientôt les hôtels particuliers pour percer ses boulevards. Enfin, le moment est venu de franchir le porche de l'Hôtel de Ville : la première fois qu'il y est entré, un certain 29 juillet 1830, c'était en insurgé, armé d'un vieux fusil sorti d'un magasin de théâtre et en compagnie du vaudevilliste Étienne Arago, fondateur d'une feuille satirique promise à un grand avenir, *Le Figaro*. Vingt-trois ans plus tard, c'est le proconsul d'un Empereur issu d'un coup d'État qui vient prendre ses fonctions et saluer son prédécesseur Jean-Jacques Berger. Haussmann remarque aussitôt le bureau exigu, « éclairé d'une seule fenêtre » (il en changera rapidement) et s'étonne de l'accueil bienveillant du préfet destitué : « Eh ! Arrivez donc, jeune homme ! Vous vous faites bien attendre ! Il me tarde de vous passer la main. » « Je ne suis pas pressé de la prendre ! » répond sans rougir Georges Eugène. Berger, il est vrai, a de bonnes raisons de ne pas être désespéré : il vient d'être nommé sénateur à vie avec trente mille francs d'émoluments annuels. Les deux hommes se sont déjà rencontrés : en 1850, le petit préfet de Bourgogne était en effet venu se plaindre auprès du puissant préfet de la Seine de la création d'une surtaxe d'octroi sur les vins destinée à financer les premiers travaux de Paris. « Attention à l'extension déjà trop importante donnée aux grands travaux », conseille à présent Berger à son successeur qui se garde bien de lui répondre et prend congé en demandant une copie des budgets de la ville pour 1852 et 1853. Les visites suivantes au préfet de police et au président du conseil municipal sont aussi rapides que protocolaires, même si la dernière donne lieu à un léger incident : le président Delangle reçoit froidement le nouveau préfet et déplore devant lui le départ de son prédécesseur qui laisse des « finances en bon ordre ». Haussmann ne s'attarde évidemment pas et, dès cinq heures, il retrouve sa chambre d'hôtel où il ouvre aussitôt les livres de comptes de Paris. Au milieu de la nuit, à en croire ses *Mémoires*, il imagine le moyen de lancer la mécanique des « dépenses productives » et d'appliquer à la transformation de Paris les conceptions prékeynésiennes du Second Empire : le prudent Berger, redoutant la rapacité du gouvernement, a systématiquement sous-estimé les recettes de la ville et surestimé les dépenses en gonflant les provisions. En redressant ces comptes fallacieux, on peut faire apparaître des excédents permettant de gager une politique d'emprunts. Haussmann s'endort satisfait de lui-même :

> J'avais le point d'appui cherché, celui qui devait me permettre de soulever, non pas le monde, mais le pesant fardeau que j'allais assumer [12].

Deux milliards et demi de francs-or de travaux, des dizaines d'avenues et de rues, des milliers d'immeubles sortiront de cet exercice comptable de la nuit du 28 au 29 juin 1853.

Le plan colorié de l'empereur

Dès dix heures du matin, Georges Eugène se présente au château de Saint-Cloud – que, plus tard, détruira la Commune –, dont Napoléon III apprécie le calme et les réminiscences historiques : c'est lui qui abrita le coup d'État de Brumaire, acte fondateur de la dynastie napoléonienne. Le préfet de la Seine est en grande tenue, pantalon blanc, gilet de la même couleur, habit bleu dont le devant est couvert de broderies argent avec des motifs de chêne et d'olivier. Le collet raide, également brodé d'argent, l'oblige à relever le menton, ce qui rehausse encore sa grande taille. L'empereur, qui souhaite que ses préfets aient belle prestance et s'enquiert de leur physique avant de les nommer, peut être satisfait. Avec sa taille inhabituelle, Haussmann, cependant, ne saurait ressembler au monarque, comme c'est alors la mode chez nombre de ses collègues. Voici le portrait du préfet du Morbihan, Armand Laity, plaisamment dépeint par le diplomate autrichien Rodolphe Apponyi :

> D'immenses moustaches cachent entièrement sa bouche et une impériale plus grande encore cache son menton ; de plus, M. Laity cherche à fermer les yeux le plus possible, pour donner à son regard tout ce vague, toute cette absence d'expression qui caractérisent la physionomie du Prince Louis, au point que je l'ai pris d'abord pour un proche parent, un cousin germain au moins de Bonaparte [13].

Le préfet de la Seine n'est pas seul à patienter dans la salle de billard du château : Persigny est également présent ainsi que deux autres préfets venus prêter serment (dont, curieuse coïncidence, Henri Chevreau, qui sera son successeur à Paris en 1870). À onze heures, le petit groupe est mis en présence de l'Empereur et chacun répond « Je le jure ! » à la formule du serment lue par le ministre de l'Intérieur : « Vous jurez obéissance à la Constitution et fidélité à l'Empereur. » Malgré la solennité de la cérémonie, Napoléon III est distrait et n'entend pas le nom du troisième préfet prestataire, Alphonse Paillard – ce qui donne lieu à un gai quiproquo, rapporté avec entrain par Haussmann : l'empereur, ayant compris Bayard, « dit gracieusement à celui-ci : – Je compte que vous vous montrerez toujours digne de votre nom. – Tableau ! Ahurissement du préfet, du ministre ; effort des assistants pour garder leur sérieux et vague étonnement du souverain pour le peu de succès obtenu par son mot [14] ». Invité ensuite à déjeuner et placé à la droite de la toute nouvelle impératrice (l'empereur a épousé en janvier une noble espagnole, Eugénie de Montijo, qui lui a froidement expliqué que le chemin de son lit passait par l'autel), Georges Eugène fait sa cour au pas de charge et réussit à évoquer tout à la fois son parrain commun avec l'impératrice, Eugène de Beauharnais, (« bien que, parmi les filleuls du prince, je sois de beaucoup l'aîné de Votre majesté ») ; le passé révolutionnaire de son grand-père (la fortune des Bonaparte a sa source dans la Révolution) sans oublier un lointain parent de son épouse, le général La Harpe mort au service de la France napoléonienne. Ce jour-là, Haussmann fait sa véritable entrée dans le clan impérial ; il n'en sortira pas. Insigne faveur, Napoléon III, à l'issue du déjeuner, emmène Haussmann dans son bureau pour lui communiquer sa passion : la transformation de Paris, ou comme l'on dit alors son « embellissement ». L'empereur est impatient de montrer à son nouveau préfet de la Seine un document qu'il a fait reproduire et installer dans toutes ses résidences, aux Tuileries, à Saint-Cloud, Compiègne ou Fontainebleau :

> Une carte de Paris sur laquelle on voyait tracées par lui-même, en bleu, en rouge, en jaune et en vert, suivant leur degré d'urgence, les différentes voies nouvelles qu'il se proposait de faire exécuter [15].

Ce témoignage est essentiel : l'idée de la transformation de la capitale vient bien de Napoléon III, ce qu'Haussmann confirmera, affirmant avoir été « l'expression, l'organe, l'instrument d'une grande idée conçue par lui [16] ». Cette paternité abandonnée au prince n'enlève rien à la dimension historique du préfet. Sans sa créativité, sa force de caractère, voire sa brutalité, les projets urbains de Napoléon III se seraient sans doute enlisés dans le marais des oppositions et des obstacles divers. Tout comme, sans

Ferdinand de Lesseps, le canal de Suez n'aurait pas été une réalisation française. Voilà qui peut contribuer à corriger le sévère jugement de Maxime Du Camp sur Napoléon III :

> S'il eut des idées généreuses – et il en eut – elles restèrent infécondes ; car il ne trouva près de lui personne qui lui vînt en aide pour les appliquer [17].

Rarement, en tout cas, chef d'État est arrivé au pouvoir avec autant d'idées et de projets dans la tête que Louis Napoléon Bonaparte.

> L'idée napoléonienne n'est point une idée de guerre, mais une idée sociale, industrielle, commerciale, humanitaire, avait-il écrit en 1836 dans son corpus idéologique *Des idées napoléoniennes* [18].

L'Histoire montrera malheureusement que la guerre est intrinsèquement liée à un régime fondé sur la volonté de réviser le système européen issu de Waterloo et de la Sainte-Alliance. Mais, pour le reste, le prince ne ment pas. « Le Second Empire ne fut pas une passerelle mais un pont vers la société moderne », a dit Persigny. La ville est au cœur de cette modernité qui, avec le développement des chemins de fer, de la grande industrie, des grands magasins, du gaz et de l'électricité, permet l'éclosion d'un nouvel urbanisme. Les projets urbains de Napoléon III, dont il confiera bientôt la conception à Haussmann, répondent à trois objectifs qu'il serait vain de chercher à hiérarchiser : embellir la cité, la sécuriser politiquement et nourrir la croissance économique.

Le prince, qui a davantage vécu en Suisse, en Italie, en Grande-Bretagne ou aux États-Unis qu'en France, n'a pas le fétichisme du passé parisien et de ses monuments. Ses souvenirs d'enfance le renvoient certes aux Tuileries, à l'Élysée, voire à la Malmaison, mais il connaît à peine Paris, comme le révèle une anecdote rapportée par Victor Hugo. Rendant visite pour la première fois à l'écrivain en 1848, il lui avoue :

> Je vous ai beaucoup cherché. J'ai été à votre ancienne maison. Qu'est-ce donc que cette place des Vosges ?
> – C'est la place royale.
> – Ah ! Est-ce que c'est une ancienne place [19] ?

Comme le dira le fidèle collaborateur du baron, Alphand, dans son discours-hommage à l'Académie des beaux-arts en 1891 :

> L'idée originelle de la transformation de Paris appartient à Napoléon III. Une de ses premières préoccupations fut de donner à Paris tout ce qu'il avait vu de bon et de beau pendant ses séjours dans les villes étrangères et particulièrement à Londres [20].

Depuis sa captivité au fort de Ham, le prince proclame son ambition de reconstruire Paris et d'en faire « le chef-lieu de l'Europe » : « Je veux être un nouvel Auguste parce qu'Auguste a fait de Rome une ville de marbre. » Ce que Napoléon IIII avoue moins facilement, c'est la dimension sécuritaire, on dit alors « stratégique », de la transformation de la capitale. Les rues du vieux Paris, du Paris populaire, où deux ou trois charrettes renversées, ou quelques commodes jetées des fenêtres, suffisent à dresser une barricade, sont propices aux insurrections. En vingt ans, la ville a en connu neuf, dont celles d'avril 1834 et de juin 1849 qui ont donné lieu à de sanglantes répressions, et les journées de juillet-1830 et de février 1848 qui ont renversé deux régimes. L'empereur n'oublie pas que le coup d'État du 2 décembre 1851 a manqué d'échouer sur les barricades dressées entre les Halles et les grands boulevards. Il est donc déterminé à placer son pouvoir à l'abri de la rue. Déjà Louis-Philippe avait commencé à remplacer les pavés en granit des boulevards par des pavés en bois et la IIe République à les recouvrir de macadam. Avec son esprit de système habituel, le préfet Haussmann ira beaucoup plus loin : on lui reprochera assez d'avoir calculé la largeur des boulevards en fonction du rayon de braquage des rallonges d'artillerie et d'avoir privilégié les tracés rectilignes « parce que les boulets ne savent pas prendre la première à droite [21] ». Le philosophe allemand Walter Benjamin écrira même :

> Le véritable but des travaux de Haussmann c'était de s'assurer contre l'éventualité d'une guerre civile. Il voulait rendre impossible à tout jamais la construction de barricades dans les rues de Paris. [...] Les contemporains ont baptisé son entreprise : « l'embellissement stratégique » [22].

D'utiles ateliers nationaux

L'analyse est exacte, quoique insuffisante. Le bonapartisme ne se résume pas à un conservatisme sécuritaire. Certes, la préoccupation stratégique est évidente et avouée ; en 1857, Haussmann ne la cache pas aux députés de qui il obtient le vote des crédits :

> Il s'agit d'établir des voies qui assureront des communications larges, directes et multiples entre les principaux points de la capitale et les établissements militaires destinés à les protéger[23].

Mais elle n'épuise pas les motivations de Napoléon III, esprit résolument moderne, convaincu de la nécessité de pousser la croissance et d'adapter la France à la première révolution industrielle. « Le Second Empire est le premier régime qui ait en France si nettement privilégié des objectifs d'ordre économique », écrit justement Alain Plessis[24], tandis que l'historien de Napoléon III, Louis Girard, précise : « La politique des travaux publics caractérise le régime et constitue un de ses moteurs[25]. » Ce qui fait la force d'un homme politique, c'est la rencontre entre ses convictions profondes et ses intérêts tactiques : outre ses convictions saint-simoniennes, Louis Napoléon ne saurait oublier que la monarchie de Juillet puis la IIe République sont mortes de la crise économique des années 1847-1848 ; que seule la croissance peut asseoir son régime. Le discours de Bordeaux avait annoncé la relance par les travaux publics. Ce n'est pas un hasard si, en même temps qu'il lance la transformation de Paris, le nouveau régime accélère le programme de chemins de fer : jusqu'au 2 décembre 1852, l'État avait concédé au total 3496 km de voies ferrées. Entre le coup d'État et la fin 1853, c'est la construction de 5336 km qui est lancée. On a dit que les grands travaux haussmanniens étaient les « ateliers nationaux du Second Empire », ce n'est pas faux, à condition d'insister sur leur utilité. Tout en nourrissant la croissance du moment, ils préparent celle de l'avenir : ils adaptent la ville à la nouvelle économie, notamment aux chemins de fer, et inventent l'urbanisme moderne qui ne se soucie pas uniquement d'esthétique et de monuments, mais aussi de santé publique et de démographie. Les contemporains ne s'y trompent pas, tel Charles Merruau, le secrétaire général de la préfecture de la Seine, qui s'enthousiasme :

> L'Hôtel de Ville voyait sa garnison reprendre le chemin des casernes et la politique rendre à l'administration sa place légitime. Ce n'étaient plus des bandes d'insurgés qui parcouraient la ville mais des escouades de maçons, de charpentiers, d'ouvriers de toute sorte allant à leurs travaux ; si l'on remuait les pavés, c'était non pour les entasser en barricades mais pour faire circuler sous les rues l'eau et le gaz ; les maisons n'étaient plus menacées par le canon ou l'incendie, mais par l'indemnité féconde de l'expropriation[26].

Quand, lors de l'entretien « fondateur » du 29 juin 1853 à Saint-Cloud, Napoléon III expose ses vues à son préfet, il est loin de penser que celui-ci monopolisera totalement la direction des travaux de Paris : il annonce à Haussmann la mise en place d'une « Commission officieuse » chargée de suivre les opérations sous l'autorité du comte Siméon et du duc de Valmy. Qu'importe, aux explications du plan colorié de l'empereur le préfet comprend qu'il doit prendre le train en marche.

L'arsenal légal et juridique qui permettra la transformation de la capitale est, de fait, en place. À l'exception de quelques travaux comme le percement de la rue Rambuteau, la parcimonieuse monarchie de Juillet a peu modifié la ville. Elle a cependant forgé pour l'avenir une arme extraordinairement efficace : la loi du 3 mai 1841, qui permet et réglemente l'expropriation pour cause d'utilité publique.

> Grâce à cette seule loi, écrit justement Gérard Lameyre, se sont effectués ces grands travaux qui honorent la France du XIXe siècle : chemins de fer, canaux, grands travaux de Paris [27].

De plus, le régime dictatorial s'est donné les moyens d'agir vite et fort : le sénatus-consulte du 25 décembre 1852 accorde au chef de l'État le droit de modifier les tarifs douaniers et d'engager les travaux publics ; il peut autoriser par décret tous travaux d'utilité publique, toutes entreprises d'utilité générale, et attribuer, en cas d'urgence, les crédits extraordinaires nécessaires, pourvu qu'ils soient soumis au Corps législatif lors de la session la plus proche. S'instaure ainsi le premier exemple historique de dictature économique.

Reste à passer aux actes. Napoléon III n'a pas attendu Haussmann pour amorcer la transformation d'une ville restée profondément féodale. Certes, Georges Eugène reconnaît sans peine le Paris du temps de ses études, mais un facteur essentiel demande à être pris en compte : la démographie. La cité, qui comptait cinq cent cinquante mille habitants sous le Premier Empire, dépasse le million en 1851 et seize à vingt-cinq mille habitants nouveaux arrivent chaque année. La densité des quartiers centraux dépasse les quinze mille habitants au kilomètre carré, selon les chiffres de la thèse de Jeanne Gaillard, pour qui « les grands travaux d'Haussmann ne sont point nés seulement d'une volonté abstraite de grandeur, ils n'ont pas été entrepris essentiellement pour résorber la grande dépression économique commencée en 1847 [...] ils sont nés de la crise urbaine elle-même »[28]. Les quartiers des Arcis, du Carrousel, de la Cité, de la petite Pologne, de Saint-Marcel sont à peine plus décrépis qu'au temps de *La Cousine Bette*, mais ils sont désormais dramatiquement surpeuplés, ce qui les rend proprement invivables, comme en témoignent les épidémies de choléra à répétition : celle de 1847 y a emporté près d'un habitant sur deux. De nos jours, le « vieux Paris » évoque l'image de quartiers restaurés et charmants, emplis de la nostalgie du passé. Au milieu du siècle dernier, il s'agit de taudis que personne ne songe à entretenir, à commencer par leurs propriétaires. Le rapport d'un fonctionnaire de la préfecture de police, Frégier, consacré aux « classes dangereuses de la population des grandes villes », met en avant les causes structurelles de cette situation et la responsabilité des pouvoirs publics :

> Les propriétaires abusent de la manière la plus fâcheuse du silence des règlements pour donner aux bâtiments qu'ils élèvent dans les cours de leurs maisons une hauteur démesurée[29].

Les adversaires du préfet de la Seine compareront plus tard les cours « étroites » des immeubles haussmanniens aux « vastes jardins » qui agrémentaient l'arrière des maisons du vieux Paris :

> Naguère, écrira Huysmans, derrière les logis, s'étendaient des jardins en fleurs et d'immenses cours ; maintenant les croisées s'ouvrent sur des puisards et se touchent ; les gens qui n'habitent pas sur la rue étouffent ; l'air était derrière les façades et il est désormais devant ; de même pour les arbres : ils ont sauté par dessus les maisons et ils s'étiolent, actuellement, à la queue leu leu, sur des trottoirs, les pieds pris dans des carcans de fonte. En somme, l'espace est le même qu'autrefois, mais il est réparti d'une autre façon[30].

On l'imagine sans peine, les jolis « jardins en fleurs » regrettés par l'écrivain fleurissaient surtout au faubourg Saint-Germain ou rue Caumartin, et guère dans les vieux quartiers du centre. C'est justement là que Frégier, avec sa précision de fonctionnaire, relève surtout des boyaux infâmes « qui n'ont que quatre pieds carrés [1 m 20 de côté] et se trouvent remplis d'ordures. C'est sur ces cours que s'ouvrent les chambres. Les latrines crevées au 5e étage laissent tomber les matières fécales sur l'escalier qui en est inondé jusqu'au rez-de-chaussée[31] ». Toute l'intelligence du nouveau régime a été d'appréhender cette explosion démographique et de comprendre qu'elle n'en est qu'à ses débuts ; que les chemins de fer vont drainer de plus en plus de provinciaux ou d'étrangers vers la ville. Le projet urbain de Napoléon III tend donc d'abord à adapter la ville aux nouveaux moyens de communication : directement, en aménageant les accès aux sept débarcadères que compte déjà Paris ; indirectement, en préparant la cité à accueillir ces futurs nouveaux habitants. Charles Merruau témoigne :

> Pour point de départ de ce qu'il y avait à faire, il considérait d'abord que les [...] gares de chemin de fer étaient désormais les véritables portes de la ville au lieu des anciennes barrières [...]. Il fallait relier ces portes nouvelles afin que le passage de l'une à l'autre, c'est-à-dire d'une région de la France à une autre région, fût commode et rapide à travers le centre commun ; il fallait, de ces points principaux d'arrivée, projeter jusqu'au cœur de la grande cité de larges artères [32].

Difficile de mieux décrire le centralisme à la française et ses effets sur les grands équipements. Un centralisme totalement revendiqué à l'époque, comme l'illustre ce morceau de bravoure d'Haussmann devant le conseil municipal :

> Tout vient aboutir à Paris : grandes routes, chemins de fer, télégraphes. Tout en part : lois, décrets, décisions, ordres, agents. Les énergiques moyens de centralisation organisés à Paris de siècle en siècle, par les divers gouvernements, en ont fait l'âme de la France [...]. Paris est la centralisation même [33].

En tout cas, dès les premières semaines de la période de « dictature légale » qu'il s'est octroyée au lendemain du coup d'État, le prince-président multiplie les décrets d'urbanisme. Leur simple énumération illustre la surprenante prééminence que le prince accordait à l'aménagement de Paris (on aurait, en effet, pu s'attendre à ce qu'un pouvoir issu d'un pronunciamiento militaire eût d'autres priorités) :

10 décembre 1851 : décret ordonnant la construction du chemin de fer de petite ceinture ;

13 décembre : ouverture d'un crédit à la ville de Paris pour le déblaiement de la place du Carrousel ;

10 mars 1852 : décret sur le percement du boulevard de Strasbourg destiné à dégager les deux embarcadères du Nord et de l'Est ;

12 mars : décrets décidant l'achèvement du Louvre et augmentant le périmètre des Halles ;

27 mars : décision de construire le palais de l'Industrie au bas des Champs-Élysées ;

13 juillet : cession par l'État du bois de Boulogne à la ville de Paris à condition qu'elle y exécute deux millions de travaux et qu'elle aménage son accès au bois depuis l'Arc de triomphe ;

24 juillet : déclaration d'utilité publique du percement de la rue des Écoles ;

23 décembre : décret prolongeant les arcades de la rue de Rivoli jusqu'à la place du Palais-Royal ;

9 mars 1853 : décret sur le percement de la rue de Rennes entre le débarcadère de Montparnasse et la rue de Vaugirard.

Cette liste démontre amplement que Napoléon III n'a pas attendu le nouveau préfet de la Seine pour lancer la transformation de Paris. C'est à ces décrets qu'Haussmann doit sa nomination, et non le contraire. Seulement, lorsque le nouveau préfet prend ses fonctions, ces textes restent pour la plupart parfaitement théoriques et les chantiers s'ouvrent à peine. En traînant les pieds pour lancer un « petit » emprunt de cinquante millions destiné à financer la prolongation de la rue de Rivoli, Berger a retardé l'ouverture des travaux mais aussi achevé d'user la patience du prince. Haussmann a été choisi pour lever ces obstacles et accélérer la cadence. Imprimant aussitôt sa marque, il reprend à son compte les travaux décidés, mais il les corrige, les modifie, les complète et leur donne une ampleur nouvelle, en les englobant dans un ensemble bientôt baptisé « premier réseau ». Autant les décrets précités donnent le sentiment d'un saupoudrage, autant la démarche d'Haussmann s'affirme comme une action globale et pensée, même si dans la réalité elle est avant tout pragmatique. Comme le remarque finement Jeanne Gaillard, l'unité profonde de l'haussmannisation n'induit pas « que l'œuvre ait été claire à ses auteurs dès le départ. L'évolution dans la conception des réseaux montre au contraire qu'elle s'engendrait elle-même et se modifiait en se faisant[34] ».

Du bois de Boulogne aux Halles

Au départ, le préfet de la Seine est considéré comme un simple exécutant. Comment pourrait-il en être autrement avec un pouvoir dictatorial qui a brisé le législatif et confisqué l'exécutif : les ministres ne sont responsables que devant l'empereur et s'occupent exclusivement des affaires de leur département. Les « préfets à poigne » sont, quant à eux, les relais locaux de « l'Empire autoritaire », à commencer par le premier d'entre eux, le préfet de la Seine. Haussmann le reconnaît sans difficulté :

> L'Empereur tenait pour un devoir, comme pour un droit, d'administrer sa capitale aussi directement que possible par son délégué, par son préfet[35].

Cette mise en perspective est essentielle pour appréhender le poids, l'influence, l'autorité et l'autonomie que Georges Eugène saura acquérir en très peu d'années. Et ce, en s'entourant de précautions semblables à celles que Persigny lui avait recommandées :

> Ne rien entreprendre, ne rien commencer sans en avoir fait tracer le projet sur la carte de Paris par la main de l'Empereur, sans avoir rattaché la personne même du souverain par le lien le plus intime à chacun des actes de son administration[36].

Il faut dire que, dès le départ, deux dossiers ouverts avant lui mais mal engagés vont lui permettre d'apprendre à travailler avec Napoléon III, d'obtenir sa confiance et de se rendre indispensable. Ce sont deux chantiers que l'empereur tient à cœur : l'aménagement du bois de Boulogne et la reconstruction des Halles.

De son long séjour à Londres, Napoléon III a conservé le souvenir d'une capitale moderne totalement reconstruite au lendemain du gigantesque incendie de 1666 (lequel détruisit quatre cents rues et plus de treize mille maisons). Les espaces verts implantés au cœur de la ville avaient particulièrement frappé le jeune homme qui a toujours été attiré par le travail des paysagistes. Le docteur Evans, le dentiste américain de l'empereur, rapporte ainsi que le duc Hamilton lui présenta un jour le parc de son château écossais comme l'œuvre de Louis Napoléon :

> Quand il était en exil en Angleterre, il venait ici de temps à autre. Notre parc lui plaisait beaucoup mais il nous proposait sans cesse des changements qui, disait-il, l'embelliraient beaucoup ; il voulait enlever des arbres à tel endroit, en planter à tel autre, mettre des fleurs ici, des arbustes là. Mon père d'abord, et moi plus tard, nous permîmes au prince de réaliser ses idées et vous voyez maintenant que ça nous a parfaitement réussi. C'était un merveilleux jardinier paysagiste[37].

On ne s'étonnera pas qu'une fois chef de l'État il se soit intéressé à l'aménagement du bois de Boulogne. Lorsque l'État le cède à la ville en 1852, ce n'est qu'un bois morne, mal entretenu, dont les arbres rachitiques poussent difficilement sur un terrain sablonneux qui retient mal l'eau. Le site, entouré du vieux mur de l'ancienne abbaye de Longchamp, coupé comme les forêts domaniales de voies rectilignes monotones, a mauvaise réputation. Napoléon III, qui souhaite en faire un Hyde Park parisien, dessine lui-même les allées, surveille les plantations d'arbres et exige une rivière le traversant comme la Serpentine londonienne. Mais le responsable des travaux, le jardinier de son père, Louis Bonaparte roi de hollande, est plus doué pour implanter des massifs de tulipes que pour remodeler un paysage. Il omet de dresser les cotes de nivellement dans ce faux plat qu'est le Bois. Haussmann, inspectant le chantier au lendemain de sa nomination, voit aussitôt la faille et, sans pitié, la rapporte à l'empereur : la dénivellation étant de six mètres entre les deux points extrêmes de cette rivière artificielle, elle se trouvera forcément à sec en amont et débordera en aval dans un marécage nauséabond. L'empereur est consterné : que faire ? Le nouveau préfet propose de remplacer la rivière impossible par deux lacs, séparés par une digue carrossable qui déverserait le trop-plein du premier dans le second (l'eau arrive de Paris par canalisations). Napoléon III regrette sa rivière mais, nécessité faisant loi, il se résigne aux deux lacs qui emporteront bientôt la faveur des Parisiens et la conservent encore. Ayant brillamment réussi son examen de passage, Haussmann a désormais toute latitude pour poursuivre l'aménagement du Bois. On lui doit les allées sinueuses, les plantations nouvelles, la destruction du mur et l'extension du domaine public jusqu'à la Seine grâce à l'expropriation des maraîchers de la plaine de Longchamp et du château de Madrid. Il fait également installer le Jardin d'acclimatation, construire les petites maisons et les kiosques qui s'y trouvent encore, et même, en accord avec le duc de Morny, président du Jockey-club, dessiner l'hippodrome de Longchamp. L'aménagement du bois de Boulogne réunit alors tous les suffrages. Certes, le député républicain Ernest Picard – « le loustic du Corps législatif », comme l'appelle Haussmann – fait rire ses collègues en lui reprochant d'avoir chercher à « aérer le bois de Boulogne », mais les Parisiens applaudissent une opération qui fait passer le Bois de sept cent soixante-sept à huit cent quarante-six hectares et coûte à peine deux millions à la ville, car Haussmann se paie en vendant aux promoteurs des parcelles à construire du côté de Neuilly et du parc des Princes. Voici le témoignage enthousiaste et circonstancié de la comtesse d'Agoult (d'opinion républicaine pourtant) en 1868 :

> J'ai quelque peine aujourd'hui à me remettre devant les yeux ce qu'était alors ce bois… On y arrivait par la grande route postale, en tout temps boueuse ou poudreuse. Il était clos de murs, coupé à angles droits d'allées monotones qui se croisaient dans des taillis d'arbres rabougris, dans d'arides clairières. On n'y avait ouvert aucune perspec-

tive. Il n'offrait d'autres points de ralliement que la mare d'Auteuil, où coassaient, dans une eau stagnante, sous l'immobile tapis d'une végétation visqueuse, d'innombrables et insupportables grenouilles. [...] Aujourd'hui, comme par le sifflet du machiniste, tout est changé. Le Bois s'est rapproché, s'est ouvert de toutes parts en d'agréables accès. Il a jeté bas ses murailles grises, il a doré ses grilles et logé ses gardiens en de plaisants pavillons. [...] Dans les allées élargies, bien sablées, bien arrosées, autour de grands lacs, se croisent aux heures de la fashion quatre ou cinq rangs d'équipages : phaëtons, victorias, calèches, paniers, huit-ressorts. Les dames du high-life, comme on les appelle, et les demoiselles galantes avec qui il leur plait de se confondre, descendent là par caprice et balaient le sol de leurs froufrous traînants. [...] Le bois de Boulogne offre au moraliste, concentré sur un point très apparent, l'image du changement complet, ailleurs moins sensible, des goûts, des bienséances, des mœurs de la société française sous le régime impérial...

Le bois de Boulogne, figure emblématique de la société du Second Empire, de ce qu'on appellera bientôt « la fête impériale [38] ».

L'empereur peut être satisfait de son « machiniste » : le nouveau préfet est un chef de chantier zélé, imaginatif et créateur, qui s'applique à présent à un autre chantier mal engagé : les Halles. La construction de halles couvertes à la place des vieux marchés, qui se tiennent depuis le Moyen Âge entre l'église Saint-Eustache et la fontaine des Innocents, est en débat depuis des décennies. En 1739, dans l'opuscule *Des embellissements de Paris*, Voltaire « rougissait » de « voir les marchés publics, établis dans des rues étroites, étaler la malpropreté, répandre l'infection, et causer des désordres permanents [39] » ; et il en appelait, pour reconstruire Paris, à un sauveur qui annonce curieusement Haussmann :

Fasse le ciel qu'il se trouve quelque homme assez zélé pour embrasser de tels projets, d'une âme assez ferme pour les suivre, d'un esprit assez éclairé pour les rédiger, et qu'il soit assez accrédité pour les faire réussir [40].

Plus tard, Napoléon Ier décida de reconstruire les halles mais le temps lui manqua pour passer à l'acte. Son neveu relève le défi : à peine élu président, il prend en main le dossier, écarte deux projets pourtant novateurs (déplacer le marché au bord de la Seine ou même à Bercy) et, le lundi 15 septembre 1851, encore président de la République, pose la première pierre des nouvelles Halles. Pourquoi cette hâte ? Parce que le coup d'État avait initialement été programmé pour le mercredi 17 et que Louis Napoléon voulait frapper les masses populaires par ce projet destiné à améliorer l'approvisionnement de la ville en quantité, en qualité et en prix. L'architecte choisi, Victor Baltard, se met au travail et livre le premier pavillon début 1853. Mais ce prix de Rome reste prisonnier des modèles classiques, en belle pierre, et cette bâtisse, à l'aspect lourd et massif, est aussitôt baptisée par les titis parisiens « le fort de la halle ». Mécontent, le chef de l'État ordonne la destruction du « fort », décide de tout reprendre à zéro et confie la responsabilité du chantier au préfet de la Seine fraîchement nommé en lui rappelant le cahier des charges : il veut un bâtiment moderne, une sorte de rue couverte, utilisant le fer et le verre. De nouveaux architectes sont sollicités, mais Haussmann désire donner une nouvelle chance à Baltard, « ancien élève du lycée Henri-IV comme [lui] », un protestant pour lequel « [il a] eu sujet d'éprouver quelque sympathie, comme coreligionnaire »[41]. La notation est importante parce que rare sous sa plume : Haussmann emploiera nombre de collaborateurs de la religion réformée mais avouera rarement que c'est à cause de leur confession. Notons d'ailleurs que, sous le Second Empire, la communauté protestante se tient plutôt à l'écart d'un régime soutenu ouvertement par la hiérarchie catholique et que l'impératrice a médiocrement apprécié la nomination d'un hérétique à la tête de la capitale. Haussmann va véritablement faire accoucher Baltard d'un projet conforme aux souhaits de l'empereur qui sait ce qu'il veut et le dit au préfet :

> « Ce sont de vastes parapluies qu'il me faut et rien de plus ! » me dit-il un jour, [...] en m'esquissant, par quelques traits de crayon, la silhouette qu'il avait en vue[42].

À son tour, le préfet fait un croquis pour l'architecte et lui passe la consigne : « Il s'agit de prendre votre revanche. Faites-moi au plus vite un avant-projet suivant ces indications. Du fer, du fer, rien que du fer ! » Mais le prix de Rome renâcle à utiliser un matériau aussi vulgaire et essaie de le reléguer à la toiture. Le préfet, conscient de la détermination de son maître, bouscule Baltard jusqu'à ce qu'il lui remette un projet où la pierre n'apparaît plus que dans les dés soutenant les piliers de fonte. « Mais c'est cela, c'est tout à fait cela ! » s'exclame l'empereur devant le projet. Les pavillons Baltard vont sortir de terre, avec leur architecture révolutionnaire très bien analysée par Irène A. Earls, auteur d'une thèse sur Napoléon III architecte :

> Union de la technologie et de l'art, les Halles, par leur architecture, devaient répondre aux premières nécessités de la vie citadine, telles

que le transport et la distribution en masse des marchandises. Elles étaient une construction libre, utilitaire et futuriste. C'était un pur produit du Saint-Simonisme, un résultat direct de l'ère industrielle [43].

Préfet ou chef d'entreprise ?

Avec ces deux dossiers sauvés, Haussmann a montré sa capacité à surmonter les problèmes en proposant des solutions originales, qualité précieuse dans un régime autoritaire qui, par nature, tend plutôt à brimer la créativité. Désormais bien rodé, le couple Napoléon III-Haussmann peut s'attaquer au plat de résistance, à la grande œuvre pacifique du Second Empire : la transformation de Paris. Très scrupuleux vis-à-vis de l'empereur, le préfet va cependant acquérir une autonomie qui croîtra de façon inversement proportionnelle aux soucis de politique intérieure et extérieure, lesquels accapareront de plus en plus l'attention et le temps du chef de l'État. Haussmann sera même totalement décisionnaire lorsque, quittant le monumental toujours si séduisant pour les princes qui nous gouvernent, il abordera les questions essentielles mais plus triviales des réseaux d'égouts, des canalisations de gaz ou de la distribution de l'eau.

> Tout cela, reconnaît Haussmann sans autrement s'en plaindre, fatigua vite et rebuta même un esprit [celui de l'empereur] étranger jusqu'alors à ces minutieuses considérations, hanté, d'ailleurs, par des combinaisons politiques d'une bien autre importance [44].

Pas de grands travaux sans argent. Haussmann, qui doit sa nomination à la pusillanimité financière de son prédécesseur, sait que l'empereur et Persigny attendent d'abord de lui qu'il dégage les ressources appropriées. Mais il n'est pas question de recourir à l'impôt : Napoléon III s'y opposera toujours, de peur de casser l'effet de relance des grands travaux et de rendre ces derniers impopulaires auprès des Parisiens, qui auront déjà bien assez à souffrir durant deux décennies des tracas d'un immense chantier. Il est également exclu de financer les travaux par les excédents du budget de la ville qui, du reste, n'y suffiraient pas. Reste l'emprunt. On se rappelle que, lors de sa première nuit dans la capitale, Georges Eugène avait épluché les comptes de la ville et découvert une cagnotte permettant de gager une politique d'emprunts. Dès la première réunion du conseil municipal sous son autorité le 15 juillet 1853, il enfonce le coin et réévalue cette cagnotte à dix millions de francs. Même si, ce jour-là, il évite soigneusement de parler d'emprunt, les conseillers ont compris où le nouveau préfet veut les emmener, et quelques-uns démissionnent. Haussmann ne tarde pas à abattre ses cartes et lance en 1855, au nom de la ville de Paris, un emprunt de soixante millions de francs, à 3 % sur quarante ans, dont la charge s'ajoute bien sûr à celle de l'emprunt Berger de cinquante millions de francs. Ces remboursements n'inquiètent ni Haussmann ni le gouvernement qui estiment normal que les générations futures prennent leur part du coût de travaux dont ils profiteront. D'ailleurs, la transformation de Paris, selon la théorie des dépenses productives, ne doit-elle pas entraîner une augmentation des recettes fiscales ?

Mais l'argent n'est pas tout. Il faut aussi une organisation. Haussmann a une conception très moderne des hommes et des équipes, plus proche du chef d'entreprise que du fonctionnaire. Cet administrateur connaît l'importance des méthodes, des procédures mais aussi des hommes, de ceux qu'il appelle joliment « son personnel militant ». À l'Hôtel de Ville, il commence par réorganiser les services pour les adapter à leurs nouvelles missions. Il constitue une garde rapprochée en appelant à Paris ceux qui l'ont bien servi dans ses postes précédents ou dont il a noté les compétences particulières : Ferrier de Tourettes, qui le suit depuis Draguignan, quitte Bordeaux pour Paris où il est chargé de verrouiller le conseil municipal et le conseil général en assurant leur secrétariat ; Laurand, son secrétaire particulier en Gironde, devient chef de cabinet (Laurand, protestant, est lié par son mariage à la famille d'Octavie). Plus tard, il prendra la présidence de la Caisse des travaux de Paris, pièce essentielle du dispositif haussmannien, et sera remplacé au secrétariat du préfet par le propre gendre de ce dernier, le vicomte de Pernety. Toutes les villes où Haussmann est passé fournissent leur homme : Noyon, qu'il a connu à Draguignan, est appelé de sa sous-préfecture de Prades pour diriger la Caisse de la boulangerie parisienne ; l'ingénieur Belgrand arrive d'Auxerre pour prendre en charge les Eaux de Paris ; et Alphand quitte Bordeaux pour aménager le bois de Boulogne, avant de prendre la direction du nouveau service des Jardins et promenades. Cet ingénieur des Ponts et Chaussées deviendra le véritable patron de la préfecture de la Seine sous la IIIe République, tout en restant toujours fidèle à son maître, Haussmann. Bref, qu'il s'agisse de postes politiques ou de postes techniques, Haussmann place ses hommes, précieux atouts face à un conseil municipal réservé. En juillet 1853, il peut s'exclamer :

> Je me sentais, dès lors, fermement en selle pour aller à la conquête du vieux Paris, avec une armée qui se prenait de confiance pour son nouveau chef, et dont le concours de plus en plus assuré, me permettait d'entreprendre l'éventrement des quartiers de ce centre de ville aux rues enchevêtrées, presque impraticables à la circulation des voitures ; aux habitations resserrées, sordides, malsaines, qui étaient pour la plupart autant de foyers de misère et de maladie et de sujets de honte pour un grand pays comme la France [45].

Décidé à éviter les erreurs commises par son prédécesseur au bois de Boulogne, Haussmann commence par faire réaliser une triangulation de Paris, c'est-à-dire une planimétrie parfaite avec relevé de toutes les cotes de nivellement. Il s'agit du petit Paris compris dans l'enceinte de l'octroi, c'est-à-dire ne dépassant pas (pour reprendre les dénominations actuelles) l'Étoile, la place Clichy, Stalingrad, la place de la Nation et Denfert-Rochereau. Bientôt, les Parisiens voient s'élever aux principaux carrefours d'étranges bigues de charpente surplombant les maisons les plus hautes et supportant d'étroites plates-formes sur lesquelles les géomètres de la ville prennent leur mesure. L'opération, totalement inédite, dure un an et permet l'établissement d'un plan au cinq millième en grandes feuilles que le préfet fait dresser dans son bureau :

> La juxtaposition et l'entoilage de ces nombreuses feuilles dans un cadre porté par des montants sur pieds à roulettes, et placé bien en vue au milieu de mon cabinet de travail, y constituait derrière le fauteuil de mon bureau un immense paravent où je pouvais, à toute minute, en me retournant, chercher un détail, contrôler certaines indications… [46].

Une aquarelle contemporaine nous apprend que l'empereur avait également accroché au mur de son bureau des Tuileries une immense carte de la ville * (à côté de deux beaucoup plus petites de l'Europe et de la France).

Doté de mesures topographiques fiables à la hauteur de son immense projet, notre méthodique préfet peut se mettre à l'œuvre. Il commence par l'accès au bois de Boulogne et par les voies tracées en bleu sur la carte de l'empereur, les rues prioritaires de « la

* Tous ces plans des grands travaux de Paris connaîtront le même destin dramatique : ils disparaîtront, sous la Commune, dans les incendies des Tuileries, du château de Saint-Cloud et de l'Hôtel de Ville. L'historien André Morizet a retrouvé en 1930 à la Schloss-Bibliothek de Berlin une copie offerte en 1867 au roi de Prusse par Napoléon III. Et Merruau conservera, de son côté, un plan de Paris aux rues colorées de la main même de l'empereur déchu et que ce dernier lui avait envoyé de son exil anglais de Chislehurst.

grande croisée de Paris ». L'aménagement de l'axe Arc de triomphe-Bois était, on l'a vu, une des clauses de la cession de ce dernier à la ville de Paris. L'architecte Hittorff est chargé du projet : il est alors au sommet de sa réputation, avec, à son actif, les fontaines de la place de la Concorde sous Louis-Philippe et l'église Saint-Vincent-de-Paul. Son ouvrage très remarqué sur les temples polychromes de Sélinonte inspirera les cirques d'Hiver et des Champs-Élysées. Allemand naturalisé français, Hittorff appartient à la petite communauté germanique qui, avec le peintre Winterhalter et le compositeur Offenbach, animera la vie culturelle du Second Empire. Haussmann, qui n'a pas oublié les origines rhénanes de sa famille, raconte, amusé :

> Hittorff avait l'apparence et l'accent germaniques. Ceux qui ne l'aimaient pas, et ils étaient nombreux, à cause de sa nature peu commode, le nommaient : le Prussien [47].

Ce choc des tempéraments n'en rend que plus succulent le récit que le préfet fait de son entretien avec l'architecte venu lui présenter le plan de la nouvelle avenue qu'il propose de porter à quarante mètres de largeur, plus que les plus grands boulevards : « Quarante mètres ! Mais, Monsieur, c'est le double, c'est le triple qu'il nous faut. Oui, je dis bien le triple : cent-vingt mètres. » Haussmann, qui n'a jamais touché à l'urbanisme, parle en maître et s'emporte :

> Ajoutez à votre plan deux pelouses quatre fois plus larges que vos contre-allées, c'est-à-dire de trente-deux mètres chacune. [...] Et au delà, deux voies de huit mètres chacune pour desservir les propriétés riveraines que je grèverai d'une servitude *non aedificandi*, sur une profondeur de dix mètres. Nous aurons, de cette manière, cent quarante mètres d'espace entre les habitations des deux bords, cent mètres de plus que dans votre projet actuel [48] !

On imagine la rage contenue du « Prussien » face à la désinvolture méprisante, à la morgue de ce fonctionnaire de l'Intérieur en poste depuis quelques semaines. C'est ainsi, cependant, qu'est née la magnifique avenue Foch. Haussmann, qui se montre à l'occasion habile courtisan, flatte l'impératrice en proposant son nom pour la nouvelle voie. Ainsi, il espère neutraliser son hostilité.

« La grande croisée de Paris »

L'avenue de l'Impératrice est tracée sur un site très peu urbanisé, ce qui facilite les choses. Il n'en va pas de même pour ce qu'on appelle depuis Philippe-Auguste « la grande croisée de Paris », composée d'un axe est-ouest avec les rues Saint-Antoine et Saint-Honoré et d'un axe nord-sud, rue Saint-Martin et rue Saint-Jacques. Depuis des décennies, on évoque leur aménagement, leur élargissement ; mais en raison de la densité de l'espace urbain, qui augmente la difficulté et le coût de tels travaux, presque rien n'a été entrepris. L'ouverture, sous le Premier Empire, de la rue de Rivoli entre la Concorde et la place des Pyramides peut apparaître comme l'amorce d'un nouvel axe est-ouest. Napoléon III a tout naturellement classé cette « grande croisée » parmi les travaux les plus urgents – teintés en bleu – et, dès décembre 1852, c'est-à-dire avant la nomination d'Haussmann, un décret décide le prolongement de la rue de Rivoli. La réalisation en reviendra au nouveau préfet, qui remarque avec une gourmandise aujourd'hui choquante :

> Ce fut une grande satisfaction pour moi que de raser tout cela pour mes débuts à Paris [...]. Depuis ma jeunesse, l'état délabré de la place du Carrousel devant la cour des Tuileries me semblait une honte pour la France, un aveu d'impuissance de son gouvernement et je lui gardais rancune [49].

Rappelons tout de même que ce désinvolte « tout cela » recouvre le cœur historique de Paris, du Carrousel à l'Hôtel de Ville énergiquement dégagé. Comme Haussmann aménage en même temps les rues qui débouchent sur la rue de Rivoli, ce sont des centaines de maisons mises à bas, de vieux hôtels particuliers rasés, des églises rayées de la carte. Citons par exemple les ruines de Saint-Jacques-de-la-Boucherie dont on n'a conservé qu'une seule tour : le nivellement de la butte sur laquelle se trouvait l'église a imposé la construction d'un soubassement en pierre ainsi que le réaménagement du pont Notre-Dame. Saint-Germain-l'Auxerrois, un moment menacé pour dégager la colonnade du Louvre, doit son salut au massacre de la Saint-Barthélemy, dont le signal a été donné par ses cloches. Le ministre Achille Fould en charge des Bâtiments civils et des Beaux-Arts demande sa destruction pour la raison – significative de l'ampleur des destructions hausmanniennes – que « sa paroisse presque tout entière vient de disparaître sous le marteau des démolisseurs ». Haussmann la sauve finalement en invoquant sa religion et celle du ministre issu d'une vieille famille juive de Metz, mais personnellement converti au protestantisme :

> Je n'ai pas plus que vous le culte des vieilles pierres, lorsqu'elles ne sont pas animées d'un souffle artistique ; mais Saint-Germain-l'Auxerrois rappelle une date que j'exècre, comme protestant, et par cela même je ne me sens pas libre de l'effacer du sol parisien [50].

En réalité, le préfet ne veut pas que le parti catholique lui reproche d'avoir voulu venger les victimes de la nuit du 23 au 24 août 1572. Elles le seront tout de même quelque peu par la mairie d'un style néogothique qu'Hittorff construira en pendant de l'église et que les Parisiens baptiseront aussitôt « l'huilier ». En préservant l'église, Haussmann faisait mentir Victor Hugo qui, déclarant la « guerre aux démolisseurs », avait annoncé dès 1832 :

> On dit que le vandalisme a déjà condamné notre vieille église de Saint-Germain-l'Auxerrois. Le vandalisme a son idée à lui. Il veut tout à travers Paris une grande, grande, grande rue, une rue d'une lieue ! Que de magnifiques dévastations chemin faisant ! Saint-Germain-l'Auxerrois y passera, l'admirable tour de Saint-Jacques-la-Boucherie y passera aussi peut-être [51].

Mais pour un sauvetage, combien de destructions, combien de rues aux noms si pittoresques effacées du cœur de Paris et de l'Histoire : les rues Tirechappe, Chilpéric, Jean-Pain-Mollet, Perrin-Gasselin, du Chantre, des Poulies, de la Friperie, du Chevalier-du-Guet, de la Tixandrerie, des Fourreurs, des Mauvaises-Paroles, de la Limace, des Orties, de la Tuerie…

L'axe nord-sud de la grande croisée avait été amorcé avant Haussmann par le percement du boulevard de Strasbourg inauguré fin 1853 et destiné à dégager les débarcadères du nord et de l'est. Mais, pour remplir ce rôle, encore fallait-il qu'il ne débouche pas sur la vieille rue Saint-Denis, toujours embouteillée. D'où la décision, en septembre 1854, de percer une nouvelle voie (le boulevard du Centre, qui deviendra Sébastopol après la guerre de Crimée) reliant le boulevard de Strasbourg à la place du Châtelet. « Pourquoi tailler dans le vif de ces vieux quartiers au lieu d'élargir les axes nord-sud que constituent déjà les rues Saint-Denis et Saint-Martin ? » se demandent les contemporains plutôt critiques à l'égard de ce projet colossal. « Parce qu'il est plus facile de traverser l'intérieur d'un pâté que d'entamer la croûte », leur répond le préfet. Il est moins coûteux d'exproprier les arrière-cours et leurs jardins que les magasins et fonds de commerce en façade. Surtout, Haussmann souhaite faire du neuf et donner, comme nous le verrons au prochain chapitre, une nouvelle couleur à Paris. Élargir une ancienne rue aurait, pour d'évidentes raisons d'économie, entraîné la conservation d'un de ses côtés. Le préfet ne cache pas non plus ses préoccupations « stratégiques » :

> C'était l'éventrement du Vieux Paris, du quartier des émeutes, des barricades, par une large voie centrale, perçant, de part en part, ce dédale presque impraticable [...]. L'achèvement ultérieur de la rue de Turbigo fit disparaître la rue Transnonain de la carte de Paris [52] !

Ce n'est plus le cri de victoire d'un urbaniste mais celui d'un homme d'ordre pressé de faire disparaître les traces du massacre qu'y a perpétré l'armée quelques années plus tôt. Un épisode du percement du futur boulevard de Sébastopol frappe les contemporains, et manifeste la toute-puissance de ce démiurge urbain : le chevet de l'église Saint-Leu, dont l'entrée s'ouvre sur la rue Saint-Denis, vient manger le trottoir du boulevard. Que va faire le préfet ? Réduire la largeur du trottoir sinon du boulevard ? Non, il préfère rogner la maison de Dieu. Baltard, qui doit bien cela à son protecteur, est chargé de raser le chevet de l'église et de le reconstruire en retrait de quatre mètres. Les scrupules du clergé sont levés par la construction en compensation d'une chapelle des catéchismes et d'un presbytère sur le flanc de l'édifice religieux.

C'est que le petit sous-préfet d'Yssingeaux, le râleur de Nérac, le chien de garde de la bourgeoisie marchande et orléaniste de Bordeaux est devenu un des personnages clés de cet Empire autoritaire qui fait des ministres des irresponsables (du point de vue constitutionnel) et des préfets ses favoris. Il cumule les pouvoirs de préfet de la Seine et de maire de Paris où il est d'autant plus puissant que les conseillers municipaux sont nommés par le pouvoir. Seule contrainte dont souffre Haussmann, il est obligé de partager certaines prérogatives urbaines avec le préfet de police Piétri. Il n'aura de cesse de rogner les pouvoirs de celui-ci jusqu'à obtenir la redistribution des responsabilités en sa faveur. Quand Piétri partira, il sera remplacé par Boittelle, ami de Persigny et membre du clan Haussmann puisque ayant épousé la fille de Balthazar Haussmann, cousin germain du père du préfet et patron de la manufacture de Logelbach en Alsace. Cette guerre picrocholine entre les deux préfectures concerne par exemple le contrôle de l'arrosage municipal. Traditionnellement, ce pouvoir est dévolu au préfet de police, ce qui, pour Haussmann, met en danger l'approvisionnement en eau de la population : à l'en croire, les agents de la préfecture de police ouvrent toutes grandes les bouches d'eau sur les chaussées, même lorsque la sécheresse vide les réservoirs de la ville. La tension est si vive qu'en 1857, le ministre de l'Intérieur intervient : il envoie à Georges Eugène une lettre de rappel à l'ordre. L'orgueilleux préfet de la Seine se rend aussitôt à Saint-Cloud, auprès de l'empereur, auquel il relate toute l'affaire. L'empereur préconise l'apaisement : jetant la lettre dans la cheminée, il conseille à Georges Eugène de « faire comme s'il ne l'avait pas reçue ».

La Caisse de la boulangerie

Il faut rendre cette justice à Haussmann : s'il est arriviste et cherche à accroître son pré carré, il assume également avec zèle les responsabilités qu'on lui donne ou qu'il grignote. Durant dix-sept ans, Paris aura la chance d'avoir à sa tête un excellent magistrat qui, outre l'urbanisme et les grands travaux, prend également en charge tous les aspects de la vie de la cité. La circulation et les transports constituent déjà le grand problème de la ville : Haussmann crée en 1854 la première ligne de tramway entre Sèvres et Vincennes et, surtout, fusionne en une seule compagnie d'omnibus la douzaine d'entreprises qui se partagent environ vingt-cinq lignes de la capitale. Ces entreprises, réunies de force mais contre indemnisation, portaient certes des noms charmants – Citadines, Favorites, Batignolaises, Gazelles, Hirondelles, Parisiennes, Béarnaises, Constantines, Dames réunies, Tricycles… –, mais leur régularité était pour le moins approximative et les correspondances parfaitement aléatoires. Les Parisiens gagnent en service ce qu'ils perdent en pittoresque : les voitures tirées par de robustes percherons ou ardennais desservent désormais vingt-cinq lignes correspondant à vingt-cinq lettres de l'alphabet. En 1860, Louis Lazare préconise des « chemins de fer à l'intérieur soit aériens, soit souterrains » et, dès 1855, deux ingénieurs présentent un projet de métropolitain qui aurait relié la périphérie de Paris aux Halles. En construisant les caves des Halles, on aura d'ailleurs le soin de prévoir l'établissement possible d'un chemin de fer[53]. Enfin, Haussmann instaure la conduite à droite en avril 1856. Autre grand souci du « patron » de Paris, les problèmes de subsistance et donc de taxes. On sait que, pour des raisons politiques, Napoléon III souhaite que les grands travaux soient financés par l'emprunt et non par l'augmentation des impôts. Haussmann aménage tout de même quelques tarifs pour tenir compte – bien avant l'Insee – des évolutions de la consommation et des nouveaux produits. La fiscalité doit, selon lui, suivre « la consommation dans ses changements d'habitude » : la création des Glacières municipales ayant fait baisser les prix de la glace, le préfet instaure une « taxe sur la glace à rafraîchir ». Il ne s'agit pas d'une augmentation déguisée : les pièces de charpente en fonte et en fer, les bougies de stéarine, les huiles de pétrole d'éclairage se voient frappées de taxes en général moins élevées que les charpentes de bois, les chandelles de suif ou les huiles de colza ou d'œillette qu'elles remplacent[54].

Reste la question la plus sensible du point de vue sociopolitique : le prix du pain. « La base de l'alimentation pour l'ouvrier parisien est la soupe trempée qui exige le pain blanc », rappelle Jeanne Gaillard[55]. Or, à partir de 1853, une série de mauvaises récoltes touche à la fois les céréales, les pommes de terre et le raisin et fait craindre une nouvelle disette. Les prix flambent immédiatement. Des émeutes éclatent en province tandis qu'à Paris des placards affichés au faubourg Saint-Antoine associent la vie chère au régime nouveau. « Mort à l'Empereur ! Le pain à douze sous ! Les propriétaires à la lanterne ! » ou encore « Le pain à douze sous. Vive la République ! Plus d'Empire ! ». Le pouvoir réagit sans tarder. Dans son journal du 2 septembre 1853, Viel-Castel note :

> Le Conseil tenu avant hier et, auquel, dit-on, l'Empereur assistait, avait à s'occuper de la grave question des subsistances [...]. Il s'était produit quelque émotion il y a trois jours dans le faubourg Saint-Antoine à propos du prix du pain (50 % de majoration en quelques jours). Un arrêté du préfet de police du 31 août dernier fixe le prix de la première qualité du pain à quarante centimes le kilogramme et de la deuxième à trente-deux centimes. Le pain n'est donc pas augmenté, ce qui est très important dans un moment où Paris regorge d'ouvriers[56].

Les prix sont certes bloqués, mais qui va payer aux boulangers la différence entre le prix de la farine et le nouveau prix du pain ? La crise frumentaire est d'autant plus délicate à gérer pour le préfet de la Seine que ses chers grands travaux ont sur elle un double effet négatif : ils accroissent la consommation de pain puisque la population ouvrière augmente tout en privant le budget de la ville des moyens financiers propres à subventionner les boulangers. Comment sortir de cette impasse ? Haussmann, jamais à court de ressources, se souvient : lorsqu'il était sous-préfet de Nérac, le maire, un certain Mauvézin, ancien minotier de son métier, avait, dans des circonstances semblables, régulé le prix du pain en majorant et en réduisant alternativement les taxes. Pourquoi ne pas transposer le système à Paris ? Dès la fin 1853, Haussmann crée la Caisse de la boulangerie, qui fonctionne selon un système de compensation très astucieux : la Caisse achète toute la farine pour l'ensemble du département et la revend aux boulangers à un tarif permettant un prix du pain stable et acceptable. Lorsque le prix de la farine monte, la Caisse paie la différence qu'elle finance en lançant des emprunts publics. Et lorsqu'il baisse, la Caisse ne répercute pas entièrement cette baisse aux boulangers et la marge ainsi réalisée est affectée au remboursement des emprunts antérieurs. Grâce à ce système, le prix du pain reste sous contrôle en période de mauvaises récoltes et la Caisse est garante de la qualité du pain qui doit rester inchangée. Haussmann relève avec délicatesse la dimension sociale du système : la Caisse de la boulangerie « sauvegarde la dignité des petits ménages en traitant tout le monde sur le même pied », contrairement à la pratique traditionnelle des tickets ou des bons de pain distribués aux pauvres[57]. Le système fonctionnera si bien que, lors de sa disparition en 1870 après le limogeage d'Haussmann, la Caisse aura totalement remboursé ses emprunts et même financé ses frais de fonctionnement ; un beau succès pour le préfet qui aura entre-temps affronté les « libéraux » du gouvernement dénonçant ce relent d'économie dirigée. Haussmann, en tout cas, se prend au jeu. Il a l'intuition de la boulangerie industrielle et de ses économies d'échelle, expérimentées avec le concours de la boulangerie de l'assistance publique, laquelle fabrique le pain en grandes quantités : la pharmacie de l'assistance publique, quai des Tournelles, vend un certain temps au public le pain à un prix plancher.

La « Fête impériale » à l'Hôtel de Ville

Quand le préfet a pris ses marques à l'Hôtel de Ville, il a congédié l'étrange hôte de l'appartement privé du préfet, le général Levasseur qui, arrivé là le jour du coup d'État de décembre 1851, a trouvé commode d'y rester. Il refuse d'occuper le bureau à une seule fenêtre où Berger l'a reçu. Haussmann aime ses aises et connaît l'importance des signes extérieurs du pouvoir : il choisit comme bureau officiel l'ancien salon du roi, à trois fenêtres donnant sur la place, et de communication facile avec l'appartement privé. Il fait même installer un escalier secret entre le salon du roi et son cabinet de travail jouxtant sa chambre à coucher. Georges Eugène est depuis toujours un lève-tôt. Chaque matin, dès six heures trente, il est dans son petit cabinet de travail, étant entendu que l'on peut le déranger à tout moment : il a mis en place une permanence chargée de recevoir les plis urgents, composée de membres de son cabinet « pris entre les meilleurs et qu'on [relève] de douze en douze heures, suivant un ordre de roulement qui [répartit] également la fatigue des veillées »[58]. Il a, dès le premier jour, informé ses collaborateurs de ses méthodes de travail et mis au point une organisation telle que rien d'important n'échappe à son regard sans qu'il soit pour autant noyé par les affaires insignifiantes ou routinières. Tout est prévu, y compris les codes couleurs des annotations, sans oublier la revue de presse nécessaire pour connaître ce que l'on dit de lui et de ses grands travaux.

Ce bourreau de travail est également devenu un personnage public et un homme du monde. La préfecture de la Seine est, comme l'actuelle mairie de Paris, un poste doté de formidables moyens : tout chef d'État étranger reçu dans la capitale se doit de rendre visite au maire de la ville, c'est-à-dire au préfet de la Seine qui en fait office. Dans ses *Mémoires*, Haussmann se souvient avec gourmandise et nostalgie du confort et du luxe de l'Hôtel de Ville :

> L'appartement du préfet se trouvait non seulement garni d'un mobilier des plus complets et des plus confortables mais encore, fourni de linge de maison dont les frais d'entretien et de blanchissage incombaient au bureau du Matériel ; de plusieurs services de tables ; d'argenterie et d'ustensiles de ménage sans nombre, appartenant à la ville de Paris. Il en était ainsi du reste, au compte de l'État, dans les ministères[59].

Sans oublier deux voitures « ainsi que chaque ministre », et une loge dans les théâtres à partager – malheureusement – avec le préfet de police… Il y a du parvenu dans ce complaisant inventaire et quelque naïveté dans cette insistante comparaison avec le statut des ministres. Mais, est-ce à dire que les cinquante mille francs de traitement du préfet le mieux payé de France sont de l'argent de poche ? Que non ! s'exclame Haussmann qui aura toujours du mal à joindre les deux bouts et se plaint des dépenses personnelles somptuaires induites par sa position. « Ma table d'en bas ne pouvait être, à beaucoup près, celle d'un anachorète pendant que ma table d'en haut devait rappeler celle de Lucullus, sous peine de manquer à sa destination », insiste-t-il, tout en reconnaissant qu'il s'est lui-même laissé entraîner : « On prend vite les habitudes de vie large et facile des personnes du monde avec lequel on est en constants rapports[60]. » On a compris qu'en bas, chez lui à l'entresol, c'est lui qui paie, tandis qu'en haut, dans les salons officiels, ce sont l'État (par les fonds d'abonnement), le département ou la ville qui prennent ces frais en charge. Napoléon III souhaitait que tous les dignitaires du régime animent ce que l'on a appelé la « Fête impériale » :

> Les ministres et grands dignitaires de l'État avaient, sous le Second Empire, des traitements considérables, mais tous étaient obligés de dépenser leurs frais de représentation. Le luxe était pour eux un devoir professionnel. Le plaisir faisait partie du programme gouvernemental ; Napoléon III voulait Paris toujours brillant[61].

Les préfets étaient de ces dignitaires chargés de relayer la « fête impériale » dans leurs départements. Quitte à y laisser l'essentiel des gras émoluments que l'Empire leur accorde et même parfois à s'y ruiner, comme ce préfet Rivière qui, en 1854, écrit au ministre de l'Intérieur : « Pour tenir convenablement mon rang, j'ai dû faire le sacrifice de mon patrimoine[62]. » Ici comme ailleurs, Haussmann se montre le plus zélé des sujets et l'Hôtel de Ville devient sous son règne un des centres les plus brillants de la fête impériale.

Le cadre s'y prête. Le préfet Berger a laissé un bâtiment magnifiquement restauré, décoré par les plus grands artistes contemporains. Ingres a peint le salon de l'Empereur, déjà orné du portrait de Napoléon Ier par Gérard. Le salon de la Paix est confié au talent de Delacroix, d'ailleurs nommé au conseil municipal. Et Lehmann exécute pour la grande salle des fêtes vingt-huit pendentifs consacrés à l'histoire de l'humanité, des origines aux dernières conquêtes de la science et de l'industrie. Georges Eugène redevient le mondain qui organisait les soirées de la préfète de Poitiers. Magnifique amphitryon, ayant le goût du faste et de la grandeur, il fait bientôt des fêtes de la ville, aux buffets généreusement garnis, aux orchestres toujours choisis, réceptions moins guindées que celles des Tuileries, les plus recherchées des sorties parisiennes. On s'arrache les invitations, en France comme à l'étranger. Haussmann aime danser et l'on dansera beaucoup à l'Hôtel de Ville sous le Second Empire, comme ce 15 août 1854 où, pour célébrer la Saint-Napoléon, le préfet a mis la capitale en fête. *Te Deum* dans les églises ; théâtres jouant gratis (Rachel est Andromaque) ; spectacles de cirque dans la rue ; cent vingt arcs de triomphe de verdure tout le long des Champs-Élysées dont le rond-point est orné d'un globe céleste soutenu par un aigle alors qu'une gigantesque Légion d'honneur est postée devant l'Arc de triomphe ; feux d'artifice et bal splendide le soir à l'Hôtel de Ville…

Il serait fastidieux de relater toutes ces fêtes. Il est plus instructif, quant à leur portée et à leur réputation, de rapporter ce qu'en dit Mme Baroche dans ses pittoresques *Souvenirs*. Épouse du ministre d'État, Jules Baroche, un des ennemis intimes du préfet au sein de l'équipe impériale, Mme Baroche ne fait pas de cadeau. Ses compliments et son enthousiasme n'en prennent que plus de poids. Entre 1855, année où elle commence à écrire, et le début 1858, terme de ce chapitre, l'épouse du ministre évoque à cinq reprises les fastes haussmanniens.

Août 1855, à l'occasion de la visite à Paris de la reine Victoria :

> Nous avons eu bal à l'Hôtel de ville. À dix heures et demie, l'Empereur et la reine d'Angleterre ont fait leur entrée dans la Galerie des Fêtes. [...] Je n'essaierai pas de décrire toutes les magnificences de l'hôtel de ville, cette cour transformée en un salon splendide, ces cascades, l'éclat des lumières, ces fleurs, ces ornements, tout cet ensemble de décorations féeriques, etc. Chacun est à même de les connaître et le récit qu'on pourrait en faire serait toujours au dessous de la réalité[63].

Avril 1856. La guerre victorieuse de Crimée a restauré la prépondérance française sur le continent européen et le congrès de Paris qui s'est ouvert en février fait de Napoléon III l'arbitre de l'Europe. L'empereur souhaite que le Congrès s'amuse et, bien sûr, Haussmann invite les congressistes en son palais. Mme Baroche y était :

> Hier, il y avait un grand banquet et spectacle à l'hôtel de ville, toujours en l'honneur des plénipotentiaires. L'un d'eux me disait à table : « Nous n'avons que trente-quatre protocoles et nous en sommes au trente-sixième dîner. » Il est impossible d'imaginer rien de plus splendide que chaque fête donnée par le préfet. J'entends dire de tous côtés : « M. Haussmann est un grand homme. » Il est vrai qu'il ne s'informe jamais de ce que coûte une fête. « Les Parisiens s'amusent. Ils paieront * »[64].

Juin 1856. La naissance du « prince impérial » assure l'avenir de la dynastie. La ville de Paris se met en fête pour le baptême de l'enfant le 15 juin à Notre-Dame. Mme Baroche est toujours là, au premier rang :

> Après la cérémonie, vers sept heures, leurs Majestés et quatre cent vingt personnes du monde officiel se sont rendus à la préfecture pour assister au banquet donné par la ville. Dans la soirée, les illuminations,

* La réplique est de Mazarin.

les feux de Bengale produisaient des effets magiques. Tout Paris était dehors[65].

Mai 1857. Le grand duc Constantin, en visite à Paris, est reçu par la ville :

> Le soir l'Hôtel de ville donne sa fête pour laquelle les invitations avaient été recherchées avec un empressement désespéré. L'opéra en faisait en partie les frais. Les yeux étaient charmés ; il n'en fut pas de même des oreilles ; les artistes chantèrent faux avec un ensemble au-dessous de tout éloge[66].

Juin 1857. C'est au tour du roi de Bavière d'être accueilli par Haussmann :

> La ville de Paris vient de clore ses fêtes par un bal magnifique dont le roi de Bavière a été le héros[67].

La pauvre Octavie, qui déteste ces mondanités, doit cependant danser le quadrille avec les monarques et les ambassadeurs. Georges Eugène pense à tout. Il commande même au bijoutier Froment-Meurice un laissez-passer original pour les épouses et filles des conseillers municipaux : un bijou, créé spécialement et composé de pierres aux couleurs de la ville (saphirs et rubis) entourées de perles et de brillants. Avec les « dames municipales », l'impératrice aura seule droit à ce luxueux sésame. Par un curieux concours de circonstances, cette idée aura les effets les plus heureux pour Haussmann puisqu'elle le conduira au Sénat et à ses trente mille francs d'émoluments. L'histoire est la suivante : le président du conseil municipal, Delangle, qui veut faire entrer une jolie marquise à une fête, voit cette dame refoulée par un huissier parce qu'elle n'arbore pas le bijou municipal. Furieux et humilié, Delangle s'en plaint lors de la séance du conseil municipal et lance au préfet : « Je suis sénateur moi, et par conséquent, dignitaire de l'État. » L'incident vient aux oreilles de l'empereur qui, quelques jours plus tard, conclut une réunion de travail sur Paris avec son cher préfet par ces mots :

> « À propos, Monsieur Haussmann, j'ai résolu de vous nommer sénateur !
> – Sire…
> – Oui, oui, interrompt l'Empereur, je ne veux plus que personne puisse dire à mon préfet de la Seine, dans le conseil municipal ou ailleurs : “Je suis Sénateur, et vous ne l'êtes pas !”[68]. »

Nous sommes en juin 1857 et, le 12 du mois, Viel-Castel écrit dans son journal : « La nomination d'Haussmann comme sénateur fait crier tout le monde. Elle est un scandale ! » Et de qualifier Haussmann d'« ancien avoué, mal connu »[69]. Cocasse, alors que 1174246 Parisiens (chiffres du dernier recensement de 1856 dans le Paris de l'octroi) pataugent au milieu d'un chantier perpétuel et savent très bien à qui ils le doivent. Les premières réalisations se terminent. L'hippodrome de Longchamp a été inauguré l'année précédente, tout comme le nouveau Louvre enfin relié aux Tuileries et orné d'un bas-relief représentant Napoléon III *. Première grande consécration publique du préfet de la Seine, le boulevard Sébastopol est ouvert le 5 avril 1858. Le « premier réseau » se termine, Haussmann va pouvoir en lancer un deuxième puis un troisième. Tout semble réussir à ce diable d'homme, comme l'écrit Mme Baroche :

> La fortune traite en favori le préfet de la Seine. Tous les genres de succès lui arrivent. Hier, à l'occasion de l'inauguration du boulevard de Sébastopol, l'Empereur a terminé son discours par un pompeux hommage du « magistrat éclairé dont le concours lui a été si utile et à qui il est heureux de témoigner son entière satisfaction »[70].

Il est regrettable qu'Haussmann n'ait plus été de ce monde lorsque parurent les *Souvenirs* de la dame. Il en aurait apprécié l'hommage involontaire sous la jalouse amertume.

* On peut toujours le voir au fronton triangulaire du pavillon de Denon où il constitue la seule effigie de l'empereur demeurant à Paris.

Chapitre VII

« MINISTRE DE PARIS »

(1858-1862)

Malgré ce que j'ai dit, malgré ce que j'ai fait, Haussmann a agi comme il l'a voulu.

Napoléon III, 1862

L'acide Mme Baroche ne s'y est pas trompée : le lundi 5 avril 1858 constitue pour Georges Eugène à la fois une consécration et un point de départ. Sous un magnifique soleil de printemps, à deux heures de l'après-midi, le préfet de la Seine, en grande tenue, accueille place du Châtelet le couple impérial. L'empereur est à cheval, suivi de son état-major et d'un escadron de la Garde ; l'impératrice est assise dans une calèche à la daumont. Le nouveau boulevard de Sébastopol est barré par un immense rideau lamé d'or déployé entre deux minarets en bois. Lorsque Napoléon III se présente à l'entrée du boulevard, le rideau s'ouvre comme au théâtre et découvre la nouvelle voie que le cortège remonte jusqu'à la gare de l'Est, sous les applaudissements des Parisiens sensibles au courage impérial : l'attentat manqué d'Orsini, qui a fait de nombreuses victimes devant l'Opéra, ne date que de janvier. Devant la gare, une estrade, tendue de draperies vertes et couverte de drapeaux, abrite les officiels, le temps des discours. C'est sans doute la première fois dans l'Histoire que l'ouverture d'une rue est célébrée comme une victoire militaire. Le boulevard Sébastopol ne représente que le début de la rénovation ; l'empereur avertit les conseillers municipaux qu'ils vont devoir poursuivre l'effort sous l'autorité du préfet :

Votre tâche, Messieurs, est loin d'être accomplie. Vous avez approuvé un plan général qui doit continuer ce que vous avez si bien commencé. La Chambre, je l'espère, le votera bientôt, et nous verrons ainsi, chaque année, de grandes artères s'ouvrir, les quartiers populeux s'assainir, les loyers tendre à s'abaisser par la multiplicité des constructions, la classe ouvrière s'enrichir par le travail, la misère diminuer par une meilleure organisation de la bienfaisance, et Paris répondre ainsi de plus en plus à sa haute destination [1].

On aura remarqué le soin mis par l'empereur à taire toute préoccupation « stratégique » pour insister sur le social, en écho sans doute aux critiques montantes contre la cherté des loyers dans les nouveaux immeubles. En tout cas, l'inauguration en fanfare du « Sébasto » percé en plein cœur du vieux Paris constitue pour Haussmann la première consécration de ses efforts : c'est, remarque justement Lameyre, « l'artère type qu'il va imposer à tous les quartiers de Paris, sur la rive gauche, comme sur la rive droite, celle qui représente le modèle d'urbanisme du Second Empire, à la fois dans sa structure technique et dans son architecture [2] ». Les contemporains sont conscients de la dimension de l'événement. Admiratrice malgré tout, Mme Baroche écrit dans son journal quelques jours plus tard :

M. Haussmann est, comme chacun sait, un décorateur émérite, un véritable prestidigitateur, il a su mettre à exécution d'une façon brillante les grandes idées de son seigneur et maître. Paris, l'ancien Paris, déplaisait au souverain, son génie et peut-être bien sa personne s'y trouvaient mal à l'aise, il dit un mot, et à l'instant nous avons vu s'écrouler, disparaître en décombres ces maisons, disgracieuses, ces quartiers infects, la honte de la grande cité, et au signal d'une baguette vraiment magique s'ouvrir de grandes voies, de splendides boulevards, sortir de la terre par enchantement casernes, palais, monuments sans nombre ; nous avons vu les colonnes se hisser sur un nouveau piédestal, les ponts reculer leurs arches séculaires et prendre l'alignement, les rues tortueuses se redresser, des bois féeriques se peupler d'ombre, de lacs et de cascades et tous les vieux quartiers de l'ancienne cité revêtir une tunique blanche pour fêter l'ère nouvelle et réparer à la façon des coquettes les injures du temps. Émule des fées, M. Haussmann a, avec l'aise de nos finances et le levier du crédit, véritablement accompli des prodiges et, lundi, lors de l'inauguration du boulevard Sébastopol, il ajoutait un fleuron à sa couronne de baron [3].

Que l'épouse du ministre ait manifestement revu ce texte beaucoup plus tard n'enlève rien à la portée de l'éloge.

Assuré du soutien de l'empereur, qui, au lendemain de l'attentat d'Orsini, donne un tour de vis supplémentaire au régime, le préfet de la Seine peut dévoiler ses plans et annoncer une nouvelle étape de travaux : le « second réseau ». Allant bien au-delà de la grande croisée et des intentions initiales du souverain, Haussmann entreprend désormais la transformation totale de la ville, ce qu'il appellera sa « transfiguration ». Dès le lendemain 6 avril, la Chambre des députés (dénommée sous l'Empire Corps législatif), est saisie d'une convention entre l'État et la ville, appelée « Traité des cent quatre-vingts millions », destinés à financer le second réseau qui prévoit l'ouverture de vingt kilomètres de rues nouvelles en plus des neuf kilomètres et demi du premier réseau. Désormais, il faut parler en réseaux pour appréhender les grands travaux de Paris. Même si, comme l'expliquera Haussmann, il s'agit d'un classement plus comptable (qui paie et combien, de la ville et de l'État ?) que hiérarchique et chronologique : lorsque se décide le deuxième réseau, le premier n'est pas totalement terminé et bientôt les travaux des trois réseaux s'enchevêtreront. Sur le plan comptable, la différenciation est simple : le financement du premier réseau est assuré à un tiers par la ville et aux deux tiers par l'État ; celui du deuxième l'est dans les proportions inverses ; et le troisième ne touche pas un sou du budget de l'Empire. Sur le plan des travaux, il est nécessaire de s'y arrêter quelque peu, sous peine de n'avoir jamais une vue d'ensemble de la grande transformation de Paris.

Le premier réseau comprend donc, outre l'avenue Foch, les travaux de la grande croisée, c'est-à-dire le prolongement de la rue de Rivoli, le percement du boulevard Sébastopol et du boulevard Saint-Michel, qui, au départ, était conçu comme le prolongement sur la rive gauche du « Sébasto » dont il portait d'ailleurs le nom. N'oublions pas que ces travaux de voirie s'accompagnent chaque fois de la restructuration du quartier concerné, avec équipements collectifs et immeubles privés.

Le « second réseau » est défini dans les neuf articles du « Traité des cent quatre-vingts millions ». Il concerne l'ensemble de la ville et se partage en cinq sous-réseaux. Trois sur la rive droite : le quartier de Chaillot avec les avenues de l'Alma, du Président-Wilson, Georges-Mandel et Henri-Martin * ; l'aménagement de la place de l'Étoile avec, notamment, le percement des boulevards de Friedland, Haussmann et Malesherbes ; un ensemble, à l'est, autour de la place de la République (alors place du Château-d'eau) et comportant les avenues Magenta, Voltaire, Daumesnil, la rue de Turbigo. Sur la rive gauche : l'aménagement du quartier de l'École militaire

* On reprend ici les dénominations actuelles afin de faciliter les repérages.

et des Invalides avec les avenues Bosquet, Rapp, Latour-Maubourg ; et, enfin, les alentours de la montagne Sainte-Geneviève qu'Haussmann connaît bien pour y avoir fait ses études. Ce dernier sous-réseau est inscrit dans l'article 8 qu'il est utile de citer à titre d'exemple et afin d'illustrer la précision de ce traité qui sert aujourd'hui encore de matrice aux aménagements de Paris :

> Boulevard Saint-Marcel et de Port-Royal, entre le boulevard du Montparnasse, avec embranchement de la rue Mouffetard à la barrière d'Enfer [boulevard Arago]. Élargissement à quarante mètres de la rue Mouffetard, entre la barrière d'Italie et le carrefour formé par les rues de Lourcine et Censier [avenue des Gobelins], et ouverture d'une rue de vingt mètres entre ce carrefour et l'extrémité de la rue Soufflot [rues Claude-Bernard et Gay-Lussac] et d'une autre rue de vingt mètres entre ce carrefour et la place Maubert[4].

La durée totale des travaux est fixée à dix ans. Haussmann pourrait aller plus vite mais il se l'interdit afin d'« éviter une concentration trop grande d'ouvriers à Paris[5] ».

Quant au troisième réseau, il effectuera notamment la liaison entre les travaux des deux premiers, percera la rue Réaumur, l'avenue de la République, prolongera le boulevard Saint-Germain, les rues de Rennes, Lafayette et aménagera les communes annexées au Grand Paris. En kilomètres de voies ouvertes, le dernier réseau est le plus important mais le « second réseau » reste le projet le plus puissant, celui qui va totalement restructurer la ville et la faire passer en une décennie du Moyen Âge au XXe siècle. Émile Zola ne s'y trompe pas, qui, dans *La Curée*, en donne une évocation littéraire plus vraie que tous les rapports des géomètres ou des urbanistes. On y voit le spéculateur Saccard, qui a dîné à Montmartre, montrer à son épouse la capitale dans le soleil couchant et lui annoncer en initié les travaux du « second réseau » :

> Vois, dit-il avec un rire d'enfant, il pleut des pièces de vingt francs dans Paris ! C'est la colonne Vendôme, n'est-ce pas, qui brille là-bas ?… Ici, plus à droite, voilà la Madeleine… Un beau quartier où il y a beaucoup à faire… Ah ! cette fois, tout va brûler ! Vois-tu ? On dirait que le quartier bout dans l'alambic de quelque chimiste.
>
> Oui, oui, j'ai bien dit, plus d'un quartier va fondre, et il restera de l'or aux doigt des gens qui chaufferont et remueront la cuve. Ce grand innocent de Paris ! vois comme il est immense et comme il s'endort doucement ! C'est bête, ces grandes villes ! Il ne se doute guère de l'armée de pioches qui l'attaquera un de ces beaux matins, et certains hôtels de la rue d'Anjou ne reluiraient pas si fort sous le soleil couchant, s'ils savaient qu'ils n'ont plus que trois ou quatre ans à vivre.

> On a déjà commencé, continua-t-il. Mais ce n'est qu'une misère. Regarde là-bas, du côté des halles, on a coupé Paris en quatre… oui la grande croisée de Paris, comme ils disent. Ils dégagent le Louvre et l'Hôtel de ville. Jeux d'enfants que tout cela ! C'est bon pour mettre le public en appétit… Quand le premier réseau sera fini, alors commencera la grande danse. Le second réseau trouera la ville de toutes parts pour rattacher les faubourgs au premier réseau. Les tronçons agoniseront dans le plâtre… tiens, suis un peu ma main. Du boulevard du Temple à la barrière du Trône une entaille ; puis de ce côté, une autre entaille, de la Madeleine à la plaine Monceau ; et une troisième entaille dans ce sens, une autre dans celui-ci, une entaille là, une entaille plus loin, des entailles partout. Paris haché à coups de sabre, les veines ouvertes, nourrissant cent mille terrassiers et maçons, traversé par d'admirables voies stratégiques qui mettront les forts au cœur des vieux quartiers.
> Il y aura un troisième réseau, continua Saccard, au bout d'un silence, comme se parlant à lui-même ; celui-là est trop lointain, je le vois moins. Je n'ai trouvé que peu d'indices. Mais ce sera la folie pure, le galop infernal des millions, Paris soûlé et assommé[6].

Zola, qui a commencé *La Curée* en 1867, a l'avantage de connaître la fin de l'histoire mais, dès 1858, les contemporains sont conscients de l'immense portée des projets haussmanniens. À commencer par les députés qui renâclent à adopter le « Traité des cent quatre-vingts millions » dont le budget de l'État devra en fournir soixante. La discussion s'ouvre en mai et donne lieu à un réveil du débat parlementaire dans cette assemblée de « godillots » totalement amorphe depuis le coup d'État. Les élus parisiens s'alarment de la gêne occasionnée par les travaux, des destructions d'immeubles, de la flambée des loyers : Haussmann, qui prépare les argumentaires des deux ministres Magne et Rouher, lesquels défendent le texte gouvernemental à la tribune, fait répondre que trois maisons sont construites pour une démolie. Sans préciser bien sûr si les nouveaux immeubles sont accessibles aux mêmes locataires (nous reviendrons dans le chapitre suivant sur la question cruciale des expropriations). Les provinciaux s'inquiètent de voir la capitale absorber les ressources de la nation : le député de la Drôme Monier de la Sizeranne « se demande si, alors que les départements et les villes de province sont contraints faute de ressources d'ajourner les améliorations les plus indispensables, il est bien opportun de présenter des projets qui se recommandent plus par leur grandeur que par leur nécessité et s'il est juste que la France entière soit grevée pour les seuls besoins de la capitale »[7]. Pour la première fois, Haussmann est personnellement attaqué, y compris dans sa vie privée, comme le raconte, amusé, son vieil ennemi du Var, Émile Ollivier :

Le Corps législatif vota mais en écorchant un peu Haussmann. Il était question dans le monde d'une de ses aventures avec une danseuse et l'Assemblée tout entière éclata d'un rire satisfait quand un des orateurs, Leclerc d'Osmonville, à propos du projet d'Opéra qu'on désavouait alors, dit : « Il est fâcheux que M. le Préfet de la Seine fasse entrer l'opéra partout où il ne devrait pas être » [8].

Sous l'Empire autoritaire, ces escarmouches parlementaires ne peuvent mener très loin et les Tuileries chargent le ministre Baroche, malgré qu'il en ait, de calmer les débats. Le 28 mai, le traité est voté. Les députés ont tout juste obtenu que la contribution de l'État soit abaissée de soixante à cinquante millions mais, tout de même, dans ce parlement essentiellement composé de « candidats officiels », il s'est trouvé quarante-cinq élus pour voter contre le texte gouvernemental et donc contre les grands travaux de Paris. Il est vrai qu'Haussmann, fidèle à lui-même, n'a pas fait dans la dentelle. Rencontrant deux parlementaires pour les convaincre de voter les crédits, il perd vite patience : « Ah ! les députés, les conseillers d'État trouvent mes demandes exagérées et veulent, dites-vous, y mettre un frein, moi, je vous dis qu'il n'y a que des idiots et des imbéciles qui peuvent me refuser leur vote. » Et comme ses interlocuteurs insistent et menacent le préfet d'un vote hostile, ce dernier s'emporte et brandit sa carte maîtresse :

> Nous verrons bien, je suis sûr de l'appui de l'Empereur, et des députés, je m'en fous, et des conseillers d'État, je m'en fiche comme de ça ; en dépit de tout, mes plans recevront leur exécution [9].

Notez que, à la suite de cet incident, Haussmann refusera d'aller à l'hôtel de Lassay présenter ses excuses au président de l'Assemblée, le duc de Morny, et se contentera de lui écrire.

Un urbaniste global

« Mes plans » : le simple « exécutant » des projets de l'empereur a pris son autonomie. Autant le premier réseau transposait les idées impériales, autant le second est le fruit de la réflexion, de la volonté et de l'idéologie du préfet qui lui donne son ampleur géographique et sa dimension globale. Ferdinand de Lesseps, petit consul placé en quasi-retraite à quarante ans, s'est mué en ingénieur planétaire concevant et menant à bonne fin l'un des plus grands chantiers entrepris jusqu'alors par l'humanité. Haussmann, l'administrateur, le fonctionnaire de la préfectorale, placé à la tête de Paris par la volonté impériale, va également, dans la quarantaine, changer de personnage. Homme d'action éternellement sous-utilisé (de son point de vue), il a aussitôt compris qu'il tenait là l'occasion unique de se construire un destin et de laisser dans l'Histoire son « nom alsacien ». Pour ce faire, il ne va pas seulement déployer une énergie et une volonté inflexibles, ce que tout le monde lui reconnaît, à commencer par ses contempteurs. Il va également faire montre d'une capacité de réflexion, d'imagination, de projection dans l'avenir exceptionnelle et concevoir une politique embrassant tous les aspects de l'urbanisme, aménageant le ciel (les perspectives), le sol et le sous-sol et associant les préoccupations esthétiques, architecturales, politiques, policières, sociologiques. Qui aurait soupçonné que le préfet Haussmann était aussi un architecte, un paysagiste, un décorateur, un hygiéniste ? Dans l'éloge de son ancien patron à l'Académie des beaux-arts le 26 décembre 1891, son fidèle collaborateur Alphand soulignait « son esprit d'investigation, toujours excité, qui le portait constamment vers les questions nouvelles qu'il n'abandonnait pas sans les avoir approfondies » et son « étonnante capacité d'assimilation » [10]. Il en fallait, en effet, pour donner naissance à l'haussmannisme, « cette grande entreprise totalitaire de modernisation de la capitale qui est plus un système qu'un programme », comme le définit l'historien de l'architecture contemporaine François Loyer, qui poursuit :

> Sous couvert d'une politique d'embellissement, la transformation qu'il opère de la ville vise à son instrumentalisation : il veut en faire l'outil d'une société industrielle efficace dont les valeurs ne sont ni morales, ni esthétiques mais financières [11].

Financières et sociologico-idéologiques : « bourgeois conquérant », selon la formule de Jeanne Gaillard [12], Haussmann a voulu faire de Paris la ville, la capitale, de la bourgeoisie conquérante. C'est exactement le programme qu'il se fixe dans un document extraordinaire et inédit : une lettre d'une rare violence écrite à son ami Persigny le 22 juin 1857, au lendemain de sa nomination au Sénat et au moment des élections législatives. Une lettre en deux parties – la première consacrée à « l'ingratitude » des masses populaires, la seconde à la nécessité de les chasser de Paris – où Haussmann apparaît comme droitier invétéré critiquant même les initiatives sociales de l'empereur :

> On vient de voir ce que l'on a gagné dans les faubourgs et les quartiers du centre par cette manière de mener des gens qui ne respectent que ce qu'ils craignent. Depuis cinq ans, on a perdu quatre mille voix dans le faubourg Saint-Antoine. [...] Qu'on ne dise pas qu'on a mécontenté ce quartier-là par les démolitions. On n'y a pas abattu une seule maison. Il a eu mille deux cents constructions nouvelles. Puis, on lui a donné l'hôpital Sainte-Eugénie, l'institut de l'Impératrice, les maisons bâties et revendues à perte par l'Empereur, le pain à bon marché, les soupes et les rations économiques. On y a loué sur deniers impériaux des maisons qu'on a sous-louées à prix réduits. Rien n'a fait : au contraire, tout cela a été pris pour des marques de faiblesse et de peur. Ces gens-là doivent être conduits autrement. Entre eux, ils n'estiment que les [mot raturé illisible] dont la poigne est rude et qui tapent dur au premier mot malséant. [...] Enfin, il faudrait que tout le monde m'aidât, au lieu de s'entendre pour m'entraver dans l'ouverture de ces grandes artères stratégiques allant du centre à la circonférence de Paris, qui refouleront peu à peu les ouvriers à l'extérieur pour les y disséminer et qui serviront aussi à les y suivre pour les contenir au besoin.

C'est aussi franc que brutal, et cela débouche sur un Paris réservé à la bourgeoisie, à une sorte d'apartheid social qu'Haussmann revendique sans complexe dans la deuxième partie de cette surprenante missive :

> Paris, ville de luxe, centre de mouvement financier et cité commerciale, aussi bien que centre de mouvement des idées et cité des arts, se comprend à merveille ; mais c'est une barbarie que de vouloir en faire un atelier, une collection de grandes cheminées à fumée noire et c'est le comble de la déraison en politique que d'y entasser, comme pour y former à plaisir un centre insurrectionnel, des masses grossières et stupides d'ouvriers à marteaux [...] qui se lèvent aux mauvais jours pour courir sus à tous les gouvernements et les abattre avant que la France, surprise, n'ait eu le temps de s'y opposer [13].

Voilà qui est parfaitement cynique et qui éclaire d'une façon particulièrement crue la dimension sociopolitique des grands travaux de Paris.

L'ambition est aussi énorme qu'originale : il ne s'agit pas d'aménager la vieille cité médiévale ni de la détruire mais, pour ainsi dire, de greffer sur elle une ville nouvelle, qui ne soit ni tout à fait l'ancienne ni tout à fait une autre. Le Paris actuel, généralement considéré comme une des plus belles villes du monde, est né de cette greffe, avec sa couleur gris-beurre frais et sa rue que l'on reconnaît dans le monde entier comme ne pouvant être que de Paris, cette rue longée de trottoirs, souvent plantée, bordée d'immeubles de cinq étages carrés, entresols compris, d'une vingtaine de mètres de hauteur, coiffés d'un sixième mansardé et de combles, le second et le cinquième décorés d'un balcon. Les murs sont en pierre ou en plâtre, la largeur des façades régulières comme celle des fenêtres, les étages et les héberges raccordés les uns aux autres et les toits, ces fameux toits de Paris en ardoise ou en zinc, parsemés d'une forêt de cheminées avec leurs potelets de grès rouge. Cette image est celle du paysage de Paris avec la large rue bordée d'arbres généralement rectiligne, aux rez-de-chaussée de boutiques et de cafés avec terrasses ouvertes et fermées laissant apercevoir, en fond de perspective, un monument ou une vue [14].

Cette suggestive description de Jean-Pierre Quéré, ex-directeur de l'Architecture de la ville de Paris, est excellente dans son exhaustivité. Tout a été prévu, voulu, dessiné, imposé par Haussmann, le potelet comme la perspective, la largeur de la rue comme la hauteur de l'immeuble, le balcon en fonte comme la disposition des fenêtres. Franchie la porte en bois travaillé des immeubles, la même discipline s'impose avec ces cours intérieures et ces appartements haussmanniens si prisés aujourd'hui. Selon la formule de François Loyer, de la conception de l'immeuble à celle de la rue, puis de la rue au quartier et du quartier à la ville, « l'haussmannisme est le produit d'un étonnant consensus entre les éléments formateurs de l'urbain [15] ». Le préfet de la Seine pensera à tout : il songera même à chausser les chevaux de grosses semelles de cuir ou d'enrober leurs sabots de caoutchouc afin de les protéger de la dureté des pavés de granit ou de porphyre, ses préférés…

« Alignement ! fixe ! »

« Alignement ! fixe ! Il semble que l'Amphion de cette ville soit caporal », s'exclame en 1867 le journaliste catholique Louis Veuillot [16]. Haussmann a l'obsession de la ligne droite. Avenues, boulevards, rues, tout doit être rectiligne. Et il est bien rare qu'il accepte de déroger à cet impératif pour respecter un monument ou une courbe sortie de l'Histoire. Il se vante au contraire d'avoir ménagé à partir de la rue La Fayette cinq kilomètres de rectitude. Sébastopol, Malesherbes, Voltaire, Magenta, République, Arago, Réaumur etc., autant de boulevards et d'avenues à obéir à cette règle. Si Napoléon III est romantique, Georges Eugène est classique, fidèle à sa position du temps de la bataille d'Hernani.

Les principes de cette esthétique haussmannienne restent aussi classiques que possible. Le Préfet reste dans la pure tradition française, celle de J.-H. Mansart, de Louis XIV et de Napoléon Ier ; il veut des perspectives monumentales au bout des voies droites et des ordonnances sur les grandes places, note Pierre Lavedan [17].

D'ailleurs, ce n'est pas lui faire injure que de souligner au total son faible goût artistique. Lui-même en était d'ailleurs si conscient qu'il tente d'accréditer dans ses *Mémoires* le fait que c'est l'empereur qui brimait ses dispositions artistiques et lui « reprochait d'être trop artiste, de trop sacrifier à la correction des alignements et à la recherche des points de vue » :

« À Londres, me disait-il, on ne s'occupe que de satisfaire le mieux possible aux besoins de la circulation. » Ma réponse invariable était : « Sire, les Parisiens ne sont pas des Anglais ; il leur faut davantage [18]. »

Autre obsession spatiale d'Haussmann : la perspective. De fait, Haussmann reconnaît qu'il s'est préoccupé – jusqu'à l'obsession – des questions de perspective.

Je n'ai jamais arrêté le tracé d'une voie quelconque, écrit-il, et à plus forte raison celui d'une artère principale, sans me préoccuper du point de vue qu'on pouvait lui donner [19].

Ses avenues rectilignes débouchent volontiers sur un coup d'œil, mobilisent, intègrent un monument du passé, ce que Loyer appelle un « monument-cible ». Le boulevard Henri-IV vise à la fois la colonne de Juillet et la coupole du Panthéon. Le boulevard Saint-Michel a comme perspective l'élégante flèche de la Sainte-Chapelle et la place est ornée d'une fontaine Davioud, commandée à la demande expresse du préfet qui rappelle l'aspect sordide de l'ancienne qu'il traversait étudiant chaque jour :

La belle perspective de la fontaine Saint-Michel, qu'on a maintenant du nouveau pont, en arrivant sur la place agrandie, assainie et encadrée de maisons magnifiques, est ma revanche [20].

Lorsque le monument-cible est mal placé (selon le préfet bien sûr), il le déplace, comme la fontaine du Palmier, place du Châtelet, qui, transportée sur une plate-forme à roulettes, est installée dans l'axe du nouveau pont-au-Change. Et quand il n'existe pas, il le fait construire : regrettant que le tracé initial du boulevard Sébastopol ne lui permette pas d'inscrire dans sa perspective la coupole de la

Sorbonne, il ordonne à l'architecte Bailly de coiffer le nouveau tribunal de commerce d'un dôme à l'italienne que les Parisiens surnomment aussitôt le « bonnet de coton ». De même, le dôme métallique de l'église Saint-Augustin est-il situé à la fois dans l'axe de la première partie du boulevard Malesherbes et dans le prolongement de l'avenue de Friedland. Les trouvailles lexicales des Parisiens à l'égard des monuments haussmanniens sont assez révélatrices de leur impact psychologique sur une population qui voit son cadre de vie ancestral tourneboulé en quelques années sans avoir rien à dire : après le « fort de la halle », l'« huilier », le « bonnet de coton », ils trouvent pour le dôme de Saint-Augustin un surnom bien dans l'air du temps : le « casque à pointe »... L'ordonnancement haussmannien le plus accompli est bien évidemment la place de l'Étoile. Le plan primitif dressé par Napoléon III ne prévoyait, outre l'avenue Foch, que l'ouverture des actuelles avenues Kléber et Wagram. Elles formaient une ligne droite, de part et d'autre de la place, croisant à l'équerre l'avenue des Champs-Élysées continuée par l'avenue de la Grande-Armée. Haussmann ouvre d'abord l'avenue Foch, réalisant ainsi avec l'avenue Kléber son premier arc de cercle, caractéristique de l'opération, l'avenue Victor-Hugo étant préexistante. Et il va reproduire le même schéma tout autour de l'Arc de triomphe, portant de quatre à douze le nombre de branches de l'Étoile. Dans ses *Mémoires*, il peut s'enorgueillir :

> Cette belle ordonnance que je suis très fier d'avoir su trouver, et que je considère comme une des œuvres les mieux réussies de mon administration, apparaît, dans son ensemble, comme sur un plan, du haut de l'Arc de triomphe [21].

Tout aussi classique est sa conception de l'architecture réglementée, sur le modèle de Louis XIV, qui impose aux promoteurs privés l'ordonnancement et les façades de la place Vendôme, mais Haussmann l'étend à l'ensemble des nouvelles voies de la ville. La charte du Paris haussmannien, c'est le règlement de 1859 qui hiérarchise les voies de circulation et sera appliqué de façon rigoureuse. C'est un des traits du préfet de la Seine : homme d'ordre et d'autorité, il fait toujours appliquer strictement le règlement et ne connaît pas les passe-droits. Dès son installation à l'Hôtel de Ville, il a prévenu ses collaborateurs :

> Évitez de recourir aux recommandations. Je les accueille mal. Elles trahissent, de la part du recommandé, peu de confiance dans son propre mérite, ou dans l'intelligence ou la justice de ses supérieurs [22].

Haussmann oublierait-il les lettres de recommandation qu'il a fait adresser jadis à Guizot, puis à Casimir Perier, afin d'obtenir quelque promotion ? Le Fonds Persigny nous livre une lettre inédite qui montre que, même à l'égard d'un des protégés du ministre, le baron s'en tient aux procédures normales. Persigny ayant recommandé un certain de Martres, le préfet le fait passer de commis à sous-chef de bureau, mais refuse d'aller au-delà car ce serait « violer le règlement » et souligne avec un humour sans doute involontaire « la chance de devenir chef de bureau qui lui est désormais ouverte et qu'il dépend de lui de rendre certaine au moyen du nouveau règlement qui assimile les employés des mairies à ceux de la préfecture… »[23] Bref, que de Martres se donne de la peine et utilise les procédures internes ! Pour revenir à Paris, c'est exactement dans cet esprit qu'il édicte et fait appliquer les règlements d'urbanisme qui donnent à la nouvelle ville son unité architecturale. En 1855, une circulaire préfectorale accorde à l'administration le droit de régler les façades suivant une harmonie des lignes des balcons et corniches. Le 27 juillet 1859, un décret fixe la hauteur des façades en fonction de la largeur des rues : 11, 70 m pour les rues de moins de 7, 80 m de large ; 14, 60 m pour les rues comprises entre 7, 80 m et 9, 75 m ; 17, 55 m pour les rues de plus de 9, 75 m ; 20 m maximum pour les voies dont la largeur est égale ou supérieure à 20 m, « mais à la charge pour les constructeurs de ne faire en aucun cas au-dessus du rez-de-chaussée, plus de cinq étages entresol compris ». Conséquence de cette réglementation soulignée par Bernard Marchand :

> La largeur des nouvelles rues était égale à la hauteur des nouveaux immeubles, ce qui déterminait entre les îlots des percées de section carrée. Il ne s'agissait pas seulement d'élargir les rues : Haussmann retrouvait là une tendance profonde de la grand architecture monumentale comme la pratiquait Palladio, qui avait dessiné sur la Brenta des pièces cubiques[24].

Le décret de 1859 réglemente également la hauteur des étages (2, 60 m au minimum) et des combles, la dimension des saillies des lucarnes, des cheminées… Le tout sous peine d'amendes ou de démolition, sanctions qui sont appliquées à l'occasion.

Voilà pour la contrainte légale. S'y ajoute, tout aussi pressante et efficace, la contrainte négociée. Les lotissements des places de l'Étoile, de l'Opéra, de Saint-Michel, du Louvre, ou de l'Hôtel-de-Ville sont soumis à des conditions plus précises encore. « C'est dans les contrats de vente et les actes notariés qu'il faut aller chercher la véritable réglementation haussmannienne », observe Pierre Pinon : les actes notariés concernant le boulevard Sébastopol précisent ainsi que les maisons devront avoir, dans chaque îlot, « les mêmes hauteurs d'étage et les mêmes lignes principales de façades », celles-ci devant être « en pierre de taille avec balcons, corniches et moulures ». Exemple significatif cité par Pinon : pour un immeuble du boulevard Saint-Germain, il est précisé que « les acquéreurs et leurs voisins pourront s'entendre afin que, dans chaque îlot de construction, il y ait les mêmes hauteurs d'étage, de manière à continuer les lignes principales de façades et à faire ainsi de tout l'îlot un seul ensemble architectural ». Tout est prévu, même ce qu'il faut faire lorsque ce raccordement est reconnu impossible :

> Dans le cas où par suite de circonstances particulières, M. le Préfet reconnaîtrait l'impossibilité sur certains points de raccorder les lignes horizontales des façades, les corniches, balcons ou autres saillies devraient être arrêtées ou supportées à leurs extrémités par des pilastres ou consoles établis en dehors du mur mitoyen [25].

Ajoutez à cela le soin maniaque qu'Haussmann apporte au mobilier urbain, aux bordures de trottoirs en granit gris, aux petits pavés de porphyre disposés en plume de paon, aux grilles d'arbres ou aux descentes d'eau en fonte moulée, et vous aurez le secret de l'unité, de la couleur, de la spécificité et du raffinement de Paris. Une unité qui n'interdit pas la recherche ni la diversité : François Loyer a répertorié soixante-dix-huit variantes de réverbères déclinant sept modèles génériques.

> Le recours systématique à la fonte moulée ainsi que l'unité de la couleur – un brun uniforme parfois rehaussé de pointes d'or – facilitaient l'intégration de ces variantes au sein d'un ensemble cohérent : rare exception, les réverbères en bronze de la cour du Louvre ou du théâtre de l'Opéra marquaient les points de la monumentalité extrême de l'espace urbain [26].

On ne peut que déplorer aujourd'hui l'appauvrissement continu de la gamme et la destructuration de la hiérarchie initiale.

L'immeuble haussmannien, symbole de la bourgeoisie

Haussmann, en revanche, ne s'est jamais préoccupé de l'intérieur même des immeubles, de la structure des appartements (en dehors de la hauteur des plafonds, disposition il est vrai essentielle en termes d'esthétique et d'agrément de vie). Alors comment est né cet appartement haussmannien synonyme de confort et de luxe, de plafonds à moulures, de cheminées en marbre, de parquets en chêne de Hongrie, de vitraux multicolores ? C'est que la révolution urbaine du Second Empire est inséparable de la révolution industrielle qui, elle-même, a donné naissance à une bourgeoisie éprise de luxe et ayant les moyens de se l'offrir. À condition que ce ne soit pas un luxe aristocratique trop coûteux mais, disons, un luxe de masse, le luxe de cette nouvelle classe. Ainsi le débitage mécanique abaisse le coût des pierres de taille jusque-là réservées aux hôtels particuliers, tandis que les machines élévatoires permettent de les hisser aux étages supérieurs. De même, l'immeuble haussmannien avec son enfilade de pièces nobles sur rue est très lié au développement du gaz d'éclairage qui rend vivables les petites pièces sur cour ou les couloirs aveugles. L'utilisation maximale du terrain au sol et dans les étages fait baisser le coût des appartements et les rend accessibles à plus de foyers, alors même que le bouleversement de quartiers entiers et l'ouverture de kilomètres de nouvelles voies offrent l'espace nécessaire à une formidable explosion de l'architecture privée : sous le préfectorat d'Haussmann, près de cent trois mille immeubles privés sont construits dans la capitale, il faudra attendre le lendemain de la Seconde Guerre mondiale et les Trente Glorieuses pour retrouver un tel dynamisme (mais pour bâtir quels immeubles !). Selon Jeanne Gaillard, l'immeuble haussmannien vise fondamentalement à adapter le luxe de la demeure aristocratique à la condition bourgeoise :

> La pierre sculptée des façades, les balcons de fer forgé, la porte cochère à deux vantaux pour des locataires sans équipages, ce sont des signes, n'en doutons pas [27].

Quitte, évidemment, à concentrer cette classe sociale montante dans les mêmes maisons et dans les mêmes quartiers :

> La ségrégation sociale à l'intérieur des maisons de Paris se faisait sentir bien avant Haussmann, mais les constructions neuves accentuè-

rent ce caractère dans la mesure où des appartements identiques se superposèrent du haut en bas de l'édifice : pour loger dans la même maison, les locataires devaient avoir sinon les mêmes ressources, du moins les mêmes possibilités de dépenses [28].

Mais, comme il le revendique crûment dans sa lettre à Persigny du 22 juin 1857, n'est-ce pas exactement ce que recherchaient Haussmann et son Empereur : mettre le pouvoir et les possédants à l'abri de la pression et des coups de colère des masses ? Les quelques centaines de maisons ouvrières financées par Napoléon III ne doivent pas faire illusion. On a vu d'ailleurs, par la même correspondance, ce que le préfet de Paris pensait des velléités sociales du chef de l'État.

Le Grand Paris

Georges Eugène Haussmann prend ensuite à bras-le-corps un projet que, depuis des décennies, les gouvernements se repassent comme une patate chaude : l'agrandissement de la capitale par l'annexion des communes suburbaines comprises entre le mur des fermiers généraux qui fixe les barrières de l'octroi et l'enceinte militaire construite par Thiers, une ligne de forts qui coupait en deux nombre de communes et rendait l'annexion inévitable. Seulement, jusque-là, les gouvernements avaient reculé devant le coût, pour les contribuables parisiens, de la remise à niveau de la zone annexée. Le préfet Rambuteau le reconnaît avec une franchise touchant au cynisme dans ses *Mémoires* :

> Maintes fois, l'annexion des communes situées entre les deux enceintes fut réclamée par le conseil municipal : jamais je n'y consentis [...] Partout, on bâtissait dans les communes circonvoisines ; villages et hameaux devenaient d'importantes agglomérations ; tout y était à créer, églises, écoles, marchés, fontaines [29].

C'est donc en connaissance de cause que les prédécesseurs d'Haussmann ont laissé se construire aux portes de la capitale une banlieue de plus en plus peuplée et condamnée au sous-équipement. Haussmann ne peut que constater le dénuement de ces communes, aggravé, qui plus est, par l'explosion démographique :

> Elles forment, écrit-il dans un mémoire destiné au conseil municipal, une ceinture compacte de faubourgs construits au hasard, couverts d'un

réseau inextricable de voies publiques étroites et tortueuses, de ruelles et d'impasses où s'accumulent avec une rapidité prodigieuse des populations nomades sans lien réel avec le sol et sans surveillance efficace [...]. Ce n'est pas le nom de Paris mais celui de Babel qu'il faudrait donner à un pareil assemblage [30].

Mais de ce constat, ce réformateur-né tire une conclusion opposée à celle de son prédécesseur Rambuteau :

> Il n'est pas admissible que la capitale de la France soit composée d'une partie centrale administrée avec unité et fermeté, soumise à un certain régime financier qui assure convenablement ses services municipaux, ouverte et reliée par un bon système de voies publiques, protégée par une police vigilante, et d'une zone extérieure fractionnée légalement en dix-huit communes, abandonnées à autant de faibles administrations locales, divisées par dix-huit péages aussi divers qu'insuffisants, sans communications bien entendues, sans surveillance efficace [31].

Tout Haussmann se lit dans ces deux extraits du même rapport de 1858 : on y reconnaît certes l'homme d'ordre et d'autorité, le bourgeois méprisant à l'égard de ces « populations nomades » (souvent des maçons et ouvriers venus édifier le nouveau Paris) et soucieux de les éloigner de la capitale ; mais aussi le réformateur qui, au-delà des mesures policières, entend s'attaquer aux causes structurelles de ce sous-développement aux portes de la capitale. Les contempteurs d'Haussmann peindront une banlieue champêtre où les Parisiens viennent le dimanche danser dans les guinguettes en buvant un petit vin blanc moins cher car hors des barrières de l'octroi. La réalité est plus triviale : si les quartiers sud et ouest présentent encore un aspect plaisant, notamment Auteuil et Passy qui ont conservé leur allure de village de campagne, le nord et l'est constituent une zone à l'habitat anarchique, polluée par une industrie chimique en plein essor et qui manque de tout, écoles, rues empierrées, eau, gaz, égouts, une zone de non-droit qui compte à peine soixante-huit agents pour ce qui va devenir huit arrondissements. Le préfet de la Seine est trop avisé pour ne pas comprendre la menace que constitue pour le régime une telle zone, qui débute place Clichy, à quelques centaines de mètres des Tuileries, et trop responsable pour ne pas y faire face.

Efficacité du préfet de la Seine, volonté de l'empereur, puissance de l'administration durant les premières années du Second Empire : l'extension des limites de Paris, selon la formulation de l'époque, est menée au pas de charge. Si une commission préparatoire se réunit dès 1856, c'est en quelques mois que tout est réglé en 1859 :

un décret impérial est pris en février, la loi d'annexion est votée en mai et promulguée en novembre. Le 1er janvier 1860, Paris s'étend jusqu'à l'enceinte militaire construite par Thiers. D'un coup, la capitale double presque de surface et passe de 3 437 hectares à 7 802 ; elle accueille trois cent cinquante mille habitants supplémentaires et dépasse désormais le million cinq cent mille ; huit nouveaux arrondissements s'ajoutent aux douze historiques. Les couples en union libre ne « se marieront plus à la mairie du XIIIe » mais à celle du « XXIe ». Il faut noter qu'Haussmann, sans toucher aux limites des anciens arrondissements, impose une nouvelle numérotation en coquille d'escargot, le Xe arrondissement devenant par exemple le VIe actuel. Au total, douze communes sont avalées, entièrement ou presque, et deviennent des quartiers de Paris : Auteuil, Passy, Les Batignolles, Monceau, Montmartre, La Chapelle, La Villette, Belleville, Charonne, Bercy, Vaugirard, Grenelle. Et dix autres sont amputées, dont Neuilly, Montrouge, Pantin, Bagnolet, Saint-Mandé, etc.

Haussmann en fait-il trop ou pas assez ? À l'époque, les caricaturistes fustigent cet agrandissement de la capitale, montrant des paysans stupéfaits de se réveiller parisiens, des chevaux d'omnibus se traînant jusqu'aux nouvelles portes de la ville, ou Paris annexant la France pour s'arrêter aux boulevards du Nord, du Rhin, d'Italie, d'Espagne. De nos jours, on a plutôt tendance à lui reprocher sa timidité et à voir dans la constitution de ce trop petit « Grand Paris » une des origines du problème des banlieues. Mais les limites administratives de la capitale fixées par le grand préfet de la Seine sont-elles coulées dans le bronze et, en cent quarante ans, trois Républiques n'ont-elles pas eu tout le loisir de les redessiner ? Haussmann, d'ailleurs, aurait été personnellement d'accord avec ces critiques : sa première idée était d'annexer l'ensemble du département de la Seine et d'absorber Meudon, Saint-Cloud, Sèvres, Boulogne, Neuilly, Levallois, mais il recula devant l'opposition des notables. Et, au printemps 1859, lors de la rédaction finale du projet de loi, le préfet doit encore rabattre de ses prétentions et renoncer à une bande de deux cent cinquante mètres de large au-delà des fortifications. L'idée (de Napoléon III, reconnaît Haussmann) était d'y ouvrir un « large boulevard de ceinture » avec des jardins et des plantations destinés aux habitants des communes contiguës[32] : à la fois périphérique et coulée verte. Mais l'empereur guerroie alors en Italie, et l'impératrice, qui n'aime guère le préfet « parpaillot », arbitre en faveur des opposants à cette extension supplémentaire menés par le président du Conseil d'État, Jules Baroche. Ce qui vaut à ce dernier une exécution en règle dans les *Mémoires* du préfet :

> C'était un Bourgeois, imbu des idées étroites, routinières, de la classe moyenne de Paris, et complètement hostile, en son for intérieur, à nos grands travaux [33].

À l'assemblée, l'opposition, réduite il est vrai à cinq députés, est plutôt modérée, même si Ernest Picard fait ses premières armes contre Haussmann qui deviendra bientôt sa bête noire. Picard pose du reste un vrai problème en lançant : « Supprimer l'ancienne banlieue, c'est rendre nécessaire la création d'une banlieue nouvelle ! » De fait, malgré l'exemption temporaire de taxes, les industries se replient bientôt au-delà de l'enceinte fortifiée, suivies des familles ouvrières incapables de payer les loyers parisiens et des guinguettes où, écrit Haussmann avec une condescendance désagréable, « le peuple parisien a l'habitude invétérée d'aller se divertir [...] les dimanches et jours fériés, et [où l'on vend du] vin franc de tous droits, mais rarement franc de mouillages et de mélanges fantastiquement frauduleux [34] ».

1860 : l'apogée de l'empereur et de son préfet

Coïncidence symbolique, 1860, l'année du « Grand Paris » est aussi celle qui marque l'apogée du préfet de la Seine. Il est au faîte de sa puissance, comme son maître, Napoléon III, dont les victoires de Magenta et de Solférino ont permis de restaurer la prépondérance française sur le continent. Un amusant pas de deux artistique illustre que le petit sous-préfet, toujours insatisfait, est désormais un personnage historique. Pour commémorer l'agrandissement de Paris, le conseil municipal a commandé à un artiste lorrain de renom un tableau représentant « L'Empereur remettant au baron Haussmann, préfet de la Seine, le décret d'annexion des banlieues ». L'œuvre est, comme on peut s'y attendre, des plus académiques : l'empereur, en tenue de général de division, pantalon garance et veste noire, les yeux regardant curieusement on ne sait où, remet le fameux décret à Haussmann en uniforme de préfet (pantalon blanc et redingote noire chamarrée de broderies d'argent), qui, lui, regarde son maître avec une déférence appuyée. Ce tableau, pourtant, ne convint pas : l'ambiance de travail qui s'en dégageait ne fut pas jugée à la hauteur de l'événement et l'impératrice, qui exerçait la régence au temps de l'annexion, en était absente. Le réalisme gouvernemental professant paradoxalement le plus grand mépris pour la réalité historique, l'artiste, Adolphe Yvon, fut prié de se remettre au travail et, stalinien avant l'heure, peignit le tableau souhaité : Napoléon III, debout sur les marches du trône, le manteau impérial jeté sur les épaules et l'impératrice à ses côtés, tend un document portant le sceau officiel au préfet de la Seine revêtu de l'habit de cour, bas de soie, culotte à la française et tricorne à la main. Seul perdant de cette substitution politico-artistique, le Premier consul dont le portrait a disparu du second tableau.

Georges Eugène est désormais un des piliers du régime. Outre l'Hôtel de Ville, il reçoit maintenant dans le château de Longchamp, au bois de Boulogne, que l'empereur vient de lui octroyer comme résidence de week-end. Il est d'autant mieux aménagé qu'Haussmann en prit la direction des travaux, persuadé que Napoléon III destinait la villa et son parc au prince impérial. Sa surprise est donc de taille ; cependant, fidèle à sa nature, Georges Eugène trouve encore le moyen de se plaindre des frais occasionnés par l'éloignement de la villa ! Les domestiques vont « sans cesse en commissions à Paris » et il lui faut « faire conduire le soir à la gare de Suresnes ou à celle de l'Avenue de l'Impératrice, sinon même à domicile, les parents dépourvus de voitures [qu'il invite] ou qui [viennent] spontanément [lui] demander à dîner »[35]. Bien entendu, l'entretien de la villa et des voitures est totalement à la charge de l'Hôtel de Ville.

Georges Eugène, dont la vanité n'a jamais été le moindre défaut, prend de plus en plus goût aux honneurs. Une fois sénateur, il juge bon de se donner un titre de noblesse, d'Empire bien sûr. Il reprend le baronnat accordé en 1808 par Napoléon Ier à son grand-père maternel Georges Dentzel et tombé en déshérence depuis la mort de son oncle Louis Dentzel au cours de la guerre d'indépendance grecque. Il récupère également le blason du baron Dentzel et le fait même graver sur le fronton du château de Cestas en Gironde, dont il hérite en 1861 après le décès de son beau-père et qu'il fait agrandir et restaurer. En revanche, selon le généalogiste Joseph Valynseele, il omet d'effectuer les démarches juridiques nécessaires pour relever un titre transmis par les femmes (sa mère) :

> Ainsi donc, et quoique l'Almanach impérial lui ait donné ce titre en le citant au nombre des sénateurs, Georges Eugène Haussmann ne fut jamais véritablement baron[36].

A-t-il relevé le titre de baron par prétention nobiliaire ou par piété filiale ? En tout cas, Haussmann ne sollicitera jamais de l'empereur un autre titre et affirme dans ses *Mémoires* qu'il refusa celui de duc en ces termes :

> Sire, je n'ai pas de fils et je suis trop pauvre pour soutenir un très haut rang [37].

Il rapporte également comment il a refusé de se joindre aux récriminations de deux hauts personnages jaloux des titres de duc accordés à Morny et Persigny :

> « Vous, par exemple, vous devriez être duc depuis longtemps.
> – Duc !… Et de quoi ?
> – Mais de Paris !
> – Oh ! Paris n'est qu'un comté. Il a, d'ailleurs, un titulaire, et de race royale.
> – Eh bien, de Boulogne, de Vincennes, de la Dhuys *.
> – De la Dhuys ? Mais, alors, duc ce ne serait pas assez.
> – Que voulez-vous donc être ? Prince ?
> – Non, mais il faudrait me faire aqueduc, et ce titre n'existe pas dans la nomenclature nobiliaire [38]. »

Georges Eugène, certes, ne se juge pas indigne d'une telle élévation, mais il est trop orgueilleux pour s'associer à un tel syndicat. Le mariage de sa fille aînée, Henriette Marie, en mars 1860, va d'ailleurs lui donner l'occasion d'étaler son goût du faste et ses prétentions sociales. Ce mariage, du reste quelque peu précipité si l'on en croit cette mauvaise langue de Mme Baroche, est évoqué dans un passage pittoresque de ses fameux *Souvenirs* :

> M. Randoin, auditeur sans fortune, aimait depuis plus d'un an Mlle Haussmann et ne cessait de le lui dire. Il devint si pressant qu'il fallut se presser de prendre un parti. Vite le préfet sollicite une sous-préfecture, il l'obtient dans les vingt-quatre heures, et le jeune auditeur, trop attaché à la préfecture de la Seine, est exilé à Bernay. Quant à ses amours, bernique ! On n'a pas manqué de dire qu'il était berné [39] !

Bien sûr, si la belle Henriette avait été indifférente au fonctionnaire, il n'y aurait pas eu de problème ; le 27 mars 1860, elle épouse Camille Dollfus, secrétaire d'ambassade à Berlin. Un diplomate, c'est mieux qu'un employé de préfecture ; surtout, Camille appartient à la grande et riche famille alsacienne et protestante des

* Une des sources captées pour les eaux de Paris.

Dollfus liés aux Haussmann de Logelbach et industriels textiles également. Georges Eugène organise à l'Hôtel de Ville la première grande fête pour son propre compte. Le mariage civil est pompeusement célébré dans la salle du Trône. La cérémonie religieuse suit au temple calviniste de l'Oratoire. Puis, quatre-vingt-dix « proches » triés sur le volet dînent à l'Hôtel de Ville avant que mille deux cents invités les rejoignent pour un grand bal suivi d'un souper. Le Tout-Paris est là, politique, financier, artistique et littéraire. Le banquier saint-simonien Émile Pereire, qui a servi d'intermédiaire entre les deux familles, est témoin du marié en compagnie du ministre des Affaires étrangères. Ceux de Mlle Haussmann étant le ministre de l'Intérieur et le président du conseil municipal Jean-Baptiste Dumas, qui doit cet honneur à une heureuse initiative : dès que la nouvelle du mariage a été connue, Dumas a demandé au conseil municipal de voter une indemnité exceptionnelle pour compléter la dot d'Henriette Marie. Refus immédiat d'Haussmann qui livre à l'empereur mis dans la confidence la raison de son attitude : « l'impossibilité morale où je serais de garder mon indépendance complète vis-à-vis du conseil municipal, si j'acceptais son offre ». Et comme Napoléon III propose de se substituer à la ville, Haussmann réitère son refus avec un argument familial et personnel cette fois : cela pourrait donner à croire que ce geste impérial était une condition de l'entrée de sa fille aînée dans la riche et influente famille des Dollfus[40]. Haussmann sera toujours trop fier pour être indélicat. Ce n'est pas là sa moindre qualité.

Une ambition encore inassouvie

Qu'est, désormais, cet Haussmann au faîte de sa puissance ? Chef d'entreprise plus qu'homme politique, Haussmann pèche par insuffisance de communication, pour utiliser le jargon actuel. D'ailleurs, il déteste s'exprimer en public ou devant une assemblée, sachant que sa voix sourde porte mal. C'est un dialecticien, très efficace en petit comité ; un classique qui redoute l'émotion et croit à la force du raisonnement. Son fidèle collaborateur et ami Alphand le décrit ainsi :

> Il n'avait ni la voix puissante, ni l'éloquence entraînante qui soulèvent les foules, mais il exerçait une grande action par sa logique incomparable, il avait le talent de convaincre les esprits par la seule force de sa dialectique [...]. C'était un orateur d'affaires de premier ordre[41].

Le portrait par Persigny d'un homme d'action vigoureux et énergique, d'un sanglier prêt à tout renverser sur son passage, n'a rien perdu de sa véracité ni de sa force et voici comment, dans les années soixante, *Le Figaro* le dépeint :

> Voici le portrait de l'homme physique qui est comme le résumé, le symbole, le plan géométrique de l'homme intérieur. M. Haussmann est très grand. C'est le plus grand des fonctionnaires connus. Mais comme la plupart des constructions qu'il a inspirées, il brille par la dimension, bien plus que par la grâce et l'harmonie. Ce n'est pas Apollon, c'est le Titan. Il a les épaules larges, un peu abaissées, comme si elles portaient beaucoup de choses et beaucoup de gens ; il a les jambes robustes, les pieds et les mains d'assez forte dimension ; c'est un homme solide qui ne lâche pas aisément ce qu'il tient, et qu'on déracinerait moins facilement que les arbres transplantés par son ordre… Sa barbe et ses cheveux bruns maintiennent le printemps autour de son visage, comme ces squares que l'ingénieuse coquetterie du magistrat a semé sur les buttes dévastées, sur les plaines arides [42].

Son comportement maintenant :

> Il parle volontiers de toutes choses. Sa voix sourde, voilée, épanche non dans une causerie, mais dans un monologue perpétuel, des idées justes sur tous les sujets, mais des idées banales. Il n'intéresse que quand il parle de ce qui est sa fonction, sa mission, son lot spécial, Paris et les travaux de Paris. Alors, il sort des banalités, il devient éloquent, il a des mots incisifs, des audaces d'opposition, des accès de fierté ; il explique admirablement ce qu'il veut ; il anime son ambition et lui met l'auréole qu'il voudrait voir respectée par l'avenir.

En un mot, la personnalité d'Haussmann présente à la fois la grandeur et l'ennui de la monomanie. Lui-même se connaissait et ne se détestait point, vantant sa « crânerie batailleuse » :

> Une grande dame, en plaisantant, me disait que je passais pour avoir un mauvais caractère.
> – Madame, loin de m'en plaindre, je m'en félicite. Au fond, je suis de la nature de je ne sais plus quelle bête curieuse, dont le cornac définissait le caractère difficile de la manière suivante :
> Cet animal est très méchant ;
> Quand on l'attaque, il se défend [43] !

Haussmann aura été beaucoup attaqué, car il s'est beaucoup défendu. Il est vrai aussi qu'il a bousculé les hommes et les institutions, comme il a bousculé les barrières de Paris. Animé par un insatiable appétit de pouvoir, il n'aura eu de cesse de rogner les compétences de la préfecture de police, de forcer les portes du Conseil d'État et de s'introduire au conseil des ministres. En octobre 1859, on l'a vu, un décret impérial met un terme aux conflits d'attribution entre la préfecture de police et la préfecture de la Seine, donnant à Haussmann les pouvoirs jadis dévolus à son collègue sur l'entretien de la voirie, la gestion des marchés publics et le contrôle du commerce. Le 11 janvier suivant, au lendemain de l'annexion de la banlieue, un nouveau décret impérial marque une autre victoire d'Haussmann : le préfet de la Seine pourra participer à toutes les délibérations du Conseil d'État concernant Paris. Restent les ministres dont Haussmann supporte de plus en plus difficilement l'autorité, notamment celle des ministres de l'Intérieur successifs, ses supérieurs hiérarchiques, qu'il n'hésite pas à qualifier de « pygmées dont l'autorité sur l'Hôtel de ville [est] purement nominale [44] ». Le 22 novembre de la même année, il marque un nouveau point et reçoit le droit de participer au conseil des ministres chaque fois que ce dernier aura à traiter des affaires de la capitale. On imagine les membres du gouvernement modérément contents, qui gardent leurs distances vis-à-vis de l'intrus :

> Il n'est pas de petits moyens auxquels ils n'aient eu recours, afin de me faire sentir, et, de bien marquer partout, que nos situations hiérarchiques restaient les mêmes ; qu'une distance existait toujours entre nous ; que j'étais un simple préfet, partant, leur subordonné, investi par l'Empereur, pour des raisons passagères, d'attributions exceptionnelles, mais dont le rang officiel n'avait pas changé [45].

Georges Eugène entrevoit le remède : devenir lui aussi ministre à part entière ! Mais pas à n'importe quel prix. À plusieurs reprises, son nom est évoqué pour entrer au gouvernement. Lui-même affirmera avoir refusé à deux reprises le ministère de l'Intérieur et il est avéré qu'en décembre 1860 il aurait pu prendre le très gros ministère de l'Agriculture, du Commerce et des Travaux publics. Pourquoi ne saisit-il pas cette occasion ? Dans une lettre privée à son ami Persigny, une missive elle aussi inédite, il s'en explique avec une grande franchise. S'il a refusé le poste, c'est par crainte d'abandonner ses chers travaux de Paris. Au moment du choix, Haussmann tient plus à son œuvre qu'à son ambition, comme l'évoque magnifiquement l'extrait suivant :

M. de Morny m'a fait appeler avant-hier, avec ou sans mandat, pour me dire que l'Empereur avait le désir de me confier la direction des Travaux publics dans tout l'Empire. Je répondis que, dès longtemps, j'avais déclaré à sa Majesté et que tout récemment je lui avais répété, que je me chargerais de tout ce qu'elle imposerait à mon dévouement, en outre [Haussmann souligne le mot] de ma mission actuelle ; mais que… je ne pourrais pas me décider (tant qu'on me laisserait l'option) à abandonner, pour cette mission nouvelle, une œuvre dont je suis l'incarnation, et qui est loin de toucher à son terme, une œuvre qui risquerait de périr en des mains moins fermes ou qui semblerait remise en question, au grand préjudice des intérêts de la ville, si elle changeait de direction [46].

Ce refus d'un ministère pour conserver Paris ne satisfait pas l'ambition de Georges Eugène. Aussi imagine-t-il de devenir « ministre de Paris » et, se jetant à l'eau dans une démarche dont la naïveté surprend, il écrit directement à l'empereur pour lui exposer sa requête. Cette lettre très révélatrice de la personnalité d'Haussmann sera retrouvée aux Tuileries, au lendemain de Sedan, parmi les papiers de l'empereur. L'en-tête définit clairement le programme : « Lettre de M. Haussmann, préfet de la Seine, à l'Empereur, au sujet de la création d'un ministère de Paris, cabinet du préfet de la Seine, (confidentielle), Paris, le 16 décembre 1860. » Le contenu est aussi franc qu'imprudent : la création d'un tel ministère vertical permettrait de soustraire les grands travaux de Paris à l'autorité du ministère de l'Intérieur (pourtant occupé à nouveau par son protecteur Persigny dont il dit redouter la « nature ardente ») :

L'idée en est simple : en tant que maire de Paris et administrateur du département qui lui sert de banlieue, je relèverais directement de l'Empereur. [Ainsi] le Conseil d'État, au lieu de me considérer comme un subalterne trop indépendant, m'accueillera et m'écoutera comme un organe accrédité des idées de réformes administratives de l'Empereur ; les ministres eux-mêmes cesseront de me jalouser une importance de fait, qui se trouvera légitimée en droit ; enfin, l'Empereur, débarrassé de tout ennui à mon sujet, verra chacun des plans qu'il arrête pour Paris exécuté dans le plus bref délai [47].

Haussmann conclut en sollicitant de l'empereur une réponse pour le moins pressante :

Demain a lieu le banquet de clôture de la session du conseil général de la Seine, qui m'a témoigné, cette année, un si cordial assentiment. […] Je serais heureux d'avoir une raison nouvelle de reconnaissance pour la bonté dont Sa Majesté a déjà si souvent usé envers moi.

Dans le naïf espoir de court-circuiter les services, il joint même le projet de décret :

> Le baron Haussmann, sénateur, préfet de la Seine, a rang de ministre et a séance, en cette qualité, dans nos conseils. L'autorité ministérielle lui est dévolue dans son ressort, en matière d'administration départementale et communale. [...] Il prendra le titre de ministre de Paris.

Napoléon III n'a plus qu'à signer...

Georges Eugène est-il allé trop loin ? L'Empereur s'irrite-t-il de se voir ainsi forcer la main ? Renâcle-t-il à donner trop de pouvoir à une telle personnalité ? La réponse vient, rapide mais négative : pas question constitutionnellement de créer un tel ministère vertical, ce serait détruire tout le faisceau de l'administration et « violer les principes, le bon sens et la grammaire ». Mais l'empereur accepte d'accroître encore les attributions du préfet de la Seine. Un nouveau décret lui attribuera le contrôle de nombreux actes administratifs réservés jusque-là aux ministères. Malgré ce lot de consolation, la stupéfiante démarche se solde par un échec : Haussmann est puissant mais pas assez pour contourner les Rouher, Baroche, Fould, Persigny, le premier cercle des dirigeants du Second Empire. Rappelé à son rang, le baron en restera blessé.

La guerre de l'eau

La même année où Haussmann tente de forcer le destin et de devenir « ministre de Paris », il fait à la ville un somptueux cadeau : de l'eau pure et abondante. Le 18 mai 1860, le conseil municipal adopte le projet de dérivation vers la capitale de la Dhuys et du Surmelin, deux affluents de la Marne prenant leur source dans l'Aisne. On le voit, le préfet Haussmann manifeste une modernité peu habituelle à son Corps. Radicalement en avance sur ses contemporains, il pense la ville de façon globale en architecte, en préfet, en hygiéniste, en jardinier, etc., Napoléon III et Persigny croyaient avoir nommé à Paris un homme de caractère, un administrateur fidèle, efficace et intransigeant. Ils découvrent un urbaniste global qui invente en France les *utilities* et dote la capitale d'ambitieux et très utiles équipements publics. C'est le Second Empire qui permet l'éclosion de ce miracle : n'est-il pas, encore une fois, extraordinaire que le canal de Suez ait été percé par un petit diplomate mis en retraite anticipée et que le Paris moderne ait été créé par un fonctionnaire qui avait végété durant la moitié de sa carrière dans des sous-préfectures de province ?

Vaniteux pour lui-même, Haussmann n'aime pas la vaine gloriole dans l'action et va construire au-dessous du nouveau Paris une deuxième cité, une ville souterraine. « L'haussmannisme, cette grande entreprise totalitaire de modernisation de la capitale[48] » : la formule de François Loyer s'applique particulièrement à la réalisation dont Haussmann était le plus fier, l'approvisionnement en eau de la capitale et son corollaire, le réseau d'égouts pour évacuer les eaux usées.

> J'insiste avec prédilection sur cette œuvre considérable [...] par la raison qu'elle est bien mienne. Je ne l'ai pas trouvée au programme de la transformation de Paris, dressé par l'Empereur, et personne au monde ne me l'a suggérée. C'est le fruit de mes observations, de mes recherches assidues comme jeune fonctionnaire et des méditations de mon âge mûr. C'est ma propre conception[49].

Cette insistance à vanter une opération aussi évidente peut sembler curieuse mais elle s'explique par les obstacles auxquels il s'est heurté pour doter les Parisiens de ce service : de l'eau abondante, pure, arrivant dans tous les immeubles et à tous les étages. Quatre exigences qui sont loin d'être remplies au début du Second Empire : le canal de l'Ourcq et les pompes puisant dans la Seine ne suffisent pas aux besoins d'une population urbaine qui ne cesse de croître. Il faut, en outre, aller prendre cette eau à la qualité toute relative aux bornes-fontaines ou la commander aux porteurs d'eau qui la montent dans les immeubles pour cinq francs (le salaire quotidien d'un ouvrier) les mille litres. Autant dire que les Parisiens se lavent peu...

Haussmann n'est pas un novice en la matière. Sous-préfet dans les Pyrénées, il y a étudié l'impact de la qualité de l'eau sur la santé ; dans l'Yonne, il s'est lié à l'ingénieur Belgrand qui s'est attaché à fournir Auxerre en eau de source. Aussitôt nommé à Paris, il fait venir son ancien collaborateur et le charge de trouver des sources propres à alimenter la capitale. Il lui faudra des années et trois mémoires successifs au conseil municipal pour emporter la décision. Curieusement, il lui est plus facile de raser la moitié de Paris que de l'alimenter en eau. Les résistances sont multiples et tenaces : à l'époque de Pasteur, des scientifiques (financés par les propriétaires des pompes à eau ?) soutiennent encore que l'eau de la Seine, oxygénée par le mouvement du fleuve, est meilleure pour la santé que l'eau de source considérée comme trop lourde ; le directeur des travaux publics de Paris – d'ailleurs vite remplacé – partage leur avis et fait de la résistance ; les conseillers municipaux freinent, redoutant des dépenses nouvelles : un nouvel emprunt de cent trente millions de francs a été lancé au printemps 1860 pour financer les grands travaux ; les élus des régions détenant les sources font campagne contre leur cession et interviennent même auprès de l'empereur ; les Parisiens eux-mêmes craignent que l'opération ne se traduise par une augmentation du prix de l'eau. Ces oppositions ne découragent pas Georges Eugène ; il est tellement sûr de son fait qu'avant même le vote du conseil municipal, il achète pour la ville les sources de la Dhuys dans l'Aisne, de la Vanne dans l'Yonne et, de façon symbolique, la source de la Seine sur la commune de Saint-Germain en Côte-d'Or. Le vote est acquis en mai 1860, les travaux peuvent commencer avec la construction des réservoirs de Ménilmontant et de Montsouris et des élégants aqueducs à la romaine que l'on voit encore aujourd'hui dans les campagnes du Sénonais. Ils ne se termineront qu'au début de la IIIe République, mais en suivant les plans d'Haussmann dont le bilan en la matière se lit en quelques chiffres : la population parisienne dispose désormais quotidiennement de plus de quatre cent cinquante mille mètres cubes d'eau fraîche et pure contre cent dix mille environ au début du Second Empire. En 1854, une maison sur cinq reçoit l'eau courante (mais pas dans les étages), une sur deux en 1874, grâce à quinze cent quarante-sept kilomètres de conduites. La ville, entretemps, s'est déchargée sur une société privée, la Compagnie générale des eaux, de la recherche, de l'installation et de la gestion des abonnés. Cette politique de privatisation a des effets pervers décelés par Maxime Du Camp : en raison du développement du nombre des abonnements, celui des bornes-fontaines a diminué au détriment du petit peuple, lequel en est réduit à s'approvisionner aux bouches de lavage ouvertes au ras du sol à certaines heures de la journée :

> Que de fois je me suis arrêté à regarder de pauvres femmes trop dénuées pour payer la voie d'eau, trop occupées à garder la marmaille pour courir jusqu'à la borne, attendre que le ruisseau ait perdu ses impuretés les plus apparentes et se précipiter alors avec une casserole pour ramener la provision d'eau nécessaire ! Ce spectacle est pénible et dussent les bienfaisantes bornes-fontaines d'autrefois obstruer un peu les trottoirs et causer quelques embarras aux piétons, je voudrais les voir rétablir [50].

Amener de l'eau en quantité, c'est bien, mais encore faut-il l'évacuer après usage, que ce soit l'eau de source utilisée par les particuliers ou l'eau de la Seine et de la Marne servant à nettoyer les rues (le double réseau actuel date d'Haussmann). Ici aussi, quelques chiffres permettent d'appréhender l'effort d'équipement réalisé à Paris sous le Second Empire : le réseau d'égouts passe de cent sept à cinq cent soixante kilomètres, et quels égouts ! Avec leurs voûtes de pierre, leurs bateaux-vannes destinés à pousser les détritus, ils deviennent une attraction internationale : tous les hôtes de marque de la France demandent à les visiter. Ce qui vaudra au vicomte de Pernéty, le second gendre du préfet qui le fit entrer au service de la ville, de devenir un des hommes les plus décorés de France :

> Chacune de ces croix, s'excusait-il en souriant, est un remerciement d'une visite dans les égouts de Paris, où j'avais le constant honneur de conduire les princes étrangers lors de leurs voyages dans la capitale [51].

Les Parisiens s'y pressent également ; Maxime Du Camp, notamment, raconte :

> C'est devenu une partie de plaisir de visiter les égouts. Tous les mois on y fait une promenade publique. Les billets distribués par l'administration sont fort recherchés. Le trajet n'est pas bien long, mais il suffit pour amuser les curieux que l'on mène d'abord en wagon et ensuite en bateau. Le voyage est limité ; il commence place du Châtelet et finit à la place de la Madeleine. Là, on sort au milieu des badauds qui paraissent extraordinairement surpris [52].

La création de ce réseau d'égouts (Haussmann a même prévu des champs d'épandage pour expérimentations agricoles à Gennevilliers) est une des réalisations du préfet qui a le plus transformé et amélioré la vie quotidienne des Parisiens. Jusque-là, le milieu des chaussées était occupé par des tas d'immondices repoussés là au balai par les riverains et ramassés peu ou prou par les boueux. Récit du journaliste Louis Lazare :

> Arrive un lourd tombereau escorté de deux estaffiers, portant le premier une pelle, le deuxième un balai. Ces messieurs ramassent avec une lenteur pleine de componction la partie la plus solide du tas d'ordure qu'ils jettent dans le tombereau avec une intelligence si newtonienne des lois de la pesanteur que la moitié des détritus au moins va retomber en gerbes de trognons de choux, de carottes et de salades sur la voie [53].

Ajoutez, à cet effort d'assainissement des rues, les trente-deux mille becs de gaz qui éclairent la ville la nuit et vous conviendrez que l'œuvre édilitaire d'Haussmann ne s'est pas limitée à bâtir des casernes ou à ouvrir des boulevards assez larges pour les charges de cavalerie.

« Qu'est-ce donc que ce style-là ? – C'est du Napoléon III ! »

Il est vrai qu'avant de profiter de la transformation de Paris, les habitants ont dû en subir les nuisances durant près de deux décennies. Edmond About, l'auteur de *L'Homme à l'oreille cassée*, écrit dans *Paris-Guide*, le mémento réalisé pour l'exposition universelle de 1867 :

> J'avais entrepris un voyage moins long mais plus périlleux que le tour du monde : j'allais du passage Choiseul au Théâtre-Français par la butte des Moulins. À la moitié du chemin, je compris que je m'étais fourvoyé dans une démolition générale, mais il y avait presque autant d'imprudence à reculer qu'à poursuivre ou à rester. Devant, derrière, à droite, à gauche, partout, les pans de mur s'écroulaient avec un bruit de tonnerre, des nuages de poussière obscurcissaient le ciel, les ouvriers criaient gare en brandissant de longues lattes, les chariots chargés de décombres creusaient des vallées de boue entre des montagnes de plâtras ; la terre tremblait ; il pleuvait des moellons et des briques [54].

La ville est un immense et perpétuel chantier, qui s'active jour et nuit à la lumière des projecteurs électriques récemment inventés :

> Sans arrêt, on entendait le grincement des treuils montant les pierres de taille, le déchargement brusque des planchers de fer, la clameur de ce peuple d'ouvriers, accompagnée du bruit des pioches et des marteaux. Mais, par-dessus tout, ce qui assourdissait les gens, c'était la trépidation des machines ; tout marchait à la vapeur, des sifflements aigus déchiraient l'air… L'architecte, craignant de ne pas être prêt, se décida à faire travailler la nuit. De puissantes lampes électriques furent établies et le branle ne cessa plus [55].

Voilà comment se construit le « Bonheur des dames » de l'ambitieux Octave Mouret dont Zola fait l'associé du baron Hartmann (!)

Enfin, au tournant de la décennie 1860, le nouveau Paris sort de terre et les Parisiens commencent à profiter des fruits de leurs sacrifices. Les axes inscrits dans le premier réseau sont quasiment tous terminés tandis que le second est en pleine réalisation. Le boulevard Saint-Michel (il reçoit ce nom après qu'Haussmann a refusé l'offre de l'empereur de donner son nom à ce prolongement du boulevard Sébastopol) est ouvert à la circulation en 1860 ; le boulevard Saint-Germain, de la rue de la Harpe à la Halle-aux-vins, l'année suivante. La capitale amorce son glissement vers l'ouest que certaines théories expliquent par le régime des vents dominants, lesquels repoussent vers l'est les miasmes de la ville et les fumées d'usine. Le quartier des Champs-Élysées se dote d'hôtels particuliers où voisinent les grands du régime : le prince Napoléon dans sa villa pompéienne, le prince Murat ou le duc de Morny ; les écrivains et journalistes : Théophile Gautier, Arsène Houssaye ou Émile de Girardin ; et les demi-mondaines de la haute-bicherie : Cora Pearl, Anna Deslion ou la célèbre Païva qui, dans son célèbre hôtel particulier, fut sans doute la première victime d'une escroquerie à la photocopie. Demandant à un soupirant d'apporter dix mille francs (presque un an de salaire d'un ouvrier), elle lui promet de se donner à lui aussi longtemps que brûleront les billets de banque. Le jour dit, l'amoureux dispose les dix billets sur un guéridon de marbre de telle manière qu'ils brûlent l'un après l'autre le plus longtemps possible. La Païva tient sa promesse mais l'homme, en la quittant, lui fait un aveu :

> Ma pauvre enfant, je me suis fichu de toi ; les billets avaient été si admirablement photographiés par mon ami Aguado que tu y as été trompée [56].

Du quartier de l'Europe aux Ternes, le nord-ouest de Paris se transforme en un gigantesque lotissement. Le 13 août 1861, est inauguré en grande pompe le boulevard Malesherbes, réalisation emblématique du projet haussmannien, de ses enjeux et de ses méthodes bousculant les riches et chassant les pauvres. Entre la Madeleine et la rue de la Pépinière, des hôtels particuliers quasiment neufs interdisaient la percée : Haussmann n'hésite pas à les exproprier et à les abattre, même si leurs propriétaires ont bien d'autres moyens de faire entendre leurs récriminations que les pauvres gens qui habitent le quartier mal famé de la Petite Pologne. Du Camp évoque ainsi ce repère de la pègre où Eugène Sue a logé son sinistre Coupe-en-Deux :

> La partie actuellement si vivante de la ville qui s'étend entre la Madeleine et le boulevard de Courcelles était un quartier mal habité, mal famé, coupé en deux de rues douteuses, s'ouvrant sur des terrains en friche où les blanchisseuses tendaient leur linge, lorsque les soldats n'y faisaient pas l'exercice. C'était la Petite Pologne où gîtaient les joueurs

d'orgue, les chiffonniers et les saltimbanques. Çà et là, on apercevait quelques cabarets peints en rouge et de sinistre apparence… [57].

L'aménagement du boulevard Malesherbes et de ses environs fait disparaître cette verrue sociale presque au cœur de la capitale. Les deux mille sept cents mètres de ce nouveau boulevard, tracé entre la Madeleine et la porte d'Asnières, sont destinés à constituer à la fois un axe majeur de communication et la colonne vertébrale de l'aménagement de ces nouveaux quartiers voués à la bourgeoisie. Rien d'étonnant donc à ce que le régime ait décidé de célébrer son inauguration avec autant de faste que pour le boulevard Sébastopol. Il fait très beau sur Paris lorsque, ce 13 août, l'empereur arrive en voiture découverte à l'entrée du nouveau boulevard, place de la Madeleine, où, sous une tente d'apparat, l'attendent les grands corps de l'État et les conseillers municipaux, Georges Eugène en tête. Les Parisiens n'ont pas boudé la fête : ils sont des milliers à se presser derrière la Garde impériale et à manifester bruyamment leur enthousiasme, surtout lorsque Napoléon III, dans son discours, invite les édiles à… baisser les impôts indirects. Après avoir félicité le préfet de la Seine « pour sa persévérance infatigable à poursuivre un grand but », il lance aux responsables de la ville : « Je vous recommande surtout, dans l'examen de votre Budget, de réduire, autant que les finances le permettent, LES DROITS PESANT SUR LES MATIÈRES DE PREMIÈRE NÉCESSITÉ. » C'est Haussmann qui souligne le passage avec des majuscules dans ses *Mémoires* où il se plaint de ce laxisme impérial [58]. Place de la Madeleine, le préfet s'abstient bien sûr d'exprimer son désaccord sur ce point, mais le discours qu'il prononce montre qu'il est sensible aux critiques qui se développent contre sa politique de ségrégation sociale. D'ailleurs, n'est-ce pas cette campagne que l'empereur, toujours soucieux de maintenir le contact avec les masses, a cherché à désamorcer dans son geste fiscal ? Georges Eugène, lui, répond à sa manière, frontale, chiffrée, argumentée, professorale :

> Il s'en faut bien qu'aujourd'hui la ville construise exclusivement pour les classes riches, comme on l'affirme avec tant d'assurance… 9023 logements nouveaux ont été, je ne dis pas seulement achevés mais encore occupés, pendant l'année 1860 et sont devenus passibles de la contribution foncière. Or, si l'on compare les rôles de 1861 où ils figurent et ceux de 1860 où ils n'étaient pas encore, on trouve que, d'une année à l'autre, les diverses catégories de contribuables se sont accrues de la manière suivante : on a taxé 671 logements de plus dans celle de mille cinq cents francs de loyer ou au dessus ; 330 dans celle de mille à

mille cinq cents francs ; 1 030 dans celle de cinq cents à mille francs et 5 270 dans celle de deux cent cinquante à cinq cents francs. On a complètement exonéré d'ailleurs de toute contribution 1 722 logements de plus que par le passé, comme ne payant qu'un loyer inférieur à deux cent cinquante francs [59].

Conclusion de cette démonstration fastidieuse mais si révélatrice de la dialectique et de la psychologie d'Haussmann, éternel écorché :

> Ces chiffres sont, je le sais, de nature à contrarier bien des partis pris ; mais ils sont irrécusables et ils démontrent avec évidence que l'on bâtit encore plus à Paris pour les classes peu aisées que pour les autres [60].

On imagine l'intérêt des badauds à cette enfilade de chiffres qui serait mieux venue à la tribune de l'Assemblée que dans un discours de rue. Mais Georges Eugène ne peut s'empêcher de ferrailler avec les critiques, il ne cherche pas à séduire, il n'est même pas sûr qu'il cherche à convaincre, il veut surtout faire taire. Avoir raison, fermer le caquet des opposants. Cette attitude lui coûtera cher.

Pour l'heure, la fête continue. Le cortège officiel remonte le boulevard, s'arrête un instant devant l'espace ménagé pour la future église Saint-Augustin – le temps pour le préfet d'expliquer le double alignement du « casque à pointe » – et parvient au parc Monceau dont Alphand a commencé l'aménagement et qui constitue l'autre réalisation emblématique d'Haussmann dans l'ouest de Paris. Le « promeneur de Paris » Maxime Du Camp a laissé une charmante description du parc avant qu'Haussmann l'exproprie ou plutôt le rachète à prix d'or à la famille d'Orléans (l'ancien sous-préfet de Louis-Philippe paie ses dettes morales, avec l'argent de la ville, il est vrai) :

> En frontière du mur d'enceinte, près d'un enclos qui fut le cimetière des errances, où l'on jeta les restes de ceux que décapita le 9 Thermidor, le parc Monceau verdoyait. Il fallait une permission spéciale pour y pénétrer, car c'était une propriété particulière… Le parc, qui n'avait point été rétréci par les constructions dont on l'a entouré, était splendide, plein d'arbres et de fraîcheur, avec un ruisseau courant, une large prairie et quelques « ruines » ridicules qui subsistent encore. On y était seul ou presque, car on y voyait guère que de rares amoureux qui allaient se perdre dans les herbes. Les ramiers et les merles vivaient là comme dans leur domaine, c'était charmant [61].

Afin de financer l'achat et l'aménagement du parc, désormais ouvert au public, le baron n'hésite pas à l'amputer des deux tiers et à le rétrécir à huit hectares et demi : les seize autres hectares sont aménagés, moitié en voies d'accès, moitié en lotissement et cédés pour huit millions cent mille francs au banquier promoteur Émile Pereire. Zola, qui situe l'hôtel particulier du véreux Saccard à l'orée du nouveau parc Monceau, témoigne dans *La Curée* de l'émotion provoquée à l'époque par ce saccage. Haussmann s'en excuse en justifiant cette revente par le souci de financer l'achat du parc et les travaux d'aménagement qui ont coûté à eux seuls près de 1, 2 million de francs dont cinq cent mille pour ses magnifiques grilles[62].

Le centre de Paris n'est pas oublié, notamment les abords du futur Opéra. Nous avons vu Edmond About se heurter au chantier qui rase la butte des Moulins sur le trajet de l'avenue qui doit relier le Français au temple lyrique. La place de l'Opéra, avec la symétrie classique de ses grands immeubles, est terminée en 1862. Reste le théâtre lui-même dont la construction est en retard sur l'aménagement de son environnement. Le maître d'œuvre, il est vrai, n'est pas la préfecture de la Seine mais les Beaux-Arts. Or la mise au concours du futur bâtiment n'est lancée que fin décembre 1860 et le jury, ayant à examiner cent soixante et onze projets, ne désigne le lauréat que le 6 juin 1861 : il s'agit de Charles Garnier, un jeune architecte quasi inconnu de trente-six ans, qui propose la construction composite, surchargée d'ornements et de dorures à laquelle nous sommes habitués aujourd'hui, mais qui en surprit plus d'un à l'époque, comme le montre la surprenante séance de présentation du projet aux Tuileries :

« Qu'est-ce donc que ce style-là ? demande l'impératrice. Ce n'est ni du Grec, ni du Louis XVI.

– Non, c'est du Napoléon III ! et je m'étonne que vous vous en plaigniez », réplique Garnier sans plus de ménagement.

Comme Eugénie insiste, regrettant que rien ne rappelle les Anciens, Garnier, décidément mal embouché, lance : « Ils n'allaient pas non plus en chemin de fer ! »

Mécontente d'un tel comportement, l'impératrice n'a de cesse de critiquer la réalisation, trouve la salle trop petite et la scène trop grande, ce qui lui vaut cette nouvelle réplique de l'architecte : « Il faut de la place pour les décors et la figuration. Et si la salle était plus grande, qui pourrait s'y faire entendre et quelle foule la remplirait ? » La présentation tourne au vinaigre lorsque Napoléon III, qui est un flegmatique, glisse : « Ne vous tourmentez pas. Elle n'y entend rien du tout.[63] » Une chose est quasi certaine ; si cela avait dépendu de lui, Haussmann n'aurait pas choisi Garnier et l'Opéra de Paris aurait sans doute des airs de théâtre grec, en plus grand. En tout cas, la construction de l'Opéra souffrira de ne pas relever des attributions du préfet : les travaux tarderont, par manque de crédits ou d'approvisionnement (entre autres en poutrelles de fer et en marbre) ; ils seront interrompus à la fin de l'Empire et le monument ne sera inauguré qu'en janvier 1875, la première pierre ayant été posée le 21 juillet 1862.

Le « bois de Boulogne des ouvriers »

Les grands travaux haussmanniens ont concerné l'ensemble de la capitale, et notamment les quartiers populaires de l'est. Rappelons que le premier paragraphe du traité de 1858 sur le second réseau mentionnait l'aménagement de la maigrelette place de la République (appelée alors place du Château-d'eau) en un vaste quadrilatère distribuant trois grandes voies : le boulevard Magenta vers les gares de l'Est et du Nord ; la rue de Turbigo desservant les Halles et le boulevard du Prince-Eugène (aujourd'hui Voltaire) coupant en deux le faubourg Saint-Antoine et aboutissant à la place du Trône (l'actuelle Nation). Le deuxième paragraphe prévoyait le percement d'une voie de trente-trois mètres de largeur (l'avenue Daumesnil) commençant à la Bastille et débouchant sur le bois de Vincennes. Inscrite dans le traité voté à l'Assemblée, financé sur le fonds de cent quatre-vingts millions, le rééquilibrage parisien tant souhaité par l'empereur et son préfet n'est donc pas un vain mot. Il répond à deux exigences d'ailleurs liées entre elles : le souci politique de contrôler ces quartiers populaires d'où sont parties toutes les insurrections ; la volonté d'améliorer le sort du petit peuple parisien.

Il serait tout aussi ridicule de nier les arrière-pensées stratégiques du préfet que de les survaloriser et d'en faire le moteur essentiel de la transformation de Paris. Mais il est vrai qu'elles sont particulièrement présentes dans l'aménagement de l'est parisien. Ce n'est pas un hasard si les trois casernes de la place de la République, de l'Hôtel-de-ville et du boulevard Henri-IV bouclent, au sens policier du terme, le faubourg Saint-Antoine. La trouvaille dont Haussmann se dit si fier (la couverture du canal Saint-Martin) répond au même souci. Le pouvoir sait que ce canal constitue une barrière naturelle qui, en juin 1848, a empêché, trois jours durant, l'armée de pénétrer dans le faubourg. « Après bien des insomnies anxieuses », le préfet trouve la solution : creuser plus profondément le canal et le recouvrir d'un boulevard (Richard-Lenoir) :

> Je me hâtai d'en porter la nouvelle à l'Empereur, qui monta de suite à cheval, pour aller s'en rendre compte. J'ai rarement vu mon Auguste Souverain enthousiasmé. Cette fois, il le fut sans réserve[64].

Et le préfet reconnaît :

> Le boulevard devait substituer, au moyen de défense que le canal offrait aux émeutiers, une nouvelle voie d'accès dans le centre habituel de leurs manifestations.

On a vu dans sa lettre au duc de Persigny le scepticisme avec lequel Haussmann évoque la politique sociale de l'empereur dans les faubourgs ouvriers. Il y prête pourtant la main : la place du Trône se veut une réplique de l'Étoile. Baltard y dresse des décors en carton-pâte comprenant un arc de triomphe, une galerie à arcades en fer à cheval, style colonnade du Bernin, et au centre un monument dédié « aux armées victorieuses de Crimée, d'Italie, de Chine Cochinchine, d'Algérie », mais qui ne seront jamais traduits en dur. Au bois de Boulogne des bourgeois doit répondre le bois de Vincennes des ouvriers. Le 24 juillet 1860, le domaine de la Couronne cède les neuf cents hectares du Bois à la ville de Paris contre promesse de l'aménager. Haussmann entend en faire un clone du bois de Boulogne. L'eau de la Marne, aspirée par des turbines, vient alimenter trois lacs successifs creusés tout exprès ; l'architecte Davioud le meuble de pavillons, de kiosques et de restaurants sur le modèle de Boulogne ; il n'y manque même pas l'hippodrome, pendant de celui de Longchamp. L'empereur y ajoute une ferme modèle élevant sur trois cents hectares cent vingt vaches suisses à la robe gris souris et deux cent cinquante moutons de la race Southdown. Les enfants sous-alimentés pourront y déguster des tasses de lait frais.

L'Est parisien mérite aussi sa fête, sa cérémonie officielle, avec présence de l'empereur et défilé des troupes : ce sera l'inauguration du boulevard du Prince-Eugène le 7 décembre 1862. Le cadre se veut grandiose : outre le désir de Baltard, un rideau de velours brodé d'abeilles d'or s'écarte pour livrer passage à Napoléon III qui remonte l'avenue bordée de troupes et de milliers de Parisiens. Plus de dix mille personnes sont massées sur la seule place du Trône pour écouter le double discours de l'empereur et du préfet qui présente le nouveau boulevard comme un accès vers « cette magnifique promenade du bois de Vincennes, dont la sollicitude impériale a fait le bois de Boulogne des ouvriers de nos faubourgs ». Pour Haussmann, ce 7 décembre est aussi une consécration personnelle. Devant la foule et tous les grands corps de l'État, il reçoit des mains de l'empereur les insignes de grand-croix de la Légion d'honneur. Un quart de siècle plus tard, jamais blasé, il reconnaîtra dans ses *Mémoires* :

> Il est des souvenirs ineffaçables : celui-là, qui date de vingt-sept ans passés, demeure pour moi le plus glorieux de ma vie publique à mon apogée [65].

« À mon apogée » : le préfet de la Seine restera encore sept années pleines en fonction, mais alors qu'il se prépare à lancer le troisième réseau qui doit achever « d'haussmanniser » Paris (son nom a donné naissance à un verbe), le climat politique est en train de changer. L'opposition prépare activement les élections de 1863 et Adolphe Thiers vient d'annoncer son retour en se présentant à Paris. L'empereur lui-même, qui se sent délaissé à la fois par l'Église mécontente de sa politique italienne et par les industriels vent debout contre le traité de commerce avec l'Angleterre, comprend qu'il lui faut lâcher du lest institutionnel : il rétablit le droit d'adresse au parlement et laisse le duc de Morny prendre langue avec le républicain Émile Ollivier, vieil ennemi du préfet du Var. Haussmann sent bien que l'évolution libérale du régime risque de le placer en porte à faux et de faire de lui la cible rêvée des républicains. L'année 1862 se termine sur une somptueuse fête privée, apparemment apolitique, mais qui, à y regarder de près, est chargée de sens, notamment pour Georges Eugène. Le 16 décembre, le baron James de Rothschild organise une partie de chasse dans son château de Ferrières en l'honneur de l'empereur dont c'est la première visite. Un train entier de chroniqueurs suit l'événement, dont le correspondant du *Times* à Paris :

> Les équipages du baron, en livrée bleue et jaune, attendaient à la gare Sa Majesté, qui prit place dans une voiture découverte, tirée par quatre pur-sang avec des postillons [...]. À onze heures moins le quart, l'Empereur arriva au château, et le drapeau impérial fut aussitôt hissé sur l'une des tours. Après avoir visité l'intérieur de l'édifice, l'Empereur sortit se promener dans le parc, où il planta un cèdre pour commémorer sa visite puis il regagna le château pour le déjeuner. Le service d'argenterie, fabriqué à partir de moules qui avaient été immédiatement détruits afin qu'il fût unique, était accompagné par le célèbre service de porcelaine de Sèvres, dont chaque assiette porte une peinture authen-

> tique de Boucher [...]. Après le déjeuner, un important équipage de chasse attendait les invités qui se rendirent dans le grand parc qui couvre mille cinq cents hectares, entièrement clos de murs et contenant trois fermes. Le divertissement fut magnifique et l'on tua près de mille têtes de gibier[66].

Au-delà des fastes, personne ne se trompe sur le sens de la partie de chasse de Ferrières : elle marque la réconciliation entre l'Empire et la finance traditionnelle incarnée par les Rothschild, au détriment des ennemis de ces derniers, les Pereire, ces banquiers saint-simoniens qui ont financé la politique de relance de l'Empire, et en particulier la transformation de Paris. Ce sont eux, notamment, qui ont accompagné Haussmann dans l'aménagement de la rue de Rivoli ou des abords du parc Monceau. Napoléon III à Ferrières c'est la revanche des Fould, Baroche, Rothschild sur les Persigny, Haussmann, Pereire ; la revanche de la politique budgétaire classique sur la théorie des dépenses productives, fondement du système haussmannien. L'heure des « comptes fantastiques » va sonner.

Chapitre VIII

LA CURÉE

(1863-1869)

On appelle M. Rouher Vice-Empereur ; on le flatte ; le Vice-Empereur, c'est le préfet de la Seine.

Adolphe Thiers

La gloire du bâtisseur a malencontreusement occulté la personnalité politique d'Haussmann. Or, on ne peut comprendre l'anathème qui frappe Haussmann sous la IIIe République sans connaître l'homme politique. Pour ses contemporains, il est certes le grand administrateur de la transformation de Paris, mais également le préfet à poigne du Second Empire, le symbole du pouvoir autoritaire. Au fil des années, animé par une conviction inébranlable, Haussmann devient plus autoritaire et plus impérialiste que l'empereur.

Cette périlleuse dérive apparaît dès le début des années 1860, lorsque Napoléon III amorce le virage qui conduira à l'Empire libéral et restaure peu à peu les pouvoirs du parlement. Haussmann a des idées politiques et institutionnelles très arrêtées. Il rêve d'un régime qui concilierait le Second Empire et la monarchie de Juillet (et, soit dit en passant, réconcilierait les deux parties de sa vie). De l'Empire, on garderait le plébiscite fondateur au suffrage universel ; de la monarchie, le système censitaire pour toutes les autres élections. De façon quelque peu paradoxale, le peuple, selon lui, serait apte à trancher du sommet de l'État, mais pas des affaires municipales et législatives. Cet esprit par ailleurs si imaginatif et si peu conventionnel ne comprend pas l'aspiration générale à la démocratie. Pour lui, la libéralisation du régime ne peut que le mener à sa perte. Et, lors des élections de 1863 qui constituent la charnière entre les années heureuses du Second Empire et la lente dégradation qui aboutira effectivement à son effondrement, le préfet de la Seine est un observateur et un acteur des plus inquiets. Seule sa vénération de Napoléon III lui interdit de faire part publiquement de ses doutes sur « ce changement de politique intérieure qui énerva l'Empire et amena sa chute [1] ». Mais ses lettres privées à Persigny, revenu au poste stratégique de ministre de l'Intérieur, révèlent son véritable état d'esprit, ses critiques et ses angoisses.

Rappelons le contexte : en quelques années, Napoléon III a gâché les succès des premiers temps de l'Empire. L'expédition du Mexique, née d'un différend financier secondaire, a basculé dans une folle aventure visant à bâtir un empire catholique et latin face aux États-Unis, alors en pleine guerre de Sécession : après la prise de Mexico par le corps expéditionnaire français en juin 1863, une assemblée nationale fantoche proclame l'archiduc Maximilien empereur du Mexique. En France, lâché par l'Église en raison de sa politique italienne, critiqué par les milieux conservateurs pour le traité commercial conclu avec l'Angleterre, le régime est de plus en plus isolé face à une opposition libérale ou républicaine ragaillardie. Hormis Victor Hugo et quelques irréductibles, les exilés, graciés par l'empereur, sont rentrés et participent au renouveau de la vie politique. Thiers, par exemple, sort d'une retraite de douze ans consacrée à l'écriture et se présente à Paris sur une liste d'opposition. Voilà de quoi faire des élections du 31 mai un test politique majeur. Haussmann en est bien conscient. Dans ses *Mémoires*, arrangeant quelque peu les faits, il écrit que Thiers lui sut gré de son attitude modérée lors de cette campagne électorale :

> Il savait mon refus, comme préfet de la Seine, de rien faire de plus, contre son élection à Paris, que de faire afficher le nom de son concurrent, M. Devinck, conseiller municipal et député sortant, suivi de cette laconique mention : « Candidat recommandé par le Gouvernement » [2].

Les lettres inédites du fonds Persigny permettent de préciser les raisons de la modération du préfet et de connaître ses sentiments réels : sa réserve tient compte, en réalité, des consignes de l'empereur qui, après la sortie du dernier tome de l'*Histoire du Consulat et de l'Empire*, a félicité Thiers et l'a qualifié d'« historien national ». Haussmann, quant à lui, regrette cette attitude conciliante ; il aurait préféré en découdre, comme en témoigne cette missive à Persigny de mai 1863 : « La candidature de M. Devinck qui semblait assuré du succès il y a quelques jours s'en va à vau-l'eau depuis que la candidature de M. Thiers est annoncée. Je croyais d'abord qu'il s'agissait d'un engouement passager pour cet ancien ministre du gouvernement de Juillet mais les manœuvres au moyen desquels ses partisans débandent les électeurs de M. Devinck méritent d'être signalées à toute votre attention. [N'oublions pas que Georges Eugène s'adresse au ministre de l'Intérieur organisateur du scrutin]. L'Empereur aurait défendu qu'on s'opposât à l'élection de l'écrivain national de l'histoire du Consulat et de l'Empire et ce serait l'explication du silence singulier du *Constitutionnel*, le seul journal qui soit accepté comme semi-officiel par l'opinion. Sa Majesté aurait d'ailleurs l'idée de désintéresser M. Devinck en l'appelant au Sénat. Les choses en sont venues à ce point que les amis de M. Devinck, trouvant la chose parfaite, s'enrôlent successivement sous la bannière de M. Thiers, et que M. Devinck lui-même vient nous offrir de se désister, pour laisser à l'élection de M. Thiers toute latitude…[3]. » En total désaccord avec cette vision des choses, Haussmann recommande au contraire une attitude de combat : « Pour ma part, je ne crois pas possible que le gouvernement n'emploie pas toutes ses forces pour combattre la candidature de M. Thiers, telle qu'elle s'est produite à Paris ; je ne puis pas comprendre que tous les journaux dont il dispose n'aient pas ouvert le feu le plus violent depuis le premier jour. Nous avons perdu un temps précieux et je crains que la faute ne soit irréparable. Dans tous les cas, il ne nous faut pas moins désormais qu'un article très net du *Moniteur*, pour démentir les bourdes avec lesquelles on a perverti toutes les têtes. Il faudra peut-être en outre l'affichage dans la 2e circonscription de cet article ou d'une lettre de vous à moi pour replacer la pyramide sur sa base et remettre de l'ordre dans notre camp. » Cela dit, le préfet ne se fait guère d'illusions et, après ces recommandations qui contredisent le passage de ses *Mémoires*, il conclut sur une prévision bien sombre : « Au reste, on est très mou dans toutes les circonscriptions. La presse gouvernementale se tait… C'est une partie bien engagée que nous allons perdre par notre faute ! Le gouvernement n'a même pas osé remettre les courses du 31 !… Voilà une société qui distribue notre argent et qui va écarter du scrutin vingt mille de nos bons électeurs !!! » Une autre lettre, marquée « confidentielle » et datée du 22 mai 1863, permet de mesurer l'hostilité personnelle et radicale d'Haussmann à l'ouverture libérale du régime. Il rapporte au ministre de l'Intérieur la leçon politique qu'il a donnée à son conseil municipal devant lequel « [il a] dit le dernier mot, comme de tout ce qui se passe » : « Toutes nos paroles s'émoussent sur cette conviction généralement répandue qu'au fond l'Empereur est libéral et parlementaire. » Haussmann insiste sur « l'antagonisme inconciliable du régime impérial et du régime parlementaire » et commente en ces termes le rétablissement en novembre du droit d'adresse et du contrôle parlementaire sur le budget : « Je conviens qu'en novembre, sciemment ou non, l'on a un peu ébranlé la pyramide ; mais c'est une raison de plus pour la bien rétablir aujourd'hui sur sa base et pour rasseoir les cervelles dérangées par ce mouvement au moins inopportun[4]. » Un mouvement, rappelons-le, initié par Napoléon III en personne. Retenons bien cette lettre : elle éclaire parfaitement les convictions politiques de Georges Eugène et donne à l'avance l'explication de sa chute.

Les appréhensions du préfet étaient justifiées : les élections de mai 1863 amènent à la chambre trente-cinq opposants, dont les neuf députés de Paris. C'est un échec pour le régime qui maintient ses positions en province mais perd entièrement la capitale. C'est une gifle pour le ministre de l'Intérieur, Persigny, que Napoléon III renvoie avec le titre de duc comme lot de consolation. Pour Haussmann, c'est bel et bien un revers : les Parisiens, qui n'ont pas le droit d'élire leurs conseillers municipaux, ont utilisé le scrutin national pour exprimer leur mécontentement concernant les grands travaux et l'autoritarisme du préfet. À la différence du duc de Morny, le baron se cabre. Le premier, réélu président du Corps législatif, prend acte du tournant et salue même l'élection de Thiers : « Les dernières élections ont réveillé des aspirations politiques inassouvies depuis plusieurs années. Le mot de liberté est souvent prononcé, et il le sera sans doute encore… Les suffrages du peuple ont replacé parmi nous d'anciennes illustrations parlementaires, j'ose dire que, pour ma part, je m'en réjouis. » L'empereur trouvera l'éloge un peu excessif, mais le duc sait où il va : il commence à drainer des sympathies adverses afin de diviser l'opposition, division qui conduira au ralliement d'Émile Ollivier. Pour Haussmann, en revanche, il n'est pas question d'aller à Canossa. Le petit-fils de révolutionnaires conventionnels refuse le nouveau cours des choses et le mouvement d'idées bien perçu par Ludovic Halévy, collaborateur de Morny – dont il écrit d'ailleurs les pièces de théâtre : « Il y a incontestablement un réveil de l'esprit public. Le mot et les idées de liberté sont dans l'air… On étouffait depuis douze ans, on commence à s'en apercevoir, on veut respirer plus librement ; on s'ennuyait de cette atonie politique, on veut de la discussion et du mouvement[5]. » Et Thiers prononce bientôt son célèbre discours sur les « libertés nécessaires », tandis que les députés de l'opposition aiguisent leurs armes sur le dos du préfet de la Seine, un des vaincus des élections de 1863. Le 26 mai 1864, le journaliste et député de Paris, Adrien Guéroult, lance les premières banderilles à la tribune de l'Assemblée : « Aujourd'hui, tout le monde est contrôlé, excepté le préfet de la Seine. Le préfet de la Seine est plus puissant que vous ne le croyez (rires et bruits). Ne parlez pas du contrôle du ministre… Il n'y a pas un ministre qui puisse contrôler le préfet de la Seine (on rit), il est plus puissant qu'eux. Il entreprend les travaux gigantesques que seul il peut mener à bonne fin, parce que le préfet de la Seine ne recule devant rien ; il marche les yeux fermés sur la postérité, il marche vers son but, mais y marche en foulant aux pieds ses contemporains[6]. » De son banc, un député lance : « La ville de Paris lui élèvera une statue ! » (Prédiction réalisée un siècle plus tard.) Tout le monde, pour reprendre la formule de Guéroult, comprendrait qu'il est temps de jeter du lest, mais pas Georges Eugène, qui durcit ses positions autoritaires et provocatrices. Les quelques documents sauvés de l'incendie de l'Hôtel de Ville et conservés par la Bibliothèque administrative de la ville de Paris montrent combien Haussmann dirigeait la cité d'une main de fer. Témoin cette circulaire aux maires d'arrondissement du 8 août 1863, consacrée à la préparation de la Saint-Napoléon : « De concert avec Mgr l'Archevêque de Paris, le *Te Deum* devra être chanté à la cathédrale à une heure et dans les églises de Paris à l'issue de la messe paroissiale. Vous avez été invité à vous trouver personnellement avec l'un de MM. les adjoints à la messe et au *Te Deum* à Notre-Dame… [les autres adjoints devront] se trouver pour cette solennité dans l'église paroissiale de l'arrondissement avec les fonctionnaires des différents services qui seront invités à y assister en uniforme. » Notre haut fonctionnaire parpaillot, qui sera, lui, à Notre-Dame, n'oublie pas de mobiliser les autres cultes :

> Des instructions ont été adressées à MM. les Présidents des Consistoires des cultes non catholiques qui auront, à ce sujet, à s'entendre avec l'autorité locale[7].

Les velléités contestataires des conseillers du début du règne haussmannien ont fait place à la plus pure flagornerie de la part du conseil et de son président, le sénateur Dumas, lequel évoque par exemple « les immortels travaux conçus avec tant de grandeur par

S. M. l'Empereur et exécutés avec tant de sûreté et de perfection par l'éminent administrateur auquel il a donné sa confiance à si juste titre [8] ». Ce qui n'empêche pas le préfet de régulièrement rappeler à ses conseillers qu'ils ne sont pas élus mais nommés. Élus, ils ne le seront jamais. C'est ce qu'il assène au nouveau conseil, lors de sa séance d'installation, le 28 novembre 1864, dans un discours d'une rare violence qui apparaît aussitôt comme une déclaration de guerre aux tendances libérales : « Paris ne peut être considéré comme une commune, c'est tout autre chose, c'est une capitale… Paris appartient à la France entière… » Conséquence : « L'organisation municipale de Paris ne peut pas être établie sur l'élection, comme celle des autres communes de l'Empire. Ici l'exception est une nécessité. Elle constitue la règle. » Et, comme si cela ne suffisait pas à froisser l'opinion publique, Haussmann déclare au sujet des ouvriers (que, pour beaucoup, il a fait venir dans la capitale) qu'ils sont « de véritables nomades absolument dépourvus du sentiment municipal [9] ». On imagine le tollé que de tels propos provoquèrent dans une ville qui venait de se donner à l'opposition. Orgueil, naïveté, provocation ? Quelles que soient les motivations du préfet, ses propos déchaînent l'opposition. Guéroult remonte à l'attaque : « Il y a quelque chose d'insolite, d'extraordinaire dans le langage que le premier magistrat du département de la Seine se permet à l'égard des habitants de Paris, lorsqu'il déclare que cette population composée de nomades… est incapable d'élire ses représentants… Quant à moi, Messieurs je vous déclare que ce langage m'a profondément blessé ; je crois que la ville de Paris y a été profondément sensible… [10] » La réaction, plus calme, de l'orléaniste Prévost-Paradol est aussi politiquement plus efficace car elle part d'une appréciation positive des grands travaux de Paris :

> Le discours de M. Haussmann nous a causé une surprise d'autant moins agréable que nous sommes de ceux qui jouissaient des embellissements de Paris sans trop de remords et qui ne demandaient qu'à oublier par quels moyens, trop sommaires peut-être, Paris est devenu si vite plus commode et plus beau… Les larges voies ne nous déplaisent point, les squares nous ravissent et en voyant s'achever rapidement plus d'une entreprise difficile, nous nous surprenons parfois à penser qu'un homme habile, persévérant et résolu comme le préfet de la Seine peut rendre de grands services à une ville, pourvu qu'il rencontre quelquefois des bornes à son pouvoir.
>
> Mais en voulant ériger en théorie cette façon de nous administrer et de nous embellir, M. Haussmann nous force à réfléchir, c'est-à-dire à le juger. En voulant fondre ce système exceptionnel d'administration sur

> un principe politique, il fait à notre raison un rappel qui le condamne et en réclamant notre approbation, il réveille notre conscience [11].

(On notera la qualité des argumentaires politiques de l'époque...) Le procès du grand baron est ouvert. Le processus qui va faire de lui le bouc émissaire de l'Empire autoritaire, la cible de substitution à l'Empereur, est lancé. Dans quelques années, il aboutira à la chute du préfet de la Seine.

Le miracle des Buttes-Chaumont

Cependant, les travaux continuent. Si les opérations du premier réseau sont quasiment toutes terminées, celles du deuxième réseau se poursuivent jusqu'à la fin de l'Empire, parallèlement à celles du troisième réseau, lancé au début de la décennie 1860, qui perce vingt-huit kilomètres de voies. N'oublions pas la remarque du baron : il s'agit surtout là d'une classification comptable ; le troisième réseau se caractérise d'abord par le fait qu'il est entièrement financé par la ville, sans aucun apport de l'État. Sur le terrain, il s'agit évidemment de parachever les opérations précédentes en les reliant entre elles et d'aménager les nouveaux arrondissements. À cette phase de travaux appartiennent les rues Mozart, Réaumur, Jeanne-d'Arc, de Maubeuge et de Châteaudun, le boulevard d'Ornano, les avenues Henri-Martin, du Trocadéro, de la République ou d'Iéna, le prolongement de la rue de Rennes (mais qui n'ira pas, comme prévu, jusqu'à la Seine), du boulevard Saint-Germain, du boulevard Haussmann, etc. Mais, pour bien appréhender le fantastique effort haussmannien, il convient de citer aussi les équipements collectifs. En effet, Haussmann ne se contente pas d'ouvrir de nouvelles voies ; en urbaniste responsable, il aménage dans les nouveaux arrondissements des centres d'intérêt périphériques avec mairies, écoles, églises, temples, squares, hôpitaux, hospices, casernes de la garde et des sapeurs-pompiers, postes de police, abattoirs, marchés couverts, institut médico-légal, prison (la Santé est, à son ouverture, un établissement modèle), etc. Le préfet pense à tout, même à doter la tour de la nouvelle mairie du Ier arrondissement (le manche de l'« huilier ») d'un carillon qui, à partir de janvier 1864, joue « Au clair de la lune », « Vive Henri IV » ou « En partant pour la Syrie », l'hymne d'Hortense de Beauharnais, la mère de l'empereur.

On n'a jamais, en si peu de temps, construit à Paris autant de lieux de culte, de tous les styles, ou plus précisément des pastiches de tous les styles. Gothique pour Sainte-Clotilde ; byzantin pour Saint-Augustin ; renaissance pour la Trinité et Saint-François-Xavier ; roman pour Notre-Dame-des-Champs et la synagogue de la rue des Victoires. Jamais non plus on n'a édifié autant de théâtres. De façon aussi arbitraire que contestable, le préfet a décidé de raser les établissements installés boulevard du Crime et de bâtir des théâtres neufs place du Châtelet à la grande croisée de Paris. Parfait exemple du dirigisme haussmannien, tout est prévu, calculé, mis en équation, y compris le montage financier des nouvelles salles de spectacle :

> Dès que les projets furent suffisamment étudiés, ils furent mis sous les yeux des directeurs des deux théâtres. Le prix de location de chacune des salles fut débattu avec eux et fixé d'un commun accord. En ajoutant à ce prix celui de la location des boutiques et magasins et des habitations privées qui surmontaient ceux-ci, on connaissait le revenu total que pourrait fournir l'immeuble et, en capitalisant ce revenu à 5 %, la valeur totale que représentait l'ensemble. La valeur des terrains occupés (par les anciens théâtres sur les emplacements à démolir) étant déduite de ce total, la différence représenta le chiffre de la dépense que la ville pouvait attribuer à l'ensemble des constructions à élever [12].

L'attention qu'Haussmann porte aux espaces verts est, en revanche, beaucoup moins contestable. Amorcés dès le premier réseau, les squares – une nouveauté à Paris – se multiplient dans les anciens et les nouveaux quartiers : Batignolles, Trinité, Ranelagh, Belleville, Arts-et-Métiers, Temple, Tour Saint-Jacques, etc. Ils seront bientôt une vingtaine. Les nombreux détracteurs d'Haussmann n'ont guère trouvé la force d'en créer d'autres en un siècle et demi, à l'exception peut-être des Halles. Pourquoi des squares ? Pour aérer la ville, bien sûr, mais aussi par souci de moralité :

> Les pauvres filles du peuple, écrivait Alphonse Karr, au lieu d'entendre les premières paroles d'amour dans des escaliers sentant le chou pourri ou sous des portes cochères exhalant une odeur de boue et de vin frelaté, viendraient dans les soirées d'été s'asseoir dans le jardin du quartier… [13].

Napoléon III souhaitait de vastes espaces verts aux points cardinaux de la capitale afin que la population urbaine et suburbaine puisse en profiter dans son ensemble. Après l'aménagement des bois de Boulogne, de Vincennes et du parc Monceau, la décennie

1860 est marquée par la création *ex nihilo* des Buttes-Chaumont et de Montsouris, orné d'un pavillon mauresque, le Bardo, reproduction approximative du palais du bey de Tunis. L'aménagement du parc des Buttes-Chaumont représente une véritable prouesse technique. L'endroit – l'emplacement de l'ancien gibet de Montfaucon – est particulièrement repoussant : les anciennes carrières de gypse servent d'ateliers d'équarrissage, de dépotoirs de vidanges et de refuges à des bandes de voyous. M. Claude, le chef de la sûreté sous Napoléon III, y distingue quatre clans, quatre familles : « les hirondelles, les Romanichels, les Filendèches et les Enfants de la loupe » aux noms aussi pittoresques que leurs activités étaient criminelles.

> Les buttes n'étaient pas encore transformées en parc d'agrément ; elles étaient divisées en deux sinistres domaines : le quartier des Allemands et les trop célèbres carrières d'Amérique [...] avec leurs cabarets sinistres aux enseignes de ce genre : « À la Truie qui flanche », « Aux Vidanges de Montfaucon », « Au Diable volé », etc. [14].

En proposant à l'empereur d'en faire un parc, le préfet de Paris fait d'une pierre deux coups : il assainit un quartier sordide et offre un parc aux populations de ces quartiers déshérités. Les travaux durent trois ans et nécessitent une voie ferrée mobile et des locomotives pour venir à bout des travaux de terrassement. Vaste grotte aménagée dans une ancienne carrière, cascade, pont suspendu, murs de soutènement en roches factices, lac artificiel alimenté par des pompes, le parc des Buttes-Chaumont est une des plus belles réalisations d'Haussmann. Ce dernier estime le montant global à six millions de francs, frais assumés par la ville. Il calcule également que les arbres d'alignement ombrageant les rues de Paris sont passés sous son règne de 50 466 à 95 577. Pour tout savoir sur les feuilles des arbres, il faut lire les *Mémoires* du préfet : le feuillage du platane, impropre à tout engrais, doit être incinéré à sa chute ; celui du tilleul tombe trop tôt ; le vernis du Japon « donne peu d'ombrage et l'acacia bien moins encore » ; les érables et les sycomores sont « des arbres de demi-tige » et les catalpas et paulownias « se prêtent mal à l'alignement » [15]. On ne s'étonnera pas qu'Haussmann ait mis en place les serres de la ville de Paris...

Acrobaties financières

Toutes ces réalisations coûtent cher. De plus en plus cher, bien que les travaux du deuxième réseau aient été étalés sur dix ans afin de peser sur le prix de la main-d'œuvre et de ne pas attirer trop d'ouvriers dans la capitale. Deux facteurs contribuent à charger la barque et à déséquilibrer les comptes du préfet : l'annexion de la proche banlieue en 1860, et les modifications apportées à la législation sur les expropriations. Paris connaît alors les mêmes difficultés, les mêmes surprises avec les nouveaux arrondissements que l'Allemagne actuelle avec ses Länder orientaux. Leur mise à niveau est beaucoup plus coûteuse que prévu ; tout est à faire, ou presque : voirie, eau, égouts, gaz, équipements publics, etc. Dans son Mémoire au conseil municipal de 1859, le préfet estimait à environ cent cinquante millions la mise aux normes parisiennes des communes annexées, soit « dix millions par an ». Or, dès 1864, il reconnaît, dans un document budgétaire, que cent trente millions ont déjà été dépensés en cinq ans et qu'il en faudra encore au moins cent vingt [16]. En fait, Haussmann estimera plus tard que l'absorption des nouveaux arrondissements aura coûté au total « 352 millions en somme ronde [17] », entièrement à la charge de la ville.

Les modifications apportées à la législation de l'expropriation en faveur des expropriés, propriétaires et locataires, mettent également à mal le montage financier de Paris. « Les propriétaires parisiens ont trouvé des défenseurs efficaces dans les grands corps juridiques [qui] face à l'Empire, qui incarne ou veut incarner l'intérêt public, représentent la législation traditionnelle favorable à l'individualisme foncier », note Jeanne Gaillard qui souligne le caractère de classe de cette attitude [18]. En 1858, sur l'initiative de son président Jules Baroche, le Conseil d'État donne aux propriétaires le droit de conserver la partie des terrains expropriés non incorporée à la voie publique, après avoir touché les indemnités liées à la destruction des bâtiments antérieurs. « On assurait ainsi gratuitement aux expropriés le bénéfice des plus-values », note amèrement Haussmann, qui regrette les gains que la ville aurait tiré de ces parcelles valorisées grâce aux grands travaux. En mai 1861, c'est au tour de la Cour de cassation de lancer un énorme pavé dans la mare : elle décide que les baux des locataires des immeubles expropriés sont résolus dès le décret d'expropriation, même si les locataires peuvent rester dans l'immeuble jusqu'à la fin légale du bail. Cela entraîne le règlement immédiat des indemnités d'éviction fixées par le jury d'expropriation.

> En conséquence, note Haussmann, beaucoup de locataires exerçant des industries dans des maisons acquises par la ville, plus ou moins longtemps avant l'ouverture de la loi publique, n'ont pas voulu continuer à jouir de leurs baux jusqu'à l'expiration de ce délai et ont exigé d'être immédiatement évincés et indemnisés ; car l'expropriation, contre laquelle s'élèvent si souvent des plaintes collectives, est désirée par chacun en particulier comme une source de fortune [19].

Ces douceurs financières ont permis de rallier la bourgeoisie parisienne à l'urbanisme impérial, mais elles ont été à l'origine d'escroqueries sur lesquelles nous reviendrons et qui ont considérablement alourdi la facture – de plusieurs centaines de millions, dira le préfet sans plus de précisions.

Haussmann éprouve donc de grandes difficultés à financer la transformation de Paris et il est conduit à des acrobaties financières de plus en plus risquées. Dès le second réseau, il abandonne le système de la régie et recourt à la procédure des concessions : lorsque la ville décide un percement, elle traite avec une société immobilière qui s'engage à prendre en charge l'ensemble de l'opération, frais d'expropriation, réalisation de la voie publique, revente des terrains… Zola, qui s'est très bien documenté avant d'écrire *La Curée*, explique :

> La ville s'était décidée à ne plus exécuter elle-même les travaux, à céder les boulevards à forfait. Les compagnies concessionnaires s'engageaient à lui livrer une voie toute faite, arbres plantés, bancs et becs de gaz posés, moyennant une indemnité convenue ; quelques fois même elles donnaient la voie pour rien ; elles se trouvaient largement payées par les terrains en bordure, qu'elles retenaient et qu'elles frappaient d'une plus-value considérable. La fièvre de la spéculation, la hausse furieuse sur les immeubles, datent de cette époque [20].

Ces concessions, très lucratives et extrêmement recherchées, donnent lieu à des tentatives de corruption. Haussmann raconte comment un groupe financier vint lui proposer deux millions et demi de bakchich s'il obtenait le percement de l'avenue de l'Opéra pour trente millions :

> Je ne bronchai pas, et, après un moment de silence, je lui fis cette réponse inattendue : « Pardon monsieur, vous allez me trouver très indiscret ; mais je ne saisis pas la relation entre les deux sommes. Pourquoi deux millions et demi et non pas deux ou trois ?… – Le prélèvement sera de trois millions si vous le jugez nécessaire… Tous nos calculs sont faits et bien faits, vingt-sept millions peuvent suffire à tout. – Eh bien, veuillez remercier de ma part vos amis… Je retiens de notre

conversation que la subvention de trente millions serait excessive et je note dès à présent dans le dossier qu'ils sont prêts à la réduire d'un dixième [21].

Cette subvention s'explique de la façon suivante : la plupart du temps, les entreprises bénéficiaires d'une concession reçoivent en outre de la ville une somme forfaitaire calculée en fonction de l'importance des travaux de voirie à accomplir. Mais comme la ville n'a pas les moyens de payer d'avance ces subventions et que, d'autre part, les entreprises doivent financer les travaux avant de pouvoir se rembourser en revendant les terrains viabilisés, une intermédiation bancaire s'impose. Haussmann décide de la prendre en charge en créant en 1858 la Caisse des travaux de Paris, chargée du « service spécial de trésorerie des grands travaux publics de la ville ». Tenant une comptabilité distincte de la ville, cette caisse ouvre des comptes aux entreprises qui doivent y verser des cautionnements. En échange de quoi, elle leur remet des « bons de délégation » qu'ils vont faire escompter au Crédit foncier. Ainsi, Haussmann a trouvé le moyen de financer à crédit et sans lever de nouvel emprunt officiel l'accélération de la transformation de Paris. Quitte à donner naissance à une dette flottante et presque occulte, qui échappe à tout contrôle législatif. Dès décembre 1864, Léon Say, petit-fils de l'économiste libéral Jean-Baptiste Say, publie dans *Le Journal des débats* une série d'articles dénonçant l'aventurisme de la politique financière d'Haussmann. Ce sont les prémices du grand procès financier inauguré trois ans plus tard par le brûlot d'un jeune et talentueux avocat vosgien, Jules Ferry, qui publiera en 1868 *Les Comptes fantastiques d'Haussmann*. Nous y reviendrons car, en 1864-1865, c'est surtout contre la dictature du préfet de la Seine et contre ses nouvelles initiatives urbaines que les Parisiens commencent à se révolter.

Le vieux Paris se rebiffe

Les Parisiens sont las. Ils pataugent dans la boue des chantiers depuis plus de dix ans et saisissent mal la logique du troisième réseau. Ils ont l'impression que les travaux ne finiront jamais, que le « grand baron » détruit pour le plaisir. « On pourrait croire, en regardant un plan, qu'Haussmann, en ses dernières années d'édilité, a manœuvré le pic et la truelle au petit bonheur dans les quartiers les plus divers, comme poussé par une rage irraisonnée de démolir et d'éventrer[22] », écrit André Morizet. Les Parisiens souffrent de la perte de leurs repères, de leurs souvenirs et dénoncent la ségrégation sociale par quartiers. Le souvenir de l'ancien Paris, où riches et pauvres habitaient le même immeuble (mais des étages différents), pouvaient s'entraider, est parfois quelque peu embelli. Le grand reproche adressé au Paris d'« Haussmann Ier », c'est la monotonie engendrée par la dictature de la ligne droite. « Je suis étranger à ce qui vient, à ce qui est, comme à ces boulevards nouveaux sans tournants, sans aventures de perspective, implacables de ligne droite, qui ne sentent plus le monde de Balzac, qui font penser à quelque Babylone américaine de l'avenir[23] », trouve-t-on dans le *Journal* des Goncourt. De nos jours, au contraire, le Paris haussmannien est devenu le symbole de la ville à échelle humaine opposé aux mégapoles qui fleurissent partout. Mais, à l'époque, les esprits « modernes », aptes à comprendre la révolution haussmannienne, ne sont pas légion. Les intellectuels, c'est-à-dire les écrivains, sont en général hostiles, excepté Théophile Gautier ou George Sand. Le premier se résigne au progrès plus qu'il n'y applaudit :

> Le Paris moderne serait impossible dans le Paris d'autrefois. La civilisation qui a besoin d'air, de soleil, d'espace pour son activité effrénée et son mouvement perpétuel se taille de larges avenues dans le noir dédale des ruelles, des carrefours, des impasses de la vieille ville ; elle abat les maisons comme le pionnier d'Amérique abat les arbres. Dans son genre, elle aussi défriche[24].

La seconde, qui n'a pas oublié – ses *Mémoires* en font foi – le jeune sous-préfet empressé de Nérac, est franchement en avance sur son temps en vantant les charmes de la promenade dans le nouveau Paris. Dans sa contribution à *Paris-Guide*, dans lequel de grands écrivains racontent la capitale aux visiteurs de l'Exposition universelle de 1867, elle écrit :

> Je ne sais point de ville au monde où la rêverie ambulatoire soit plus agréable qu'à Paris… Regrette qui voudra l'ancien Paris ; mes facultés intellectuelles ne m'ont jamais permis d'en connaître les détours, bien que, comme tant d'autres, j'y ai été nourri. Aujourd'hui que de grandes percées, trop droites pour l'œil artiste mais éminemment sûres, nous permettent d'aller longtemps, les mains dans nos poches, sans nous égarer et sans être forcés de consulter à chaque instant le commissionnaire du coin ou l'affable épicier de la rue, c'est une bénédiction que de cheminer le long d'un large trottoir, sans rien écouter et sans rien regarder, état fort agréable de la rêverie qui n'empêche pas de voir et d'entendre[25].

Ce n'est pas, mais pas du tout, l'opinion de Victor Hugo qui, de son exil anglo-normand, adresse ces vers vengeurs au préfet de la Seine :

> Socrate moustachu, tu fais marcher Xantippe
> Ferme et droit ; l'idéal a maintenant pour type
> Un beau sergent de ville étendu de son long,
> Phidias n'est qu'un sot auprès du fil à plomb.
> Que c'est beau ! de Pantin, on voit jusqu'à Grenelle !
> Ce vieux Paris n'est plus qu'une rue éternelle
> Qui s'étire, élégante et belle comme l'I,
> En disant : « Rivoli ! Rivoli ! Rivoli [26] !

Toutes ces critiques ne sont pas infondées. Le plus déroutant est que le Second Empire, sans doute l'une des périodes où l'on a le plus construit, n'ait pas donné naissance à un art nouveau. Les contemporains sont conscients de cette carence.

> Les constructions du nouveau Paris relèvent de tous les styles ; l'ensemble ne manque pas d'une certaine unité, parce que tous ces styles sont du genre ennuyeux, et du genre ennuyeux le plus ennuyeux, qui est l'emphatique et l'aligné… Voilà un prodige du XIXe siècle, que nul autre siècle peut-être n'a vu : on a rebâti Paris, et quasi la France, sans qu'il se soit révélé un architecte. Jusqu'à Louis XVI, on eût presque un architecte par règne [27].

Il est vrai que, contrairement au Roi-Soleil, Napoléon III est dépourvu de goût artistique : visitant le Salon de 1853, il passe sans s'arrêter devant les meilleures toiles pour se planter tout à coup devant un tableau représentant le Mont-Blanc. Puis, après mûre réflexion, il se tourne vers Morny : « Le peintre aurait dû indiquer les hauteurs comparatives [28]. » Haussmann, d'ordinaire peu porté à l'autocritique, admet la carence artistique de son œuvre et de l'époque :

> J'ai la hardiesse de dire que ne s'est pas révélé sous l'Empire un de ces artistes dont le génie transforme son art et l'approprie aux aspirations des temps nouveaux [29].

Quand un architecte n'invente pas, il pastiche. Viollet-le-Duc le reconnaît, qui écrit en 1867 :

> C'est l'anarchie : styles byzantin, roman, renaissance, romain, voûtes, plafonds, systèmes en fer : construction de pierres et de briques ;

flèches aiguës, coupoles, combles et terrasses etc. Tout se rencontre, si ce n'est l'unité de pensée[30] !

Mais laissons la conclusion au polémiste Ferragus :

> Quant au goût de M. Haussmann, je ne le nie pas. C'est le goût moderne, bourgeois, cossu dans ce qu'il a de plus fatigant[31].

Bref, plus les travaux se prolongent, plus la grogne monte. D'autant que les démolitions massives des vieilles maisons et des antiques églises de l'île de la Cité sont très mal perçues. Certes, l'île était devenue un quartier mal famé, mais était-il nécessaire de raser tant d'antiquités pour en faire le morne centre administratif que nous connaissons, où même la Sainte-Chapelle est enfermée à l'intérieur du Palais de justice ? Était-il justifié de priver Notre-Dame du fouillis de maisons moyenâgeuses à hauts pignons qui l'entouraient pour l'isoler sur une vaste place venteuse ? La destruction programmée de l'admirable place Dauphine, qu'Haussmann n'a pas le temps de réaliser, était-elle indispensable au Paris moderne ? Peut-on qualifier le nouvel Hôtel-Dieu de merveille d'élégance ? Il est vrai que, si cela n'avait tenu qu'au préfet, l'hôpital aurait déménagé : c'est l'empereur qui a tenu à ce qu'il reste au cœur de Paris pour d'évidentes raisons politiques. Les Parisiens s'inquiètent : à quoi va-t-il maintenant s'attaquer, lui qui n'a pas hésité à raser le cœur historique et mythique de la ville ? La création, à l'Hôtel de Ville, d'un service chargé des fouilles et d'une commission consacrée à la publication d'une histoire générale de Paris est interprétée comme un alibi. *Le Figaro* commente :

> Pourvu qu'on lui abandonne le pavé, la rue, l'air, le soleil, tout l'espace des vivants et la postérité, il rend aux ruines, à huis clos, tous les hommages voulus[32].

Précisément, le 26 août 1865, un décret annonce froidement la mutilation du jardin du Luxembourg pour prolonger les rues Bonaparte et Férou et rogner la pointe sud où est plantée la pépinière. La nouvelle provoque un tollé ; les étudiants manifestent et accueillent l'empereur, venu assister à une représentation à l'Odéon, aux cris de « Vive le Luxembourg ! », « Vive la Pépinière ! ». Les libelles prolifèrent, comme *Les Spéculateurs et la Mutilation du Luxembourg* d'Alcide Dusolier. Les juristes se mobilisent : le célèbre Hérold déclare inconstitutionnel le décret de 1865. Les pétitions s'accumulent sur les bureaux du Sénat. Haussmann voit ce qu'il en coûte de menacer un endroit magique de la capitale, fréquenté par l'intelligentsia, laquelle axe ses attaques sur le point le plus sensible : la prime donnée à la spéculation. Du reste, la mutilation du Luxembourg n'a-t-elle pas été motivée par le souci de trouver l'argent nécessaire à l'aménagement du Trocadéro, à la veille de l'Exposition universelle de 1867 ? Pour une fois et sur les conseils de l'empereur, Haussmann accepte de légèrement revoir ses plans, mais le Luxembourg rétrécit tout de même de dix hectares sur trente-quatre pour laisser place à la rue de Médicis et à la rue Guynemer. Sans grand remords de la part d'Haussmann qui écrit, désinvolte :

> Le déplacement de quelques mètres subi par la Fontaine de Médicis et la suppression de quelques platanes de l'allée enguirlandée qui la précède, n'ont pas plus compromis son bon effet monumental que sa valeur artistique [33].

Mais son charme, monsieur le baron ? Ce charme que regrette Victor Hugo à son retour d'exil :

> Les embellissements qui ont sévi sur le Luxembourg se sont prolongés jusqu'au Val-de-Grâce et ont détruit cet humble oasis. Une grande rue assez inutile passe là. Il ne reste plus des Feuillantines qu'un peu d'herbe et un pan de mur décrépit encore visible entre deux bâtisses neuves, mais cela ne vaut pas la peine d'être regardé, si ce n'est par l'œil profond du souvenir. En janvier 1871, une bombe prussienne a choisi ce coin de terre pour y tomber, continuation des embellissements, et ce M. de Bismarck a achevé ce qu'avait commencé M. Haussmann [34].

La bataille des cimetières

La polémique du Luxembourg a montré une chose : le grand baron ne peut plus faire ce qu'il veut. Il lui faut compter avec un nouveau partenaire, l'opinion publique, qui va lui infliger sa première défaite dans la bataille des cimetières. Une guerre qui illustre à la fois les méthodes du préfet de la Seine, son activisme infatigable et sa volonté réformatrice jamais rassasiée, mais également la vivacité de réaction d'une opinion saturée de transformations, laquelle ne supporte plus l'autoritarisme du préfet qui les mène à la baguette depuis des années.

Haussmann consacre deux chapitres de ses *Mémoires* à cette affaire des cimetières pour, écrit-il, « [s]e justifier personnellement aux yeux de [s]es lecteurs[35] ». Cette insistance illustre l'importance qu'il attachait aux cimetières et elle révèle également la blessure que lui a infligée ce premier échec parisien. Tout commence, comme souvent chez Haussmann, par l'anticipation exacte d'un besoin. Au lieu de se contenter, comme tant de gouvernants, de gérer le présent, il s'est toujours soucié de préparer l'avenir, agissant ainsi plus en entrepreneur qu'en administrateur. Il ne néglige aucune question. Dès qu'il détecte un problème, il lui faut en trouver la solution. En 1864, il décide de prendre à bras-le-corps la question des cimetières. D'abord parce que l'annexion de la banlieue et l'accroissement de la population vont augmenter le nombre de décès, qu'il estime entre quarante-quatre et quarante-sept mille par an. Ensuite parce que la saturation des trois cimetières parisiens menace la santé publique. Un rapport commandé par ses soins établit que les puits de plusieurs quartiers de la ville sont infectés par les infiltrations venant des tombes, qui donnent naissance à des sources d'eau sulfureuse : « Rue Sauffroy n° 11, où cette nappe a fait source, elle est exploitée comme eau sulfureuse. » Maxime Du Camp confirme ces horreurs :

> Il y en a plus de dix actuellement à Paris qui proviennent tout simplement de l'écoulement des eaux pluviales filtrées à travers les cimetières. Une de ces sources est exploitée ; j'en ai le prospectus sous les yeux : « Eau sulfhydratée, hydrosulfurique calcaire. Elle guérit toutes sortes de maladies. » À deux sous le verre, on peut aller boire cette putréfaction liquide : c'est pour rien[36].

On ne peut qu'approuver le souci du préfet de supprimer ces sources de pollution dans une ville où le choléra fait encore de fréquentes apparitions. Mais la méthode proposée par Haussmann est si radicale, si technocratique, si totalitaire, qu'elle ne peut que choquer ses contemporains. Il propose tout bonnement à l'empereur et au conseil municipal d'inhumer tous les morts de la capitale dans un immense cimetière unique de mille deux cents hectares situé à distance de Paris, là où le terrain est moins cher et « se prête mieux à la dissolution rapide des corps ». Il met en chasse une petite équipe dont le fidèle Belgrand, l'homme des eaux de Paris, qui lui trouve bientôt un « emplacement merveilleux » à Méry-sur-Oise, près de Pontoise. Le terrain n'y est pas cher (entre mille et deux mille francs l'hectare) et il est « formé d'un sable éminemment perméable… très propre à la combustion des matières organiques ». Le préfet en fait aussitôt discrètement acheter par la ville quelques centaines d'hectares par précaution : il redoute que, lorsque la décision de construire ce cimetière sera officiellement prise et donc connue, les prix ne flambent. Certes, « cet emplacement merveilleux » présentait « un inconvénient, son éloignement de vingt-deux kilomètres ». Mais Georges Eugène est un homme de ressources ; il imagine un système dont la précision méticuleuse, appliqué à un sujet aussi sensible, fait froid dans le dos : le cimetière de Méry-sur-Oise sera relié à Paris par une voie ferrée spéciale qui aboutira à une gare principale au cimetière Montmartre et à deux gares secondaires à Montparnasse et au Père-Lachaise. Les habituels cortèges mortuaires accompagneront les défunts aux trois cimetières parisiens d'où ils gagneront par le train leur sépulture définitive de Méry-sur-Oise. Haussmann, à son habitude, pense à tout : « chaque mort aura son compartiment distinct » et les familles et amis pourront, si elles le désirent, emprunter ces surprenants trains de la mort. Il a même calculé, à partir des statistiques de l'administration, le nombre de personnes accompagnant le défunt pour un prix, tient-il à préciser, comprenant le trajet « aller et retour » : il attendait cinquante-trois personnes pour les enterrements en concessions perpétuelles ; quarante-six pour les concessions temporaires et seulement dix-neuf pour les sépultures gratuites. Étant bien sûr entendu que ces estimations valent pour les enterrements d'été et qu'il faut les « descendre d'un quart environ en hiver » !

Débattu au conseil municipal à partir de mars 1866, ce projet provoque aussitôt une formidable polémique. Les adversaires – si nombreux – du puissant baron comprennent tout le profit qu'ils peuvent tirer dans l'opinion de l'application des méthodes haussmanniennes au Paris des morts. La presse s'empare du sujet, notamment Louis Veuillot qui tonne :

> Dans le Paris nouveau, il n'y aura plus de demeure, plus de tombeau, plus même de cimetière. Toute maison ne fera qu'une case de cette formidable auberge où tout le monde a passé et où personne n'a souvenir d'avoir vu personne [37].

Comme dans l'affaire du Luxembourg, les pamphlets prolifèrent, dont le très virulent *La Déportation des morts* de Victor Fournel. Au projet très contesté de Méry-sur-Oise, vient se greffer le « scandale » du cimetière Montmartre. Pour construire les piliers du pont de Clignancourt destiné à relier la Butte à l'ouest de Paris, il faut déplacer des dizaines de sépultures. Certaines familles s'en accommodent, d'autant que la ville prend tout à sa charge. D'autres crient au sacrilège : le 21 août 1867 paraît dans *Le Figaro* un courrier qui provoque une grande émotion. L'auteur, Olympe Audouard, une femme de lettres dont le fils est enterré dans le cimetière Montmartre, en appelle au cœur des mères tout en faisant le procès de l'ensemble de la politique de transformation de Paris :

> N'était-ce pas assez de voir des millions de familles obligées de quitter leur logis pour aller chercher ailleurs un asile que souvent elles ne trouvaient qu'au prix de grands sacrifices ? lorsqu'on voyait ces déménagements forcés, on se demandait avec terreur si le mot de propriété allait perdre le sens que nous lui connaissons, s'il n'allait plus signifier qu'une possession passagère, soumise au bon plaisir de l'administration ? Cette perspective n'avait rien de bien rassurant ; mais M. Haussmann veut aller plus loin ! Il s'attaque à la demeure des morts !

La cabale ne discontinue pas et, cette fois, l'empereur ne soutient pas Haussmann : en mars 1869, interpellé par un député, le ministre d'État enterre le projet de Méry-sur-Oise en promettant qu'il ne sera pas mis en œuvre sans l'accord de l'Assemblée. Haussmann s'est montré brutal et maladroit. Mais était-il insensible, lui qui accorda une subvention à l'Assistance publique afin que les indigents, morts dans les hôpitaux et les hospices, aient droit à des cercueils et non plus aux « ignobles serpillières dont, par économie, on se contentait de les envelopper » ?

« Osman Pacha »

Seule mais réelle consolation pour l'orgueilleux baron, la virulence et la multiplicité des attaques dont il est l'objet sont l'exact reflet, la mesure en creux de sa puissance. Si les contemporains font tant de cas du préfet de la Seine, c'est qu'il est incontournable. « M. Haussmann, il faut bien le reconnaître, est aujourd'hui, sans contredit, l'homme de France dont on s'occupe le plus. On le prend à parti de tous côtés, sous toutes les formes, dans tous les styles, à tort et à travers, sans rime ni raison, et généralement dans un esprit plus systématiquement hostile qu'étayé de motifs sérieux[38]. » Les poètes en font un héros de prosopopée. Comme Victor Hugo, Théodore de Banville l'interpelle :

> Tandis que dans les cieux le couchant s'allumait,
> Un ange dans le vent qui brame
> Emporta le baron Haussmann sur le sommet
> D'une des tours de Notre-Dame.

Puis il lui dit : « Je suis l'âme de ce Paris
Qui bruit, foule auguste et vile
Sous nos pieds et qui fut la cité des esprits.
Baron, qu'as-tu fait de ma ville ?
– Moi, dit M. Haussmann, je n'ai jamais molli.
Les Memphis et les Antioches
Sont loin ; quant à Paris, je vous l'ai démoli
Tant que j'ai pu trouver des pioches.

Le poète a parfois été mieux inspiré. Il n'empêche, le baron est un personnage envié, attaqué, et que l'on rattache volontiers aux événements de l'actualité. Le grand sultan vient-il en visite à Paris ? Le préfet est aussitôt surnommé « Osman Pacha » ; le général Cousin-Montauban est créé comte de Palikao pour sa prise (et sa razzia) de Pékin ? Haussmann est chansonné « comte de Paris-kao » ! Un boulevard porte son nom, depuis un décret du 2 mars 1864 – de son vivant, faveur exceptionnelle que partagera Victor Hugo –, et il s'est même offert le luxe de faire des manières et de refuser qu'on lui attribue le boulevard Saint-Michel. En effet, l'idée de ce boulevard ne venait pas de lui, alors que l'axe prolongeant l'avenue de Friedland a été percé sur sa maison familiale :

> Il commence à une petite place [...] sur l'emplacement de laquelle existait encore, il y a peu d'années, l'hôtel où je suis venu au monde. Un peu plus bas, dans le faubourg Saint-Honoré, est l'ancienne demeure de mon grand-père [39].

Napoléon III ne sait plus comment honorer son cher préfet, déjà sénateur et grand-croix de la Légion d'honneur, et qui, en décembre 1867, entre à l'Académie des beaux-arts, en remplacement d'Achille Fould. « Le préfet commande annuellement un nombre infini de tableaux et de sculptures, il y a tout intérêt à le flatter [40] », explique méchamment Mme Baroche. La vanité de Georges Eugène fait les délices des salons et des journaux. La veille de son élection à l'Académie, *Le Temps* évoque ainsi sa candidature :

> La lettre de M. Haussmann est d'une rare et charmante modestie. Ce n'est pas pour lui que M. le préfet sollicite l'honneur de siéger au palais Mazarin : il sait qu'aucun titre ne parlerait en sa faveur ; c'est pour la ville de Paris.

Le petit-fils de deux anciens collègues de Robespierre est saisi d'une fringale de reconnaissance sociale, pour lui et sa famille.

Bien que protestant, il entretient les liens les plus étroits avec la haute hiérarchie catholique et l'archevêque de Paris, qui lui serait gré de chasser le vice en aérant la ville :

> Votre apostolat, lui aurait dit le cardinal Morlot, vient en aide au mien. Vous combattez indirectement mais sûrement, la misère morale, en relevant les conditions et les habitudes d'existence des classes laborieuses. On ne se comporte pas, dans des rues larges et droites, inondées de clarté, avec le même laisser aller que dans des rues étroites, tortueuses, obscures. [...] Votre prédication, pour être silencieuse, n'en est pas moins efficace[41].

Haussmann se comporte en chef de clan, fait élire son premier gendre Camille Dollfus député et conseiller général du Lot-et-Garonne et maire de Houeillès où le baron possède un beau domaine ; il choisit son second gendre, le vicomte de Pernety, comme chef de cabinet et nomme son beau-frère, l'ancien orléaniste Nicolas Artaud, au conseil municipal de Paris et au conseil général de la Seine. Lors de sa nomination au Sénat, il a personnellement relevé le titre de baron d'Empire de Georges Dentzel, alors que son père, qui se fait également appelé baron depuis quelques années, aurait tiré son titre du Saint Empire romain germanique et d'un ancêtre par les femmes, le baron de Wandelbourg[42]. Son goût pour les décorations frise le ridicule et surprend chez un esprit par ailleurs si rationnel. Les chefs d'État ou princes étrangers, magnifiquement reçus à l'Hôtel de Ville de Paris, ont pris l'habitude, peu coûteuse, de remercier leur hôte avec une médaille. Et, dans les faire-part de la famille Haussmann, les contemporains peuvent lire cette surprenante litanie à la ligne du baron :

> Grand-Croix des ordres de Saint Stanislas de Russie et d'Alexandre Newski, de l'Aigle rouge de Prusse, de Charles III d'Espagne, des SS. Maurice et Lazare d'Italie, de la Guadalupa du Mexique, de Notre-Dame de la Conception du Portugal, de l'ordre royal de Danebrog du Danemark, du Lion du Zoehringen de Bade, du Faucon Blanc de Saxe Weimar, de Léopold de Belgique, de l'ordre de Wasa de Suède, etc.[43].

Non seulement Haussmann collectionne les décorations étrangères, mais il entend les porter sur le territoire français aux côtés de la Légion d'honneur. Son dossier préfectoral est encombré de nombreuses lettres au ministre de l'Intérieur demandant cette autorisation à chaque nouvelle décoration étrangère. On devine l'irritation du ministre dans ses réponses : il ose demander au préfet le « brevet original » lui accordant l'Aigle rouge de Prusse, ou il croit clore le débat en répondant sèchement que l'autorisation de porter les décorations étrangères ne peut être accordée « aux fonctionnaires et aux membres du Sénat assumant en même temps des fonctions publiques ». C'est mal connaître Georges Eugène qui, jusqu'à sa chute, réitérera sa demande à chaque nouvelle décoration. Toujours sans succès[44]. Même les grands hommes ont leurs petitesses. L'homme qui a transformé Paris de fond en comble, l'a fait passer en quelques années du XVIIe au XXe siècle, et qui sait donc que son nom restera dans l'Histoire, s'attache à des médailles protocolaires !

Les préfets ont aujourd'hui perdu de leur lustre face au pouvoir des régions, et l'on imagine mal leur place dans la société du Second Empire, surtout celle du premier d'entre eux, locomotive de la vie parisienne. La « fête impériale », qui associe la légèreté au régime de Napoléon III, avait aussi pour but de soutenir la croissance économique, de faire vivre l'industrie du luxe si essentielle à la prospérité de la capitale. « Les ministres et les grands dignitaires de l'État avaient des traitements considérables mais tous étaient obligés de dépenser leurs frais de représentation. Le luxe était pour eux un devoir professionnel. Le plaisir faisait partie du programme gouvernemental. Napoléon III voulait Paris toujours brillant[45] », a écrit un contemporain. Mieux valait ne pas être chiche et aimer s'amuser quand on appartenait au haut personnel du régime. Georges Eugène a le goût du faste et des plaisirs et adhère totalement à la finalité économique de la fête impériale, tourbillon mondain tant dénoncé par l'opposition. Le récit d'une conversation de salon rapportée par l'aumônier de l'impératrice, Mgr Bauer (juif hongrois converti qui quittera l'Église pour épouser une jeune actrice), l'illustre suffisamment : dans les dernières années de l'Empire, lors d'un dîner à la villa Eugénie à Biarritz, la conversation s'engage entre le couple impérial et ses hôtes, dont le préfet de Paris, sur la décadence des mœurs parisiennes. Un ancien viveur « que ses rhumatismes avaient rendu prudent et sage » dénonce les tentations d'une « ville trop neuve, trop belle, trop séduisante ». Haussmann contre aussitôt ce censeur morose, soutient la cause des plaisirs parisiens attaqués, les proclame nécessaires et conclut : « Paris vertueux, ne fût-ce que pendant vingt-quatre heures, ce serait un désastre incalculable[46]. » Écartons donc définitivement l'image d'un Haussmann protestant austère et prédicateur. Son modèle serait davantage Henri IV que Calvin, même si depuis son mariage il s'est rapproché de l'Église réformée de France.

Mais encore faut-il avoir les moyens de tenir son rang dans la fête impériale. Haussmann les a, ou plutôt le régime les lui donne. À l'époque, en effet, le gouvernement songe d'abord aux élites car, selon la formule de Louis Girard, « dans cette société encore peu démocratique, le mouvement des affaires reposait sur le luxe d'une minorité[47] ». Les revenus personnels d'Haussmann ne sont pas exactement connus depuis qu'il a hérité de ses beaux-parents, mais ils dépassent nécessairement les vingt-quatre mille francs déclarés dans sa fiche administrative de 1853. Outre la propriété de Houeillès, il gère maintenant le domaine de Cestas et son château hérité des de Laharpe. De plus, se souvenant de son passage dans le Midi, il acquiert en janvier 1867 sur le Montboron près de Nice un moulin à huile qu'il transforme en une élégante mais modeste villa si l'on en juge par la description d'une amie de la jalouse Mme Baroche :

> L'habitation, élégante dans sa simplicité, n'est qu'un pied-à-terre. Un rez-de-chaussée de quatre pièces, surmonté de trois chambres au premier et d'une tour. Le jardin, tracé sous la direction de M. Alphand, ne se distingue que par l'abondance des fleurs et la collection des rosiers d'Alphonse Karr, déserteur de Nice : une allée d'orangers, venus à grands frais de Monaco et de Menton, relie la campagne à celle de M. Frémy. Jusque-là rien de surprenant, mais ce que je renonce à dépeindre, c'est la vue qui est d'une beauté incomparable... Il y aura un an, le mois prochain, que M. Haussmann, escorté d'architectes, est venu choisir sa perspective. Il a fait l'acquisition de vingt-cinq mille mètres de rochers à raison de neuf francs le mètre ; la défonce a triplé le prix. C'est un panorama qui lui coûte un million[48].

À titre de comparaison, à la même époque la Païva faisait construire son hôtel particulier du 25 de l'avenue des Champs-Élysées (financé par le hobereau prussien, cousin de Bismarck, Henckel de Donnersmarck) : le seul damas cramoisi des salons, spécialement tissé à Lyon, coûtait huit cent mille francs *.

Mais ce qui caractérise alors Haussmann, sur le plan financier, c'est moins sa fortune que son niveau de vie, ce que l'on appellerait aujourd'hui son pouvoir d'achat. Taine estime qu'il faut pouvoir dépenser cent mille francs par an pour mener « la vie élégante », c'est-à-dire pour faire partie de la véritable élite sociale[49]. Durant la décennie 1860, le préfet de la Seine a, à sa disposition, hors revenus privés, quatre cent deux mille francs à dépenser : cinquante mille

* Ce mot d'Aurélien Scholl, familier de la dame, est trop joli pour qu'on l'omette : « Où en sont les travaux ? lui demande-t-on un jour – Ça va, répond-il, on a déjà posé le trottoir. »

francs de traitement préfectoral (le plus élevé de tous les traitements de préfets ; la plupart des ministres touchent quarante mille francs) ; trente mille francs de dotation sénatoriale ; cinquante mille francs réservés au préfet sur les fonds de fonctionnement de la préfecture ; vingt-cinq mille francs accordés par le ministère de l'Intérieur sur les fonds secrets ; deux mille francs d'indemnité du ministère de la Guerre pour les conseils de révision ; quatorze mille francs de frais de voiture ; quatre-vingt mille francs de frais de réceptions périodiques ; et cent cinquante mille francs de prélèvement sur les crédits des fêtes pour payer les bals. En y ajoutant les fastes de l'Hôtel de Ville et la résidence d'été de Longchamp, l'ancien sous-préfet de Nérac mène désormais un train de vie des plus fastueux. D'autant que ces sommes lui suffisent à peine ; il finira en effet par s'endetter.

Il faut dire qu'il est de toutes les fêtes, celles qu'il organise à l'Hôtel de Ville ; celles des Tuileries avec leurs célèbres bals masqués ; celles de Fontainebleau, de Biarritz ; et, bien sûr, le préfet de la Seine est un des invités réguliers des « séries de Compiègne », une des institutions de la cour et du régime de Napoléon III. Chaque année, à l'automne, les souverains invitent au château de Compiègne leurs amis, les grands du régime mais aussi des représentants des « capacités », artistes, écrivains, savants, médecins, banquiers. On peut y côtoyer, selon les années, Flaubert, Pasteur, Mérimée, Dumas, Vigny, Féval, Delessert, Viollet-le-Duc, l'astronome Le Verrier, le médecin Claude Bernard ou Ferdinand de Lesseps, parent de l'impératrice et soucieux de préserver le soutien de l'empereur, toujours hésitant, à l'immense entreprise du canal de Suez. Les séries hebdomadaires, chacune de soixante-dix à quatre-vingt personnes, se succèdent pendant un mois. Amenés par train spécial, totalement pris en charge par les souverains, les invités chassent, dansent, improvisent de petits spectacles ou s'adonnent à divers jeux de société. C'est à Compiègne que, à la demande d'Eugénie, Mérimée fit sa première dictée. Les résultats ont aujourd'hui quelque chose de rassurant : l'impératrice fit soixante-deux fautes, l'empereur quarante-trois, Alexandre Dumas vingt-quatre, le meilleur étant… l'ambassadeur d'Autriche, le prince de Metternich, avec seulement trois fautes ! À Compiègne comme ailleurs, Haussmann ne se distingue pas par sa discrétion. En novembre 1865, alors que la première série rassemble notamment le réalisateur du canal de Suez et le grand transformateur de Paris, deux des grandes personnalités du siècle, le second réussit à blesser les autres participants par la magnificence avec laquelle il célèbre l'anniversaire de l'impératrice. Une magnificence d'autant plus débridée que la facture en revient à la ville, comme le souligne avec hargne Mme Baroche. L'épouse du très bourgeois (au sens orléaniste du terme) président du conseil d'État ne comprend décidément pas la personnalité de Georges Eugène : il y a de l'aventurier en Haussmann. Deux générations plus tôt, il n'aurait pas été préfet mais maréchal, il n'aurait pas reconstruit mais pris Vienne ou Berlin.

> Hier au soir, la fête des bouquets a eu un grand éclat par la qualité et surtout la quantité. Les artistes de Paris s'étaient surpassés. Malgré ma modestie, je constate qu'après le préfet de la Seine, j'ai obtenu un beau succès. Mon bouquet était magnifique et a été trouvé tel par l'assemblée et même par l'impératrice. Celui du préfet de la Seine était plus volumineux encore. Je confesse m'être vengé de cette supériorité en commettant un affreux calembour, emprunté à Molière dans les femmes savantes. Le bouquet préfectoral, fourni par les serres de la ville, était surmonté d'un dracena rouge : « Si ce bouquet est amarante, ai-je dit, le mien est de ma rente ! »[50].

En fait, les séries de Compiègne, certes recherchées, étaient parfois ennuyeuses et (à la grande déception de certains invités) ne méritaient pas la réputation sulfureuse que leur faisait l'opposition. La plupart des invités redoutaient la froideur des parties de chasse dans la forêt et l'ennui de la rituelle visite au château de Pierrefonds en cours de restauration. Il arrivait aussi que l'on rie bien, comme lorsqu'un messager indiscret livra aux invités le contenu d'un télégramme qu'une jeune fille venait d'envoyer à ses parents à Paris. Devant remplir le rôle de l'Amour dans une charade représentée au château, elle écrivait : « Je fais l'Amour ce soir à Compiègne. Il me faut mon costume[51]. » En novembre 1861, il y eut la pique toute militaire du maréchal Vaillant à l'adresse de la comtesse Waleska, alors maîtresse de l'empereur. La dame admirait à Pierrefonds une gargouille nouvellement installée : « C'est très bien exécuté, mais voilà une conduite d'eau qui doit coûter cher. » « Moins que la vôtre, Madame ! répliqua le maréchal du Palais, qui expliqua ensuite en aparté : « Ce traînage nous coûte quatre millions de francs[52] ! » Extraordinairement cru, le propos reflète la mentalité d'un régime fondé par des aventuriers de la politique. « C'est égal, nous nous sommes crânement amusés », dira à Sedan l'un des auteurs du coup d'État, le général Fleury[53]. Napoléon III le premier, qui multiplie les aventures avec celles que l'on surnomme les « petites impératrices ». Ce sont des liaisons plus ou moins durables et des maîtresses plus ou moins mondaines : la Castiglione, agent de Cavour, ou la comtesse Waleska, épouse du fils naturel de Napoléon Ier et ministre des Affaires étrangères du neveu. On surprit un jour, dans le wagon impérial, l'empereur sur les genoux de la belle comtesse. Il y eut également la « biche », Marguerite Bellanger – de son vrai nom Julie Lebœuf –, à qui l'impératrice en personne demanda de rompre, à la suite d'une crise cardiaque de son époux au domicile de sa maîtresse.

Francine, Marie-Roze, Adèle et les autres…

Sous les ordres d'un tel maître, Georges Eugène n'a aucune raison de refréner un tempérament naturellement exigeant. Bientôt, on voit la voiture aux couleurs de la ville, à la porte des coulisses de l'Opéra, attendre une jolie blonde, légèrement grassouillette, Francine Cellier, à qui le baron demande curieusement de mettre les mêmes robes que ses filles. Le préfet n'est pas discret. Dès juillet 1857, Viel-Castel note :

> Ces jours derniers, M. Haussmann, l'honorable préfet de la Seine, sénateur, Grand-Croix de plusieurs ordres etc., etc., se promenait à Enghien en voiture découverte avec Francine Cellier, jeune gambadeuse de l'opéra[54].

Haussmann est indiscret, mais il est fidèle dans ses infidélités : trois ans plus tard, en mars 1860, il assiste aux débuts au théâtre de sa protégée qui a quitté l'Opéra pour le Gymnase et fait ses débuts dans le Paratonnerre. Il ne pèche pas non plus par excès de délicatesse : il est venu en famille avec son épouse Octavie, ses deux filles et son gendre Dollfus, ce qui amuse beaucoup la salle. Mme Baroche en témoigne :

> La pièce a eu un grand succès de malice. Elle contient bon nombre d'allusions à un puissant protecteur qui, placées dans la bouche de la débutante, ont provoqué des rires inconvenants de la part du parterre dans le secret de la comédie[55].

Paris rit aux dépens du trop puissant préfet. On dit que l'élégante Francine s'habille aux magasins de la « Ville de Paris ». Et lorsque s'ébruite une autre liaison avec la danseuse Marie-Roze, Paris rigole et le félicite d'alterner « les senteurs du cellier avec le parfum de la rose ». Haussmann a la réputation de bien s'occuper des jeunes artistes qu'on lui recommande, et on lui prête de nombreuses conquêtes. Le biographe Georges Laronze évoque ainsi une certaine Adèle, passée du blanchissage au demi-monde et qui, installée plus tard en province, fera un don à sa ville pour y construire un égoût[56]. Évidemment, la discrète Octavie souffre de ces incartades publiques. La vie parisienne et ses contraintes mondaines ne plaisent guère à cette femme effacée, au visage chiffonné, qui ne songe depuis toujours qu'à vivre à Bordeaux, dans l'atmosphère religieuse de sa famille. Son rôle est des plus effacé. C'est tout juste si elle accepte le poste honorifique de trésorière d'une œuvre de bienfaisance, la Société du prince impérial. Ce qui lui vaut d'ailleurs ce féroce commentaire de Viel-Castel :

> Madame Haussmann n'a que le tort d'être un peu folle, tort amplement racheté par les qualités financières de l'honorable préfet de la Seine, son mari[57].

Octavie finit par quitter Paris pour rejoindre ses parents. Mais le préfet est un personnage public et l'empereur tient à la respectabilité extérieure des piliers du régime. L'impératrice en personne, qui sait de quoi elle parle, se pose en médiatrice et convainc la pauvre Octavie de regagner ses appartements de l'Hôtel de Ville. Sans illusions, celle-ci susurre : « Il vaudra mieux que je survive à mon mari, car je suis plus que lui capable de regrets. »

Les demoiselles Haussmann, les jolies Henriette et Valentine, tiennent plus de leur père que de leur mère. Elles fréquentent plus volontiers la Cour et les salons que le temple et les prédicateurs. Elles appartiennent à « l'escadron volant qui a rajeuni les bals de la cour et un peu relégué sur les banquettes les beautés plus mûres qui brillaient dans les premiers jours de l'Empire[58] ». Les deux beautés blondes participent avec enthousiasme à la grande folie de l'époque : les bals travestis. Celui du carnaval de 1863, aux Tuileries, resta longtemps dans les mémoires : quatre ruches monumentales, dorées et enguirlandées, furent tirées au milieu du bal par des valets déguisés en jardiniers. Il en sortit soudain un ballet de jeunes femmes, habillées en abeilles avec des antennes brillantes, le corsage rayé et les ailes diaphanes. Henriette et Valentine remportèrent un joli succès, surtout la jeune Valentine, qui n'a pas vingt ans et qui frappe Mérimée :

> Mlle Haussmann est très belle pour ceux qui ont le goût de la chair belle et blanche mais elle est commune comme son père[59].

L'écrivain pense-t-il à l'empereur en évoquant les amateurs de « chair belle et blanche » ? En tout cas, les rumeurs se répandent sur l'intérêt que porte le prince à la fille cadette de son préfet. Ce qui vaut à la jeune fille des rebuffades jalouses de dames de la Cour. Les mémoires de l'époque évoquent volontiers l'intérêt de l'empereur pour la jeune fille. Parlant d'une série à Compiègne, la comtesse Tascher de La Pagerie rapporte :

> Le préfet de la seine et sa famille avaient été gardés ; ils étaient déjà de la première série. Aussitôt, les cancans de se répandre et de prétendre que c'était pour les beaux yeux de la belle Valentine Haussmann [60].

Sa blonde beauté d'Alsacienne est remarquée par ses contemporains. D'aucuns la jugent bien un peu vulgaire comme Mérimée ou Xavier Marnier, qui raconte dans son *Journal* :

> Mademoiselle Haussmann dansait dernièrement dans un grand bal. Son père s'approcha d'elle et lui dit d'un air jovial : « Tu danses comme une pas grand-chose. – Eh bien ! s'écria-t-elle en se tournant vers son cavalier, ne voilà-t-il pas mon père qui déprécie sa marchandise » [61].

Mais la plupart sont subjugués, comme les auteurs de cette chronique parisienne des six derniers mois de l'Empire :

> Mademoiselle Valentine Haussmann était une belle et fraîche créature, à la chevelure blonde avec de beaux yeux bleus et dans tout l'épanouissement de ses vingt ans ; elle ne manquait pas d'esprit ; elle ne manquait pas non plus d'adorateurs et s'attirait parfois un peu de jalousie, surtout quand l'Empereur s'empressait de la complimenter ou prenait plaisir avec elle ; les méchantes langues osaient prétendre que le souverain avait à son endroit des sentiments particulièrement tendres [62].

Les méchantes langues iront plus loin encore et lui attribueront deux enfants de l'empereur, l'un né en 1863 qui aurait été reconnu par Marguerite Bellanger (mais ce pataquès avec une autre maîtresse de l'empereur est peu vraisemblable) ; l'autre né en 1865, baptisé Jules-Adrien, et adopté par le ménage Hadot. Cependant, personne n'a jamais prouvé que Jules Adrien était le fils de Louis Napoléon Bonaparte et de Valentine Haussmann. Pourquoi rapporter ces racontars ? Parce qu'ils illustrent la position sociale qu'occupe le baron Haussmann, ainsi que la jalousie, l'hostilité et les haines qu'elle suscitait.

1867 : la fête de la vie parisienne

L'Exposition universelle de 1867 marque l'apothéose de L'Empire et du préfet de la Seine. L'apothéose, « dernière partie la plus brillante d'une manifestation » (selon le Larousse) et non l'apogée, « le plus haut degré, le sommet de… ». Le préfet comme l'empereur est déjà profondément affaibli. Haussmann est en butte à des contestations de plus en plus vives et n'a plus les mains libres pour achever la transformation de Paris. Napoléon III, depuis la défaite autrichienne de Sadowa et le lamentable échec de l'expédition mexicaine, n'est plus le maître du jeu européen : la nouvelle de l'exécution de sa créature, l'archiduc Maximilien, propulsé empereur du Mexique, lui parvient le 30 juin, la veille de la remise des prix aux lauréats de l'Exposition. On décide donc de la garder secrète quelques jours. L'Exposition accueille quarante-deux mille exposants venus du monde entier dans une ellipse aux arcs métalliques calculés par un jeune ingénieur, Gustave Eiffel.

> Durant les sept mois qu'a duré la kermesse grandiose, Paris a exercé sur le monde entier un prodigieux rayonnement de grandeur et de richesse, de liesse et de prospérité. Jamais la joie de vivre n'a possédé plus intensément et plus bruyamment une capitale. Jamais une atmosphère de fête n'a enveloppé de façon plus soutenue et plus durable une population grisée d'orgueil et de plaisir [63].

Les Parisiens, qui peuvent voir exposés les nouveaux canons Krupp au pavillon de la Prusse, ne sont pas inconscients des dangers qui menacent la France : la preuve en est l'accueil plus que modéré fait à Bismarck, dont l'esprit parisien a francisé le nom : « Un joueur triche, il bismarckise. » Mais, pour l'heure, la seule armée que les Parisiens veulent applaudir est celle de *La Grande Duchesse de Gérolstein* de l'inséparable trio Meilhac-Halévy-Offenbach, opéra-bouffe dans lequel, après *La Belle Hélène*, Hortense Schneider fait un malheur. Durant quelques mois, elle est la reine de Paris : elle se présente un jour, en voiture attelée, à la porte de l'Exposition destinée aux altesses et se fait ouvrir en annonçant « Grande Duchesse de Gérolstein ». Sa gloire est universelle : le tsar Alexandre fait réserver une loge aux Variétés dès son arrivée à Strasbourg et ne manque pas ensuite de visiter chez elle la vedette, bientôt surnommée le « passage des princes ».

Huit rois, trois empereurs – dont le Grand Sultan – se rendent cette année-là à Paris, afin de visiter l'Exposition mais aussi afin de découvrir la nouvelle capitale que Napoléon III et son préfet ont donnée à la France. Ils sont tous reçus par le préfet de la Seine.

> Plus puissant qu'un ministre, écrira son collaborateur Alphand, il était dans tout l'éclat de son succès au moment de l'Exposition universelle de 1867, où il recevait à l'Hôtel de Ville, dans des fêtes mémorables, tous les souverains d'Europe[64].

Le samedi 8 juin, la ville de Paris offre ainsi un bal magnifique au tsar, accompagné de ses deux fils, et au roi de Prusse. Trois orchestres, des milliers d'invités, neuf cent mille francs de dépense, Haussmann a été plus fastueux que jamais. Le jour, il sert de guide aux monarques pour leur présenter – on imagine avec quelle fierté – son œuvre. « Devant cette reine qu'est Paris, nous ne sommes plus que des bourgeois », flatte le tsar. Guillaume de Prusse, accompagné de Bismarck qui ne quitte pas son uniforme blanc de cuirassier et son casque à pointe, est moins délicat. Regardant le panorama de Paris depuis les Buttes-Chaumont, il s'exclame : « Voilà la porte par laquelle nous entrâmes à Paris en 1815 ! » À quoi Haussmann, patriote, rétorque immédiatement : « Depuis, nous avons construit quelques forts ! »

La réception la plus prestigieuse est assurément le banquet offert le 28 octobre en l'honneur de l'empereur d'Autriche, François-Joseph, du roi de Bavière, de la reine des Pays-Bas et, bien sûr, des souverains français. C'est également la plus importante sur le plan diplomatique : la France essaie de se rapprocher de Vienne et de détacher les États du sud de l'Allemagne de l'influence prussienne. Les quatre cents convives d'Haussmann sont servis par trois cents valets. La presse du lendemain est enthousiaste : « Le fameux surtout en or jaune et en or vert de la ville de Paris, les vases de fleurs, les cristaux et les porcelaines éclairés par cinquante candélabres immenses, brillaient au point d'éblouir les yeux… L'impératrice Eugénie était vêtue d'une robe de taffetas surchargée d'agrafes et de franges de diamants et de rubis. Sur son front, un double diadème dont le premier cercle supporte le Régent[65]. » Voici le menu de ces agapes :

> Potages :
> Bisque d'écrevisses ;
> Printanier ;
>
> Relevés :
> Turbots, sauce hollandaise ;
> Quartiers de chevreuil ;

Hors d'œuvre chauds :
Croustades à la portugaise ;
Bouchées aux crevettes ;

Entrées :
Filets de bœuf à la provençale ;
Suprêmes de poulardes aux truffes ;
Caisses de mauviettes à la financière ;
Cailles de vigne à la jardinière ;
Homards à l'américaine ;
Mayonnaises de filets de soles ;

Sorbets, rôts :
Dindonneaux aux truffes, sauce à la Périgueux ;
Faisans de Bohême et bécasses ;
Buissons d'écrevisses du Rhin ;
Timbales de foie gras au Malaga ;

Entremets :
Petits pois à la française ;
Patates d'Espagne au Malaga ;
Truffes au vin de Champagne ;
Suprêmes de pêches ;
Gelées d'ananas à l'orientale ;
Gâteaux ambroisie glacés ;

Desserts :
Fruits, raisins, ananas, compotes, pâtisserie, etc.

Les vins sont bien sûr à la hauteur : Haussmann n'a-t-il pas la réputation d'avoir la meilleure cave de Paris ?

Vins :
Madère frappé ;
Château d'Yquem frappé ;
Château d'Issan ;
Romanée ;
Château Montroze ;
Chambertin ;
Rudesheimer ;
Xérès ;
Champagne frappé ;
Léoville Poyféré ;
Château Lafitte ;
Malaga ;
Porto.

Coût total du banquet : cent cinquante mille francs. Le toast de François-Joseph, esquissant une alliance future, parut récompenser les efforts du préfet :

> Lorsqu'il y a peu de jours, j'ai visité Nancy, le tombeau de mes ancêtres, je n'ai pu m'empêcher de formuler un vœu : puissions-nous ensevelir dans cette tombe, confiée à la garde d'une généreuse nation, toutes les discordes qui ont séparé deux pays appelés à marcher ensemble dans la voie du progrès et de la civilisation [66].

Malheureusement, l'alliance tardera à se nouer. Et dès que l'Exposition universelle fermera ses portes, les « points noirs » que Napoléon III aperçoit à l'horizon ne feront que s'amplifier, pour l'empereur comme pour Haussmann. Après l'apothéose de 1867, ce dernier connaît deux années « *horribiles* », avant la chute finale de 1870. Il écrira dans ses *Mémoires* : « Mon intention était de me retirer après l'Exposition de 1867 [67]. » Que n'a-t-il, pour son repos, cédé à cette tentation de Venise ?

Le dieu Argent

« Tout se passe comme si les années 1865-1870 n'appartenaient déjà plus, au point de vue économique et financier, au Second Empire. Une autre époque a déjà commencé [68] », analyse Alain Plessis. Le mirage de l'Exposition universelle évanoui, le pays retrouve une croissance économique languissante. L'argent est abondant, mais l'investissement patine. L'opposition dénonce la « grève du milliard » et Jules Ferry écrit quelques mois plus tard :

> L'année 1867 a commencé la liquidation de toutes les fautes du second Empire. Sa politique s'est liquidée au dehors par cette double et immense déconvenue du Mexique et de Sadowa ; sa prospérité s'est liquidée au dedans par une crise douloureuse qui n'est pas encore près de finir ; les institutions financières qu'il avait créées, choyées, couvées avec le plus d'amour, ont eu le même sort que sa diplomatie : après avoir fait beaucoup de bruit dans le monde, essoufflées et boursouflées, elles s'affaissent et tombent [69].

L'avocat vosgien fait allusion aux difficultés des frères Pereire, contraints de démissionner du Crédit mobilier, de la Société immobilière et de la Compagnie générale transatlantique. Or les Pereire étaient les symboles de la politique d'expansion du régime, et les banquiers de la transformation de Paris. Politiquement aussi, le

Second Empire s'essouffle. Le chroniqueur Ludovic Halévy, qui n'est pas un opposant, observe alors :

> La politique de l'Empereur a été folle, littéralement folle. Il n'a pas manqué un occasion de faire des sottises et les occasions d'autre part ne lui ont pas manqué… La Bourse a vu des désastres presque sans exemple, la récolte a été détestable, et voici pour comble des inondations qui ravagent et ruinent une bonne partie de la France [70].

Atteint de la maladie de la pierre, drogué par des calmants à base d'opium, l'empereur est plus velléitaire que jamais. Lucide, il n'a cependant plus la force de bousculer les obstacles. Il est par exemple conscient de la nécessité de réformer l'armée et d'instaurer le service militaire obligatoire, mais il se décourage face aux oppositions : en 1870, l'armée française ne sera pas prête. De même pour l'Algérie : il a la claire vision d'un « royaume arabe » associé à la France, mais recule devant l'hostilité des chefs militaires qui – déjà – soutiennent les colons contre les indigènes. Grâce à Haussmann et à sa « volonté lancée à toute vapeur » (Jules Ferry), seuls continuent les travaux de Paris. Alors que le pays est submergé de problèmes, l'empereur passe son temps à écrire sur Jules César et à faire fabriquer des trirèmes et des balistes. Il lance bien un nouveau train de mesures de libéralisation du régime mais, comme il conserve le même personnel politique, l'opinion ne prend pas cette volonté réformatrice au sérieux : la nouvelle loi sur la presse permet surtout à l'opposition de redoubler ses attaques contre le régime. « L'Empereur rend son épée », se réjouissent les républicains qui dénoncent une des dérives du Second Empire : la dictature de l'argent. Jamais encore l'argent n'avait connu une telle importance, n'avait été l'objet d'un tel culte. L'argent de la grande industrie, mais aussi l'argent de la spéculation, et celui de la corruption. Totalement indifférent à la moralité de son entourage, l'empereur laisse faire. Le déplorable exemple d'un Morny rejaillit sur l'ensemble du personnel politique du régime. Pour la première fois, des fortunes se font et se défont à la Bourse, dont les agents de change décident un jour d'élever une statue à l'empereur, lequel vient de supprimer l'impôt de Bourse (les Tuileries s'y opposeront). On spécule à tout-va ; Maxime Du Camp cite le cas d'une dame qui, « abusée par un mauvais plaisant, alla prier son agent de change de lui assurer des actions dans une mine de fromage de gruyère que l'on venait de découvrir dans les montagnes du Jura [71] ». Polémistes et écrivains s'emparent du thème de l'argent. Proudhon dénonce – déjà – la domination des marchés financiers :

> L'improbité règne dans les mœurs et la piraterie dans les affaires. On a parlé des hontes du Directoire ; comparez donc ces misères avec la dissolution d'une époque qui a pris pour décalogue la Bourse et ses œuvres, pour philosophie la Bourse, pour politique la Bourse, pour morale la Bourse, pour patrie et pour Église la Bourse [72].

Les ouvrages et les pièces de théâtre prolifèrent sur ce nouveau dieu : *L'Argent* de Jules Vallès, *La Question d'argent* de Dumas fils, *L'Honneur et l'Argent* de Ponsard, *Les Manieurs d'argent* de l'avocat général Vallée, et si *L'Argent* de Zola est plus tardif, le thème est déjà dans toute son œuvre. Et *La Curée* rappelle qu'outre la Bourse les grands travaux de Paris s'accompagnent d'un cortège de spéculations diverses sur les constructions, les matériaux et les expropriations. Les nouvelles lois sur les conditions d'expropriations et sur l'indemnisation des locataires donnent lieu à un trafic organisé à l'échelle de la ville. « Une industrie nouvelle se créa qui, sous prétexte de prendre en main les intérêts des expropriés, ne recula devant aucune fraude », écrit Maxime Du Camp, qui en explique le mécanisme : l'agence ainsi créée demande une commission de 10 % de l'indemnité qu'elle se charge de faire obtenir à ses clients, de préférence des commerçants, artisans et petits industriels. Elle leur procure de faux livres de comptabilité de façon à gonfler le chiffre d'affaires, de fausses marchandises en rayons, et envoie même des clients qui prennent d'assaut le magasin le jour de la visite du jury d'expropriation. Du Camp raconte ainsi la savoureuse histoire d'un fruitier dont l'avocat véreux réclamait une forte indemnité en brandissant un faux livre de compte :

> L'avoué de la ville l'interrompit pour lui dire : « Je connais ce livre ; c'est le livre des fruitiers, il a déjà servi plusieurs fois ; Regardez page 54, vous y trouverez mon paraphe. » En effet, à une précédente audience, l'avoué avait demandé communication de ce registre et, sans être aperçu, y avait lestement inscrit sa signature, afin de pouvoir le reconnaître plus tard. L'avocat n'eut pas les rieurs de son côté mais il en obtint néanmoins l'indemnité qu'il réclamait [73].

D'ailleurs – cette fois, c'est Haussmann qui le dit – « les choses en vinrent au point que, dans quelques affaires, des expropriés, figurant parmi les jurés, à l'insu des représentants de la ville, ne se faisaient pas conscience de siéger et de statuer au sujet de questions les intéressant d'une façon directe ou indirecte [74] ». On devine dans quel sens ! Mais la lucidité du préfet ne le protège pas. Ses contemporains sont persuadés qu'il « touche », comme on dira plus tard lors du scandale de Panama. Et ils sont souvent de bonne foi tant la classe dirigeante est corrompue. Les attaques pleuvent sur lui comme sur ses proches. Francine Cellier qui, effectivement, déménage souvent, est mise en cause par un journal satirique, *Le Nain jaune* : « Chaque fois que mademoiselle Cellier loue un appartement à Paris, comme par hasard l'expropriation du pâté de maisons qu'elle habite survient et mademoiselle Cellier reçoit une jolie indemnité. » Le baron est-il trop bavard ? Est-il manipulé par son entourage ? C'est ce que suggère une réflexion d'Octavie : « Chaque fois qu'on décrète le percement d'une avenue nouvelle, il y a un de nos bons amis qui possède un terrain sur son tracé et s'en trouve largement dédommagé. » Lui-même est régulièrement traité de voleur. Telle cette caricature du *Pilori* le représentant enchaîné avec le mot voleur écrit sur le front et comme légende : « Receleur de Paris vendu à la destruction. » Sans parler de la litanie de ragots des *Mémoires* de Viel-Castel, ragots allégrement répandus dans les salons :

> La princesse Mathilde vient de me dire que Piétri, le préfet de police, l'avait suppliée de ne pas aller dîner chez Haussmann, le préfet de la Seine, qui est un voleur. Les preuves de ses vols sont déposées chez un avoué que Piétri connaît[75].

Ou encore :

> Le préfet de la Seine travaille activement à se faire autoriser à transformer en maison de banque la caisse de l'hôtel de ville ; il exécuterait alors, sans l'assistance des compagnies financières, les grands travaux proposés et le maniement des fonds considérables qu'il pourrait tripoter lui serait plus avantageux personnellement que les pots de vin qu'il se fait octroyer sur chaque affaire. Le boulevard du Prince Eugène n'est point encore accordé par suite de cette nouvelle combinaison, quoiqu'on ait accédé à la demande de M. Haussmann qui prétendait pour sa part à six cent mille francs[76].

Haussmann était-il corrompu ? Il proclamera toujours son honnêteté et raconte, dans ses *Mémoires*, plusieurs tentatives de corruption qu'il a écartées. Certes, cela ne prouve rien. Ce qui est certain, en revanche, c'est que personne ne put jamais rien prouver contre lui, y compris après la chute de l'Empire. Aucun document ne vint jamais confirmer les calomnies d'un Viel-Castel et tous les biographes du baron s'accordent sur son honnêteté. Faisons de même, au nom de trois arguments : l'absence totale d'éléments concrets permettant de pencher dans l'autre sens ; l'orgueil de Georges

Eugène, qui se faisait une trop haute idée de lui-même et de son œuvre pour se mêler aux « tripatouillages » de ses contemporains : « Un tel homme hautain et fier comme il l'était, n'eût jamais pu consentir à l'humiliation d'un marché déloyal qui lui eût fait courber la tête devant un complice, quel qu'il fût[77] ! », dira justement Alphand devant l'Institut ; enfin, l'inventaire notarial de son appartement au lendemain de sa mort. Nous y reviendrons, mais disons tout de suite que ses meubles n'étaient pas ceux d'un homme qui aurait participé à la curée.

« Les Comptes fantastiques d'Haussmann »

Les attaques contre Haussmann dont la presse regorge n'appartiennent pas toutes au registre d'un Viel-Castel. Beaucoup s'en prennent à la destruction de la ville, comme ce pamphlet *Paris désert, lamentations d'un Jérémie haussmannisé* que l'on peut acheter pour quinze centimes sur les boulevards et qui attaque lourdement « l'homme de maison » (Hauss-mann). D'autres s'en prennent non à l'intégrité personnelle du préfet, mais aux acrobaties financières de la ville. Ce ne sont pas les moins dangereuses. Entre décembre 1867 et mai 1868, *Le Temps* publie une série d'articles assassins d'un jeune avocat encore inconnu, qui a la formidable idée de réunir ces articles dans une brochure malicieusement intitulée *Les Comptes fantastiques d'Haussmann.* Titre qui, selon la formule de Louis Girard, « a contribué également à la célébrité du préfet et à celle de son critique[78] ». Ferry est d'autant plus efficace qu'il se donne des airs modérés. Il est prêt à reconnaître l'utilité des grands travaux parisiens et l'inéluctabilité de la modernisation de la ville : « Nous n'avons garde de dire que tout soit absolument mauvais dans ces innombrables trouées… c'est peut-être la destinée qui s'accomplit. » Il préfère, en bon avocat, viser le point faible du préfet, et dénoncer sa toute-puissance qui bouleverse la vie quotidienne des Parisiens, et surtout compromet leur avenir sous un monceau de dettes : « C'est un puissant seigneur, sans doute ; c'est plus qu'un grand personnage, c'est comme une des institutions fondamentales de ce temps. Il est entendu que les folies de la ville font partie de la raison d'État. » Habilement, Ferry approuve le premier réseau, accepte le deuxième, mais dénonce le troisième, « le réseau personnel de M. Haussmann », qui représente vingt-huit kilomètres de voies et qui a été entrepris sans plan de financement : « Voilà la puissance qu'exerce, depuis quinze ans, une administration sans contrôle, un pouvoir irresponsable, un seul homme doublé d'un conseil municipal non élu ! » Et l'avocat de s'en prendre aux bons de délégation qui constituent une dette rampante, un « emprunt à la sourdine » :

> Nous l'accusons d'avoir englouti, dans des œuvres d'une utilité douteuse ou passagère, le patrimoine des générations futures [79].

L'avenir démentira cette accusation d'inutilité : Paris, loin d'être ruiné, tirera le plus grand profit des travaux haussmanniens. Mais le pamphlet connaît un formidable succès et « lance » le jeune Vosgien qui devient la coqueluche des salons. « Il suffit d'un bon calembour pour conquérir la célébrité à Paris [80] », feint-il de croire, mais il n'ignore pas qu'au-delà de la trouvaille du titre, le succès de sa brochure vient essentiellement de ce qu'elle pose au grand jour une double question qui intéresse les Parisiens, ainsi que l'empereur et ses ministres : jusqu'où Haussmann va-t-il aller ? Ce qu'il appelle lui-même ses « expédients financiers » ne menace-il pas la ville et le régime d'un scandale financier ? « Comment, aurait dit Napoléon III à son préfet, vous n'avez pas fini ? Je vous croyais au bout de vos travaux [81]. »

Haussmann prend très mal les articles de Ferry et, dès décembre 1867, adresse au *Temps* un long communiqué – plaidoyer où il ergote sur les chiffres sur le thème bien connu : « Les erreurs de chiffres commises par le rédacteur du *Temps* ôtent toute portée à son argumentation [82]. » Pure coïncidence peut-être, c'est également en décembre 1867 qu'Haussmann rédige un mémoire à l'attention de l'empereur ; ce mémoire est à la fois une défense et un appel au secours financier pour le troisième réseau. L'État refuse en effet toute subvention et il n'est toujours pas question de majorer les impôts des Parisiens.

Les coûts ne sont plus maîtrisés, et ce, pour les raisons invoquées plus haut et parce que le troisième réseau est de loin le plus ambitieux. Au total, de 1853 à 1869, les grands travaux de Paris auront coûté un peu plus de deux milliards et demi de francs-or, alors que le budget annuel du pays s'élève à deux milliards. Sans entrer dans les détails comptables, donnons les quatre grands postes de dépenses : un milliard quatre cent mille pour la voirie ; près de sept cents millions pour les travaux divers et notamment les bâtiments ; un peu moins de quatre-vingt-dix millions pour les rachats de concession et trois cent cinquante millions pour le seul service de la dette. Comment ces deux milliards et demi ont-ils été financés ? Là aussi, quatre postes de ressources peuvent être distingués : un peu plus d'un milliard fournis par les excédents budgétaires de la ville (application du principe des dépenses productives cher à Haussmann et à Persigny) ; quatre-vingt-quinze millions de subventions du Budget de l'État ; trois cent soixante-cinq millions de revente de terrains expropriés et de matériaux de démolition ; le solde, c'est-à-dire près de un milliard deux cent mille francs, étant emprunté. Le baron, dans ses *Mémoires*, livre ces chiffres au centime près (et ce n'est pas une image)[83]. Et personne ne l'a jamais accusé de les avoir trafiqués. Alors, où sont les « comptes fantastiques » ? Ils sont dans la simple soustraction suivante : alors que les ressources tirées de la dette approchent les mille deux cents millions, les emprunts autorisés n'ont rapporté qu'un peu moins de quatre cent quatre-vingt-dix millions. D'où sont venus les sept cents millions manquants ? Essentiellement des bons de délégation, cet expédient inventé par Haussmann lorsqu'il se rendit compte que tout nouvel emprunt officiel lui serait refusé. Rappelons leur mécanisme : ces bons, à valoir sur les subventions dues par la ville aux entreprises concessionnaires mais payables sur huit ans, peuvent être escomptés c'est-à-dire transformés aussitôt en bel et bon argent. Le Crédit foncier s'offrait pour cet escompte, son gouverneur Frémy n'ayant rien à refuser à Haussmann, son vieux complice d'Auxerre et son voisin de Montboron. Ainsi, sans avoir à obtenir l'accord du parlement, s'ouvrait une nouvelle ligne de crédit pour financer la transformation de Paris. Le procédé, à la limite de la légalité, était trop pratique pour ne pas être utilisé à plein : en 1868, quatre cent soixante millions de bons étaient dans la nature, c'est-à-dire quatre cent soixante millions de dettes « en sourdine » pour la ville de Paris. Le Crédit foncier, qui a tiré plus de douze millions de francs de commission sur ces transformations, en détenait à lui seul près de quatre cents millions. La conclusion qu'en tire Jules Ferry est incontestable :

> Quand on a prouvé à M. le préfet de la Seine qu'il vit dans l'illégalité chronique, on ne lui a rien appris qu'il sache aussi bien que nous. M. le préfet viole la loi avec abandon, on peut même dire avec coquetterie. Il n'a pas le sens légal.

C'est vrai : sous l'emprise de sa passion, la transformation de Paris, Haussmann n'accepte plus aucune contrainte administrative ou juridique. Sa politique financière ? Jules Ferry conclut ainsi :

> C'est le vertige pris sur le fait. Le vertige est l'écueil des volontés solitaires, la leçon du pouvoir absolu[84].

L'opposition n'est pas seule à dénoncer cette dérive. Le pouvoir lui-même commence à s'alarmer de voir le préfet de la Seine se placer au-dessus des lois et contracter des dettes que, quel que soit leur nom, il faudra bien rembourser un jour. Sauf à laisser la ville de Paris faire banqueroute, ce qui est évidemment exclu : boulevards « stratégiques » ou non, la banqueroute de Paris entraînerait bien sûr la révolution. D'où le cruel dilemme devant lequel est placé le ministre des Finances Rouher : laisser faire Haussmann et risquer, à terme, la faillite ; l'arrêter, et risquer de fermer ces ateliers nationaux que constituent les grands travaux. Rouher opte pour la voie médiane : régulariser la gestion du préfet en lui demandant d'officialiser cette dette et de la consolider par un accord avec le Crédit foncier : le 8 novembre 1867, une convention – un « traité » dans le vocabulaire d'alors – transforme trois cent quatre-vingt-dix-huit millions de créances à court terme du Foncier sur Paris en une dette à long terme payable en soixante ans.

Mais, petit problème, cette convention exige, pour entrer en vigueur, un vote de la Chambre des députés. La commission d'élus chargée de préparer le projet de loi est si tatillonne que le gouvernement décide de reporter le débat début 1869. Il s'ouvre le 22 février et donne lieu à onze séances extrêmement animées où les « illustrations parlementaires » évoquées par feu le duc de Morny profiteront de l'affaire pour faire le procès public du tout-puissant préfet et du régime qui l'a cautionné.

> Les tribunes sont pleines ; sénateurs, conseillers d'État, jolies femmes, tout ce monde-là s'entassant, se pressant, s'écrasant [85].

On attend Thiers et l'on n'est pas déçu. Le politicien madré prend le relais du jeune avocat vosgien. Il reconnaît l'utilité de certains travaux : « tout est bon dans le premier réseau » ; mais condamne le troisième, avec des arguments d'un passéisme affligeant : pourquoi ouvrir la rue de Réaumur alors que « les hommes d'affaires vont de la Bourse aux boulevards et n'ont guère de motif pour aller directement à la rue de la Paix par la rue de Réaumur » ? Thiers, qui n'a pas oublié qu'Haussmann fut son fonctionnaire sous la monarchie de Juillet, rend hommage à ses qualités d'administrateur :

> Je n'ai contre M. le préfet de la Seine aucun sentiment d'animosité. Je l'ai toujours considéré comme un administrateur intelligent, actif, – trop actif peut-être – mais très capable. »

Mais c'est pour mieux dénoncer son pouvoir démesuré :

On appelle M. Rouher Vice-Empereur ; on le flatte : le Vice-Empereur, c'est le préfet de la Seine.

Et, déjà, deux ans avant la répression de la Commune, Thiers se pose en héraut de la propriété et de l'économie :

Je le dis très sincèrement, j'ai l'aversion de la dépense.

C'est toute la politique économique du Second Empire qui est mise en accusation, au-delà de l'action d'Haussmann.

Haussmann, dont la situation est terrible, ne perd rien de sa combativité.

M. Haussmann est stoïque ; il a fait un pacte avec le succès et les entreprises de démolition ; il ne reculera pas. C'est la volonté la plus ferme du régime ; il faut la subir ou la briser », écrit *Le Figaro* [86].

C'est du reste ce qui fait de lui la cible nécessaire pour les républicains. Tout est bon pour le briser. On parle, sans trop y croire, de démission :

Laissez dire, dit un responsable du Conseil d'État, M. Haussmann c'est le campanile de Pise, il penche toujours et ne tombe jamais [87].

Il se défend comme il peut en bombardant les journaux de « communiqués » rectificatifs, conscient de l'importance de la presse dans une bataille d'opinion. Son humour féroce ne l'a pas quitté : s'étant fait couper les favoris, il répond à une dame qui s'étonne de ce sacrifice :

Que voulez-vous, les Parisiens veulent tellement changer leur préfet que je change un peu moi-même [88].

Il est vrai qu'au Corps législatif, il ne peut guère compter sur ses amis politiques, soucieux de se faire réélire aux prochaines élections. Certains sont plus durs que Thiers lui-même et lui donnent le coup de pied de l'âne. Le baron Roulleaux-Dugage demande que « la Chambre manifeste, par un acte de volonté, qu'elle n'approuve aucune des irrégularités commises et qu'elle commande à tous le respect de la loi ». Un autre député de la majorité, Calley de Saint-Paul, demande, lui, que l'on dresse le bilan définitif de la folie

Haussmann. Bref, c'est la débâcle, et Rouher, qui représente le gouvernement, comprend qu'il lui faut se montrer plus souple s'il veut faire adopter le traité avec le Crédit Foncier. Comme le souligne Mme Baroche, « l'unique préoccupation du ministre est de dégager la responsabilité impériale derrière laquelle on a abrité l'administration de la ville [89] ». Que dit donc Rouher lors de la séance décisive du 26 février ? Qu'Haussmann a fait « une grande œuvre », a « fondé la grande cité, la cité reine » et qu'il faut lui pardonner « si une irrégularité de gestion a pu s'y mêler ». La défense est nuancée, si nuancée qu'elle rétrograde le puissant baron au rang de simple exécutant : rendre l'empereur responsable des questions de comptabilité serait, selon Rouher, « une erreur inadmissible. La responsabilité est ici plus circonscrite ; elle ne s'élève pas jusqu'en haut, elle se borne là à l'agent d'exécution ». On ne s'étonnera pas que le député Picard – « le loustic du Corps législatif », selon Haussmann –, qui poursuit le baron depuis des années, s'exclame :

> Il ne suffit pas d'abandonner les actes, il faut abandonner ceux qui les ont commis et, après un tel discours, M. Haussmann ne doit pas rester préfet [90].

Rouher promet le démantèlement du système haussmannien aux députés : plus de concessions à l'avenir, plus d'opérations d'escompte, plus de bons de délégation, « le projet de loi vous donne une garantie formelle ». Les députés de la majorité applaudissent et votent : le texte régularisant la gestion financière d'Haussmann et consolidant la dette flottante en emprunt à long terme est adopté par cent quatre-vingt-cinq voix contre quarante et une et trente-huit abstentions. Mais Haussmann, lui, est en morceaux. Émile Ollivier, dans ses mémoires, commente ainsi la situation : « Se couvrant des résistances de la majorité, Rouher se crut dispensé de tout ménagement et il l'égorgea. » Haussmann reste préfet, un « préfet constitutionnel », disent les plaisantins, car chacun comprend que l'ère des grands travaux est close. Il s'agit là d'un tournant aussi important pour le régime que pour le préfet, remarque justement Louis Girard :

> Ces grands travaux avaient constitué la raison d'être du régime. Paris était son enseigne. Haussmann à la préfecture sans travaux c'était inconcevable et pour l'empereur c'était un complet changement de cap : les élections de 1869 allaient le précipiter [91].

Haussmann est désormais en sursis, l'Empire également, mais tout le monde l'ignore encore.

Chapitre IX

TOUJOURS UN CŒUR DE JEUNE HOMME

(1870-1891)

> *Je suis ce jeune homme dont l'enveloppe s'est usée.*
>
> Antoine Blondin, *Monsieur Jadis*

Neuf mois, le temps d'un enfantement, mais qui, pour Haussmann sera celui du démantèlement de son système avant son éviction finale en janvier 1870. En apparence, le préfet de la Seine est sorti vainqueur du débat parlementaire de mars 1869 puisque le traité conclu entre la ville et le Crédit foncier transformant la dette flottante en emprunt à long terme a été voté. En fait, il est le grand vaincu d'un débat dont il sort amoindri et humilié. Il ne pardonne pas au ministre d'État Rouher, ferme soutien comme lui de l'Empire autoritaire, d'avoir mis en cause son intégrité en affectant de la défendre. Alors qu'aucun député n'attaquait personnellement le préfet sur ce point, le ministre a cru bon de lancer à la tribune :

> Moi aussi, j'ai entendu les bruits auxquels vous faites allusion ; je les ai poursuivis avec inquiétude ; j'ai voulu les découvrir, les saisir, en acquérir la preuve : je ne l'ai jamais pu [1].

Mais Georges Eugène, on le sait, est trop fier pour laisser deviner sa blessure. Devant les personnalités qui se pressent à l'Hôtel de Ville pour voir son air sous prétexte de le féliciter, il plastronne, comme le regrette Mme de Baroche :

> Nombre de personnages venaient témoigner toutes leurs sympathies à M. et Mme Haussmann. On entendit même M. Alfred Leroux dire à la

baronne en lui serrant la main : « Je viens vous faire mes condoléances pour les attaques dont vous êtes l'objet en ce moment. » Celle-ci d'ailleurs ne paraissait nullement inquiète et le préfet, ayant à son bras Mme de Metternich, était rayonnant [2].

Pourtant, jusqu'à son éviction finale en janvier 1870, il ne sera pas épargné. Il doit mener lui-même la liquidation de sa gestion, à commencer par la Caisse des travaux de Paris. Un décret du 19 avril 1869 en décide la fermeture au 1er janvier 1870. Il est sous la surveillance constante de l'Inspection des finances chargée par le gouvernement de mettre le nez dans ses comptes, à la vive irritation teintée d'amertume du préfet qui écrit au ministre de l'Intérieur :

Que le Corps législatif ait reçu à l'endroit de l'administration municipale de Paris des impressions défavorables, moins générales qu'on le suppose, c'est déjà fort regrettable. Mais du jour où le gouvernement marquerait par un acte ostensible qu'il les partage, la situation ne serait plus tenable [3].

Elle l'est d'ailleurs de moins en moins pour un préfet habitué à décider de tout et qui doit désormais composer, ce à quoi sa nature et son passé l'ont le moins formé. Ainsi en va-t-il du premier emprunt de deux cent soixante millions lancé en mai 1860 en application du traité avec le Foncier. Haussmann aurait souhaité s'adresser directement aux épargnants mais on lui objecte que le crédit de Paris est atteint par sa gestion passée et on lui impose de demander la garantie d'un syndicat bancaire mené par les Rothschild qui prennent leur revanche et éliminent les Pereire des affaires de la ville. La facilité avec laquelle l'emprunt est souscrit (cinq heures suffisent) montre que le préfet avait raison et que la ville aurait pu économiser les dix millions de commission bancaire. Mais tout est bon pour affaiblir le préfet et déséquilibrer sa gestion, jusqu'aux fausses rumeurs comme celle d'octobre 1869 annonçant sa disparition. Le 8 octobre 1869, un nommé Massicault, rédacteur au journal *La Gironde* de Bordeaux, alerte le ministère de l'Intérieur : « Le bruit court ici que le baron Haussmann est mort à Bordeaux à cinq heures d'une attaque d'apoplexie. Prière de nous répondre immédiatement [...]. En faisant diligence nous pourrons insérer la dépêche dans le numéro de ce soir. » Une dépêche télégraphique envoyée le lendemain au baron alors dans son château de Cestas par son gendre Edmond Dollfus donne la clé de l'affaire :

Bruit de votre mort répandu hier soir et surtout ce matin était une manœuvre pour faire baisser obligations ville. Ai pu la démentir avant la Bourse et rassurer tout le monde[4].

Haussmann est d'autant plus fragilisé que son protecteur de toujours, l'empereur, ne peut plus faire grand-chose pour lui. Le démantèlement du système haussmannien traduit celui du système napoléonien mis en place au lendemain du coup d'État du 2 décembre 1851. Malade de la pierre, assommé par des calmants à base d'opium, Napoléon III n'a plus qu'un souci : sauver la dynastie, assurer la couronne de son fils, quitte à jeter aux oubliettes l'Empire autoritaire et ses hommes et à donner le pouvoir à l'opposition, pourvu qu'elle soit dynastique et ne remette pas en cause la nature même du régime. Les élections de mai 1869 vont lui permettre de tenter la manœuvre : les partisans de l'Empire autoritaire ne comptent plus que quatre-vingt-douze députés, les républicains sont une trentaine avec Gambetta, l'arbitre de la situation étant le Tiers Parti d'Émile Ollivier qui « demande que le pays prenne plus efficacement la direction des affaires ». Paris, une fois de plus, a voté à gauche et a même battu Ollivier, élu parallèlement dans le Var. Haussmann ricane amèrement : « C'est bien fait. Cela apprendra à l'Empereur qu'il n'y a aucun ménagement à garder vis-à-vis de Paris[5]. » Plus sagement, Napoléon III tire la leçon des urnes : un ministère de transition remplace celui de Rouher en juillet ; en septembre, un sénatus-consulte accroît les pouvoirs du Corps législatif. L'Empire autoritaire laisse de plus en plus la place à l'Empire libéral, « l'Empire parlementaire », corrige avec mépris Haussmann dans ses *Mémoires*. En fait, le préfet de Paris prend de plus en plus l'allure d'un homme du passé, même si à l'automne on parle à nouveau de lui pour un ministère. Il se cabre face à l'évolution du régime et à l'ascension d'Ollivier, son ancien adversaire de Draguignan, et déclare même imprudemment à un conseiller d'État : « Si M. Émile Ollivier devient président du Conseil, je lui enverrai ma démission par télégraphe.[6] » Il faut dire qu'on peut difficilement imaginer personnalités plus opposées, sans que cela soit d'ailleurs forcément au détriment de Georges Eugène, comme le montrent ces deux portraits croisés dus à des contemporains. Le baron, c'est l'homme d'action, le volontaire, l'énergique, aux idées claires et lucides comme le rappelle Hübner, ambassadeur d'Autriche :

M. Haussmann est l'inspirateur et l'âme de toutes les constructions publiques contemporaines à Paris. Rien n'est intéressant comme de l'entendre exposer avec une extrême lucidité ses projets, la manière dont il les a conçus, les moyens qu'il emploie pour les réaliser. C'est un homme hors ligne dans sa sphère d'action et, selon moi, la plus grande figure que le Second Empire ait produite jusqu'ici [7].

Émile Ollivier, qui entend concilier l'Empire et l'idéal républicain, c'est au contraire l'intellectuel sentimental qui se grise de formules et ne se remettra du reste jamais de son fameux « j'accepte la guerre d'un cœur léger » prononcé lors de la déclaration de guerre à la Prusse. Portrait terrible de Maxime Du Camp :

> Ce n'était pas un méchant homme, non certes ; il était de bon vouloir, mais sa volonté s'appuyait sur les nuages d'une rhétorique admirable, qui n'était que de la rhétorique. Le malheureux [...] confondait la parole avec l'action et consciencieusement il s'imaginait avoir agi parce qu'il avait parlé. On subissait le charme qu'il subissait lui-même comme un chanteur qui s'émeut de sa propre voix [8].

Les deux hommes s'étaient affrontés dans le Var et, disons-le, Haussmann n'avait pas tenu le beau rôle. Ils se retrouvent aujourd'hui mais cette fois c'est lui qui va être la victime d'un Émile Ollivier devenu la dernière chance de l'Empire.

Les réformes libérales n'ont rien arrangé, la presse d'opposition est déchaînée, entraînée par un brûlot, *La Lanterne*, animé par un obscur employé de l'Hôtel de Ville que le préfet s'est toujours refusé à licencier malgré son mauvais esprit politique, Henri Rochefort, qu'Alphonse Daudet a visité dans son bureau de l'Hôtel de Ville :

> Il y perchait au dernier étage, sous les combles, dans un bureau perdu au bout d'un labyrinthe d'escaliers étroits et de corridors et là, préposé au matériel, il distribuait gravement, selon les demandes, le papier, les plumes, les crayons, les grattoirs, les coupe-papier, les carrés de gomme, les fioles de sandaraque, les encres bleues, les encres rouges, les sables dorés, les calendriers à images, que sais-je encore, les mille fournitures inutiles dont aiment s'entourer les plumitifs désœuvrés des grandes administrations [9].

Intermède heureux dans un automne politiquement si maussade : l'inauguration, en novembre, du canal de Suez en présence de l'impératrice Eugénie et de l'empereur François-Joseph. Ferdinand de Lesseps, surnommé alors « le Grand Français », a plus de chance qu'Haussmann : son œuvre est reconnue, fêtée tandis que celle du préfet de la Seine est vilipendée et que lui-même est devenu le bouc émissaire d'un régime agonisant.

Un départ en panache

À la fin de l'année, en effet, Napoléon III fait le saut définitif et écrit à Émile Ollivier pour lui demander de former un nouveau gouvernement (jusque-là seul l'Empereur désignait les ministres) :

> Je m'adresse avec confiance à votre patriotisme pour vous prier de me désigner les personnes qui peuvent former, avec vous, un cabinet homogène reflétant fidèlement la majorité du Corps législatif [10].

Le 2 janvier, le nouveau gouvernement est constitué, le sort du préfet de la Seine est scellé. Dès le lendemain, la prestation de serment à peine terminée, le cas Haussmann est mis sur la table du conseil des ministres par l'empereur lui-même, qui aurait évoqué d'entrée la situation de la ville de Paris et de son préfet :

> M. Haussmann qui m'a offert déjà deux fois sa démission dans le courant de 1869, me propose aujourd'hui de conserver ses fonctions tout le temps nécessaire pour apurer ses comptes et garder, jusqu'à la fin, la responsabilité de ses actes. Il me paraît urgent de statuer sur cette solution et, de toutes façons, une conférence dans laquelle le préfet de la Seine serait entendu par le Conseil pourrait éclairer le débat utilement [11].

Une telle proposition qui permettrait à Haussmann de plaider son dossier devant les ministres en présence de l'empereur ne convient pas au nouveau chef de gouvernement, jaloux de son autorité et légitimement soucieux de faire du neuf. En novembre 1869, Émile Ollivier écrivait à l'empereur : « Appelez à vous la jeunesse, elle seule peut sauver votre fils. » Haussmann, en poste depuis 1853, symbole même de l'Empire autoritaire, doit être sacrifié et on imagine mal Ollivier accepter cette forte personnalité, aux antipodes de la sienne, venir parler directement à ses ministres et peut-être les convaincre. Même si, dans ses *Mémoires*, Ollivier, toujours soucieux de se donner le beau rôle, écrira :

> L'Empereur eût voulu le conserver. Je répugnais moi-même à écarter des affaires un homme d'une telle supériorité administrative. Mais le maintenir était de toute impossibilité. Son administration, à laquelle on ne rendait pas encore justice, avait excité trop de clameurs [12].

Notons qu'Ollivier, le bon apôtre, parle à une autre page « des airs de laquais de bonne maison » d'Hauss-mann. Sacrifié, Georges Eugène ne jouera pas le bourgeois de Calais et ne se mettra pas lui-même la corde au cou. Le sentimental Ollivier devra l'exécuter. Napoléon III, qui n'a pas la conscience tout à fait tranquille d'abandonner son vieux compagnon, cherche à arrondir les angles et écrit une lettre personnelle à l'ombrageux baron pour le convaincre de démissionner de lui-même. Mais pour une fois, Haussmann désobéit à son empereur et ne tente même pas de monnayer son retrait contre une faveur ou un autre poste prestigieux et rémunérateur. C'est ainsi que Rouher, quelques mois plus tôt, avait obtenu la retraite dorée de la présidence du Sénat. Notre fier Alsacien ne mange pas de ce pain-là. Il a donné sa vie à la transformation de Paris, il ne va pas en partir en catimini, presque honteusement. Sa réponse au prince est une leçon de dignité, qui dit en substance :

> Je refuse de donner ma démission, je ne veux pas avoir l'air d'éluder les difficultés de la dernière heure. Je veux rendre mes comptes, liquider la dette de la ville et sortir par la grande porte, en remettant à mon successeur mon administration en bon état […]. Je veux toute la responsabilité de ce que j'ai fait, c'est pourquoi je demande qu'on m'entende avant de prendre une résolution dont je laisse la responsabilité à ceux qui l'auront adoptée si légèrement […]. Je prie, en conséquence, Votre Majesté, d'empêcher qu'on fasse suivre mon nom au *Journal officiel* de la formule ordinaire, ni même qu'on mette que je fais valoir mes droits à la retraite [13].

En conséquence, le *Journal officiel* du 6 janvier annonce la révocation de huit préfets dont celui de la Seine, « relevé de ses fonctions ». Mais Émile Ollivier n'en a pas encore tout à fait fini avec l'indestructible préfet qui, le lendemain, voit longuement en tête à tête l'empereur pour refuser toute compensation et reçoit l'hommage appuyé du conseil municipal et du Tout-Paris. Les conseillers municipaux qu'Haussmann avait menés à la baguette ne songent pas à se venger ; à l'annonce de la révocation, ils se rendent en collège auprès d'Haussmann afin de « témoigner de leur profonde sympathie pour l'administrateur éminent auquel ils s'honorent d'avoir donné leur concours pendant un aussi grand nombre d'années, pour l'œuvre de transformation de Paris et dont ils ont eu si souvent l'occasion d'apprécier la haute intelligence et l'infatigable activité ». L'hommage passe pour d'autant plus sincère qu'il est désintéressé, voire dangereux, vu le nouveau cours des choses. Georges Eugène a la larme à l'œil pour remercier et conseiller à tous de rester à leur poste :

> Souvent, à la dernière heure de la bataille, le général tombe frappé à mort ! L'armée ne s'arrête pas ; elle serre les rangs ; elle achève la vic-

toire et ne revient à son mort que pour l'ensevelir dans les plis du drapeau triomphant…

Et il conclut :

Ce qui me console, après tant d'efforts, c'est de tomber avec la pleine confiance de l'Empereur ; avec l'estime de vous tous ici présents, qui m'avez vu à l'œuvre. cette satisfaction suffit à me faire oublier bien des outrages [14].

Toute la soirée, des files d'admirateurs viennent à l'Hôtel de Ville inscrire leurs noms sur quatre registres ouverts à cet effet. Secrétaire de préfecture à Poitiers, sous-préfet à Blaye, préfet à Bordeaux, Georges Eugène, on l'a vu, a toujours manifesté un sens inné de la mise en scène, en général au service de ses supérieurs. Mais cette fois, pour son départ, c'est pour son propre compte qu'Haussmann organise un spectacle haut en couleurs dans les rues de la capitale. Haussmann révoqué mais pas encore parti de l'Hôtel de Ville a intercepté une lettre du nouveau ministre de l'Intérieur Chevandier de Valdrôme informant le « préfet de la Seine » qu'il serait reçu avec son état-major au ministère le samedi matin 10 janvier. Son successeur n'étant pas encore arrivé de Lyon, Haussmann décide d'honorer personnellement l'invitation (il en informe tout de même le ministre) et, le jour dit, les Parisiens habitant entre l'Hôtel de Ville et la place Beauvau assistent à une extraordinaire parade :

Je partis donc, en grand uniforme, à l'heure dite, à la tête de mon cortège de voitures dorées de la ville, à cochers et valets de pied galonnés sur toutes les coutures, escorté par un escadron de la Garde de Paris en grande tenue, et notre arrivée à l'hôtel de la Place Beauvau fit quelques rumeurs. Suivi de mon personnel, je traversai les premiers salons, remplis d'une foule qui s'ouvrit devant moi, comme elle eût pu faire devant le spectre de Banco […]. Le ministre était entouré de son propre état-major, également en grand uniforme, ainsi que lui. Sans me presser, je fis ranger le mien en demi-cercle de l'autre côté de la pièce et, me plaçant au centre, je saluai M. Chevandier et lui dis : « J'ai l'honneur de présenter à votre Excellence le personnel administratif de la préfecture de la Seine. Profondément dévoué à l'Empereur, ce personnel d'élite a, par dessus tout, l'ambition de servir utilement Sa Majesté. Son ancien chef, qui se plaît à lui rendre ce témoignage, a voulu, jusqu'au bout, lui donner l'exemple de l'accomplissement du devoir [15]. »

Interloqué, le ministre de l'Intérieur d'Émile Ollivier croit s'en tirer par quelques banalités sur la dureté des nécessités politiques et le regret d'avoir à se séparer d'un tel fonctionnaire mais c'est mal connaître Haussmann qui a préparé son estocade et rappelle ses liens passés avec le père du ministre au temps de la monarchie de Juillet :

> Je me sens d'autant plus flatté de cette appréciation de ma carrière, et particulièrement de mon œuvre parisienne, que je ne l'attendais pas, je l'avoue, de votre part. Je suis entré dans l'Administration sous le ministère de l'illustre Casimir Perier, en 1831. Votre vénéré père était alors un de mes garants. Je me trouve on ne peut plus heureux de ce qu'après trente-huit ans, son fils veuille bien reconnaître publiquement que je n'ai pas compromis cette honorable recommandation [16].

Haussmann, pas mécontent du bon tour joué à la nouvelle équipe gouvernementale, conclut : « Tableau ! Nouveau salut. Je fais un geste à ma troupe et me retire, suivi d'elle [17]. » Paris a perdu son patron. La presse commente abondamment ce limogeage qui illustre l'autorité du gouvernement Ollivier et donc le virage parlementaire du régime. Certains journaux, comme *La Marseillaise* et *Le Réveil,* demandent la mise en accusation d'Haussmann mais la plupart saluent l'œuvre accomplie. « L'histoire ne croira pas que l'auteur de la transformation de Paris ait été révoqué », s'exclame Émile de Girardin dans *La Liberté*. *Le Figaro* salue en lui « un des hommes les plus considérables de notre époque », tandis que *Le Gaulois* commente avec humour :

> C'est peut-être le moment de préparer une petite apothéose à M. Haussmann. En somme, il y a cette différence entre lui et beaucoup d'administrateurs qu'il reste au moins quelque chose des deniers des contribuables. Une ville assainie et des voies assez larges pour que deux myopes ne s'aperçoivent pas d'un trottoir à l'autre [18].

Sénateur patriote

Haussmann, lui, quitte aussitôt Paris. Curieusement, il ne se réfugie pas dans le Bordelais où Octavie a hérité de ses parents l'élégant château de Cestas. Veut-il éviter les sarcasmes d'une bourgeoisie bordelaise qui l'a si souvent critiqué ? Souhaite-t-il profiter de la douceur du climat de la Côte d'Azur ? Il gagne sa villa du Montboron tout juste restaurée où il retrouve son voisin et ami Frémy du Crédit foncier. Les deux hommes, qui ont livré la même bataille contre Ferry et les parlementaires de gauche, peuvent ressasser leurs souvenirs et leur rancœur lors de longues excursions alpestres où les croise une relation de Mme Baroche :

> Le baron coiffé du chapeau niçois, vêtu d'un paletot gris perle, trébuchait à chaque pas dans les sentiers rocailleux du Montboron ; la plante de ses pieds n'est pas encore déshabituée des parquets miroitants ou des moelleux tapis de l'Hôtel de ville [19].

On peut mesurer son amertume au fait qu'il évite soigneusement la haute bourgeoisie niçoise, vit comme un ermite dans sa villa au fronton de laquelle il a subitement fait gratter ses armoiries. Vanité des titres et des honneurs ? Sans doute, mais ce à quoi il tient pardessus tout, c'est à son œuvre : *Le Figaro* ayant critiqué les travaux de la rive gauche, il envoie le 17 mars à son directeur Villemessant une longue lettre apologétique qui fait d'ailleurs un peu froid dans le dos ; il y confirme que, s'il était resté aux affaires, il aurait prolongé la rue de Rennes « de la place Saint-Germain-des-Prés jusqu'au pont et aux guichets du Carrousel », quitte à raser les hôtels de la rue des Saint-Pères et des alentours [20]. Sa retraite niçoise durera quatre mois, jusqu'à ce que les événements politiques rappellent dans la capitale celui qui est toujours sénateur. Haussmann, en fait, n'a pas cessé de suivre l'actualité politique, l'agitation provoquée à Paris par l'assassinat du journaliste Victor Noir par Pierre Bonaparte et la nouvelle libéralisation du régime décidée par le sénatus-consulte du 20 avril. Toujours aussi antiparlementaire, il prend la liberté d'écrire à l'empereur pour contester cette orientation libérale. Ce dernier n'en a cure et décide au contraire de soumettre à un plébiscite « les réformes libérales et le sénatus-consulte ». C'est un coup de maître : une très large majorité de oui semble fonder l'Empire une seconde fois. Napoléon III rayonne devant le Corps législatif : « Nous pouvons maintenant envisager l'avenir sans crainte. » Émile Ollivier essuie une larme en évoquant l'empereur : « Nous lui ferons une vieillesse heureuse » ; Gambetta se désespère : « L'Empire est plus fort que jamais » et Haussmann grogne. Lors de la grande cérémonie organisée au Louvre le 21 mai pour la proclamation officielle du résultat du plébiscite, des témoins observent la grimace qu'il ne peut réprimer lorsque, vantant les réformes libérales, l'empereur exprime « sa confiance dans la sagesse du peuple français » :

> Son menton s'était avancé considérablement, ses lèvres se remuaient comme sous une poussée de moue, accompagnant des hochements de tête significatifs [21].

D'ailleurs, il aura bientôt l'occasion d'en parler directement avec le prince : assistant « en simple curieux » au grand prix de Longchamp du 12 juin, il est aperçu par l'empereur qui le fait monter dans la tribune officielle et le convie à déjeuner le lendemain à Saint-Cloud, là même où il avait déjeuné pour la première fois dix-sept ans plus tôt lors de sa nomination à Paris. Le récit de l'entretien qui suivit le déjeuner est un des passages les plus contestés des *Mémoires* d'Haussmann puisqu'il fut même démenti par l'impératrice après sa publication. À en croire le baron, l'empereur lui aurait confié ni plus ni moins que son intention de changer à nouveau radicalement de ligne politique et de « remplacer l'Empire libéral parlementaire par l'Empire libéral autoritaire » ; bref de s'asseoir sur les réformes approuvées par le récent plébiscite et de remplacer les « incapacités » alors au gouvernement par une nouvelle équipe menée par Haussmann en personne. Sans doute pour crédibiliser son récit, Haussmann prend bien soin de le situer très exactement « sur le second banc de l'allée de marronniers, à gauche, qui surplombait en terrasse le bas parc ». Il n'empêche, un tel revirement impérial est difficile à croire ; non parce que Napoléon III aurait été incapable d'une telle duplicité mais parce qu'il n'aurait pas eu les moyens de déclencher alors ce nouveau coup d'État et qu'il le savait. Pour une fois, Georges Eugène prend ses désirs pour des réalités et complète probablement à sa manière des phrases que l'empereur a volontiers laissées en suspens. Plus tard, après la parution des *Mémoires* du baron, Émile Ollivier, persuadé que « ce récit est une imposture », s'adressera à l'impératrice par le truchement du secrétaire de cette dernière, Piétri. Réponse d'Eugénie transmise à Ollivier par Piétri :

> L'extrait des *Mémoires* que M. Ollivier vous a envoyé est aussi peu exact que la partie dans laquelle il est dit que j'étais la filleule du prince Eugène. C'est absurde ! L'Empereur a toujours été loyal et de bonne foi. Quant à moi, je ne me souviens pas d'avoir vu M. Haussmann et je n'ai ni pensé, ni aidé à renverser des ministères [22].

En tout cas, la conversation du « second banc à gauche » n'eut aucune suite et c'est en sénateur de base qu'Haussmann participe aux débats de la chambre haute et présente en juillet un banal rapport sur les conseillers généraux. En août cependant, à en croire les souvenirs de son ennemi Ollivier, on songe un moment à lui mais comme simple ministre du gouvernement Palikao qui remplace Ollivier, lequel, le 19 juillet, a si légèrement engagé la France dans la guerre contre la Prusse :

Une seule combinaison était pratique, prévoyante, efficace : c'était un ministère vigoureux, composé, Rouher à part, des dévoués de la première heure dont on n'avait à craindre ni désertion, ni pusillanimité. Ces hommes étaient là, prêts à se donner : Cassagnac, Persigny, Haussmann, Pinard, Forcade. [Le ministère] aurait pris les mesures nécessaires, renvoyé le parlement, mis la main sur les conspirateurs, supprimé les journaux révolutionnaires, écrasé la révolution. Mais comment attendre cette lucidité courageuse de pauvres cerveaux [la droite] ? Ils ne s'adressèrent qu'à Haussmann et il répondit qu'il n'accepterait qu'à la condition que l'Empereur rentrerait à Paris. L'Impératrice étant de plus en plus contraire à l'idée de ce retour, Haussmann fut écarté [23].

Un gouvernement Haussmann aurait-il décrété la « défense nationale » comme bientôt Gambetta ? C'est probable, à en croire son intervention à la tribune du Sénat le 3 septembre ; dénonçant la rapidité avec laquelle le maire de Châlons-sur-Marne a ouvert sa ville aux troupes ennemies, le grand baron retrouve les accents de ses aïeux conventionnels commissaires aux armées et appelle à la levée en masse :

Si les armées prussiennes avaient trouvé devant elles toutes les routes, tous les chemins coupés par des tranchées, encombrés par des abattis d'arbres, les forêts, dont elles aiment se protéger, obstruées par zones profondes, au moyen de massifs de bois couchés en travers, les rues des villes, des bourgs, des villages, barricadées, les maisons fermées et tous les habitants valides armés de fusils de chasse, à défaut d'autres, pour défendre pied à pied le sol national, leur marche eût été retardée par ce soulèvement du pays en masse [24].

Lorsqu'il prononce cette envolée patriotique, le baron ne sait pas que l'armée française a capitulé l'avant-veille à Sedan et que l'empereur prisonnier gagne à petites étapes son château-prison de Wilhemshöhe près de Cassel où, un jour, enfant, il était venu rendre visite à son oncle Jérôme Bonaparte, roi de Westphalie. L'impératrice et quelques ministres ont été informés par une dépêche chiffrée et l'ont tenue secrète pour éviter une révolution. Mais, dans la soirée du 3, la rumeur court, alimentée par des voyageurs arrivant de Belgique, et, le dimanche matin 4 septembre, Paris est sous le choc. Tout se passe très vite : la foule envahit le palais Bourbon et l'Hôtel de Ville ; la République est proclamée ; l'impératrice, menacée dans les Tuileries, quitte le palais avec l'aide des ambassadeurs d'Autriche et d'Italie puis le pays avec celle de son dentiste américain, le docteur Evans ; pendant ce temps, oublié de la foule, le Sénat, dernier bastion de l'Empire autoritaire, délibère sans objet.

Les comptes rendus de séance font état d'un débat confus entre quelques sénateurs dont Haussmann. Finalement, les sénateurs se séparent à trois heures et demie de l'après-midi en décidant de se réunir normalement le lendemain. Mais dans la soirée, un groupe de républicains met les scellés sur le palais du Luxembourg. Le sénat d'Empire a vécu ; Georges Eugène Haussmann n'est plus qu'un fonctionnaire en retraite. Il lui reste à quitter Paris, comme les autres grands dignitaires du régime, Rouher, Baroche, le prince Napoléon… qui vont tous se mettre à l'abri à l'étranger.

Oubliant le palais du Luxembourg, la révolution du 4 septembre s'est concentrée sur le haut lieu du pouvoir populaire à Paris : l'Hôtel de Ville. C'est là que, dans l'après-midi la foule se rassemble et « porte Rochefort, ceint d'une écharpe rouge jusque dans l'ancien cabinet d'Haussmann ». Quelques vandales brisent des bustes, crèvent un portrait de Napoléon III par Vernet mais les leaders républicains prennent le contrôle de la situation. Dans la soirée, Gambetta annonce la composition du gouvernement provisoire depuis le grand balcon, puis l'édifice, symbole du pouvoir populaire, est remis au nouveau maire de Paris nommé par acclamation de la foule, Étienne Arago. Celui-là même qui, quarante ans plus tôt, y entrait déjà, en armes, et en compagnie d'un jeune insurgé de vingt et un ans, Georges Eugène Haussmann. Plus tard, avant de mourir, Arago brûlera le manuscrit de ses *Mémoires*, on ne connaîtra donc jamais les sentiments qu'il éprouva, les souvenirs qui lui revinrent à l'esprit lorsque, ce 4 septembre, il s'assit dans le fauteuil de son ancien compagnon de combat à qui il avait donné un fusil du Vaudeville. Vite destitué, Arago sera en mission diplomatique en Italie lorsque, le 24 mai 1871, une unité de fédérés, le 174e bataillon, installera dans la galerie des fêtes de l'Hôtel de Ville des tonneaux de pétrole ou de poudre et répandra de l'huile sur les planchers. À dix heures du matin, à l'arrivée des premiers soldats versaillais, les bonbonnes de pétrole sont éventrées et incendiées. « Nous venons d'allumer le château Haussmann », rient les fédérés, en se retirant par les quais. Trois jours plus tard, Ludovic Halévy débouche du pont Notre-Dame :

> Nous voici devant l'Hôtel de ville. Quelle effrayante et admirable ruine ; on ne devrait pas toucher à ces murs déchiquetés et calcinés par l'incendie. On devrait les laisser là, toujours en plein cœur de Paris, comme une éternelle leçon, en témoignage de nos fautes, de nos discordes, de nos folies. À l'intérieur, les grandes charpentes brûlent et fument encore. Tout autour de la place, de grandes barricades effondrées, éventrées. Une clôture de planches entourait l'Hôtel de ville ; sur

une de ces planches se trouvait une affiche trouée et rongée par le feu. C'est la dernière proclamation de la Commune, elle porte le n° 395 [25]...

Les historiens écriront que les boulevards stratégiques d'Haussmann n'auront pas empêché les combats de la Commune, mais peut-être aussi ont-ils facilité la reprise de la ville par les Versaillais de Thiers. D'autres, comme Jeanne Gaillard, voient dans ces événements une réappropriation populaire du centre de la capitale :

> Sitôt l'Empire tombé, les Parisiens de la périphérie descendent vers l'Hôtel de ville ; la reconquête d'un centre dont ils ont été chassés par les travaux n'est pas leur objectif le plus important, mais il est incontestable qu'ils poursuivent par-delà la reconquête d'une personnalité niée par l'Empire et dont les vieux quartiers de l'ancien Paris sont à la fois le lieu et le symbole [26].

Plus synthétique, Walter Benjamin tranche : « L'incendie de Paris est le digne achèvement de l'œuvre de destruction du baron Haussmann. [27] »

La fugue italienne

Mais alors que brûlent l'Hôtel de Ville, les Tuileries, le ministère des Finances, le Conseil d'État ou la manufacture des Gobelins ; alors que, dès juin 1871, les étrangers affluent dans la capitale en consultant des yeux le *Guide de l'étranger à travers les ruines*, antithèse directe du *Guide de Paris* de 1867, Georges Eugène visite l'Italie. D'abord, il s'est réfugié en famille en Gironde, mais la population n'est pas très accueillante pour l'ancien haut dignitaire d'un régime qui a conduit la France à la défaite et à l'invasion. Des cris hostiles sont lancés sous ses fenêtres et le préfet de Bordeaux télégraphie à son ministre :

> Haussmann est à Bordeaux. Très grande émotion. Le peuple demande son arrestation, nos amis emploient toutefois toute leur influence pour modérer la population. Faut-il le faire arrêter ? Instructions immédiates [28].

Le ministre a d'autres chats à fouetter et les instructions tardent. Haussmann comprend qu'il est préférable de s'éclipser. Mais où ? Dans sa propriété de Houeillès dans le Lot-et-Garonne occupée par sa fille Henriette et son gendre Dollfus devenu un notable local et élu conseiller général puis député ? L'endroit n'est pas plus sûr et Henriette n'est pas très rassurée. Le 24 novembre, elle écrit :

> J'ai bien peur que nous ne fassions le coup de fusil pour notre propre compte. Dans nos campagnes, les paysans et les Messieurs rouges ne s'occupent qu'à accaparer les places de toute espèce [...]. On ne nous a pas pillés, c'est encore quelque chose, ce n'est pas l'envie qui leur a manqué, mais ces quelques fusils que l'on sait tout prêts à les recevoir, leur ont donné à réfléchir. Nous nous tenons tranquilles le plus possible. Le mieux est de ne pas faire parler de soi [29].

Accueillir un père aussi voyant paraît pour le moins problématique. Haussmann décide donc de s'exiler momentanément, cachant son identité sous le faux nom d'un passeport diplomatique fourni par l'ambassadeur d'Italie Nigra, le même qui a facilité la fuite de l'impératrice. Mais avant de gagner Florence, il fait étape au Montboron pour y déposer les enfants de... Francine Cellier. Car M. le baron ne part pas seul au pays où fleurissent les citronniers : alors qu'Octavie reste garder le château en Gironde, il s'offre à soixante et un ans un voyage en amoureux avec son ancienne maîtresse. Le geste est d'autant plus lourd de sens que l'ancien préfet de Napoléon III ne sait pas quand et si il pourra revenir d'un voyage qui pourrait bien se muer en exil. Après Florence, il gagne Rome où il passe Noël, et cet amoureux de l'architecture romaine et de ses grands travaux ne manque pas de visiter Pompéi. À cette occasion, la vieille Rome des papes a probablement échappé alors au plus grand danger de son histoire : un financier italien propose à Haussmann de prendre la présidence d'une « grande société pour transformer Rome à l'instar de Paris ». Haussmann décline la proposition tout en promettant son aide :

> Je lui promis d'indiquer sur un plan de la Ville Éternelle, dont j'avais étudié curieusement toutes les parties, ceux des percements praticables à travers le réseau des voies étroites, tortueuses, couvrant son sol tourmenté, qui me paraissaient pouvoir améliorer le plus opportunément la circulation [30].

On tremble a posteriori mais la confidence fait sourire : Haussmann ne peut plus visiter une ville sans la redessiner dans sa tête.

Le motif avancé par le baron pour récuser l'offre italienne est son manque de capitaux qui lui interdirait d'investir personnellement dans la société projetée. Dans ses *Mémoires*, il insiste à maintes reprises sur ses difficultés financières l'obligeant à chercher un travail. Certes il faut lire dans cette insistance le légitime souci de cet homme fier de récuser les accusations de corruption et d'enrichissement frauduleux. Haussmann au début des années 1870 n'est pas dans la misère. Avec sa villa de Montboron, son domaine d'Houeillès et le château de Cestas « entouré des plus beaux bois et pacages des environs de Bordeaux et possédant un cru de vins estimés parmi ceux des Graves rouges dont Haut-Brion est le type [31] ». Cestas vient de ses beaux-parents mais Georges Eugène y a œuvré « sa vie durant ». Le 4 septembre 1864, Octavie a rédigé un testament en sa faveur sous ces simples mots émouvants :

> Je considère comme un devoir de témoigner à mon mari la reconnaissance que je ressens non seulement pour la situation générale qu'il a su conquérir à force de travail et dont je partage avec lui l'honneur et les avantages mais encore pour l'accroissement de notre fortune qui a été le fruit de sa vie laborieuse [32].

Malheureusement, Cestas n'est pas véritablement une source de revenus : une série de mauvaises années, marquées par des intempéries diverses, l'ont frappé comme l'ensemble du vignoble bordelais. Qui plus est, Haussmann y a entrepris de gros travaux d'aménagement, faisant transformer par Baltard la vieille chartreuse en un élégant château. Bref, en termes de revenu net, le beau domaine de Cestas est déficitaire lorsque Haussmann est contraint à la retraite. Houeillès, dans les landes du Lot-et-Garonne, ne peut davantage l'aider. Sur les conseils de son ami Émile Pereire, le préfet de la Seine y a fait mener d'importants travaux d'assainissement et de plantations de pins qui coûtent avant de dégager le moindre revenu. De plus, la propriété a été pour une grande part léguée à sa fille Henriette qui, dans la lettre citée précédemment, ajoutait :

> La misère va être affreuse, les métayers n'ont pas de seigle ou de grains pour leur volaille. Je ne sais comment ils vont passer l'hiver. Pour notre compte, nous allons avoir une soixantaine de familles sur les bras qu'il faudra nourrir tant bien que mal [33].

Pour dire vrai, il n'est pas certain que le sous-préfet Haussmann ait réalisé la meilleure affaire de sa vie en commençant à acheter ces landes dans les années 1830. Il paraît avéré qu'Haussmann, l'homme qui a brassé des milliards pour la ville, l'homme qui gagnait et dépensait chaque année quatre cent cinquante mille francs, n'a jamais été un homme d'argent. Après son départ de la préfecture de la Seine, il se trouve dans la situation aussi paradoxale que courante à l'époque d'un grand bourgeois qui a du bien mais manque de revenus, ce qui logiquement doit le conduire à une paupérisation progressive.

Besoins d'argent

Il faut dire qu'il a mal géré son départ de la préfecture de la Seine. Il découvre d'abord que ses frais de représentation (non compris les grandes réceptions de prestige qui sont financées au coup par coup sur crédits spéciaux) sont déficitaires de trois cent mille francs. Les « samedis de l'Hôtel de Ville » au cours desquels il recevait le Tout-Paris autour d'un musicien ou d'une chanteuse ont coûté beaucoup plus cher que prévu. Il doit emprunter la somme pour rembourser la ville avant de quitter son poste. L'empereur, alerté, lui a bien proposé une forte dotation couvrant ce débours et au-delà mais l'orgueilleux préfet refuse, se contentant de sa dotation sénatoriale (trente mille francs par an) ; de la promesse d'une retraite spéciale de haut fonctionnaire (vingt mille francs) et d'un complément de pension que l'empereur s'engageait à demander à la ville de Paris. Malheureusement, ce beau montage s'effondre bien vite. Le 9 mars 1870, le Bulletin des lois n° 1555 annonce « une pension de six mille francs avec jouissance au 11 janvier 1870 » pour « M. Haussmann (Georges Eugène) ancien préfet de la Seine, 38 ans 7 mois de service[34]. » Exactement le barème officiel, pas un sou de plus pour l'homme qui a fait gagner des milliards à la ville, aux entreprises, aux propriétaires et aux locataires. De la pension exceptionnelle, pas un mot ; Haussmann regrette plus que jamais de n'avoir pas été nommé ministre de Paris et commente laconiquement : « Je gardai [à l'administration] une gratitude proportionnée à cette marque de munificence à mon égard[35]. » Quelques mois plus tard, la chute de l'Empire fait de ces six mille francs un maximum définitif : la dotation du Sénat disparaît avec l'Empire et il n'est plus question d'espérer de la ville, sur pression de l'empereur, une retraite complémentaire. Un des hommes les plus accusés de concussions part en retraite avec six mille francs par an. Il lui faut travailler. En 1890, peu avant sa mort, il écrira encore :

> Depuis bientôt vingt ans, au lieu de jouir en paix du repos dont le droit ne saurait m'être contesté par personne, il me faut soutenir journellement « la lutte pour la vie », bien rude à quatre-vingts ans passés[36].

Bien entendu, le baron n'assimile pas sa lutte à celle des classes pauvres et ne manque pas de relativiser son cas. S'il est à court d'argent c'est parce que ses fonctions passées lui imposent des obligations sociales et lui ont donné, à lui et à ses proches, de fâcheuses habitudes dépensières :

> On prend vite les habitudes de vie large et facile des personnes du monde avec lequel on est en constants rapports ; car elles s'imposent à vous et aux vôtres, que vous le vouliez ou non. [...] Et nos filles ? Élevées aussi bien que nous le pouvions, auprès de nous, dans ce milieu si brillant, si mouvementé, y puisaient-elles uniquement des goûts d'intérieur et d'économie [37] ?

Il lui faut donc travailler s'il veut mener une vie telle que, selon lui, elle mérite d'être vécue : une vie de grand bourgeois considéré et influent qui, au moment des vendanges, peut inviter ses amis dans son château de Cestas et y tenir table ouverte, comme il l'a vu faire par les grands propriétaires bordelais lorsqu'il était sous-préfet à Blaye. C'est ainsi qu'il passe au moins une partie de l'année dans sa demeure du Médoc restaurée par Baltard et richement meublée. Lors des travaux de rénovation, il a fait graver ses armes au-dessus de la porte et son jardinier élabore pour lui un massif de fleurs représentant le dessin de la Légion d'honneur. Haussmann, qui a la chance d'être exempt des infirmités de l'âge, aime faire la navette entre Bordeaux et Paris, en train bien sûr. S'il possède une voiture à ses armes à Cestas, à Paris il se déplace en fiacre : l'entretien d'une voiture, du cheval et du cocher serait au-dessus de ses moyens actuels.

Mais que faire quand on a plus de soixante ans et qu'on a été fonctionnaire toute sa vie ? Il y a bien une curieuse proposition qui vient d'Allemagne : Bismarck, qui apprécie beaucoup Haussmann, lui propose de venir appliquer son talent d'urbaniste à Berlin en tant qu'Alsacien de souche. Cette offre indigne le patriote Haussmann : parce qu'on a un nom à consonances germaniques, doit-on être considéré comme allemand ? Restent bien sûr les affaires, même si un ami l'a jadis prévenu lorsque, préfet de la Seine, il n'était pas assez complaisant avec les grands financiers :

> Mon bon ami, vous n'êtes qu'un imbécile. Personne au monde ne vous saura gré de ce désintéressement chevaleresque. On n'y croira même pas et si, plus tard, vous aviez besoin d'appuis, on ne vous en tiendra nul compte. Au contraire : on n'aime pas, en général, dans les milieux financiers, les hommes tels que vous [38]. »

Un de ces financiers néanmoins sera fidèle : rentré à Paris qui a retrouvé son calme, Haussmann est nommé en septembre 1871 directeur du Crédit mobilier, la banque des Pereire créée en 1852 et symbole de la finance moderne. Ce n'est pas une sinécure car, depuis plusieurs années, la banque saint-simonienne se porte assez mal et Haussmann va y être chargé d'une mission conforme à ses capacités : reconstruire un quartier de Constantinople ravagé par un incendie un an plus tôt. En février 1873, M. le directeur s'embarque pour le Bosphore où il est hébergé dans un palais par son vieil ami de 1867, Ismaïl Pacha, vice-roi d'Égypte. Comme à Paris, comme à Rome, Haussmann redessine déjà l'antique cité et fonde, pour financer les travaux, une filiale du Crédit mobilier, la Société de finances et de travaux publics de l'Empire ottoman, dont il prend la direction. Le nom est clinquant et le poste flatteur mais l'argent manque et le projet de reconstruction s'enlise dans les arcanes de l'administration et du pouvoir ottomans. Après trois mois de tractations orientales sans résultats concrets, Haussmann revient en France. Ses jours sont comptés au Crédit mobilier qu'il quitte un peu plus tard. Jeune, Georges Eugène n'avait aucune indulgence pour les activités d'inventeur de son père et ses échecs financiers successifs. À la retraite, il retrouve curieusement le même destin et les mêmes échecs : il étudie même avec la Compagnie des forges et chantiers de la Méditerranée un type spécial de navire pour la navigation fluviale – sans résultats – ou, émule de son ami Lesseps, propose l'ouverture d'un canal reliant Le Havre et Tancarville, première étape d'une liaison Manche-Méditerranée qui prolongerait vers le Nord la navigation de Suez. Tous ces projets avortés ne nourrissent pas leur homme : Haussmann est rapidement amené à hypothéquer sa chère villa de Montboron qu'il finira par vendre en 1881 à la princesse Kotschoubey, mais à perte. Seul poste où l'ancien préfet de la Seine dure et réussit : la Compagnie des entrepôts et magasins généraux dont il prend la présidence en 1874. L'entreprise, créée sous le Second Empire, a beaucoup souffert de la Commune qui a incendié ses stocks mais Haussmann la redresse. Plus contestées, en revanche, sont les sociétés financières qu'il crée avec son gendre Dollfus, le « Comptoir foncier » et la « Rente foncière », sociétés gigognes intéressées à l'aménagement des alentours de la gare du Nord et du quartier Marbeuf. Le montage, à la limite de la légalité et exploitant le nom de l'ancien préfet pour attirer les épargnants, fonctionne si mal que finalement le Crédit foncier décide de reprendre l'affaire, mais à la condition expresse du départ d'Haussmann, en septembre 1884. Ce bouquet d'activités et d'initiatives illustre l'étonnante vitalité de l'homme, mais révèle surtout ses difficultés à retrouver un rôle, une position sociales à la hauteur de son œuvre passée. Fonctionnaire dans l'âme, Haussmann n'est fondamentalement pas fait pour les affaires. D'ailleurs, au fond de son cœur, il n'a qu'un désir, qu'un rêve : prendre sa revanche politique ; démontrer qu'il aurait pu être un leader et non seulement un administrateur. C'est toujours le même besoin de reconnaissance politique qui lui avait tant fait désirer, jadis, le titre de « ministre de Paris » et qui s'exprime parfois avec une touchante naïveté. Ainsi, dans ses *Mémoires*, il fait dire à son propos à Napoléon III depuis son exil de Chislehurst :

> Celui-là m'a toujours donné de prudents conseils et de sages avertissements ! C'était un Grand Administrateur : je n'ai pas cru assez tôt à sa valeur politique [39].

Député d'Ajaccio

Après quarante années de vie publique, quarante années de préfectorale, Haussmann souhaite faire de la politique. Bonapartiste pur et dur, antiparlementaire militant qui ne croit au suffrage universel que pour des plébiscites fondateurs, il va ainsi, durant quinze ans, courir après les électeurs d'une façon quasi frénétique. Lorsqu'il retrouve Paris en 1871, Georges Eugène se porte fort bien pour ses soixante-deux ans, le visage rajeuni depuis qu'il a coupé sa barbe. Et puis la IIIe République balbutiante n'a-t-elle pas mis à sa tête un vieillard (selon les normes de l'époque) de soixante-quatorze ans, aussi petit (1m 55) qu'Haussmann est grand : Adolphe Thiers, surnommé Mirabeau-Mouche ? Des élections complémentaires doivent avoir lieu en juin 1871 à Paris et quelques amis conseillent à l'ancien préfet de la capitale de se lancer dans la bataille. *Le Figaro*, lui dit-on, pourrait le soutenir. Depuis Cestas, Haussmann écrit un manifeste électoral dans lequel il se définit comme « l'antithèse de l'œuvre destructrice de l'Internationale » qui a incendié Paris mais affirme qu'il n'est pas un homme de parti (!) et qu'il respectera les libertés publiques. Mais il surestime sa popularité auprès d'une population qui n'a jamais vu en lui qu'un maître imposé. L'accueil ne suit pas ; *Le Figaro* lui-même dénonce les « revenants bonapartistes », et il est amené à se désister avant le vote. Il recommencera. Cette détermination, il est vrai, ne peut se comprendre que dans le contexte de l'époque. Le nouveau régime paraît alors en sursis ; la majorité parlementaire est royaliste et seule la division entre légitimistes du comte de Chambord et orléanistes du comte de Paris empêche de rétablir la royauté. De leur côté, les bonapartistes n'ont pas dit leur dernier mot et conservent un potentiel électoral populaire : Rouher, le « vice-empereur », la figure emblématique de l'Empire autoritaire, candidat dès les élections de 1871, est battu lui aussi mais, grâce à la démission du député de Bastia, entre au palais Bourbon l'année suivante où il prend la direction du groupe parlementaire bonapartiste de l'Appel au peuple, le parti qu'il a créé et qui prend ses consignes à Chislehurst. Depuis son exil anglais, Napoléon III se prend à rêver d'un retour au pouvoir et même d'un coup d'État. Même le décès de l'empereur déchu, le 9 janvier 1873, n'annihile pas les espoirs des fidèles car le Prince impérial est très populaire auprès des Français. Le 15 janvier, après une traversée de la Manche mouvementée, l'ancien préfet de la Seine occupe une des cent vingt-quatre places réservées de la petite église catholique de St. Mary's pour les obsèques de Louis Napoléon : son « inventeur » Persigny et son vieil adversaire Baroche sont absents. Le premier vient de mourir, seul dans un hôtel de Nice, et le second est mort en exil, à Jersey, le 29 octobre 1870 ; la veille du jour où son fils est tué au combat face aux Prussiens. Quant à Haussmann, la disparition de l'empereur lui donne l'occasion de se réconcilier avec Rouher et d'entrer dans le cénacle bonapartiste. Il sera donc candidat à Paris aux législatives de 1875. Avec le soutien effectif du *Figaro* qui, dans le but d'élargir la base électorale du candidat, écrit habilement :

> Est-ce que de pareils hommes s'attachent jamais à une dynastie ? Ce que M. Haussmann a fait avec l'Empire, il l'aurait fait avec n'importe quel souverain, avec n'importe quelle république qui lui en aurait donné les moyens. Ce n'est pas une politique qui sert un régime ; c'est un homme d'action qui se sert d'un régime pour accomplir son œuvre [40].

Lui-même n'hésite pas à se mettre sous le patronage du président de la République, le maréchal Mac-Mahon, légitimiste et conservateur patenté, à qui il écrit :

> Je n'ai pas appelé de mes vœux la Constitution républicaine qui nous régit. [...] Elle existe cependant et l'application doit en être faite avec une entière bonne foi. [...] Le sens de ma candidature me semble clairement défini : elle est nettement parisienne ; si elle ne pouvait conserver ce caractère, sa raison d'être disparaîtrait à mes yeux [41].

Mais ces astuces électoralistes et bien opportunistes ne suffisent pas à convaincre les Parisiens que leur ancien préfet si autoritaire peut devenir leur député, leur porte-parole, leur défenseur. Haussmann n'arrive qu'en deuxième position loin derrière le candidat républicain et se désiste avant le second tour. Ce nouvel échec ne le décourage pas : l'année suivante, la dissolution de l'Assemblée par Mac-Mahon, qui y perdra sa présidence (c'est l'heure du célèbre « il faudra se soumettre ou se démettre » de Gambetta), donne une nouvelle chance aux bonapartistes. Haussmann espère d'abord se présenter dans la Gironde, mais il n'y a que lui pour s'y croire populaire. Les anciennes plaies s'ouvrent à nouveau : le journal *Le Courrier de la Gironde* lui jette à la figure les exactions de la commission mixte de 1853. Bref, ses chances sont nulles et il décide de se rabattre sur Ajaccio que lui propose Rouher. Son adversaire député sortant n'est autre que le prince Napoléon, le fils de Jérôme Bonaparte roi de Westphalie, qui a toujours flirté avec les républicains et qui incarne l'aile gauche du bonapartisme face à l'Appel au peuple de Rouher et à Chislehurst. Sous le Second Empire, en effet, le prince Napoléon, surnommé « Plon-Plon », s'est toujours situé dans le camp des adversaires du préfet de la Seine. Le prince, ayant été, au palais Bourbon, un des trois cent soixante-trois députés qui ont renversé le ministère de combat proposé par Mac-Mahon, bénéficie de la « consigne Gambetta » et ne se voit pas opposer de candidat de gauche. Sur qui peut donc s'appuyer l'Alsacien-Parisien Haussmann face à un Bonaparte, élu sortant dans son île et soutenu par la gauche républicaine ? D'abord sur l'administration du nouveau régime, ce qui est tout de même surprenant pour cet « impérialiste » ; ensuite sur la droite traditionnelle y compris monarchiste et sur l'Église catholique. Pressé par sa haute hiérarchie et même par Rome, l'évêque d'Ajaccio publie dans le journal *L'Aigle* une vibrante lettre de soutien :

> Mes sympathies personnelles vous sont acquises, non seulement parce que vous êtes présenté par un gouvernement qui nous assure le maintien de la sécurité publique et le respect de la religion de nos pères, mais aussi parce que, à Paris, on n'a qu'une voix pour vous proclamer un homme d'ordre vraiment conservateur et on ne peut plus favorable aux intérêts catholiques [42].

Qu'en aurait pensé le fringant sous-préfet d'Yssingeaux qui, dans un rapport confidentiel, préconisait les moyens de réduire l'influence cléricale et réactionnaire ? Faut-il qu'il soit bien avide d'honneurs, de considération, de revanche pour accepter, lui, le petit-fils de conventionnels, le protestant convaincu, d'être le hérault de la hiérarchie catholique et d'un vieux maréchal légitimiste. Le résultat est probant : le préfet du Second Empire est élu au premier tour par un peu plus de huit mille voix contre quatre mille quatre cents pour le neveu de Napoléon Ier. En octobre 1877, l'antiparlementaire Haussmann fait son entrée au palais Bourbon, là même où, huit ans plus tôt, le Corps législatif faisait le procès de sa gestion parisienne.

Si Haussmann est élu à Ajaccio, sur l'ensemble du pays ce sont les républicains qui gagnent les élections et contraignent Mac-Mahon à la démission. Le député d'Ajaccio se retrouve dans l'opposition au sein du groupe de l'Appel au peuple. Il adoptera, en fait, une attitude plutôt discrète ; peu enclin aux joutes parlementaires, cet homme d'action réserve ses interventions aux dossiers concrets. Il fait partie des commissions qui travaillent sur le plan Freycinet de travaux publics qui a pour but de relancer la croissance, comme au début du Second Empire ; il vend à la tribune son projet de construction d'un canal entre Le Havre et Tancarville et ne peut s'empêcher de conclure son discours par un plaidoyer *pro domo* :

> Les politiques changent, les gouvernements se succèdent, mais les grandes œuvres restent et ceux qui ont eu la bonne fortune de les mener à bonne fin, sont sûrs de vivre comme elles, dans l'avenir [43].

Il se bat également en juillet 1879 pour que les ruines des Tuileries, qui défigurent le centre de Paris, ne soient pas rasées mais reconstruites. Son discours, évitant habilement toute évocation politique du passé napoléonien du palais, s'en tient à des considérations d'esthétique urbaine :

> Si on rasait les ruines actuelles, la perspective qu'on a, soit dans l'avenue des Champs-Élysées, soit dans la grande allée du jardin, serait modifiée complètement et de manière choquante, puisque en venant de l'Arc de triomphe de l'Étoile, on apercevrait, non pas en face, mais à droite et même très à droite, le pavillon central du Louvre, avec tous les bâtiments secondaires braqués en fausse équerre [44]…

Propos d'expert et d'urbaniste qui n'émeut guère des députés animés par des rancunes politiques et des préoccupations budgétaires. « Vous avez bien ruiné le Luxembourg ! » lance, sous les rires, Clemenceau. La destruction est votée. Plus que jamais Haussmann est convaincu que, soumis à un contrôle parlementaire, il ne serait jamais parvenu à transformer Paris.

Quelques jours avant ce débat, Haussmann a été dramatiquement rappelé à la tragédie historique des Bonaparte : le 1er juin, le Prince impérial, servant dans l'armée britannique, a été tué en Afrique du Sud au cours d'un accrochage avec des Zoulous. Sa mort suscite une vive émotion et un regain de sentiments antibritanniques. Les rumeurs les plus folles se répandent et, en « sage » du bonapartisme, Georges Eugène est appelé à Chislehurst pour une étrange mission : assister à l'ouverture du cercueil du Prince impérial afin de reconnaître le cadavre. La disparition du prince sonne en France le glas du parti bonapartiste. Les fidèles se retrouvent pour une cérémonie du souvenir dans l'église Saint-Augustin construite par Haussmann et où Napoléon III avait réservé sa sépulture. Mais le clan a vécu : il explose dès l'ouverture du testament du jeune homme qui désigne comme seul héritier et chef de la dynastie non son cousin le prince Napoléon mais Victor Bonaparte, son fils cadet. Désormais, le parti bonapartiste sera divisé entre les « jérômistes » proches des républicains et la branche « victoriste » conservatrice et soutenue par l'impératrice. Rouher tire la conclusion de ces querelles intestines en abandonnant la politique et Haussmann renonce à affronter à nouveau en Corse le prince Napoléon qui se considère désormais comme le chef de la dynastie. Il l'écrit en août 1881 au sénateur Galloni d'Istria qui l'avait soutenu :

> L'avenir de la cause impériale ne m'apparaît, comme à la plupart de nos amis, que sous une forme encore indécise, à travers le voile d'un deuil lamentable [45].

« Je suis un homme âgé mais non pas un vieillard »

Va-t-il pour autant, comme Rouher, jeter l'éponge et prendre à soixante-douze ans une retraite bien méritée ? C'est même à cette époque que sa carrière de politicien et d'homme d'affaires prend un tournant aussi frénétique que pathétique. Oubliant la Corse, il se rabat sur la Gironde où il subit à nouveau un échec cinglant : arrivé bon dernier, il juge préférable de ne pas participer au second tour. Il tentera encore sa chance en 1885 à la fois en Gironde et à Paris et sera chaque fois battu. Le mot de la fin (de sa carrière politique) revient au *Courrier de la Gironde* qui publie, durant la campagne, ces propos plutôt carrés :

> Encore, s'il s'agissait d'envoyer à la Chambre un de ces hommes nécessaires à la gloire des assemblées parlementaires ! M. le baron

Haussmann n'est pas un talent oratoire ; M. le baron Haussmann n'est pas une force ; M. le baron Haussmann est un vieillard qui doit aspirer au repos [46].

Vieillard, c'est pour Georges Eugène le mot honni :

Je suis un homme âgé, mais non pas un vieillard
Ai-je dit quelquefois, non point par gloriole,
Mais pour bien exprimer d'une seule parole
Ce qu'a fait la Bonté céleste à mon égard [47]...

Ainsi s'épanche-t-il fièrement dans un des nombreux poèmes de mirliton qu'il écrit à la fin de sa vie. Un jour, lors d'une cérémonie, il se fâche parce qu'un prélat croit bon de saluer « le vénérable vieillard » et, d'une façon générale, il est très autoritaire à l'égard de ses proches. Mme Gérard Haussmann, une de ses lointaines petites cousines par alliance, a raconté ainsi à l'auteur pourquoi le grand-père de son mari, filleul du baron, avait reçu de lui en 1889 une timbale de baptême gravée au nom d'Eugène. Personne n'avait osé dire au parrain que le premier prénom du bébé était René [48]. Même écho chez son descendant direct Max Dollfus :

On me parlait surtout de lui pour évoquer sa sévérité, son mauvais caractère. D'ailleurs quand chez nous un enfant faisait la tête, on lui lançait : arrête de faire ton Haussmann [49] !

Georges Eugène, en un mot, refuse de vieillir. Toujours autant en quête de reconnaissance, il souffre des critiques qui, de-ci de-là, s'expriment encore sur son œuvre mais s'enthousiasme au moindre compliment. Le républicain Jules Simon devient ainsi dans ses *Mémoires* un grand homme depuis que, dans un article paru dans *Le Gaulois* en mai 1882, il avoue que l'opposition, sous l'Empire, a été trop sévère à l'égard du préfet :

Peu nous importe maintenant que les comptes d'Haussmann aient été fantastiques. Il avait entrepris de faire de Paris une ville magnifique et y a complètement réussi. [...] Il fit en dix ans plus qu'on n'avait fait en un demi-siècle. [...] Son œuvre était au moins aussi fantastique que ses comptes [50].

Déjà, en 1875, la parution des *Souvenirs* de Merruau avait amorcé la réhabilitation du « grand baron » quoique avec certaines réserves peu à même de plaire au sourcilleux préfet :

> Peut-être y eut-il ensuite, avec une puissance d'imagination et de volonté sans limites, et avec une vigoureuse intelligence, un excès de confiance [...] dans les promesses de l'avenir [51].

Pourtant Haussmann n'a pas de souci à se faire. Non seulement on ne revient pas sur ses travaux, mais on les poursuit à Paris et on les imite en province et à l'étranger. Dès les premières années de la IIIe République, son ancien collaborateur Alphand, qui a été confirmé directeur des Travaux de la ville, assure la permanence haussmanienne :

> Alphand achève, au moyen d'emprunts successifs lancés à partir de 1876, le boulevard Saint-Germain, puis l'avenue de l'Opéra et la rue du Louvre. Il prépare la percée de la rue de Réaumur, prévue en 1855, mais achevée en 1898 seulement sous la forme d'une rue spécialisée d'immeubles de bureaux. Les grandes percées se poursuivent, avec l'ouverture de la rue Danton et du boulevard Raspail et l'achèvement tardif du boulevard Haussmann dont la dernière section ne sera ouverte qu'en 1927 [52].

Haussmann approuve ces nouveaux travaux, comme le révèle cette lettre inédite envoyée le 12 novembre 1879 à un journaliste de l'agence Havas, Édouard Lebey, qui lui demande « quelques lignes sur Paris ». Après une longue description des travaux réalisés sous l'Empire, Haussmann poursuit, de sa belle écriture appliquée :

> S'agit-il de la période de neuf ans qui s'est écoulée depuis lors et ce qu'elle a produit ? Des raisons de convenance m'interdiraient d'apprécier son œuvre, si je n'y voyais autre chose que la continuation de celle que mon nom personnifie, bien injustement pour le souverain qui en a pris l'initiative. [...] Mais, s'il m'a été accordé de voir réalisé successivement, de point en point, les plans dont je n'avais pu compléter l'exécution ou que j'avais dû léguer à l'avenir, je ne saurais, sans ingratitude, relever des critiques de détail. [...] En quittant l'Hôtel de ville, l'ancien préfet de la Seine n'avait qu'une ambition : assister à l'achèvement de l'œuvre à laquelle il avait consacré la meilleure partie de sa vie. Il a été assez heureux pour obtenir enfin ce qu'il n'osait espérer de ses contemporains : une appréciation de jour en jour plus équitable des services qu'il a rendus à son pays et à sa ville natale [53].

D'ailleurs – fait significatif qui illustre que les dirigeants du nouveau régime étaient conscients de ce que la ville devait à son ancien préfet –, la vague de débaptisation des rues qui évoquent le Second Empire a épargné le boulevard Haussmann (seul Victor Hugo verra aussi une avenue porter son nom de son vivant). Au lendemain du

4 septembre, on aurait d'ailleurs songé, selon l'auteur de *Choses vues*, à débaptiser le boulevard Haussmann pour l'appeler boulevard Victor-Hugo, mais le projet n'eut pas de suite, pas plus que les deux résolutions du conseil municipal de juillet 1879 et de juin 1885 proposant de le changer en boulevard Étienne-Marcel puis de la Convention. Chaque fois, le gouvernement refusa d'entériner ce vote, à l'instigation du nouveau préfet de la Seine, saisi par l'esprit de corps…

Le chêne qu'on abat

Quoiqu'il déteste le mot, on peut dire, à la fin de la décennie 1880, que Georges Eugène Haussmann est un beau vieillard. Les photos lui donnent facilement dix ans de moins et révèlent une personnalité moins arrogante que durant l'Empire, un visage plus humain. C'est que la vie ne l'a pas épargné. Nombre de ses amis ont disparu mais aussi sa chère fille Henriette, Mme Dollfus, décédée en mars 1890, quelques mois avant la discrète Octavie, éteinte la veille de Noël de la même année. La vie lui a également appris à prendre du recul, à être moins cramponné aux valeurs d'une bourgeoisie qu'il a incarnée, enrichie, logée et qui ne lui en sut pas gré. Ses déboires électoraux en Gironde montrent assez que les notables locaux n'ont jamais vraiment considéré comme un des leurs l'ancien sous-préfet de Blaye. Sans doute était-il trop passionné, sans doute fut-il trop fidèle à l'Empire déchu pour que cette bourgeoisie plutôt opportuniste l'adoptât vraiment. Un authentique notable bordelais aurait-il, par exemple, raconté avec autant d'humour les frasques du fils de sa sœur, Emmanuel Artaud, lequel, en 1864, à l'heure de gloire de son oncle, avait obtenu le droit de se faire appeler Artaud-Haussmann ? Successivement protestant, catholique, homme marié, prêtre, Emmanuel défraie la chronique. Mais laissons parler le baron qui s'est livré au journal *La Liberté* du 4 février 1886, après que son neveu a été arrêté pour avoir tiré des coups de feu à l'hôtel du Louvre :

> Il avait fait un mariage singulier, toujours envahi par le scepticisme étrange dont il était la victime. Il avait convenu avec sa fiancée de ne faire qu'une union mystique renouvelée de celle de saint Henri. Il entreprit alors de longs voyages en Palestine, puis il se rendit à Rome et raconta son cas particulier au pape, en lui demandant si, dans de pareilles conditions, l'Église ne pouvait annuler son mariage. Sur réponse affirmative de la Curie romaine, il se fit prêtre et finit par

obtenir le titre d'évêque in partibus, avec les fonctions de camérier de sa sainteté. Grand fut l'étonnement de ma nièce par alliance quand on lui apprit qu'elle était mariée à un évêque. Il était devenu en même temps le représentant du patriarche de Jérusalem à Paris [54].

Selon le généalogiste de la famille Haussmann, Joseph Valynseele, tout est vrai dans ce récit extravagant, hors le titre d'évêque. Balayons donc l'image d'un baron Haussmann patriarche arrogant et sinistre. S'il a de la tristesse en lui, c'est de voir son corps vieillir plus vite que son âme, c'est de voir fuir le temps. Sur le plan littéraire, on a raison de se moquer de ces recueils de vers de mirliton dont il accable ses amis, mais c'est ainsi qu'il exprime son angoisse devant la fuite des jours. Il n'a pas le talent de Ronsard, il en a au moins l'intention :

Pour l'homme de plaisir, sa jeunesse gorgée
À souhait de la vie est comme l'apogée,
Son âge mur, stérile, est un déclin profond.

« Stérile », tel est le vrai drame de cet homme d'action qui décide d'écrire comme il ouvrait des avenues, croyant peut-être rivaliser avec son copain de classe Musset disparu depuis de longues années. « À propos d'Alfred de Musset », s'intitule une de ses plaquettes de vers suivie de « Regrets fidèles », « Les Fleurettes », « Le Joli Sentier », « Confession d'un lion devenu vieux », « Sur l'Amour », etc. Georges Eugène titrait mieux qu'il ne rimait et écrivait mieux en prose qu'en vers : à la fin de sa vie, il entreprend d'écrire ses *Mémoires*, un monument dédié à lui-même mais aussi un très beau récit à la plume vigoureuse et rigoureuse. Les deux premiers tomes paraissent en 1890 avec un « Avertissement » daté de Cestas 1889. Reste le troisième tome dont le baron corrige les épreuves en janvier 1891, lorsque…

Récit des derniers jours de Georges Eugène Haussmann, le créateur du Paris moderne.

Vendredi 9 janvier : comme tous les ans depuis 1874, l'ancien préfet de la Seine assiste, à l'église Saint-Augustin qu'il a campée là pour masquer la déviation du boulevard Malesherbes, à la messe anniversaire de la mort de son cher empereur Napoléon III. Les rangs sont encore un peu plus clairsemés que l'année précédente, soit que la mort ait fait son œuvre, soit que la cause attire de moins en moins de fidèles. L'après-midi, il préside le conseil d'administration des Entrepôts et magasins généraux.

Samedi 10 : Georges Eugène arbore toutes ses décorations qu'il affectionne de façon quelque peu enfantine. L'ancien hôte du tsar lors de l'Exposition universelle de 1867 assiste aux obsèques du grand-duc Nicolas de Leuchtenberg. Malgré ses quatre-vingt-un ans, malgré un froid glacial (il fait alors moins dix à Paris), Haussmann, droit comme un i, suit le cortège de l'avenue de l'Alma à la rue Daru. Il ne sait pas bien sûr qu'il parcourt et voit pour la dernière fois ce quartier de l'Étoile qu'il a dessiné trente ans plus tôt.

Dimanche 11 : Haussmann, veuf depuis seulement trois semaines, a invité quelques amis à dîner à son domicile parisien, un troisième étage de la rue Boissy-d'Anglas. Subitement, entre dix et onze heures, il se sent saisi à la poitrine. On appelle un médecin qui n'arrive que vers onze heures un quart. Il ausculte le malade toujours assis dans son fauteuil et diagnostique une grave congestion pulmonaire. Haussmann se retire dans sa chambre et se couche seul. Un quart d'heure plus tard, il rend le dernier soupir. Ses proches arrêtent sur la cheminée la belle pendule Empire surmontée d'un aigle et portant un petit écusson : « Cadeau d'Eugène de Beauharnais, vice-roi d'Italie, à son filleul Georges Eugène Haussmann » *. *Le Figaro* du lundi a le temps d'annoncer :

> Au moment où le journal est mis sous presse, une douloureuse nouvelle nous arrive : le baron Haussmann est mort subitement quelques minutes avant minuit. [...] La mort l'a frappé debout, en plein rêve, en pleine activité, comme il le souhaitait lui-même ; et il est sorti de ce monde comme il était sorti de la vie publique, la tête haute, le cœur ferme, confiant sinon dans la justice des hommes, du moins dans la justice de Dieu.

Haussmann est de ces chênes qu'on abat. Le lendemain, le journal demande qu'on fasse des obsèques nationales à l'homme qui a transformé Paris. Mais la République, qui vient pourtant de dominer la crise boulangiste et voit éclater le scandale de Panama, ne se sent pas encore assez sûre d'elle-même pour honorer comme il le mériterait le créateur du Paris moderne. Ses obsèques, qui se déroulent le 15 janvier à midi, se font presque à la sauvette. Le convoi est de troisième classe ; certes, la clique du 131e régiment de ligne rend les honneurs militaires statutairement dus au grand-croix de la Légion d'honneur ; certes, des amis napoléoniens et le secré-

* Aujourd'hui en possession de Max Dollfus, la pendule marche toujours et sonne l'heure avec le même son délicat et cristallin qu'entendit Haussmann toute sa vie.

taire perpétuel de l'Institut prononcent les discours d'usage. Mais le préfet de la Seine est absent, le conseil municipal n'a pas envoyé de délégation et aucun membre du gouvernement n'est là. Pas plus d'ailleurs que le peuple de Paris : moins de trois cents personnes accompagnent le cercueil du grand baron à sa dernière demeure, et traversent le nouveau Paris du temple de la Rédemption rue Chauchat au Père-Lachaise. Haussmann tenait à ce temple installé dans une ancienne halle pour l'épouse allemande et luthérienne du duc d'Orléans, son camarade d'Henri-IV : d'ailleurs le grand crucifix d'ébène et d'ivoire qui se trouve encore au-dessus de l'autel est un don d'Haussmann. Quant à son tombeau, où il retrouve Octavie, il est à côté de celui de l'autre « copain de classe », Alfred de Musset :

Sur la grande avenue, au vieux Père-Lachaise,
Mon tombeau de famille est à deux pas du sien.

Il peut sembler incongru de clore l'histoire d'une vie sur une banale question d'argent. Mais Haussmann fut si longtemps accusé de corruption – sans que jamais aucune preuve soit avancée –, et souffrit tellement de cette calomnie que je ne peux m'empêcher de conclure sur un extrait de l'inventaire effectué rue Boissy-d'Anglas par maître Yver, notaire à Paris, 10, rue de Châteaudun : « Une toilette en sapin avec marbre blanc et garniture de toilette, deux bidets, deux chaises cannées, un porte-serviette, une glace cassée, le tout prisé quarante francs[55]. »

Un meuble de toilette à la glace cassée… Qui peut imaginer que c'est là l'intérieur d'un corrompu ?

NOTES

Chapitre I : Impérialiste de naissance

1. Baron Haussmann, *Mémoires*, Victor Havard, 1890, 3 vol. [désormais : M],
2. M, t. I, Avertissement, p. v.
3. V. Hugo, *Choses vues*, Gallimard, Folio, p. 568.
4. G. Poisson, *L'Élysée, histoire d'un palais*, Perrin, 1979.
5. V. Hugo, *Choses vues*, *op. cit.*, p. 246.
6. *Correspondance de Napoléon*, 1806-1910, Gallimard, 1943, p. 217.
7. Lire le récit de la spéculation Law, la première grande spéculation moderne, dans G. Valance, Flammarion, *Histoire du franc*, « Champs », 1998, p. 79-94.
8. *Correspondance de Napoléon*, *op. cit.*, notes, p. 473.
9. *Ibid.*, p. 476.
10. F.-R. de Chateaubriand, *Mémoires d'outre-tombe*, Gallimard, Bibliothèque de la Pléiade, t. I, p. 853.
11. *Correspondance de Napoléon*, *op. cit*, p. 480.
12. Hugo, *Les Misérables*, Bibliothèque de la Pléiade, p. 742.
13. Talleyrand, *Mémoires*, Plon, 1957, p. 451.
14. F.-R. de Chateaubriand, *Mémoires d'outre-tombe*, *op. cit.*, t. I, p. 761.
15. M, t. I, p. 2.
16. J. Valynseele, *Haussmann, sa famille et sa descendance*, éditions Christian, 1982, p. 28.
17. *Ibid.*, Préface, p. 10.
18. « Pétition à l'Assemblée nationale pour les manufactures de toiles peintes du Royaume », Bibliothèque historique de la ville de Paris.
19. Cl. Manceron, *Le Vent d'Amérique*, Laffont, 1974, p. 24.
20. J. Valynseele, *Haussmann, sa famille et sa descendance*, *op. cit.*, p. 30.
21. Cité par E. Hartmann, dans *La Révolution française en Alsace et en Lorraine,* Perrin, 1990.
22. L. Madelin, *Fouché,* Plon, 1955.
23. M, t. I, p. 6.

24. G. Lefebvre, *La France sous le Directoire* 1795-1799, Éditions sociales, 1977, p. 326.
25. G. Saint-Cyr, *Mémoires sur les campagnes des armées du Rhin et de Rhin-et-Moselle,* éditions Anselin, 1829.
26. J. Lagny, « Les Haussmann à Versailles », *Revue de l'histoire de Versailles et des Yvelines*, 1982.
27. G. Lefebvre, *La France sous le Directoire* 1795-1799, *op. cit.*, p. 840.
28. M, t. I, p. 11.
29. F. Lauckhard, *Un Allemand en France sous la Terreur,* Bauer, 1915.
30. *Ibid.*
31. A. Kuscinsky, *Dictionnaire des conventionnels.*
32. F.-R. de Chateaubriand, *Mémoires d'outre-tombe*, *op. cit.*, t. I, p. 775.
33. *Ibid.*
34. M, t. I, p. 17.
35. Alfred de Musset, *La Confession d'un enfant du siècle.*
36. A. Kuscinsky, *Dictionnaire des conventionnels*, *op. cit.*
37. M, t. I, p. 22.
38. À propos d'Alfred de Musset, voir Baron Haussmann, *Souvenirs très âgés*, Cestas, 1884.
39. F.-R. de Chateaubriand, *Mémoires d'outre-tombe*, *op. cit.*, t. II, p. 23.
40. Cité par G. Pillement, *La Destruction de Paris*, Grasset, 1941, p. 210.
41. H. de Balzac, *Un homme d'affaires.*
42. *Mémoires de la comtesse de Boigne*, Mercure de France, 1971, p. 103.
43. H. de Balzac, *La Maison-du-chat-qui-pelote*, GF-Flammarion, p. 33.
44. E. Sue, *Les Mystères de Paris*, Laffont, Bouquins, p. 32.
45. E. Texier, *Tableau de Paris*, Paulin et le Chevalier, 1852.
46. M, t. I, p. 30.
47. M, t. I, p. 30.
48. H. de Balzac, *Illusions perdues*, GF-Flammarion, 1990, p. 219.
49. *Ibid.*, p. 220-221.
50. M, t. I, p. 34.
51. M, t. I, p. 33.
52. M, t. I, p. 33.
53. Th. Gautier, *Histoire du romantisme.*
54. M, t. I, p. 36.
55. M, t. I, p. 37.

Chapitre II : L'Insurgé

1. M, t. I, p. 11.
2. G. de Bertier de Sauvigny, *La Restauration*, Flammarion, 1955.
3. F.-R. de Chateaubriand, *Mémoires d'outre-tombe, op. cit.*, t. II, p. 393.
4. *La Revue parisienne*, 29 août 1840.
5. Article du *National* cité par P. Guiral, *Adolphe Thiers*, Fayard, 1986, p. 62.
6. G. de Bertier de Sauvigny, *La Restauration, op. cit.*
7. *Le Journal des débats*, 14 août 1829.
8. Cité dans J.-L. Bory, *La Révolution de Juillet*, Gallimard, 1972.

9. L. Blanc, *Histoire de dix ans*.
10. Cité dans J.-L. Bory, *La Révolution de Juillet, op. cit.*, p. 234.
11. F.-R. de Chateaubriand, *Mémoires d'outre-tombe, op. cit.*, t. II, p. 392.
12. A. Dumas, *Mes Mémoires*, Laffont, Bouquins, année, p. 25.
13. *Le Temps* et *Le Matinal* du 27 juillet 1870.
14. M, t. I, p. 37.
15. L. Girard, *Les Trois Glorieuses*, Firmin-Didot, 1929, p. 10.
16. H. Heine, *De la France*, 1857.
17. Chateaubriand, *Mémoires d'outre-tombe, op. cit.*, t. II, p. 396.
18. A. Dumas, *Mes Mémoires, op. cit.*, p. 36.
19. J.-L. Bory, *La Révolution de Juillet, op. cit.*, p. 290.
20. M, t. 1, p. 40.
21. M, t. 1, p. 41.
22. M, t. 1, p. 41.
23. M, t. 1, p. 43.
24. J.-L. Bory, *La Révolution de Juillet, op. cit.*
25. M, t. I, p. 44.
26. M, t. I, p. 44.
27. Cité par G. Laronze, *Le Baron Haussmann*, Librairie Félix Alcan, 1932, p. 34.
28. M, t. I, p. 47.
29. Archives nationales, dossier préfectoral F1 bI 162[3] [désormais : AN 162], pièce 3.
30. AN 162, pièce 8.
31. AN 162, pièce 4.
32. AN 162, pièce 5.
33. G. de Broglie, Guizot, Perrin, 1990, p. 128.
34. M, t. I, p. 48.

Chapitre III : Un interminable apprentissage

1. M, t. I, p. 48.
2. AN 162, pièce 15.
3. J. Lucas-Dubreton, *Louis-Philippe*, Fayard, 1938, p. 199.
4. AN 162, pièce 17.
5. M, t. I, p. 53.
6. M, t. I, p. 50.
7. M, t. I, p. 57.
8. M, t. I, p. 55.
9. M, t. I, p. 60.
10. M, t. I, p. 60.
11. M, t. I, p. 61.
12. M, t. I, p. 59.
13. A. Dumas, *Mes Mémoires*, *op. cit.*, p. 710.
14. J. Lucas-Dubreton, *Louis-Philippe*, *op. cit.*, p. 259.
15. M, t. I, p. 65.
16. AN 162, pièce 27.
17. M, t. I, p. 72.
18. J. Vallès, *La Rue*, EOF, 1969, p. 96.

19. M, t. I, p. 79.
20. M, t. I, p. 79.
21. AN 162, pièce 31.
22. AN 162, pièce 30.
23. AN 162, pièce 42.
24. M, t. I, p. 91.
25. AN 162, pièce 48.
26. AN 162, pièce 56.
27. AN 162, pièce 73.
28. M, t. I, p. 133.
29. G. Sand, *Histoire de ma vie*, dans *Œuvres autobiographiques*, 2 vol., Gallimard, Bibliothèque de la Pléiade.
30. *Ibid.*
31. *Ibid.*
32. M, t. I, p. 135.
33. M, t. I, p. 134.
34. M, t. I, p. 135.
35. AN 162, pièce 80.
36. AN 162, pièce 55.
37. AN 162, pièce 81.
38. Fonds Lusignan, Archives du château de Xaintrailles, cité H. Delpont et H. Y. Sanchy-Calzadilla, *Haussmann d'Albret*, Amis du vieux Nérac, 1993, p. 40.
39. *Haussmann d'Albret*, *op. cit.*
40. M, t. I, p. 128.
41. *Ibid.*
42. Fonds Lusignan, lettre du 21 septembre 1838.
43. Archives nationales, minutier central, XVII 1456.
44. AN 162, pièce 76 bis.
45. Fonds Lusignan, lettre du 8 juillet 1839.
46. M, t. I, p. 108.
47. Fonds Lusignan, lettre de mai 1834.
48. AN 162, pièce 57.
49. AN 162, pièce 71.
50. AN 162, pièce 72.
51. Fonds Lusignan, lettre de novembre 1839.
52. AN 162, pièce 83.
53. M, t. I, p. 148.
54. AN 162, pièce 84.
55. AN 162, pièce 86.
56. Baron Haussmann, « Saint-Girons, une campagne administrative dans les Pyrénées », 1876.
57. M, t. I, p. 170.
58. AN 162, pièce 93.
59. AN 162, pièce 96.
60. AN 162, pièce 98.
61. M, t. I, p. 221.
62. AN 162, pièces 114 et 115.
63. AN 162, pièce 121.
64. AN 162, pièce 122.

65. AN 162, pièce 124.
66. AN 162, pièce 126.
67. Pour le récit de cet accident mortel, lire J. Lucas-Dubreton, *Louis-Philippe, op. cit.*, p. 438.
68. AN162, pièce 112.
69. A. Dansette, *Louis Napoléon à la conquête du pouvoir*, Hachette, 1961, p. 218.

Chapitre IV : La tentation de Bordeaux

1. A. Charles, « Portrait intellectuel d'un grand bourgeois bordelais du milieu du siècle dernier », *Revue historique de Bordeaux et du département de la Gironde* [désormais : RHB], 1961.
2. R. Dufourg, « Dans les Souvenirs d'Antoine Gautier », RHB, 1957. Et du même auteur, « La révolution de 1848 à Bordeaux dans les *Mémoires* d'Antoine Gautier », RHB, 1953.
3. M, t. I, p. 245.
4. M, t. I, p. 248.
5. Cité par H. Guillemin, *La Première Résurrection de la République*, Gallimard, 1967, p. 53.
6. A. de Tocqueville, *Souvenirs*, Gallimard.
7. *Ibid.*
8. H. Guillemin, *La Première Résurrection de la République, op. cit.*, p. 33.
9. « Bordeaux et l'abolition de l'esclavage dans les colonies en 1848 », RHB, 1854.
10. RHB, 1854, p. 113.
11. RHB, 1854, p. 126.
12. RHB, 1854, p. 117.
13. AN 162, pièce 134.
14. M, t. I, p. 264.
15. RHB, 1854, p. 128.
16. A. Charles, « Un exemple de carrière administrative dans la première moitié du siècle dernier : le baron Neveux », RHB, 1854.
17. Archives nationales, F1 BI 168[2], pièce 68.
18. AN 162, pièce 135.
19. *Haussmann d'Albret, op. cit.*, p. 286.
20. A. Dansette, *Louis Napoléon à la conquête du pouvoir, op. cit.*, p. 21.
21. *Ibid.*, p. 69.
22. H. Guillemin, *La Première Résurrection de la République, op. cit.*
23. M, t. I, p. 277.
24. M, t. I, p. 280.
25. « Bordeaux et l'abolition de l'esclavage... », RHB, 1854, p. 140.
26. AN 162, pièce 137.
27. M, t. I, p. 284.
28. G. Poisson, *L'Élysée, histoire d'un palais*, p. 69.
29. *Ibid.*, p. 57.
30. *Ibid.*, p. 71.
31. V. Hugo, *Choses vues, op. cit.*, p. 758.

32. Cité par J. des Cars, *Haussmann, la gloire du Second Empire*, Perrin, 1978, p. 132.
33. Duc de Morny, *Mémoires*.
34. R. Apponyi, *De la Révolution au coup d'État*, La Palatine, Genève, 1948.
35. A. de Tocqueville, *Souvenirs*, *op. cit.*
36. Persigny, *Mémoires*, Plon, 1896 [désormais : P].
37. M, t. I, p. 287.
38. M, t. I, p. 287.
39. M. Agulhon, « Le baron Haussmann, préfet du Var (1848-1850), d'après ses *Mémoires* », *Provence histoire*, VI, n° 27, 1956.

Chapitre V : « Préfet d'Empire avant l'Empire »

1. AN 162, pièce 143.
2. M, t. I, p. 288.
3. M, t. I, p. 289.
4. H. Taine, *Vie et opinion de Monsieur Francis Thomas Graindorge*, p. 4. À l'époque, les anciennes appellations monétaires de livres ou de sous sont encore fréquemment utilisées.
5. M, t. I, p. 320.
6. Cité par H. Vincenot, *La Vie quotidienne dans les chemins de fer au XIXe siècle*, Hachette, 1975, p. 35.
7. Henry-Michel, *La Loi Falloux*, Hachette.
8. *Ibid.*
9. M, t. I, p. 314.
10. M, t. I, p. 367.
11. G. Laronze, *Le Baron Haussmann*, *op. cit.*, p. 72.
12. M, t. I, p. 324.
13. M. Agulhon, *La République au village. Les populations du Var de la Révolution à la Seconde République*, Plon, 1970.
14. *Ibid.*, p. 383.
15. M, t. I, p. 340.
16. M, t. I, p. 353.
17. M, t. I, p. 360.
18. Cité par N. Blache, *L'Insurrection du Var de 1851*, La Table rase, 1983, p. XVI.
19. B. Le Clère et V. Wright rapportent que le mot, repris par L. Girard dans son cours sur les « Problèmes constitutionnels et politiques du Second Empire », est de J. Brame au Corps législatif, le 20 mai 1860, dans *Les Préfets du Second Empire*, Armand Colin et Fondation des sciences politiques, 1973, p. 13.
20. M, t. I, p. 336.
21. Cité par M. Agulhon, *La République au village*, *op. cit.*, p. 385.
22. M, t. I, p 356.
23. M, t. I, p 357.
24. AN 162, pièces 154 et 155.
25. AN 162, lettre du 24 octobre 1849, pièce 157.
26. AN 162, pièce 158.
27. AN 162, pièce 159.

28. AN 162, pièces 160 et 161.
29. AN 162, pièce 163.
30. M, t. I, p. 363.
31. E. Ollivier, *Journal*, t. I, 1846-1860, Julliard, 1961, p. 50.
32. *Ibid.*
33. Cité par G. Laronze, *Le Baron Haussmann*, *op. cit.*, p. 70.
34. B. Le Clère et V. Wright, *Les Préfets du Second Empire*, *op. cit.*, p. 30.
35. AN 162, pièce 164.
36. AN 162, pièce 169.
37. M, t. I, p. 383.
38. AN 162, pièce 173.
39. M, t. I, p. 385.
40. Archives départementales de l'Yonne [désormais : AY], recueil des actes administratifs, n° 75.
41. M, t. II, p. 7
42. Cité par N. Laprevote dans son excellent mémoire de maîtrise d'histoire intitulé « Haussmann préfet de l'Yonne. Un préfet face aux rouges », Paris X-Nanterre, juin 1989.
43. BN, NAF, 12295. Ce dossier contient soixante et onze lettres adressées par Haussmann à L. Frémy entre le 25 juin 1850 et le 2 décembre 1851, lettre du 1er avril 1851.
44. AY, 1 N 5 et 6, sessions du Conseil général pour 1850 et 1851.
45. AY, 3 M 1119.
46. R. Apponyi, *De la Révolution au coup d'État*, *op. cit.*, p. 237.
47. BN, NAF, 12295, lettre du 25 juillet 1850.
48. M, t. I, p. 430
49. BN, NAF, 12295, lettre du 13 septembre 1850.
50. AN, rapports des procureurs généraux, BB/30/383/1.
51. D. Jordan, *Transforming Paris, the Life and Labors of Baron Haussmann*, University of Chicago, 1995. Et A. Charles dans RHB, janvier-mars 1961, *op. cit.*, p. 85.
52. Archives nationales, procès de presse, F/18/513 bL/z.
53. N. Laprevote, mémoire cité.
54. BN, NAF, 12295, lettre du 23 juillet 1851.
55. BN, NAF, 12295, lettre du 1er avril 1851.
56. AN 162, pièce 181
57. AN 162, pièce 182.
58. AN 162, pièce 184.
59. AY, 3 M1 127.
60. AY, 3 M1 144.
61. AY, 3 M1 145.
62. AY, 3 K 30.
63. M, t. I, p. 385.
64. B. Le Clère et V. Wright, *Les Préfets du Second Empire*, *op. cit.*, p. 29.
65. M, t. I, p. 450
66. R. Apponyi, *De la Révolution au coup d'État*, *op. cit.*, p. 111.
67. M, t. I, p. 452.
68. M, t. I, p. 404.
69. AN 12, pièce 187.

70. M, t. I, p. 471.
71. J. des Cars, *Haussmann, la gloire du Second Empire, op. cit.*, p. 159.
72. BN, NAF, 12295, lettre du 7 février 1851.
73. M, t. I, p. 474-476.
74. Cité par P. Miquel, *Le Second Empire*, Plon, 1992, p. 11.
75. M, t. I, p. 477.
76. M, t. I, p. 481.
77. M, t. I, p. 484.
78. G. Le Prat, *Mémoires du comte Horace de Viel-Castel*, t. I, 1942.
79. M, t. I, p. 491.
80. M, t. I, p. 494.
81. E. Ténot, *La Province en décembre 1851*, Paris, 1865, p. 91.
82. B. Le Clère et V. Wright, *Les Préfets du Second Empire*, *op. cit.*, p. 30.
83. *Ibid.*, p. 30.
84. L. Girard, *Napoléon III*, Fayard, 1986, p. 155.
85. AN 122, pièce 202.
86. Taine, *op. cit.*
87. M, t. I, p. 486.
88. AN122, pièce 193.
89. AN122, pièce 194.
90. AN122, pièce 195.
91. AN122, pièce 196.
92. AN122, pièce 197.
93. AN122, pièce 209.
94. AN122, pièce 204.
95. AN122, pièce 198.
96. AN122, pièce 208.
97. G. Laronze, *Le Baron Haussmann, op. cit.*
98. Lettre inédite conservée dans le Fonds d'archives Persigny, acquis en 1998 par les Archives nationales et pas encore ouvert au public, lots A 26 de la vente du 26 juin 1998 à Lyon.

Chapitre VI : « Un animal de race féline »

1. P, p. 253.
2. M, t. II, p. 8.
3. M, t. II, p. 9.
4. Archives nationales, Fonds Persigny, A 26, lettre du 22 juin 1863.
5. P, p. 255.
6. Dépêche détenue aujourd'hui par son arrière-arrière-petit-fils Max Daniel Dollfus, entretien avec l'auteur, 27 février 2000.
7. M. Du Camp, *Souvenirs d'un demi-siècle*, Hachette, 1949, t. I, p. 154.
8. *Ibid.*, p. 137.
9. M, t. II, p. 36.
10. P, p. 248.
11. M, t. II, p. 30.
12. M, t. II, p. 42.
13. R. Apponyi, *De la Révolution au coup d'État, op. cit.*, p. 129.

14. M, t. II, p. 46.
15. M, t. II, p. 53.
16. M, t. II, p. 58.
17. M. Du Camp, *Souvenirs d'un demi-siècle*, *op. cit.*, t. I, p. 141.
18. L. N. Bonaparte, *Des idées napoléoniennes*, Paulin, 1836.
19. V. Hugo, *Choses vues, op. cit.*, p. 160.
20. Discours d'Alphand, reproduit en préface de Guy Durier, *Les Grands Travaux de Paris*, t. I, 1979, p. X.
21. Formule attribuée au député de l'opposition Ernest Picard.
22. W. Benjamin, *Écrits français*, Gallimard, 1991, p. 305.
23. Cité par B. Marchand dans *Paris, histoire d'une ville*, Seuil, Points-Histoire, 1993.
24. A. Plessis, *De la Fête impériale au mur des Fédérés*, Seuil, Points-Histoire, 1979, p. 85.
25. L. Girard, *Napoléon III*, *op. cit.*, p. 180.
26. Ch. Merruau, *Souvenirs de l'Hôtel de Ville de Paris, 1848-1852,* Plon, 1875, p. 496.
27. G.-N. Lameyre, *Haussmann, préfet de Paris*, Flammarion, 1958, p. 187.
28. J. Gaillard, « Paris, la ville (1852-1870) », thèse soutenue le 27 février 1975 à l'université de Paris X-Nanterre, p. 9.
29. Cité par P. Lavedan dans *L'Œuvre du baron Haussmann*, PUF, 1954, p. 29.
30. J.-K. Huysmans, *La Bièvre et Saint-Séverin*, 1898, p. 51.
31. Cité par P. Lavedan dans *L'Œuvre du baron Haussmann*, *op. cit.*, p. 29.
32. Ch. Merruau, *Souvenirs de l'Hôtel de Ville de Paris, 1848-1852, op. cit.*, p. 364.
33. M, t. II, p. 202.
34. J. Gaillard, « Paris, la ville (1852-1870) », thèse citée, p. 8.
35. M, t. II, p. 61.
36. P, p. 260.
37. Thomas Evans, *Mémoires*, p. 31.
38. Comtesse d'Agoult, *Mémoires*, citée par A. Morizet, *Du vieux Paris au Paris moderne*, Hachette, 1932, p. 195.
39. Voltaire, *Des embellissements de Paris*, 1739.
40. *Ibid.*
41. M, t. III, p. 478.
42. M, t. III, p. 482.
43. I. A. Earls, *Napoléon III, l'architecte et l'urbaniste de Paris*, Centre d'études napoléoniennes, 1991, p. 104.
44. M, t. II, p. 59.
45. M, t. II, p. 257.
46. M, t. III, p. 15.
47. M, t. III, p. 490.
48. M, t. III, 497.
49. M, t. III, p. 40.
50. M, t. III, p. 501.
51. V. Hugo, « Guerre aux démolisseurs ! », *La Revue des deux mondes*, 1er mars 1832.
52. M, t. III, p. 54.
53. G.-N. Lameyre, *Haussmann, préfet de Paris*, *op. cit.*, p. 224.

54. M, t. II, p. 275.
55. J. Gaillard, « Paris, la ville (1852-1870) », thèse citée, p. 250.
56. G. Le Prat, *Mémoires du comte Horace de Viel-Castel, op. cit.*
57. M, t. II, p. 351.
58. M, t. II, p. 98.
59. M, t. II, p. 99.
60. M, t. II, p. 102.
61. I. de Saint-Amand, cité par G.-N. Lameyre, *Haussmann, préfet de Paris, op. cit.*, p. 255.
62. Cité par B. Le Clère et V. Wright, *Les Préfets du Second Empire*, *op. cit.*, p. 239.
63. Mme J. Baroche, *Notes et Souvenirs de seize années (1855 à 1871)*, Éditions G. Grès & cie, 1921, p. 13 [désormais : JB].
64. JB, p. 32.
65. JB, p. 38.
66. JB, p. 71.
67. JB, p. 76.
68. M, t. II, p. 154.
69. G. Le Prat, *Mémoires du comte Horace de Viel-Castel, op. cit.*, p. 53.
70. JB, p. 93.

Chapitre VII : « Ministre de Paris »

1. Cité par G. Laronze, *op. cit.*, p. 134.
2. G.-N. Lameyre, *Haussmann, préfet de Paris, op. cit.*, p. 56.
3. JB, p. 94.
4. M, t. III, p. 78.
5. M, t. II, p. 307
6. É. Zola, *La Curée*, Gallimard, Folio Classique, 1981, p. 112.
7. Cité par G.-N. Lameyre, *Haussmann, préfet de Paris, op. cit.*, p. 56.
8. É. Ollivier, *Journal, op. cit.*, t. IV : *L'Empire libéral*, p. 74.
9. JB, p. 95.
10. Alphand, *op. cit.*, p. XI.
11. F. Loyer, Avant-propos de *Paris-Haussmann*, excellent catalogue coordonné par J. des Cars et P. Pinon pour l'exposition « Paris-Haussmann, le pari d'Haussmann » organisée à l'Arsenal en 1991, à l'occasion du centième anniversaire de la mort du baron.
12. J. Gaillard, dans la revue *Histoire*, n° 37, septembre 1981.
13. Archives nationales, Fonds Persigny, A 26, lettre du 22 juin 1857.
14. J.-P. Quéré, « La leçon d'urbanisme d'Haussmann », dans *Paris-Haussmann*, *op. cit.*, p. 225.
15. F. Loyer, *Paris au XIXe siècle, l'immeuble et la rue*, Hazan, 1994, p. 232.
16. L. Veuillot, *Les Odeurs de Paris*, Palmé, 1867, p. VII.
17. P. Lavedan, *L'Œuvre du baron Haussmann, op. cit.*, p. 70.
18. M, t. III, p. 530
19. M, t. II, p. 523.
20. M, t. III, p. 530.
21. M, t. III, p. 76.

22. M, t. II, p. 87.
23. Archives nationales, Fonds Persigny, A 26, lettre du 28 octobre 1859.
24. B. Marchand, *Paris, histoire d'une ville*, *op. cit.*, p. 75.
25. P. Pinon, *Paris-Haussmann, op. cit.*, p. 95.
26. F. Loyer, *Paris au* XIXe *siècle, l'immeuble et la rue, op. cit.*, p. 312.
27. J. Gaillard, thèse citée, chap. II, p. 7.
28. A. Daumard, *Maisons de Paris et propriétaires parisiens au* XIXe *siècle*, Cujas, 1965, p. 20.
29. Préfet Rambuteau, *Mémoires*, Calmann-Lévy, 1905, p. 368.
30. « Mémoire au conseil municipal », p. 31.
31. *Ibid.*
32. M, t. II, p. 232.
33. M, t. II, p. 233.
34. M, t. II, p. 449.
35. M, t. III, p. 193.
36. J. Valynseele, *Haussmann, sa famille, sa descendance, op. cit.*, p. 36.
37. M, t. I, p. 4.
38. M, t. I, p. 5.
39. JB, p. 145.
40. M, t. II, p. 182.
41. Alphand, *op. cit.*, p. XI.
42. JB, p. 431.
43. M, t. II, p. 91.
44. M, t. II, p. 213.
45. M, t. II, p. 238.
46. Archives nationales, Fonds Persigny, A 26, lettre du 25 novembre 1860.
47. Les trois documents des Tuileries sont reproduits par G.-N. Lameyre, *Haussmann, préfet de Paris, op. cit.*, p. 60-63.
48. F. Loyer, *Paris-Haussmann, op. cit.*, p. 9.
49. M, t. III, p. 261.
50. M. Du Camp, *Paris, ses organes, ses fonctions et sa vie dans la seconde moitié du* XIXe *siècle*, Hachette, t. V, p. 341.
51. P. Ginisty et M. Quatrelles l'Épine, *Chronique parisienne des six derniers mois d'Empire*, Paris, 1912.
52. M. Du Camp, *Paris, ses organes, ses fonctions et sa vie..., op. cit.*, p. 442.
53. Cité par R.-H. Guérand dans « Paris et ses réseaux », BHVP, 1990.
54. E. About, « Dans les ruines », pour *Paris-Guide*, La Découverte, 1983, p. 32.
55. É. Zola, *Au Bonheur des Dames*, Presses-Pocket, p. 227.
56. Rapporté dans G. Le Prat, *Mémoires du comte Horace de Viel-Castel, op. cit.*, t. II, p. 46.
57. M. Du Camp, *Souvenirs littéraires, op. cit.*
58. M, t. II, p. 279.
59. M, t. II, p. 279.
60. Cité par G. Lameyre, *Haussmann, préfet de Paris, op. cit.*, p. 67.
61. M. Du Camp, *Souvenirs littéraires, op. cit.*
62. M, t. III, p. 233.
63. *Revue de l'habitat français*, octobre 1961, repris de l'article de J. Prieur.
64. M, t. II, p. 318.
65. M, t. II, p. 318.

66. *The Times*, 10 décembre 1862, cité par F. Stern, *L'Or et le Fer*, Fayard, 1990, p. 230.

Chapitre VIII : La curée

1. M, t. II, p. 241.
2. M, t. II, p. 241.
3. Archives nationales, Fonds Persigny, A 26, lettre non datée, écrite certainement en mai 1863, un « mardi soir ».
4. Archives nationales, Fonds Persigny, A 26, lettre du 22 mai 1863.
5. L. Halévy, *Carnets*, Calmann-Lévy, 1935, t. I, p. 37.
6. Cité par G.-N. Lameyre, *Haussmann, préfet de Paris, op. cit.*, p. 70.
7. BHVP, circulaire du 8 août 1863, MS 4746.
8. BHVP, allocution prononcée dans la séance du 28 octobre 1859, cote B À 21522 (2).
9. M, t. II, p. 199-200.
10. Cité par G.-N. Lameyre qui s'interroge ainsi sur les motivations du baron, *Haussmann, préfet de Paris, op. cit.*, p. 72.
11. *Ibid.*, p. 71.
12. M, t. III, p. 542.
13. Cité par J. Hugueney, dans *L'Œuvre du baron Haussmann*, *op. cit.*, p. 121.
14. Monsieur Claude, « *Mémoires* pittoresques et libertins », *Les Amis de l'Histoire*, 1968, p. 92-94.
15. M, t. III, p. 254.
16. *Le Moniteur*, 11 décembre 1864.
17. M, t. II, p. 316.
18. J. Gaillard, « Paris, la ville (1852-1870) », thèse citée, p. 29.
19. M, t. II, p. 310.
20. É. Zola, *La Curée*, *op. cit.*, p. 145.
21. M, t. II, p. 547.
22. A. Morizet, *Du vieux Paris au Paris moderne*, Hachette, Paris, 1932, p. 254.
23. J. et E. de Goncourt, *Journal*, 18 novembre 1860.
24. Th. Gautier, *Paris-Guide*, *op. cit.*
25. *Ibid.*, p. 49.
26. Cité par P. Citron, *La Poésie de Paris dans la littérature française de Rousseau à Baudelaire*, Éditions de Minuit, 1961, t. II, p. 282.
27. L. Veuillot, *op. cit.*, p. VII.
28. M. Du Camp, *op. cit.*, t. I, p. 130.
29. M, t. II.
30. Cité par G.-N. Lameyre, *Haussmann, préfet de Paris, op. cit.*, p. 285.
31. Cité par J. des Cars, *Haussmann, la gloire du Second Empire*, *op. cit.*, p. 280. De son vrai nom Louis Ulbach, Ferragus est également l'auteur de la formule sur le « Paris de Haussmann Ier ».
32. JB, p. 432.
33. M, t. III, p. 86.
34. V. Hugo, *Actes et paroles.*
35. M, t. III, p. 404-473. Les citations non annotées qui suivent sont tirées de ces deux chapitres.

36. M. Du Camp, *Paris, ses organes, ses fonctions et sa vie..., op. cit.*, t. VI, p. 217.
37. L. Veuillot, *op. cit.*, p. IX.
38. F. Moutet, *Haussmann et les Parisiens.*
39. M, t. II, p. 17.
40. JB, p. 406.
41. M, t. II, p. 257.
42. J. Valynseele, *Haussmann, sa famille et sa descendance, op. cit.*, p. 37.
43. BHVP, minute 196.
44. Archives nationales, dossier préfectoral, pièces 220, 221, 223, 224, 225, 227, 229, 231, 232, 237, 239, 241, 242, 245, 250, 252.
45. Cité par G.-N. Lameyre, *Haussmann, préfet de Paris, op. cit.*, p. 255.
46. Récit de Mgr Bauer rapporté par F. Loliée, *La Fête impériale*, Tallandier, 1912, p. 7.
47. L. Girard, *Napoléon III, op. cit.*, p. 211.
48. JB, p. 405.
49. H. Taine, *Vie et opinion de Monsieur Francis Thomas, op. cit.*
50. JB, p. 291, récit daté du 15 novembre 1865.
51. L. Sonolet, *La Vie parisienne sous le Second Empire*, Payot, 1929, p. 93.
52. Anecdote racontée par Mérimée (lettre à Mme de Montijo du 23 octobre 1861, et G. Le Prat, *Mémoires du comte Horace de Viel-Castel, op. cit.*, p. 186.
53. M. Du Camp, *Souvenirs d'un demi-siècle, op. cit.*, p. 129.
54. G. Le Prat, *Mémoires du comte Horace de Viel-Castel, op. cit.*, t. II, p. 61.
55. JB, p. 146.
56. G. Laronze, *Le Baron Haussmann, op. cit.*, p. 167.
57. G. Le Prat, *Mémoires du comte Horace de Viel-Castel, op. cit.*, t. II, p. 61.
58. JB, p. 202.
59. Comte Fleury et L. Sonolet, *La Société du Second Empire*, Albin Michel, p. 175.
60. S. de Tascher de la Pagerie, *Mon séjour aux Tuileries*, Ollendorf, 1893, t. II.
61. Cité par J. Valynseele, *Haussmann, sa famille et sa descendance, op. cit.*, p. 57.
62. La brochure *Paris sous le bas Empire ou Paris actuel*, évoquant le premier enfant, est citée par J. des Cars, *Haussmann, la gloire du Second Empire, op. cit.*, p. 296 ; la deuxième affaire est rapportée par J. Valynseele, *Haussmann, sa famille et sa descendance, op. cit.*, p. 58.
63. Comte Fleury et L. Sonolet, *La Société du Second Empire, op. cit.*, t. IV, p. 1.
64. Discours à l'Académie des beaux-arts, *op. cit.*, p. XIV.
65. Cité par G.-N. Lameyre, *Haussmann, préfet de Paris, op. cit.*, p. 271.
66. *Ibid.*, p. 272.
67. M, t. II, p. 73.
68. A. Plessis, *op. cit.*
69. J. Ferry, *Les Comptes fantastiques d'Haussmann*, Armand Le Chevalier, 1868, p. 13.
70. Cité par L. Girard, *Napoléon III, op. cit.*, p. 410.
71. M. Du Camp, *Souvenirs littéraires, op. cit.*
72. Marion Marul, *Histoire financière de la France.*
73. M. Du Camp, *Paris, ses organes, sa fonction, sa vie*, Hachette, 1874, p. 337.
74. M, t II, p. 373.

75. G. Le Prat, *Mémoires du comte Horace de Viel-Castel*, *op. cit.*, t. I, p. 8.
76. *Ibid.*
77. Discours de M. Alphand, *op. cit.*, p. XV.
78. L. Girard, *Paris pendant la Deuxième République et le Second Empire*, Hachette, 1981, p. 348.
79. J. Ferry, *Les Comptes fantastiques d'Haussmann*, *op. cit.*, p. 8.
80. Cité par J.-M. Gaillard, *Jules Ferry*, Fayard, 1989, p. 65.
81. L. Girard, *Napoléon III*, *op. cit.*, p. 427.
82. J. Ferry, *Les Comptes fantastiques d'Haussmann*, *op. cit.*, p. 85.
83. M, t. II, p. 337-340.
84. J. Ferry, *Les Comptes fantastiques d'Haussmann*, *op. cit.*, p. 33.
85. JB, p. 392.
86. JB, p. 492.
87. JB, p. 431.
88. Cité par G.-N. Lameyre, *Haussmann, préfet de Paris, op. cit.*, p. 295.
89. JB, p. 498.
90. G.-N. Lameyre, *Haussmann, préfet de Paris, op. cit.*
91. L. Girard, *Napoléon III*, *op. cit.*, p. 429.

Chapitre IX : Toujours un cœur de jeune homme

1. M, t. II, p. 389.
2. JB, p. 499.
3. AD, Paris, 2 AZ 272, lettre du 16 avril 1869.
4. Archives nationales, dossier préfectoral, pièces 259 et 260.
5. Des Cilleuls, *Histoire de l'administration parisienne au* XIXe *siècle*, t. II, p. 221.
6. *Ibid.*, p. 546.
7. Cité par G.-N. Lameyre, *Haussmann, préfet de Paris*, *op. cit.*, p. 294.
8. M. Du Camp, *op. cit.*, p. 238.
9. A. Daudet, *Quarante ans de Paris*, La Palatine, 1945, p. 117.
10. L. Girard, *op. cit.*, p. 439.
11. JB, p. 571.
12. É. Ollivier, *Journal*, *op. cit.*, t. XII, p. 358.
13. JB, *op. cit.*, p. 571.
14. M, t. II, p. 186.
15. M, t. II, p. 557-559.
16. M, t. II, p. 557-559.
17. M, t. II, p. 557-559.
18. Article du *Gaulois* découpé et inséré dans le tome III des *Mémoires* du baron et conservé à la BHVP sous la cote 28979.
19. JB, p. 603.
20. AD, Paris, 3 AZ 161.
21. Récit de Mme Carette cité par G.-N. Lameyre, *Hausmann, préfet de Paris*, *op. cit.*, p. 308.
22. É. Ollivier, *Journal*, *op. cit.*, t. XIII, p. 122.
23. *Ibid.*, t. XVI, p. 470.
24. Cité par G.-N. Lameyre, *Hausmann, préfet de Paris*, *op. cit.*, p. 315.
25. L. Halévy, *Carnets*, *op. cit.*

26. J. Gaillard, « Paris, la ville (1852-1870) », thèse citée, p. 3.
27. W. Benjamin, *Écrits français*, *op. cit.*, p. 307.
28. Archives nationales, dossier préfectoral.
29. AP 6 AZ 1014/17, lettre citée dans *Haussmann d'Albret*, *op. cit.*, p. 348.
30. M, t. II, p. 553.
31. M, t. II, p. 540.
32. Archives nationales, minutier central, XVII 1456.
33. AP 6 AZ 1014/17, lettre citée dans *Haussmann d'Albret*, *op. cit.*, p. 348.
34. Archives nationales, dossier préfectoral, pièce 263.
35. M, t. I, p. XIII.
36. M, t. II, p. 555.
37. M, t. II, p. 102.
38. M, t. II, p. 552.
39. M, t. II, p. 156.
40. *Le Figaro*.
41. G.-N. Lameyre, *Haussmann, préfet de Paris*, *op. cit.*, p. 326.
42. Cité par G. Laronze, *Le Baron Haussmann*, *op. cit.*, p. 236.
43. Discours à l'Assemblée nationale, Paris, 1880.
44. Discours à l'Assemblée nationale, Paris, 1879.
45. Cité par G.-N. Lameyre, *Haussmann, préfet de Paris*, *op. cit.*, p. 328.
46. Cité par G. Laronze, *Le Baron Haussmann*, *op. cit.*, p. 249.
47. Haussmann, poésie citée par G. Laronze, *Le Baron Haussmann*, *op. cit.*, p. 253.
48. Entretien avec l'auteur, 14 février 2000.
49. Entretien avec l'auteur, 27 février 2000.
50. M, t. II, Avant-propos.
51. Ch. Merruau, *Souvenirs de l'Hôtel de Ville de Paris, 1848-1852*, *op. cit.*, p. 502.
52. *Paris-Haussmann*, *op. cit.*, p. 330.
53. BHVP, MSE 55229.
54. J. Valynseele, *Haussmann, sa famille et sa descendance*, *op. cit.*, p. 65.
55. Archives nationales, minutier central, XVII 1456.

ANNEXES

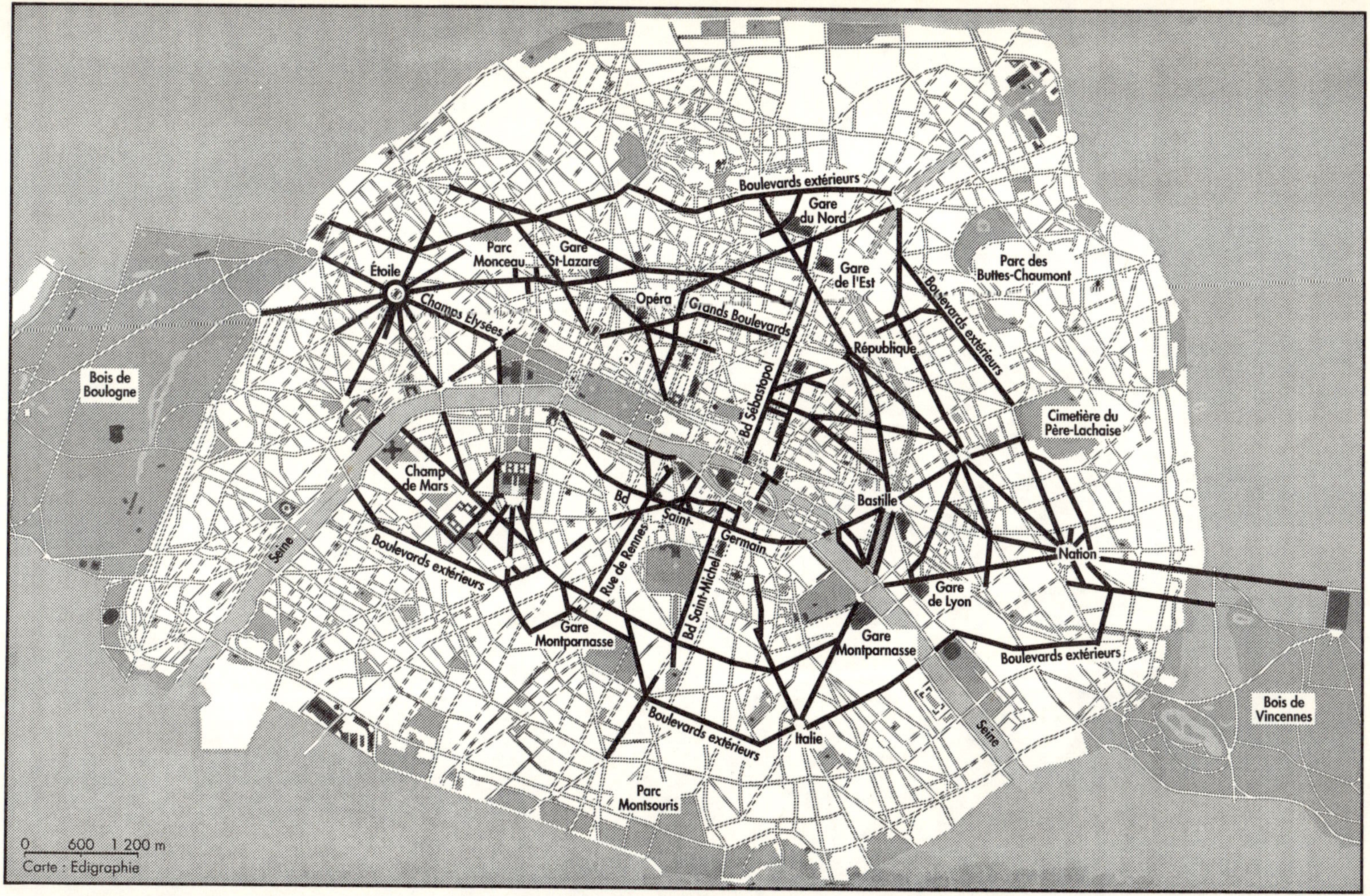

Les percées d'Haussmann

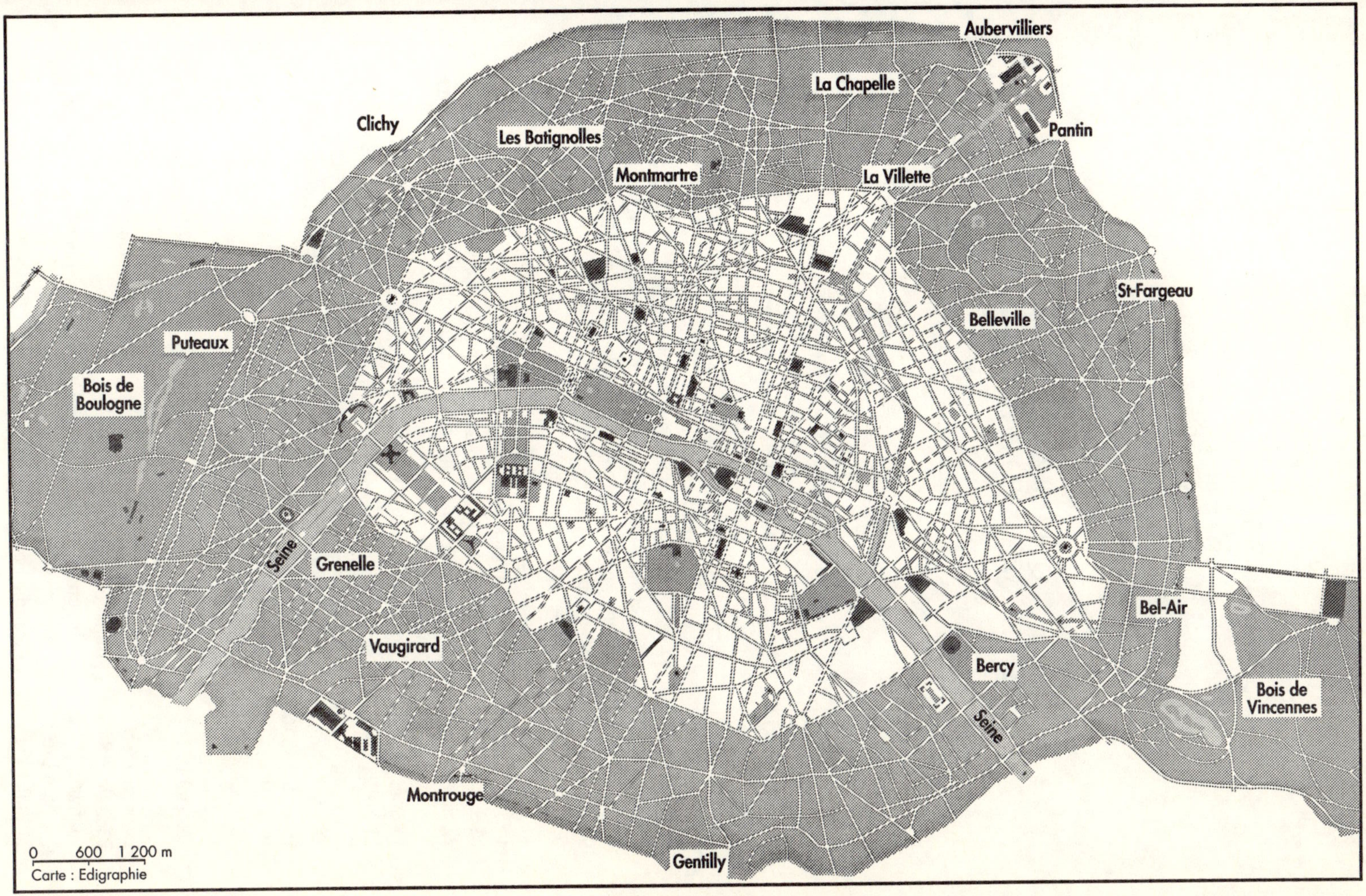

Le grand Paris

QUELQUES DATES SUR LES GRANDS TRAVAUX DE PARIS

2 décembre 1851 : coup d'État de Louis-Napoléon Bonaparte.
10 mars 1852 : décret sur le percement du boulevard de Strasbourg.
13 juillet 1852 : cession à la Ville du Bois de Boulogne.
23 décembre 1852 : décret sur la prolongation de la rue de Rivoli.
25 décembre 1852 : sénatus-consulte donne à l'Empereur le pouvoir d'engager les travaux publics.
22 juin 1853 : Georges Eugène Haussmann nommé préfet de la Seine.
13 août 1854 : décret sur l'aménagement de la place de l'Étoile.
19 juin 1857 : décret sur le percement du boulevard Saint-Michel.
9 juin 1857 : Haussmann nommé sénateur.
5 avril 1858 : inauguration du boulevard Sébastopol.
27 juillet 1859 : décret réglementant la hauteur des façades.
1er janvier 1860 : annexion de la banlieue suburbaine.
Mai 1860 : le conseil municipal accepte le projet Haussmann sur l'eau.
22 novembre 1860 : le préfet de la Seine peut assister au conseil des ministre pour les affaires concernant Paris.
13 août 1861 : inauguration du boulevard Malesherbes.
21 juillet 1862 : première pierre de l'Opéra.
7 décembre 1862 : inauguration du boulevard du prince Eugène (Voltaire).
28 décembre 1864 : violent discours d'Haussmann contre un conseil municipal élu.
26 août 1865 : décret sur la mutilation du Luxembourg.
1er avril 1867 : ouverture de l'Exposition universelle.
28 octobre 1867 : grand dîner à l'Hôtel de Ville en l'honneur de François-Joseph d'Autriche.
Décembre 1867 : début des articles de Jules Ferry sur les « Comptes fantastiques d'Haussmann ».
19 avril 1869 : décret sur la fermeture de la Caisse des travaux de Paris.
2 janvier 1870 : ministère Émile Ollivier.
5 janvier 1870 : le baron Haussmann est « relevé » de ses fonctions par décret.
4 septembre 1870 : proclamation de la République.
24 mai 1871 : incendie de l'Hôtel de Ville.

SOURCES ET BIBLIOGRAPHIE

Ne sont mentionnés ci-dessous que les sources et les ouvrages effectivement cités dans notre biographie.

Sources manuscrites

Les dossiers et sources manuscrites des Archives nationales et départementales, de la Bibliothèque nationale, de la Bibliothèque historique de la Ville de Paris, de la Bibliothèque administrative de la Ville de Paris et du Sénat concernant Haussmann et consultés pour cet ouvrage sont référencés dans les notes de fin de chapitre au fur et à mesure de leur utilisation. Je tiens à remercier particulièrement, aux Archives nationales, Mmes Yvette Le Brigand, conservateur général, et Christine Nougaret, conservateur en chef responsable de la section des archives privées, qui m'ont guidé dans les arcanes de la recherche et m'ont permis d'avoir accès à des fonds extrêmement riches comme le Fonds d'archives Persigny, acquis en juin 1998 par les Archives nationales et non encore exploité. Les lots A 26 et A 16 de ce fonds exceptionnel contiennent en effet une correspondance inédite entre Haussmann (et même sa fille Valentine) et le duc de Persigny qui fut à l'origine de la nomination d'Haussmann à la préfecture de la Seine. Je voudrais également remercier M. Pierre Casselle, conservateur général de la Bibliothèque administrative, et tout particulièrement MM. Jean Derens, conservateur général de la Bibliothèque historique de la ville de Paris, et Luc Passion, conservateur, qui m'a fait bénéficier de ses conseils d'historien, expert d'Haussmann et des grands travaux de Paris. Un grand merci également à Mme Guyot, conservateur aux Archives départementales de l'Yonne, qui m'a aimablement communiqué son très gros travail de relevé de toutes les cotes concernant l'ancien préfet de l'Yonne – ce qui a considérablement facilité la consultation de ces archives très abondantes. Merci enfin aux membres de la famille du baron, Mme Gérard Haussmann et surtout son arrière-arrière-petit-fils, Max Daniel Dollfus, qui m'ont donné accès aux papiers ou objets encore en leur possession et rapporté les souvenirs demeurés dans la famille.

Ouvrages d'Haussmann

Mémoires du baron Haussmann, 3 vol., Victor Havard éditeur, Paris, 1890.

Poésies :

Dans les Bois, pensées d'un forestier, Cestas, 1882.
Les Fleurettes, Paris 1882.
Regrets fidèles, Cestas 1876.
Saint-Girons, une campagne administrative dans les Pyrénées, Nice 1876.
Le Joli Sentier.

Mémoires et discours divers :

« Mémoire au conseil municipal de Paris au sujet de l'extension des limites de Paris », 1859.
« Mémoire sur les eaux de Paris présenté au conseil municipal le 20 avril 1860. »
« Discours sur la proposition de loi tendant à faire disparaître les ruines des Tuileries le 29 juillet 1979. »
« Discours ayant pour objet la déclaration d'utilité publique et la construction du canal du Havre à Tancarville, Paris, 1880. »

Ouvrages sur Haussmann

ALPHAND Adolphe, « Discours sur le baron Haussmann devant l'académie des Beaux-Arts », 26 décembre 1891, in *Mémoires d'Haussmann*, Guy Durier, Paris, 1979.
DES CARS Jean, *Haussmann, la gloire du Second Empire*, Perrin, Paris, 1978.
DES CARS Jean et PINON Pierre, *Paris-Haussmann, le pari d'Haussmann*, Éditions du Pavillon de l'Arsenal/Picard, Paris, 1991.
DELPONT Hubert et SANCHEZ-CALZADILLA Hervé-Yves, *Haussmann d'Albret*, Amis du Vieux Nérac, 1993.
ESPAGNET Henriette, *Le Baron Haussmann par lui-même... dans le cadre de Cestas, au cours de la visite des domaines Haussmann*, Bordeaux, Documents Girondins, 1971.

JORDAN David P., *Transforming Paris, the Life and Labors of Baron Haussmann*, The University of Chicago Press, 1995.
LAGNY Jean, « Les Haussmann à Versailles », *Revue de l'histoire de Versailles et des Yvelines*, 1982.
LAMEYRE Gérard-Noël, *Haussmann, préfet de Paris*, Flammarion, Paris, 1958.
LAPREVOTE Nathalie, « Haussmann, préfet de l'Yonne. Un préfet face aux Rouges », Paris X-Nanterre, juin 1989.
LARONZE Georges, *Le Baron Haussmann*, Alcan, Paris, 1932.
MALET Henri, *Le Baron Haussmann et la rénovation de Paris*, Éditions municipales, Paris, 1973.
MORÈRE Philippe, *Haussmann, sous-préfet de Saint-Girons*, Rieder, Paris, 1925.
MORIZET André, *Du vieux Paris au Paris moderne*, Hachette, Paris, 1932.
RÉAU Louis, LAVEDAN Pierre, PLOUIN Renée, HUGUENEY Jeanne et AUZELLE, Robert, *L'Œuvre du baron Haussmann*, PUF, Paris, 1954.
TOUTTAIN Pierre-André, *Haussmann*, Gründ, Paris, 1971.
VALYNSEELE Joseph, *Haussmann, sa famille et sa descendance*, Christian, Paris, 1982.

Ouvrages historiques

AGULHON Maurice, *La République au village : les populations du Var de la Révolution à la deuxième République*, Seuil, Paris, 1979.
–, « Le baron Haussmann, préfet du Var (1848-50) d'après ses *Mémoires* », *Provence histoire*, VI, n° 24, 1956.
ALBERT Charles, *La Révolution de 1848 et la Seconde République à Bordeaux et dans le département de la Gironde*, Delmas, Bordeaux, 1945.
–, « Portrait intellectuel d'un grand bourgeois bordelais », *Revue historique de Bordeaux et de la Gironde*, 1961.
–, « Un exemple de carrière administrative dans la première moitié du siècle dernier : le baron Neveux », *Revue historique de Bordeaux et de la Gironde*, 1954.
BERTIER DE SAUVIGNY, *La Restauration*, Flammarion, Paris, 1955.
BLACHE N., *L'Insurrection du Var de 1851*, La Table rase, 1983.
BORY J.-L., *La Révolution de Juillet*, Gallimard, Paris, 1972.
BROGLIE G. de, *Guizot*, Perrin, Paris, 1990.
Correspondance de Napoléon, 1806-1810, Gallimard, Paris, 1943.
DANSETTE Adrien, *Naissance de la France moderne*, Hachette, Paris, 1976.
–, *Louis-Napoléon à la conquête du pouvoir*, Hachette, Paris, 1961.
DIESBACH Ghislain de, *Ferdinand de Lesseps*, Perrin, Paris, 1998.
DUFOURG Robert, « Dans les Souvenirs d'Antoine Gautier », *Revue historique de Bordeaux et de la Gironde*, 1954.

GAILLARD Jean-Michel, *Jules Ferry*, Fayard, Paris, 1989.
GIRARD Louis, *Napoléon III*, Fayard, Paris, 1986.
–, *La Politique des travaux publics sous le Second Empire*, Armand Colin, Paris, 1952.
–, *Les Trois Glorieuses*, Firmin-Didot, 1929.
GUILLEMIN H., *La Première Résurrection de la République*, Gallimard, Paris, 1967.
HARTMANN E., *La Révolution française en Alsace et en Lorraine*, Perrin, Paris, 1990.
KUSCHINSKY A., *Dictionnaire des conventionnels.*
LAFFITTE Ch., *Mémoires*, Firmin-Didot, Paris, 1932.
LAUCKHARD F., *Un Allemand en France sous la Terreur*, Bauer, 1915.
LUCAS-DUBRETON J., *Louis-Philippe*, Fayard, Paris, 1938.
LE CLÈRE Bernard et WRIGHT Vincent, *Les Préfets du Second Empire*, Armand Colin, Paris, 1973.
LEFEBVRE G., *La France sous le Directoire*, Éditions sociales, 1977.
LOLIÉE Frédéric, *La Fête impériale*, Tallandier, Paris, 1912.
MADELIN L., *Fouché*, Plon, Paris, 1955.
MANCERON C., *Le Vent d'Amérique*, Laffont, Paris, 1974.
MIQUEL P., *Le Second Empire*, Plon, Paris, 1992.
MINC Alain, *Louis-Napoléon revisité*, Gallimard, Paris, 1997.
PLESSIS Alain, *De la fête impériale au mur des fédérés, 1852-1871*, Seuil, Paris, 1979.
SÉGUIN Philippe, *Louis Napoléon le Grand*, Paris, Grasset, 1990.
TÉNOT E., *La Province en 1851*, 1865.
VALANCE Georges, *Histoire du franc, 1360-2002*, Champs-Flammarion, Paris, 1998.

Ouvrages sur Paris

BENJAMIN Walter, *Écrits français*, Gallimard, Paris, 1991.
CITRON Pierre, *La Poésie de Paris dans la littérature française*, Éditions de Minuit, Paris, 1961.
DU CAMP Maxime, *Paris, ses organes, sa fonction, sa vie*, Hachette, Paris, 1874.
DUMAS A., *Mes Mémoires*, Bouquins, Robert Laffont, Paris, 1989.
DES CILLEULS Alfred, *Histoire de l'administration parisienne au XIXe siècle*, Honoré Champion, 1900.
EARLS I.A., *Napoléon III, l'architecte et l'urbaniste de Paris*, Centre d'études napoléoniennes, 1991.
FERRY Jules, *Les Comptes fantastiques d'Haussmann*, Armand le Chevalier, Paris, 1868.
FLEURY comte et SONOLET Louis, *La Société du Second Empire*, Albin Michel, Paris.

GAILLARD Jeanne, *Paris, la ville, 1852-1870*, Honoré Champion, Paris, 1976.
GIRARD Louis, *Paris pendant la Deuxième République et le Second Empire*, Hachette, Paris, 1981.
LOYER François, *Paris XIXe siècle, l'immeuble et la rue*, Hazan, Paris, 1987.
MANEGLIER Hervé, *Paris impérial*, Armand Colin, Paris, 1990.
MARCHAND Bernard, *Paris, histoire d'une ville*, Seuil, Paris, 1993.
MASSA-GILLE Geneviève, *Histoire des emprunts de la Ville de Paris*, Ville de Paris, 1973.
PILLEMENT Georges, *La Destruction de Paris*, Grasset, Paris, 1941.
PINKNEY D., *Napoléon III and the Rebuilding of Paris*, Princeton, 1958.
SONOLET L., *La Vie parisienne sous le Second Empire*, Payot, 1929.
TEXIER E., *Tableau de Paris*, Paulin et Le Chevalier, 1852.
VEUILLOT L., *Les Odeurs de Paris*, Palmé, 1867.
VINCENOT H., *La Vie quotidienne dans les chemins de fer au XIXe siècle*, 1975.
Guide des rues et monuments de Paris, Frédéric Lock, Hachette, Paris, 1855.
Histoire et dictionnaire de Paris, Bouquins, Robert Laffont, Paris, 1996.
Paris-Guide, La Découverte, Paris, 1983.

Mémoires, romans et ouvrages pittoresques

APPONYI R., *De la Révolution au coup d'État*, La Palatine, Paris, 1948.
BAROCHE Mme Jules, *Notes et Souvenirs de seize années (1855 à 1871)*, Éditions G. Grès & Cie, Paris, 1921.
Bonaparte L.N., *Des idées napoléoniennes*, Paulin, 1836.
CHATEAUBRIAND, *Mémoires d'outre-tombe*, Bibliothèque de la Pléiade, Gallimard, Paris.
CLAUDE Monsieur, *Mémoires pittoresques et libertins*, Les Amis de l'Histoire, 1968.
DAUDET Alphonse, *Quarante Ans de Paris*, La Palatine, Genève, 1945.
DE BOIGNE Comtesse, *Mémoires*, Mercure de France, Paris, 1971.
DU CAMP Maxime, *Souvenirs d'un demi-siècle*, Hachette, Paris, 1949.
–, *Souvenirs littéraires,* Aubier, Paris, 1994.
EVANS Th., *Mémoires.*
HALÉVY Ludovic, *Carnets*, Calmann-Lévy, Paris, 1935.
HUGO Victor, *Choses vues*, Folio-Gallimard, Paris.
–, *Les Misérables*, Bibliothèque de la Pléiade, Gallimard, Paris.
MERRUAU Charles, *Souvenirs de l'Hôtel de Ville de Paris*, Plon, Paris, 1875.
OLLIVIER Émile, *Journal*, Julliard, Paris, 1961.
–, *L'Empire libéral*, 18 volumes, Garnier, Paris, 1895-1916.

PERSIGNY, *Mémoires du duc de Persigny*, Plon, Paris, 1996.
RAMBUTEAU Claude-Philibert de, *Mémoires du comte de Rambuteau*, Calmann-Lévy, Paris, 1905.
SAND George, *Œuvres autobiographiques*, 2 vol., Bibliothèque de la Pléiade, Gallimard, Paris, 1970.
SUE E., *Les Mystères de Paris*, Bouquins.
TAINE H., *Vie et opinions de M. Francis-Thomas Graindorge*.
TALLEYRAND, *Mémoires*, Plon, Paris, 1982.
TASCHER DE LA PAGERIE, comtesse Stéphanie, *Mon Séjour aux Tuileries*, Ollendorf, Paris, 1893.
TOCQUEVILLE A. de, *Souvenirs*.
VALLÈS J., *La Rue*, EOF, 1969.
VIEL-CASTEL comte Horace de, *Mémoires sur le règne de Napoléon III*, Guy Le Prat, Paris, 1942.

INDEX DES NOMS CITÉS

TABLE

CET OUVRAGE
A ÉTÉ TRANSCODÉ
ET ACHEVÉ D'IMPRIMER
SUR ROTO-PAGE
PAR L'IMPRIMERIE FLOCH
À MAYENNE EN JANVIER 2001

Édition exclusivement réservée aux adhérents du Club
Le Grand Livre du Mois
15, rue des Sablons
75116 Paris
réalisée avec l'autorisation des éditions FLAMMARION

N° d'impr. 50531-1.
D. L. : avril 2000.
(Imprimé en France)